MÉMOIRES
DU DUC
DE SAINT-SIMON

PUBLIÉS PAR

MM. CHÉRUEL ET AD. REGNIER FILS

ET COLLATIONNÉS DE NOUVEAU POUR CETTE ÉDITION

SUR LE MANUSCRIT AUTOGRAPHE

AVEC UNE NOTICE DE M. SAINTE-BEUVE

TOME NEUVIÈME

PARIS

LIBRAIRIE HACHETTE ET Cie

BOULEVARD SAINT-GERMAIN, 79

1873

Tous droits réservés

MÉMOIRES
DU DUC
DE SAINT-SIMON

IX

PARIS. — IMPRIMERIE ARNOUS DE RIVIÈRE ET Cie
RUE RACINE, 26.

MÉMOIRES

DE SAINT-SIMON.

CHAPITRE PREMIER.

Splendeur du duc de Beauvillier ; causes, outre l'amitié, de sa confiance entière en moi ; discussion de la cour entre lui et moi. — Torcy. — Desmarets. — La Vrillière. — Voysin. — Pontchartrain père et fils. — Caractère de Pontchartrain. — Je sauve Pontchartrain perdu. — Je conçois le dessein d'une réconciliation sincère entre le duc de Beauvillier et le chancelier. — Singulier hasard sur le jansénisme. — Pontchartrain sauvé par le duc de Beauvillier. — Conversation sur les Pontchartrains avec Beringhen, premier écuyer ; son caractère. — Union et concert le plus intime entre les ducs et les duchesses de Beauvillier, Chevreuse et Saint-Simon ; conduite du dernier avec le Dauphin, et sa façon d'y être. — Mon sentiment sur le jansénisme, les jansénistes et les jésuites.

Le duc de Beauvillier jouissoit avec splendeur de l'état si changé de son pupille : il étoit affranchi des inquiétudes de la cour de Monseigneur, et des mesures à l'égard du Roi par la confiance que ce monarque donnoit à son petit-fils, et la solidité qu'y ajoutoit le goût et l'intérêt de Mme de Maintenon, ravie d'aise pour sa Dauphine, et d'avoir un Dauphin sur lequel elle pouvoit sûrement compter dans tous les temps. Beauvillier commençoit donc à marcher plus tête levée, à cacher moins que le temps étoit venu de commencer à compter avec lui ; il montroit un maintien plus dégagé et une liberté moins mesurée ; ses propos avec moi plus fermes, et à lui tout à fait étrangers. J'aperçus un changement inespéré dont je ne le croyois pas susceptible ; je vis un homme consolidé, nerveux, actif, allant droit au fait et se dépouillant des entraves. Il repassa toute la cour avec moi, sans se hérisser de ma franchise sur les portraits et sans disputer avec moi : il se souvenoit que je lui avois toujours parlé juste dans tous les temps; l'expérience lui avoit appris que j'en savois plus que lui en connoissances de gens que sa charité et son enfermerie éloignoient de voir et d'apprendre. Mon avis sur Harcourt, p. 794[1], ma prédiction sur l'abbé de Polignac, suivie de l'effet si peu croyable, p. 685 et p. 687[2], celle de la campagne de Lille, si précisément accomplie en effets prodigieux, ne lui étoient point sortis de l'esprit, et avoient ployé le sien à tout à mon égard. Il étoit sûr de mon secret, j'ose dire de ma vérité et de ma probité; il ne pouvoit douter de toute ma confiance, de mon dévouement, de mon attachement pour lui sans réserve et à toute épreuve, et d'une amitié de toute préférence depuis plus de seize ans que j'étois à la cour, et que mon desir de son alliance nous avoit étroitement unis : il me parloit donc sans réserve, et la disproportion d'âge et de fortune n'en mettoit plus dans l'épanchement entier sur toutes matières, qui étoit pleinement réciproque et continuel.

Cet examen entre lui et moi de toute la cour alloit à discuter qui il étoit bon d'approcher ou d'éloigner du Dauphin. La ville eut aussi son tour, c'est-à-dire la robe, non pas pour approcher ou écarter des gens que leur état n'en rendoit pas susceptibles, mais pour nous concerter tous deux (car il m'avoit mis à cette portée), et placer au Dauphin du bien de ceux que nous estimerions propres aux emplois, et au contraire sur les autres. Quatre ou cinq longues conversations près à près que nous eûmes tête à tête, ce que je remarque parce que le duc de Chevreuse ne s'y trouva pas, achevèrent à peu près cette importante matière.

Suivit un autre tête-à-tête, où le duc se déboutonna sur tous ceux qui avoient part aux affaires. Je l'avois averti

1. Pages 292 et suivantes de notre tome VI.
2. Pages 434 et suivantes de notre tome V.

il y avoit déjà longtemps de l'intime liaison que je voyois se former entre d'Antin et Torcy. La Bouzols, sœur du dernier, d'une figure hideuse, mais pleine de charmes d'esprit, et forte en intrigue, et de tout temps en toute intimité avec Madame la Duchesse, en étoit le principal instrument. Celle qui commençoit à se montrer entre d'Antin et Mme de Tourbes, qui ne fit que croître et qui dura autant que leur vie, y servit encore puissamment. C'étoit un autre démon d'esprit, et qui aimoit à dominer, amie intime de Torcy, de sa sœur, peu à ses frères le maréchal et l'abbé d'Estrées, toute à Madame la Duchesse de toute leur vie. Rien n'étoit plus opposé au duc de Beauvillier que cette cabale de Madame la Duchesse, qui palpitoit encore, et que d'Antin personnellement. Le duc et Torcy étoient éloignés l'un de l'autre, mais en gens sages et mesurés : l'écorce entre eux étoit conservée ; le duc de Chevreuse la ménageoit, quoique aussi refroidi que son beau-frère ; l'idée de la cour ne s'en apercevoit pas : elle étoit accoutumée à l'union singulière de toute la famille de Colbert ; elle avoit été témoin de celle des deux ducs avec Pompone depuis son retour jusqu'à sa mort, qui étoit de toute confiance ; la communication d'affaires et les bienséances voiloient au monde prévenu, et jusqu'aux plus éveillés, le fond de leur situation ensemble, et eux-mêmes avoient soin d'entretenir ce voile par le dehors de leur conduite ; mais le fond le voici :

On a vu quelle étoit l'extrême piété du duc de Beauvillier, et quel aussi son abandon pour Mme Guyon, surtout pour Monsieur de Cambray, et pour tout ce petit troupeau, qui l'avoit pensé perdre plus d'une fois sans l'en avoir pu détacher le moins du monde, conséquemment pour les jésuites et pour la partie sulpicienne, qui n'avoient jamais abandonné Monsieur de Cambray dans aucun temps. De là un aveuglement sur les matières de Rome et sur le jansénisme, qui ne lui permettoit pas de rien voir ni de rien entendre. Plus le Roi avançoit en âge, plus sa foiblesse, toujours sans contre-poids sur ces matières, qu'il ignoroit profondément, se trouvoit en proie aux jésuites et aux directeurs de Mme de Maintenon par elle; plus donc Rome d'une part, les jésuites de l'autre, gagnoient de terrain, et plus M. de Beauvillier y donnoit à bride abattue, et c'étoit principalement depuis la mort de Pompone que le grand cours de ces choses avoit commencé, et sans cesse s'étoit augmenté. Torcy pensoit là-dessus tout différemment. Il connoissoit l'inestimable prix de la conservation des droits de la couronne, de celle des libertés de l'école, et de celles de l'Église gallicane; il ne connoissoit pas moins les ruses des jésuites et la grossièreté des sulpiciens. Il étoit donc souvent opposé sur ces matières au duc de Beauvillier au conseil. Il étoit extrêmement instruit, avoit beaucoup d'esprit, d'honneur, de probité, de lumières; mais sage, retenu, timide même, il ne disoit que ce qu'il falloit dire, avec douceur et mesure, respect même, mais il le disoit bien, parce qu'il avoit le don de la parole, et celui encore de l'écriture; presque toujours encore la raison étoit de son côté. M. de Beauvillier, dont le rang d'opiner étoit le pénultième des ministres, suoit de l'encre d'entendre Torcy, et plus encore à réfuter son avis, qui entraînoit plus que très-souvent les autres ministres. Il sentoit qu'il alloit essuyer le feu du chancelier, qui opinoit immédiatement après lui, et qui ne le ménageoit pas, quelquefois même jusqu'à l'indécence, tellement qu'il regardoit Torcy comme un avec le chancelier sur ces matières, et qui lui fournissoit des armes dont le chancelier se servoit contre lui avec impétuosité, et en général ajoutoit aux raisons de Torcy le poids de son esprit, de sa liberté, de son autorité. Cela s'appeloit chez M. de Beauvillier être janséniste, et être janséniste étoit chez lui quelque chose de plus odieux et de plus dangereux qu'être protestant.

Torcy avoit encore deux crimes envers lui : l'un de n'avoir jamais eu de liaison avec Monsieur de Cambray, l'autre d'être mari de Mme de Torcy, qui avoit en effet un véritable pouvoir sur lui, qui du cœur passoit à l'esprit;

elle en avoit beaucoup elle-même, et savoit beaucoup aussi ; avec cela, libre, et peu capable de cacher ses sentiments, qui étoient tout à fait conformes à son nom. Ce n'étoit pas pourtant qu'elle fût imprudente, encore moins qu'elle affichât rien ; mais on la démêloit. C'étoit donc, aux yeux de M. de Beauvillier, une manière d'hérétique qui pervertissoit son mari, et qui le tenoit de trop près et de trop court pour espérer de le convertir, même de le rendre moins opposé, ou plus complaisant.

M. de Chevreuse, malgré son abjuration de Port-Royal, où il avoit été élevé, n'étoit pas si outré que son beau-frère. C'étoit un composé fort bizarre à cet égard. Non moins abandonné à Mme Guyon, à Monsieur de Cambray surtout, et à toute sa gnose[1], il avoit retenu de son éducation une aversion parfaite des jésuites, qu'il cachoit avec soin, où je le surpris plus d'une fois, et qu'il ne me désavoua pas, avec le secret et la confiance qui étoit établie entre nous ; par conséquent, toujours en garde contre eux, et comme plus foncier que M. de Beauvillier, moins livré aux entreprises de Rome ; je dis moins parce qu'il l'étoit encore beaucoup. Ces gens de Port-Royal qu'il avoit abdiqués, l'estime et l'affection pour eux n'avoient pu s'effacer en lui. Il me l'a avoué de presque tous, et néanmoins, en spéculation à eux, il leur étoit contraire en pratique. Ce composé ne peut s'expliquer, mais il étoit tel que je le représente. Cette façon d'être, jointe avec sa douceur naturelle, son esprit compassé et si naturellement tourné à être amiable compositeur, le défaut d'occasion d'opinions contraires au conseil, où il n'entroit pas, quoique effectivement et véritablement ministre, l'écartoient moins de Torcy que le duc de Beauvillier, et l'appliquoient à conserver tous les dehors entre eux, n'y pouvant davantage.

Torcy, qui sentoit parfaitement tout ce que le monde ne voyoit pas dans cet intérieur de famille, n'avoit pas tort

---

1. Voyez tome VII, p. 278, note 1, et tome VIII, p. 426 et 427.

de vouloir s'appuyer de d'Antin, et celui-ci, qui frappoit en dessous à la porte du conseil, avoit raison de se lier à un homme dont la place lui pouvoit donner des moyens de se la faire ouvrir. En même temps, moi, qui connoissois cet intérieur, je ne fus pas surpris que le duc de Beauvillier, discutant les ministres avec moi, mît Torcy le premier sur le tapis, et m'en parlât comme d'un homme qu'il étoit absolument nécessaire de remercier.

Lié où il l'étoit, et dans une place qui ne me donnoit ni rapport avec lui ni aucun besoin de lui, je ne le connoissois alors que comme on connoît tout le monde : je n'allois jamais chez lui; lui aussi ne m'avoit jamais fait aucune avance, quoique nous eussions des amis communs. Je n'étois pas content de lui sur sur M. le duc d'Orléans, et s'il faut tout dire, son indifférence pour moi m'avoit déplu. Je n'entrepris donc pas sa défense avec M. de Beauvillier, qui passa outre, et me demanda qui je pensois qu'on pût mettre en sa place.

Amelot étoit bien le meilleur, mais il étoit trop lié à la princesse des Ursins, trop bien par conséquent avec Mme de Maintenon, pour que ce fût l'homme de M. de Beauvillier, ni le mien par rapport à M. le duc d'Orléans, que je voulois unir de plus en plus avec le Dauphin. Je proposai donc Saint-Contest, qui étoit fort de mes amis, et d'amitié de père en fils. C'étoit un homme de beaucoup d'esprit, et du plus délié, sous un extérieur épais, appliqué travailleur, et qui, avec les manières les plus pleinement bourgeoises, connoissoit pourtant le monde, la cour et les gens extrêmement bien, et qui, dans son intendance de Metz, avoit toujours réussi dans les affaires ou les négociations qu'il avoit eues fort souvent avec l'électeur palatin, celui de Trèves, le duc de Lorraine, et plusieurs petits princes de ses environs; il étoit doux, liant, insinuant, et savoit aller à ses fins avec adresse et en contentant ceux avec qui il avoit à traiter. M. de Beauvillier le connoissoit et le goûtoit assez, et il approuva beaucoup ma pensée, en sorte que cela demeura comme arrêté entre nous.

Desmarets nous fit disputer. Le duc en étoit, comme je l'ai remarqué p.   [1], à n'oser plus lui parler de rien. Il ne pouvoit donc se dissimuler son humeur intraitable, ni l'excès de son ingratitude; mais ces défauts ne touchoient point à la religion. Il ne donnoit nul soupçon de jansénisme, et il étoit bien loin encore de revenir au monde lors de la disgrâce de l'archevêque de Cambray : net sur des points à l'égard du duc si capitaux, d'autres le sauvoient. Il étoit neveu de Colbert; élevé dans les finances à son école, il en avoit pris, à ce que l'on pensoit, les principes et les maximes; il passoit pour l'homme le plus capable en finances; enfin M. de Beauvillier l'avoit ramené sur l'eau à force de sueurs, de temps et de rames, et quel qu'il l'éprouvât, il ne put se résoudre à détruire son ouvrage, et tout ce que j'alléguai ne fit que blanchir. Il ne trouva jamais mieux à mettre en sa place, et il se ferma à l'y laisser.

Nous fûmes aisément de même avis sur la Vrillière. Il convint avec moi que pour ce que ce secrétaire d'État faisoit, et quand même il seroit chargé de plus, il le faisoit très-bien, et qu'il n'y avoit point à chercher mieux.

Voysin nous parut également à tous deux nécessaire à renvoyer : nulle capacité, probité de cour, connoissance de personne, dureté et rusticité, créature de Mme de Maintenon jusqu'au dernier abandon. Je voulus sonder le duc sur Chamillart, et je fus édifié, touché même de sa réponse : il me dit qu'il étoit son ami depuis quarante ans, et que cette liaison il l'avoit resserrée lui-même par le mariage de sa nièce avec son fils; qu'il connoissoit sa probité à toute épreuve, et ses lumières fort au-dessus de l'idée qu'on en avoit prise; mais qu'il croyoit le Dauphin un obstacle invincible à son retour; d'ailleurs

---

1. Saint-Simon a laissé en blanc le chiffre de la page de son manuscrit à laquelle il vouloit renvoyer. Voyez tome VIII, p. 416 et 417.

que Chamillart avoit deux défauts qu'il croyoit incompatibles avec le bien de l'État et dont il le savoit incorrigible, avec lesquels il se feroit un grand scrupule de le replacer : une opiniâtreté invincible, dont il me conta des traits qui m'étonnèrent, quelque connoissance que j'eusse de cette opiniâtreté, dont j'ai rapporté quelques-uns, et des amis sur lesquels il étoit incapable de revenir, et dont l'entêtement étoit extrêmement dangereux. De ce dernier j'en avois une parfaite expérience, qui se trouve répandue ici en plus d'un endroit. Je fus affligé avec d'autant plus d'amertume que je fus convaincu, et qu'il fallut me détacher du plaisir extrême de contribuer à remettre mon ami en selle, ce qui en effet n'étoit plus possible avec ce que j'ai expliqué des choses de Flandres, indépendamment de tout le reste. Je proposai donc la Houssaye, que je ne connoissois point, mais par ce qu'il m'étoit revenu de sa conduite dans l'intendance d'Alsace, où il étoit, et il falloit un intendant de frontières et de troupes, et M. de Beauvillier l'approuva.

Je trouvai sur Pontchartrain les dispositions les plus funestes, et qui pouvoient le plus flatter celles qu'il avoit méritées de moi, mais qui m'épouvantèrent parce qu'il avoit un père à qui j'étois lié d'amitié, de reconnoissance et de confiance la plus intime, une mère que j'aimois et respectois véritablement, et que sa femme, si proche de la mienne et si parfaitement unie avec elle, lui avoit laissé des enfants. Je vis leur sort, je vis le chancelier ou éconduit, ou retiré de lui-même avec le poignard dans le cœur, et survivre à sa prodigieuse fortune, en proie à l'horreur de son fils et au néant de ses petits-fils. J'avois caché mon ressentiment et ses causes, et plus au duc de Beauvillier qu'à personne, dans la situation où je le connoissois avec le chancelier.

Il s'ouvrit à moi sur le père et sur le fils plus qu'il n'avoit fait encore, car il s'ouvrit tout à fait. Rome, le jansénisme, et plus que tout, la différence extrême de sentiments sur la personne et la doctrine de Monsieur de

Cambray, avoit achevé de cimenter le mur qui avoit commencé à s'élever entre le duc et lui dès son arrivée à la tête des finances. Les escarmouches au conseil étoient continuelles. Outre ce que j'en ai touché ici il n'y a pas longtemps, le chancelier s'y aidoit souvent d'une légèreté qui lui étoit naturelle, et qui mettoit les rieurs de son côté. Il passoit quelquefois jusqu'à porter des bottes indécentes et parfois scandaleuses, qui déconcertoient une gravité qui, sur ces matières, avoit rarement raison. Ailleurs le chancelier n'étoit pas plus mesuré; ils avoient même été plus d'une fois jusqu'à cesser de se rendre les devoirs communs de civilité réciproque, et quoique ils n'en fussent pas là alors, ils n'en étoient pas mieux ensemble, quoique le duc de Chevreuse et le chancelier fussent toujours demeurés amis. L'éclat ancien, qui n'avoit fait qu'augmenter depuis, avoit engagé dès lors le duc de Beauvillier de retirer de la marine ceux qu'il y protégeoit, et qu'il y avoit mis du temps de Colbert et de Seignelay. Les blessures étoient devenues si continuelles et si profondes que ces deux hommes ne se pouvoient pardonner, et que leur haine étoit publique. Le duc, avec toute sa piété et ses mesures, se permettoit à cet égard plus de choses qu'il n'en étoit naturellement capable. Sûr du Roi et de son pupille dans les matières qui formoient leurs disputes, il se défendoit ordinairement avec hauteur, et jetoit quelquefois au chancelier des choses et des faits qui l'embarrassoient, et le poussoit alors avec hardiesse. J'appris alors mille détails là-dessus du duc de Beauvillier, que ses mesures si resserrées m'avoient cachés jusque-là, et que le chancelier n'avoit eu garde de me dire, par considération pour moi, dans la plus qu'intime liaison où il me savoit avec le duc, non par manque de confiance, car il m'en disoit assez tous les jours pour ne me laisser pas ignorer l'état où ils étoient ensemble. Bien que la séparation intérieure de Pontchartrain d'avec son père passât souvent jusqu'à l'extérieur, et que les mesures qu'il gardoit avec M. de Beauvillier fussent les plus respectueuses, il ne l'en aimoit pas mieux au fond, et ce fond étoit bien aperçu.

L'entreprise d'Écosse, que j'ai racontée en son lieu, et dont la triste issue lui fut justement imputée, lui étoit devenue un péché irrémissible auprès des ducs de Beauvillier et de Chevreuse, qui en avoit été l'auteur et le promoteur. D'ailleurs son pernicieux caractère achevoit de le leur rendre odieux. On en a vu quelque chose p. 1141[1], combien peu la Dauphine le ménageoit auprès du Roi, et que le Roi, si en garde en faveur de ses ministres, la laissoit dire avec complaisance ; mais il ne sera pas inutile de le faire connoître davantage : comme il est depuis longtemps tout à fait mort au monde, j'en parlerai, quoique vivant encore, comme d'un homme qui n'est plus.

Sa taille étoit ordinaire, son visage long, mafflé, fort lippu, dégoûtant, gâté de petite vérole, qui lui avoit crevé un œil. Celui de verre dont il l'avoit remplacé étoit toujours pleurant, et lui donnoit une physionomie fausse, rude, refrognée, qui faisoit peur d'abord, mais pas tant encore qu'il en devoit faire. Il avoit de l'esprit, mais parfaitement de travers, et avec quelques lettres et quelque teinture d'histoire, appliqué, sachant bien sa marine, assez travailleur, et le vouloit paroître beaucoup plus qu'il ne l'étoit. Son naturel pervers, que rien n'avoit pu adoucir ni redresser le moins du monde, perçoit partout : il aimoit le mal pour le mal, et prenoit un plaisir singulier à en faire. Si quelquefois il faisoit du bien, c'étoit une vanterie qui en faisoit perdre tout le mérite, et qui devenoit synonyme au reproche ; encore l'avoit-il fait acheter chèrement par les refus, les difficultés dont il étoit hérissé pour tout, jusque pour les choses les plus communes, et par les manières de le faire, qui piquoient, qui insultoient même, et qui lui faisoient des ennemis de presque tous ceux qu'il prétendoit obliger ; avec cela, noir, traître, et

---

1. Page 413 de notre tome VIII.

s'en applaudissoit; fin à scruter, à suivre, à apprendre, et surtout à nuire; pédant en régent de collége, avec tous les défauts et tout le dégoût d'un homme né dans le ministère et gâté à l'excès.

Son commerce étoit insupportable, par l'autorité brutale qu'il y usurpoit et par ses infatigables questions; il se croyoit tout dû, et il exigeoit tout, avec toute l'insolence d'un maître dur; il s'établissoit le gouverneur de la conduite de chacun, et il en exigeoit compte : malheur à qui l'y avoit accoutumé par besoin, par lâcheté; c'étoit une chaîne qui ne se pouvoit rompre qu'en rompant avec lui. Outre qu'il étoit méchant, il étoit malin encore, et persécuteur jusqu'aux enfers quand il en vouloit aux gens. Ses propos ne démentoient point les désagréments dont il étoit chamarré : ils étoient éternellement divisés en trois points, et sans cesse demandoit, en s'applaudissant, s'il se faisoit bien entendre; avec qui que ce fût, maître de la conversation, interrompant, questionnant, prenant la parole et le ton, avec des ris forcés à tous moments qui donnoient envie de pleurer; une expression pénible, maussade, pleine de répétitions, avec un air de supériorité d'état et d'esprit qui faisoit vomir et qui révoltoit en même temps; curieux de savoir le dedans et le dessous de toutes les familles et des intrigues, envieux et jaloux de tout, et dans sa marine comme un comite[1] sur ses galériens. Aucun officier, même général[2], même pour des riens, n'étoit à couvert de ses sorties en pleine audience publique, et nul homme ni femme de la cour de ses airs d'autorité. Il disoit aux gens les choses les plus désagréables avec volupté, et réprimandoit durement, en maître d'école, sous prétexte d'amitié et en forme d'avis.

Son délice étoit de tendre des panneaux, et la joie de son cœur de rendre de mauvais offices; en garde surtout contre son père et sa mère et leurs amis, et contre toutes

---

1. Voyez tome VIII, p. 143, note 3.
2. *Généraux*, au manuscrit.

les grâces et tous les plaisirs qu'ils pouvoient desirer de lui ; il s'en piquoit même, pour ne pas paroître sous leur férule, au point que le chancelier et la chancelière s'étoient fait une règle de ne lui rien demander ni recommander, et ne s'en cachoient point, parce que la négative étoit certaine. En général, il triomphoit de refuser et de faire mystère des choses mêmes les plus futiles, surtout d'être hérissé de difficultés sur les choses qui en souffroient le moins. L'importance lui tournoit la tête ; son ver rongeur étoit de n'être point ministre ; d'ailleurs incapable de société, d'amusement, de conversation ordinaire ; toujours plein de ses fonctions, de ses occupations, et avec qui que ce fût, hommes et femmes, roi de ses moments et de ses heures, et le tyran de sa famille et de ses familiers. Sa première femme, si parfaite en tout, en mourut à la fin à force de vertu ; la seconde l'a vengée.

On a vu sa conduite avec le comte de Toulouse, d'O et le maréchal d'Estrées. Les femmes des deux derniers l'avoient perdu auprès de Madame la Dauphine, et auprès du Dauphin tout ce qui avoit pu l'approcher. Mme de Maintenon, qui aimoit fort sa première femme, et qui a toujours conservé du goût et de la considération personnelle pour la chancelière, ne le pouvoit supporter. Il ne tenoit auprès du Roi que par l'amusement malicieux des délations de Paris, qui étoit de son département, et qui lui avoit causé force prises avec Argenson, lieutenant de police, qu'il vouloit tenir petit garçon sous lui. Argenson en savoit plus que lui ; il s'étoit habilement saisi de la confiance du Roi, et par elle du secret de la Bastille et des choses importantes de Paris ; il les avoit enlevées à Pontchartrain, à qui, en habile homme, il n'avoit laissé que les délations des sottises des femmes et des folies des jeunes gens : il s'étoit ainsi déchargé sur lui de l'odieux de sa charge, surtout des lettres courantes de cachet, et se conservoit le mérite, envers beaucoup de gens considérables de tous états, d'avoir sauvé leurs proches de ses griffes, soit en faisant en sorte de lui en souffler les aventures, ou en diminuant et raccommodant auprès du Roi ce qu'il y avoit gâté. Les jésuites, sulpiciens, etc., regardoient Argenson comme leur appui fidèle, et le servoient comme tel auprès du Roi et de Mme de Maintenon, tandis que, comme on l'a déjà dit, ils n'avoient que de l'aversion pour Pontchartrain, tant il les servoit de mauvaise grâce, et n'imputoient la chasse qu'il ne cessoit de faire aux moindres soupçons de jansénisme qu'au plaisir qu'il prenoit à faire du mal. La singularité d'un si détestable caractère m'a engagé à m'y étendre; la suite en fera voir encore davantage la nécessité. Avec tant de vices et d'insolence, il étoit d'une vérité à surprendre sur sa naissance; il n'en disoit pas le tout, mais bien qu'ils étoient de petits bourgeois de Montfort-l'Amaury, et assez pour désespérer la Vrillière, qui étoit glorieux là-dessus fort mal à propos : j'en ai quelquefois vu des scènes très-plaisantes entre eux deux. Comme secrétaire d'État, l'orgueil même.

Le duc de Beauvillier m'allégua la plupart de ces choses, et j'en sentois à mesure la vérité. Il m'en fit des plaintes amères, et les parades que j'y donnai ne furent reçues que très-foiblement. Je le vis si arrêté dans sa résolution, que je ne jugeai pas à propos de heurter par une résistance opiniâtre ; je glissai donc, et ne butai [1] qu'à laisser une queue pour pouvoir traiter encore un chapitre si délicat. Cela donnoit lieu à reposer ses idées, et à moi, qui les avois aisément prises, du temps pour le tourner et tâcher de les changer. Nous parlâmes donc d'autre chose, et Pontchartrain ne revint sur le tapis entre nous deux de trois ou quatre jours.

Ce fut le duc qui m'écarta à une promenade du Roi pour en faire une avec lui tête à tête, et qui reprit aussitôt ce chapitre, et je vis bien qu'il le faisoit à dessein. Le mien étoit tout préparé ; le sien étoit de m'emporter

---

1. Voyez tome IV, p. 346 et note 1.

par une foule de raisons, qui toutes n'étoient que trop bonnes : je lui laissai dire tout ce qu'il voulut. Il me pressa sur beaucoup de choses et de faits de Pontchartrain : son humeur étrange, sa malice, ses mauvais offices, sa satisfaction à faire du mal, son plaisir à nuire, sa mauvaise grâce à faire du bien et sa peine à bien faire, sa passion de s'étendre et d'usurper, son attention à tout abaisser devant lui, l'aversion publique, ses procédés indignes avec un nombre infini de gens de tous états et des plus considérables. Il ne m'apprenoit rien sur tout cela, et de ce dernier point j'en avois l'expérience la plus étrange et la plus fraîche ; ce ne fut pas sans combat intérieur que je l'étouffai dans une crise si décisive.

Quand il en eut bien dit, je lui répondis que n'ayant ni la force de crédit ni la volonté, quand bien même j'aurois la puissance, de m'opposer jamais en quoi que ce fût à lui, je ne pouvois pourtant me résoudre à lui abandonner le fils du chancelier, tout imparfait, et plus encore, que je le reconnoissois. Je lui parlai d'une manière touchante de mon attachement plein de reconnoissance pour le père, et de ma tendresse pour les petits-fils.

Cette manière de résister à un homme naturellement bon et plein de sentiments le rendit rêveur. Je m'aperçus qu'il commençoit à flotter entre la peine de me voir si ferme et une sorte de satisfaction de la cause que je lui venois d'avouer et de paraphraser. Il ne laissa pas d'insister encore, et moi de répondre sur le même ton, sans l'aigrir par des négatives fausses et grossières, mais en lui demandant s'il croyoit Pontchartrain entièrement incorrigible. Il ne répliqua point, je me tus, et il demeura un peu de temps en silence, et comme en méditation à part soi.

Il en sortit par me dire qu'avec toutes mes défenses, et qui n'étoient d'aloi que pour moi seul, il vouloit bien me dire que Pontchartrain étoit actuellement en un péril très-grand ; que pour l'amour de moi, puisque je m'obstinois si fort à le protéger, il vouloit encore bien me dire que le Dauphin ne le pouvoit souffrir; que la Dauphine avoit juré sa perte, poussée par tout ce qui l'approchoit, par le cri public, par son propre dégoût, par Mᵐᵉ de Maintenon même, qui d'ancienneté brouillée avec le père, ne pouvoit personnellement supporter le fils, pour une aversion particulière que ses manières et tout ce qui lui en revenoit lui avoient donnée; que le Roi seul paroissoit plus indifférent là-dessus, mais sentir bien tous les défauts de Pontchartrain, et ne sembloit pas préparer une grande résistance à tant et de telles batteries prêtes à jouer. Le duc ajouta que pour lui, s'il étoit sensible à la vengeance, je pouvois bien juger de ce qu'il penseroit et feroit; mais qu'au défaut d'une affection que le christianisme lui défendoit, il étoit poussé par tout ce qu'il voyoit et par tout ce qu'il lui revenoit chaque jour de Pontchartrain; que sa chute, pour laquelle il n'avoit seulement qu'à laisser faire, il ne la pouvoit regarder que comme un bien public et avantageux à l'État: que, pensant de la sorte, c'étoit à Pontchartrain, s'il en avoit le loisir, à changer si promptement de conduite qu'il le convainquît qu'il étoit corrigible, après quoi on verroit ce qu'il seroit à propos de faire à son égard.

Comme nous nous parlions toujours sous le plus sûr secret et sans mesures, je lui demandai si ce qu'il me disoit là étoit une menace d'une chose possible par celles qui existoient, ou un orage tout formé, et des desseins pris et prêts à éclore. Il me répondit nettement que c'étoit le dernier. J'en frémis, et n'osant le presser sur le détail de cette affaire, je me contentai de le conjurer d'accorder un court loisir avant que de perdre un homme au moins si instruit de sa marine, et que son successeur encore feroit peut-être regretter.

Je n'ai point su quel il étoit, mais j'ai cru que Desmarets pouvoit être le désigné. Il avoit très-bien pris avec le Roi, mieux encore avec Mᵐᵉ de Maintenon, par les charmes de la finance, et le goût qu'elle commençoit à prendre pour sa femme, quoique revenu en place malgré la fée qui vouloit Voysin, mais dont la place de secrétaire d'État de Chamillart, qu'elle lui avoit fait donner, l'avoit dépiquée. Desmarets avoit pour soi Madame la Dauphine, par les manéges de sa femme, et par les soins qu'il avoit de plaire pécuniairement à tout ce qui l'approchoit véritablement. On a vu plus haut que son humeur féroce et son ingratitude n'avoit pu déprendre de lui les ducs de Chevreuse et de Beauvillier, et les causes de leur persévérance; et c'est ce groupe de choses qui m'a persuadé que c'étoit Desmarets qu'ils vouloient porter à la plénitude des charges de son oncle Colbert.

Sur mes instances, que je rendis les plus pressantes, M. de Beauvillier me permit d'avertir Pontchartrain de dominer son humeur dans ses audiences et avec tout le monde, de rapporter devant le Roi avec moins de penchant au mal, de rendre compte au conseil des dépêches des affaires dont il étoit chargé avec un goût moins enclin à la sévérité, de lui en spécifier quelques-unes en particulier, que le duc m'expliqua, où ses manières dures et enclines au mal, tant en ce conseil qu'en ses audiences, et même dans son travail tête à tête avec le Roi, où Mme de Maintenon étoit toujours présente, avoient fait de fâcheuses impressions et étoient vivement revenues; mais il me défendit d'aller plus loin et de lui laisser apercevoir d'où je pouvois être instruit. Je rendis grâces au duc de Beauvillier, comme d'une obligation du premier ordre, de ce qu'il vouloit bien que je fisse, et je le conjurai de nouveau de suspendre l'orage jusqu'à ce qu'il eût vu le fruit de ces avis. Il ne voulut s'engager à rien; je crus apercevoir qu'il craignoit le plaisir de la vengeance, que ce principe le fit rendre un peu à mes instances, et qu'il résista par le même, et par modestie, à la satisfaction de me laisser voir combien il influoit sur le sort de Pontchartrain. De cela même je m'ouvris à l'espérance. Ainsi finit cette importante conversation.

Elle me donna lieu à de grandes réflexions. Outre celles

que j'ai déjà expliquées sur l'état du chancelier et de ses petits-fils, son fils chassé, je sentis encore que ce coup paré, si tant étoit que j'en pusse venir à bout, ils ne seroient encore en aucune assurance. Pontchartrain, fait comme il étoit, ne pourroit se contenir longtemps; ses rechutes deviendroient mortelles, avec cette horreur générale qu'il avoit si justement encourue, et cet éloignement extrême, pour ne rien dire de plus, toujours subsistant entre son père et le duc de Beauvillier, dans la posture nouvelle et stable où se trouvoit alors ce dernier. Toute ma vie j'avois desiré avec la passion la plus vive de les voir solidement réconciliés, mais comme on desire quelquefois des choses imaginaires et impossibles. Deux hommes en tout si dissemblables. excepté en probité et en amour de l'État, n'avoient rien en quoi ils pussent compatir ensemble. Leurs liaisons, leurs vues, leurs sentiments, leur tempérament se trouvoient tellement contraires qu'il ne s'y pouvoit rien ajouter, et jusqu'à la religion dans deux très-hommes de bien, de la façon dont ils la prenoient l'un et l'autre, leur étoit devenue un très-puissant motif d'aversion. Cependant, par la face nouvelle que la cour avoit prise, je voyois le chancelier et son fils perdus sans cette réconciliation sincère, et sa nécessité me parut si démontrée que, quelque impossible et chimérique qu'elle me semblât, je me mis dans la tête d'y oser travailler. Sans ce remède unique, je ne voyois aucun moyen de subsister pour le chancelier, dans la nouvelle et durable face que la cour avoit prise, et je ne trouvois d'épines dans le riant de ma situation particulière que la peine extrême, et qui troubloit toute ma joie, de voir mes deux plus intimes amis en état ensemble que l'un infailliblement seroit perdu et anéanti par l'autre. Il ne falloit pas un motif moins puissant pour me faire entreprendre un ouvrage si voisin de l'impossible, et que l'extrême nécessité cessa lors, pour la première fois, de me laisser envisager comme une folie.

Dès le soir même, après que les soupeurs se furent

retirés de chez Pontchartrain, j'entrai chez lui, où je n'allois plus familièrement, et même très-rarement ; l'heure ajouta à sa surprise. Je lui dis d'abordée, et d'un air grave et froid, que quoique ma coutume ne fût pas de lui faire des leçons, et que j'eusse lieu d'en être encore plus éloigné que jamais, j'avois pourtant des choses à lui dire dont je ne pouvois me dispenser ; qu'il ne me demandât ni mes raisons ni d'où je prenois ce que j'avois à lui dire, qu'il se contentât d'apprendre qu'il ne pouvoit m'écouter avec trop d'attention, ni prendre trop de soin d'en profiter sans délai. Après une préface si énergique, je lui dis, comme si j'en avois été l'auteur, tout ce que j'avois permission de lui dire, et cela tout de suite, comme une leçon apprise par cœur. Je fus écouté avec toute l'attention que demandoit ma préface et la matière qui la suivit. Pontchartrain sentit aisément que les faits singuliers que je lui spécifiai ne pouvoient m'être venus que d'endroits importants. Il voulut s'excuser sur certaines choses, sur d'autres il avoua, et accusa son humeur : je répondis qu'avec moi tout cela étoit inutile, que son affaire étoit de profiter de ce qu'il venoit d'entendre, la mienne de m'aller coucher ; et là-dessus je le quittai aussi brusquement que je l'avois abordé. Je rendis compte le lendemain de ce que j'avois dit à Pontchartrain au duc de Beauvillier : il augmenta ma frayeur par ce qu'il me laissa voir de l'imminence de la chute, et néanmoins il convint d'attendre ce que produiroit ma remontrance.

A quelques jours de là, me promenant après minuit en tiers avec le Dauphin et l'abbé de Polignac, la conversation tomba sur le gouvernement d'Hollande, sur sa tolérance de toutes les sectes, et bientôt sur le jansénisme. L'adroit abbé n'en perdit pas l'occasion, et dit tout ce qu'il falloit pour plaire. Le Dauphin me donna lieu d'entrer assez dans la conversation : je parlai suivant mes sentiments, et sans affectation. La promenade se poussa tard par le plus beau temps du monde, et je quittai le Dauphin comme il alloit rentrer au château. J'expliquerai ailleurs ce que je pense sur cette matière, parce qu'elle entrera dans plus d'une chose dans la suite, et ma façon de voir et d'être avec le Dauphin. Dès le lendemain matin, M. de Beauvillier me prit dans le salon, et me conta que le Dauphin venoit de lui dire avec beaucoup de joie qu'à des discours qu'il m'avoit ouï tenir le soir précédent à sa promenade, il me croyoit éloigné du jansénisme, et tout de suite me demanda de quoi il avoit été question, que le Dauphin n'avoit pas eu le temps de lui expliquer. Il me dit, après lui en avoir rendu compte, qu'il avoit tout à fait confirmé le Dauphin dans cette opinion sur moi, et cela mit en effet sa confiance pour moi au large sur toutes sortes de chapitres; et voilà ce que font les hasards.

Il fit encore qu'à ce propos le duc me dit tout de suite que le Dauphin soupçonnoit fort Pontchartrain de jansénisme, lui qui faisoit sa cour au Roi du zèle de cette persécution. La délicatesse de M. de Beauvillier étoit là-dessus si étrange, qu'après ce qu'il m'avoit dit lui-même, que les jésuites et les sulpiciens imputoient au goût malfaisant de Pontchartrain la persécution qu'il faisoit aux jansénistes, je ne le pus faire revenir de ses soupçons là-dessus qu'en lui répondant de Pontchartrain sur ce chapitre, et que, différent en tout d'avec son père, ils étoient aussi parfaitement divisés sur les jésuites et l'Oratoire. La fréquentation de Pontchartrain, lors de la mort de sa femme, avec le P. de la Tour, général de l'Oratoire, et encore quelques mois après, avoit répandu ces soupçons; mais j'assurai le duc, comme il étoit vrai, que Pontchartrain, avec la dernière indécence, avoit quitté le commerce du P. de la Tour, comme une chemise sale, et n'en avoit pas ouï parler depuis.

Nous nous revîmes le même jour sur le soir. Dans l'entre-deux, M. de Beauvillier, sur ma parole, avoit répondu de Pontchartrain au Dauphin sur le jansénisme: il me le confia; et ce fut le premier bon office qu'il lui rendit auprès de ce prince. De là, le duc me dit qu'il n'entendoit pas deux choses, Pontchartrain étant tel la-dessus que je le lui avois si fort assuré : l'une qu'il étoit très-suspect aux jésuites, l'autre comment l'affaire d'un ecclésiastique d'Orléans étoit si mal entre ses mains; que les jésuites attribuoient à son goût de faire du mal sa facilité à maltraiter les jansénistes, que l'on exiloit ou qu'on ôtoit de places, et n'en étoient pas moins en garde contre lui, parce qu'il leur étoit aussi contraire qu'il lui étoit possible; et que cet ecclésiastique si opposé aux jansénistes, et qui tiroit de là tout son appui, ne pouvoit être plus mal servi qu'il l'étoit de Pontchartrain, pour l'union d'un bénéfice, qui étoit néanmoins très-essentielle au bon parti. Il s'échauffa assez là-dessus, et de lui-même me permit d'avertir Pontchartrain, mais comme de moi-même, de la disposition des jésuites à son égard; qu'il lui importoit fort de la changer par une conduite opposée; et sur cet ecclésiastique, de lui dire, non plus comme de moi-même, mais de sa part à lui comme en avis, de rapporter son affaire au premier conseil de dépêches, d'y donner un tour favorable, et d'ajouter que cela lui étoit plus important qu'il ne pensoit.

Je fis ce même soir, vers le minuit, une seconde visite à Pontchartrain, toute semblable à la première, dont l'heure et le ton ne le surprit pas moins, et bien plus encore que la première pour les choses. Il s'étoit peut-être douté à la première d'où lui venoient mes avis; à cette seconde, il ne put plus l'ignorer. C'étoit en insolence le premier homme du monde, lorsqu'il ne craignoit point les gens; et le premier aussi en bassesses, où personne ne le surpassoit, à proportion de son besoin et de sa frayeur. Ainsi on peut juger de tout ce qu'il me pria de dire à M. de Beauvillier, de quelle façon il se mit à en user avec les jésuites, et comment tourna l'affaire de l'ecclésiastique d'Orléans.

M. de Beauvillier en fut si content qu'il voulut bien que je lui disse, mais comme de moi-même, le péril en gros où il étoit auprès du Dauphin, et les moyens de le rapprocher peu à peu, tous opposés à son génie et à ses manières accoutumées. Le duc alla jusqu'à me charger de lui dire qu'il lui ménageroit des occasions de travailler avec le Dauphin, qu'il l'en avertiroit d'avance et de la façon de s'y conduire.

Je revis donc aussitôt Pontchartrain pour la troisième fois ; je ne vis jamais homme si transporté. Il se crut noyé et sauvé au même instant, et les protestations qu'il me fit, tant pour M. de Beauvillier que pour moi, furent infinies. Sur mon compte, je sus bien qu'en penser, puisque c'étoit trois semaines après qu'il m'eut envoyé d'Aubanton ; aussi les reçus-je pour moi avec le froid le plus dédaigneux, et je lui fis sentir, au choix de mon peu de paroles, la nullité de part que sa personne devoit prendre au salut inespéré que je lui procurois.

Le duc tint parole : Pontchartrain fut averti et instruit ; et comme M. de Beauvillier ne voulut pas s'y montrer, je fus toujours le canal entre eux, sous le plus entier secret. Pontchartrain travailla chez le Dauphin ; le duc avoit préparé les choses. Le prince fut content. Cela dura le reste du voyage de Marly, qui d'une tirade nous conduisit à Fontainebleau, sans retourner à Versailles, à cause du mauvais air.

Dans ces entrefaites, et sur la fin de Marly, je pris en particulier le premier écuyer, non pour lui confier quoi que ce soit de ce qui vient d'être raconté, mais pour m'en servir à ma manière au dessein de réconciliation que j'avois conçu. C'étoit un grand homme froid, de peu d'esprit, de beaucoup de sens, fort sage, fort sûr, fort mesuré, qui, à force d'être né et d'avoir passé sa vie à la cour, fils d'un homme qui y étoit maître passé et dans une considération singulière, et lui dans les cabinets les plus secrets de le Tellier, Louvois et Barbezieux, dont il étoit si proche par sa femme, et qui l'avoient admis à tout avec eux, avoit acquis une grande connoissance de la cour et du monde, y étoit fort compté, s'y étoit mêlé de beaucoup de choses, et y étoit enfin devenu une espèce de personnage. Il étoit de tout temps fort bien avec le Roi; il avoit des particuliers quelquefois avec lui; et il avoit eu l'art d'être fort bien avec tous les ministres, et intimement avec le chancelier, qui avoit beaucoup de créance en lui. J'ai parlé de lui à l'occasion de la mort de Monseigneur, duquel il espéroit beaucoup, et rien de la cour nouvelle, avec qui il n'avoit nulle liaison, même quelque chose de moins avec les ducs de Chevreuse et de Beauvillier, par l'ancien chrême [1] des Louvois, si opposés à tout ce qui étoit Colbert, et tous leurs commerces et leurs allures tout à fait différentes.

Je crus donc que c'étoit le seul homme dont je pusse m'aider pour attaquer le chancelier sur sa conduite avec le duc de Beauvillier. Je lui dis qu'ami au point où je l'étois de M. de Beauvillier et du chancelier, je voyois de tout temps leur éloignement avec une peine extrême, que jusqu'alors je m'étois contenté de m'en affliger en moi-même, mais que dans la face nouvelle que la cour venoit de prendre, et qui se fortifioit de jour en jour, je ne pouvois dormir en repos comme j'avois fait tant que leur inimitié n'avoit pu être fatale à aucun des deux, que le Dauphin devenoit rapidement le maître des affaires, et par lui son gouverneur, qui le seroit sans mesure lorsque son pupille auroit succédé au Roi, que le danger présent étoit grand, par la haine publique que Pontchartrain avoit encourue, et s'il subsistoit le reste de ce règne, ce qui me paroissoit bien difficile, il me sembloit impossible qu'il pût durer au delà, que, tombant, je ne voyois pas ce que pourroit devenir le père d'un homme chassé dans une cour où tout le crédit seroit contre lui, où il survivroit à sa fortune et à soi-même, et où la décence ni sa propre humeur ne pourroit lui permettre d'y rester, et d'y hasarder de se voir chasser lui-même sur quelque aventure de Rome et de jansénisme, et se voir bombarder un garde des sceaux, qu'en vain s'appuyoit-il sur l'auto-

---

1. Voyez tome VI, p. 338, note 1.

rité de sa place, sur son esprit, sur sa capacité, sur sa
réputation, puisque ce ne seroit pas lui qu'on attaqueroit,
mais son fils, qui n'avoit aucun de ces boucliers, qui
s'étoit rendu la bête de tout le monde, et dont la chute
auroit les applaudissements publics.

Beringhen connoissoit parfaitement Pontchartrain; il
m'avoua la vérité de ce que je lui représentois, sa crainte
extrême de ce que je prévoyois, et me pressa de travailler
à une réconciliation si capitale à la fortune du père et du
fils, comme le seul homme qui la pût entreprendre, par
l'amitié et la confiance que le duc et le chancelier avoient
également et entièrement pour moi. Je lui répondis que
c'étoit toute ma passion, mais que je travaillerois en vain
tant que le chancelier s'escarmoucheroit avec le duc sans
cesse au conseil, et ne se mesureroit pas ailleurs à son
égard, qu'il nourrissoit ainsi une haine, pour parler nettement, de longue main enracinée, qu'il l'augmentoit
tous les jours, loin de songer à l'émousser, en quoi
pourtant consistoit son salut et celui de sa famille, que
c'étoit à lui, Beringhen, son ami, et qui ne lui seroit
point suspect sur M. de Beauvillier, avec qui il savoit
bien qu'il n'avoit point de liaison, à lui ouvrir les yeux
sur le danger de voir périr toute la fortune prodigieuse
qu'il avoit faite, et de lui faire comprendre qu'elle valoit
bien la peine de se contraindre, et de ployer à la nécessité
des temps, qu'après qu'il l'auroit rendu capable d'un vrai
changement de conduite à cet égard, je verrois à tâcher
de le mettre à profit auprès de M. de Beauvillier, et peu à
peu ainsi les rapprocher, et de là les réconcilier enfin si
je pouvois.

Le premier écuyer, ou timide comme il l'étoit naturellement, ou désespérant de faire entendre raison au chancelier, vif et décidé comme il le connoissoit, ou véritablement court de temps, me dit qu'il en auroit peu pour
parler suffisamment au chancelier, qui n'étoit point à
Marly, qui n'y venoit que pour les conseils, et qui ces
jours-là s'en retournoit dîner à Versailles, et les autres

jours se tenoit à Pontchartrain ; qu'il avoit demandé congé au Roi de s'en aller dans quelques jours chez lui à Armainvilliers, et qu'il y passeroit presque tout le voyage de Fontainebleau, où la cour alloit incessamment. Il finit par me presser de nouveau de travailler à une aussi bonne œuvre, que nul autre que moi ne pouvoit exécuter, et moi par l'exhorter de parler au moins avant de partir, et de parler sans ménagement. La suite de ceci se verra bientôt à Fontainebleau ; avant d'y conduire la cour, il faut reprendre des choses qui ont précédé ce voyage.

On a pu voir épars en plusieurs endroits de ces *Mémoires* à quel degré d'intimité et de toute confiance j'étois arrivé avec le duc de Beauvillier, avec le duc de Chevreuse, et avec les duchesses leurs femmes. Tout cela vivoit dans la même amitié avec Mme de Saint-Simon, et ce qui étoit peut-être unique pour des personnes si généralement cachées et compassées, dans la confiance et la liberté la plus entière, fondées sur l'estime de sa vertu et l'expérience de la sagesse et de la bonté de son esprit et de sa conduite, plus encore s'il se peut que sur ce qu'elle m'étoit, et de ce qu'ils savoient que j'étois pour elle. Il faut donc comprendre que ces trois couples faisoient un groupe qui ne se cachoit rien, qui se consultoit tout, qui en ce genre étoit inaccessible à quiconque, et dont le commerce étoit non-seulement continuel, mais de tous les jours, et souvent de plus d'une fois par jour quand nous étions dans les mêmes lieux, et il étoit fort rare que nous en fussions séparés, parce que Vaucresson étoit fort proche, et que je ne sortois presque point de la cour, ni Mme de Saint-Simon non plus. Cette union anciennement prise, mais liée et augmentée par degrés, en étoit à ce dernier bien longtemps avant la mort de Monseigneur, comme divers traits de ces *Mémoires* auront pu le faire remarquer.

Dans cet état, M. de Beauvillier ne cessoit depuis longtemps de faire naître de l'estime, de l'amitié, du goût pour moi en son pupille, sur l'esprit et le cœur duquel il pouvoit tout. Il n'en perdit aucune occasion pendant plusieurs années. On a vu que j'en sentis l'effet à l'occasion de l'ambassade de Rome, et un autre si grandement marqué à son arrivée de la campagne de Lille. L'état triste où il fut après si longtemps ajouta aux mesures que le sage gouverneur me prescrivit toujours. On se souvient de la situation où la cabale de Meudon tenoit ce prince, et combien le Roi même demeura aliéné de lui, en sus de ce qu'il en étoit auparavant par la vie si recluse et si resserrée de son petit-fils, qui l'avoit dès lors mis fort à gauche avec Monseigneur. On ne doutoit dans aucun de ces temps que le duc de Beauvillier ne possédât ce jeune prince ; on ignoroit bien le fond de mon intimité avec le duc, mais la liaison étoit trop forte, et le commerce trop continuel et trop libre avec des gens aussi enfermés, pour n'avoir pas percé.

Être en mesure et en garde infinie étoit le caractère dominant du duc. La haine de Mme de Maintenon, et les secousses qu'il avoit éprouvées du Roi même, augmentoient encore les entraves de sa timidité naturelle. Il craignoit les soupçons de circonvenir son pupille ; il craignoit la jalousie et les regards perçants qui s'étoient fixés sur moi depuis ce choix pour Rome ; il vouloit me mettre peu à peu dans la confiance du jeune prince, mais il ne vouloit pas qu'il en parût rien. Il redoubla encore de précautions depuis la campagne de Lille, où je m'étois si hautement déclaré, et dont je fus perdu un temps. Je rappelle toutes ces époques et ces faits, épars dans ces *Mémoires*, pour les remettre tous à la fois sous les yeux, et montrer les raisons de la conduite que le duc de Beauvillier me fit observer, de concert avec le prince.

Je ne le voyois chez lui, aux heures de cour, que rarement et courtement, assez pour qu'il ne parût rien d'affecté, assez peu pour qu'on ne pût soupçonner non-seulement privance, mais même aucun dessein de m'approcher de lui : en tout, plus de négligence que de cour.

Par cette raison, le prince me distinguoit peu chez lui, et ne me donnoit guère au delà de ce qu'il avoit accoutumé aux gens de ma sorte; mais souvent un coup d'œil expressif, un sourire à la dérobée m'en disoit tout ce que j'en desirois savoir.

Outre la transcendance d'être sans cesse porté avec étude par le duc de Beauvillier auprès de lui, et encore par le duc de Chevreuse, du caractère dont étoit ce prince, ce qu'il paroissoit du mien par le tissu de la conduite ordinaire de toute ma vie étoit un avantage peu commun pour lui plaire. Il aimoit une vie appliquée, égale, unie; il estimoit l'union dans les familles; il consideroit les amitiés qui faisoient honneur, et de celles-là on a vu que j'y fus toujours heureux. Ma jeunesse n'avoit rien eu de ce qui eût pu l'étranger[1] ou l'arrêter. Toutes mes liaisons particulières s'étoient trouvées avec des personnes qui presque toutes lui étoient agréables, ou directement ou par quelque recoin, mes inimitiés ou mes éloignements avec celles qui pour la plupart étoient en opposition avec lui, et très-ordinairement directe, ce qui étoit arrivé naturellement et sans aucun art. J'étois bien de toute ma vie avec les jésuites : quoique sans liaison qu'avec un seul à la fois, mais liaison unique jusqu'à la mort du dernier, qui survécut le feu Roi, ils me comptoient parmi leurs amis, comme on l'a vu du P. Tellier, et comme on le verra davantage; je l'avois été intime, comme on l'a vu aussi de l'évêque de Chartres, Godet. C'étoient là des boucliers sûrs contre le dangereux soupçon de jansénisme; et ce que j'ai rapporté de cette conversation avec le Dauphin et l'abbé de Polignac en tiers, dans les jardins de Marly, mit le sceau à l'assurance. Ma façon d'être à cet égard reviendra trop souvent dans les suites pour ne mériter pas d'être expliquée, puisque l'occasion s'en présente si naturellement.

Le célèbre abbé de la Trappe a été ma boussole là-

---

1. Voyez tome III, p. 10 et note 1.

dessus, comme sur bien d'autres choses dont je desirerois infiniment avoir eu la pratique comme la théorie.

Je tiens tout parti détestable dans l'Église et dans l'État. Il n'y a de parti que celui de Jésus-Christ. Je tiens aussi pour hérétiques les cinq fameuses propositions directes et indirectes, et pour tel tout livre sans exception qui les contient. Je crois aussi qu'il y a des personnes qui les tiennent bonnes et vraies, qui sont unies entre elles et qui font un parti. Ainsi, de tous les côtés, je ne suis pas janséniste.

D'autre part, je suis attaché intimement, et plus encore par conscience que par la plus saine politique, à ce que très-mal à propos on connoît sous le nom de libertés de l'Église gallicane, puisque ces libertés ne sont ni priviléges, ni concessions, ni usurpations, ni libertés même d'usage et de tolérance, mais la pratique constante de l'Église universelle, que celle de France a jalousement conservée et défendue contre les entreprises et les usurpations de la cour de Rome, qui ont inondé et asservi toutes les autres et fait par ses prétentions un mal infini à la religion. Je dis la cour de Rome, par respect pour l'évêque de Rome, à qui seul le nom de pape est demeuré, qui est de foi le chef de l'Église, le successeur de saint Pierre, le premier évêque, avec supériorité et juridiction de droit divin sur tous les autres quels qu'ils soient, et à qui appartient seul la sollicitude et la surveillance sur toutes les Églises du monde, comme étant le vicaire de Jésus-Christ par excellence, c'est-à-dire le premier de tous ses vicaires, qui sont les évêques. A quoi j'ajoute que je tiens l'Église de Rome pour la mère et la maîtresse de toutes les autres, avec laquelle il faut être en communion; maîtresse, *magistra*, et non pas *domina;* ni le Pape, le seul évêque, ni l'évêque universel, ordinaire et diocésain de tous les diocèses, ni ayant seul le pouvoir épiscopal duquel il émane dans les autres évêques, comme l'Inquisition, que je tiens abominable devant Dieu et exécrable aux hommes, le veut donner comme de foi.

Je crois la signature du fameux formulaire une très-pernicieuse invention, tolérable toutefois en s'y tenant exactement suivant la paix de Clément IX, autrement insoutenable. Il résulte que je suis fort éloigné de croire le Pape infaillible, en quelque sens qu'on le prenne, ni supérieur, ni même égal aux conciles œcuméniques, auxquels seuls appartient de définir les articles de foi, et de ne pouvoir errer sur elle.

Sur Port-Royal, je pense tout comme le feu Roi s'en expliqua à Maréchal en soupirant, p. 389[1], que ce que les derniers siècles ont produit de plus saint, de plus pur, de plus savant, de plus instructif, de plus pratique, et néanmoins de plus élevé, mais de plus lumineux et de plus clair, est sorti de cette école, et de ce qu'on connoît sous le nom de Port-Royal; que le nom de jansénisme et de janséniste est un pot au noir de l'usage le plus commode pour perdre qui on veut, et que d'un millier de personnes à qui on le jette, il n'y [en] a peut-être pas deux qui le méritent; que ne point croire ce qu'il plaît à la cour de Rome de prétendre sur le spirituel, et même sur le temporel, ou mener une vie simple, retirée, laborieuse, serrée, ou être uni avec des personnes de cette sorte, c'en est assez pour encourir la tache de janséniste; et que cette étendue de soupçons mal fondés, mais si commode et si utile à qui l'inspire et en profite, est une plaie cruelle à la religion, à la société, à l'État.

Je suis persuadé que les jésuites sont d'un excellent usage en les tenant à celui que saint Ignace a établi. La Compagnie est trop nombreuse pour ne renfermer pas beaucoup de saints, et de ceux-là j'en ai connu, mais aussi pour n'en contenir pas bien d'autres. Leur politique et leur jalousie a causé et cause encore de grands maux; leur piété, leur application à l'instruction de la jeunesse, et l'étendue de leurs lumières et de leur savoir, fait aussi de grands biens.

---

1. Page 414 et 415 de notre tome III.

C'en [est] assez pour un homme de mon état; ce seroit en sortir, et des bornes de ce qui est traité ici, que descendre dans plus de détail; mais ce n'est pas trop pour les choses dont les récits nécessaires s'approchent. Ce que je viens d'expliquer ne contentera pas ceux qui prétendent que le jansénisme et les jansénistes sont une hérésie et des hérétiques imaginaires, et satisfera sûrement encore moins ceux à qui la prévention, l'ignorance ou l'intérêt en font voir partout. Ce qui m'a infiniment surpris est comment la prévention qui mettoit M. de Beauvillier de ce dernier côté lui a pu permettre de s'accommoder de moi au point qu'il a fait, et sans le moindre nuage, toute sa vie, avec la franchise entière que j'ai toujours eue avec lui là-dessus, comme sur tous mes autres sentiments sur toutes autres matières.

CHAPITRE II.

Situation personnelle de la duchesse de Saint-Simon à la cour. — Précautions de ma conduite; je sonde heureusement le Dauphin. — Court entretien dérobé avec le Dauphin. — Tête-à-tête du Dauphin avec moi; dignité, gouvernement, ministère. — Belles et justes espérances. — Conférence entre le duc de Beauvillier et moi. — Autre tête-à-tête du Dauphin avec moi; secret de ces entretiens; dignité; princes, princes du sang, princes légitimés. — Belles paroles du Dauphin sur les bâtards. — Conférence entre le duc de Beauvillier et moi. — Importance solide du duc de Beauvillier; concert entier entre lui et moi. — Contrariété d'avis entre le duc de Beauvillier et moi sur la succession de Monseigneur; manière dont elle fut traitée; extrême indécence qui s'y commit à Marly.

Divers endroits de ces *Mémoires* ont fait voir combien Mme de Saint-Simon pouvoit compter sur les bontés de Mme la duchesse de Bourgogne, et le dessein constant qu'elle eut toujours de la faire succéder à la duchesse du Lude. La place qu'elle fut forcée de remplir auprès de Mme la duchesse de Berry l'approcha de tous les particuliers; plus elle fut vue de près, plus elle fut goûtée, aimée, et si j'ose parler d'après toutes ces têtes presque couronnées, même après le Roi et Mme de Maintenon, elle fut honorée et respectée; et les écarts de la princesse à qui on l'avoit attachée malgré elle ne firent que plus d'impression en faveur de son grand sens, de la prudence, de la justesse de son esprit et de sa conduite, de la sagesse, de l'égalité, de la modestie, de la vertu de tout le tissu de sa vie, et d'une vertu pure, toujours suivie, et qui, austère pour elle-même, étoit aimable, et bien loin de rebuter par ses rides, se fit toujours rechercher par celles même dont l'âge et la conduite en étoient les plus éloignés[1], qui vinrent plus d'une fois se jeter à elle pour en être conseillées, et tirées par son moyen des dangers et des orages domestiques où leur conduite les avoit livrées. Tant de qualités aimables et solides lui avoient acquis l'amitié et la confiance de beaucoup de personnes considérables, et tant de réputation que personne n'y fut plus heureuse qu'elle; sur quoi on peut se souvenir du conseil que les trois ministres, sans nul concert entre eux, me donnèrent, lorsque je fus choisi pour Rome, de lui tout communiquer et de profiter de ses avis. Le Dauphin, qui la voyoit souvent dans les parties particulières et toujours depuis le mariage de M. le duc de Berry, avoit pris pour elle beaucoup d'estime, d'amitié, même de confiance, qui me fut un autre appui très-fort près de lui, que le duc de Beauvillier fortifia toujours, et par amitié, et plus encore par l'opinion qu'il avoit d'elle. Ainsi tout me portoit dans la confiance et dans l'amitié libre et familière du Dauphin.

La cour changée par la mort de Monseigneur, il fut question pour moi de changer de conduite à l'égard du nouveau Dauphin. M. de Beauvillier m'en parla d'abord, mais il jugea que ce changement ne devoit se faire que fort lentement, et de manière à y accoutumer sans effaroucher. J'avois en divers temps échappé à d'étranges

---

1. *Éloignées*, au manuscrit.

noirceurs ; je devois compter que les regards se fixeroient sur moi à proportion de la jalousie, et que je n'en pouvois éviter les dangers qu'en voilant ma situation nouvelle, si fort changée par le changement de toute la scène de la cour; pour cela ne m'approcher à découvert que peu à peu du prince, à mesure que son asile se fortifieroit à mon égard, c'est-à-dire à mesure qu'il croîtroit auprès du Roi en confiance, et en autorité dans les affaires et dans le monde. Je crus néanmoins à propos de le sonder dès les premiers jours de son nouvel essor : un soir que je le joignis dans les jardins de Marly, où il étoit peu accompagné, et de personne qui me tînt de court, je profitai de son accueil gracieux pour lui dire comme à la dérobée que bien des raisons qu'il n'ignoroit pas m'avoient retenu jusqu'alors dans un éloignement de lui nécessaire, que maintenant j'espérois pouvoir suivre avec moins de contrainte mon attachement et mon inclination, et que je me flattois qu'il l'auroit agréable. Il me répondit bas aussi qu'il y avoit en effet des raisons quelquefois qui retenoient, qu'il croyoit qu'elles avoient cessé, qu'il savoit bien quel j'étois pour lui, et qu'il comptoit avec plaisir que nous nous verrions maintenant plus librement de part et d'autre. J'écris exactement les paroles de sa réponse, pour la singulière politesse de celles qui la finissent. Je la regardai comme l'engagement heureux d'une amorce qui avoit pris comme je me l'étois proposé. Je me rendis peu à peu plus assidu à ses promenades, mais sans les suivre entières, qu'autant que la foule ou des gens dangereux ne les grossissoient pas, et j'y pris la parole avec plus de liberté. Je demeurai sobre à le voir chez lui avec le monde, et je m'approchois de lui dans le salon suivant que j'y voyois ma convenance.

Je lui avois présenté notre mémoire contre d'Antin lors du procès, et je n'avois pas manqué de lui glisser un mot sur notre dignité, à laquelle je le savois très-favorable, et par principes. Il avoit lu le mémoire, et avoit été fort

aise, à cause de quelques-uns d'entre nous, de le trouver
fort bon, et la cause de d'Antin insoutenable. Je n'ignorois pas aussi ce qu'il pensoit sur la forme du gouvernement de l'État, et sur beaucoup de choses qui y ont
rapport; et ses sentiments là-dessus étoient les miens
mêmes, et ceux des ducs de Chevreuse et de Beauvillier,
par qui j'étois bien instruit. C'étoit l'avoir trop beau pour
n'essayer pas à en tirer grand parti : je me rendis donc
attentif à saisir tout ce qui pourroit me conduire à
entrer naturellement en matière, et je ne fus pas longtemps à en trouver le moment.

Quelques jours après, étant dans le salon, j'y vis entrer
le Dauphin et la Dauphine ensemble, se parlant à diverses
reprises. Je m'approchai d'eux, et j'entendis les dernières
paroles; elles m'excitèrent à demander au prince de quoi
il s'agissoit, non pas de front, mais avec un tour de
liberté respectueuse que j'usurpois déjà. Il me répondit
qu'ils alloient à Saint-Germain pour la première fois qu'il
étoit Dauphin, c'est-à-dire en visite ordinaire, après celle
en manteau et en mante, que cela changeoit le cérémonial
avec la princesse d'Angleterre, m'expliqua la chose, et
appuya avec vivacité sur l'obligation de ne laisser rien
perdre de ses droits légitimes. « Que j'ai de joie, lui répondis-je, de vous voir penser ainsi, et que vous avez
raison d'appuyer sur ces sortes d'attentions dont la négligence ternit toutes choses! » Il reprit avec feu, et j'en
saisis le moment le plus actif pour lui dire que si lui, qui
étoit si grand, et dont le rang étoit si décidé, avoit raison d'y être attentif, combien plus nous autres, à qui on
disputoit et souvent on ôtoit tout sans qu'à peine nous
osassions nous en plaindre, avions-nous raison de nous
affliger de nos pertes et de tâcher à nous soutenir. Il entra
là-dessus avec moi jusqu'à devenir l'avocat de notre
cause, et finit par me dire qu'il regardoit notre restaura-
tion comme une justice importante à l'État, qu'il savoit
que j'étois bien instruit de ces sortes de choses, et que je
lui ferois plaisir de l'en entretenir un jour. Il rejoignit

dans ce moment la Dauphine, et s'en allèrent à Saint-Germain.

Le fait qui avoit donné lieu à cette courte mais importante ouverture étoit que, du vivant de Monseigneur, Mme la duchesse de Bourgogne cédoit partout en lieu tiers à la princesse d'Angleterre; mais que devenue l'épouse de l'héritier présomptif par la mort de Monseigneur, elle devoit désormais précéder partout en lieu tiers cette même princesse d'Angleterre, qui n'étoit pas héritière présomptive d'un frère qui auroit des enfants, et qui n'étoit pas même encore marié. A peu de jours de là, le Dauphin m'envoya chercher. J'entrai par la garde-robe, où du Chesne, son premier valet de chambre, très-homme de bien, sûr, et qui avoit sa confiance, m'attendoit pour m'introduire dans son cabinet, où il étoit seul. Mon remerciement ne fut pas sans mélange de ma conduite passée et présente, et de ma joie du changement de son état. Il entra en matière en homme qui craint moins de s'ouvrir que de se laisser aller à la vanité de son nouvel éclat. Il me dit que jusqu'alors il n'avoit cherché qu'à s'occuper et à s'instruire, sans s'ingérer à rien, qu'il n'avoit pas cru devoir s'offrir ni se présenter de lui-même; mais que depuis que le Roi lui avoit ordonné de prendre connoissance de tout, de travailler chez lui avec les ministres, et de le soulager, il regardoit tout son temps comme étant dû à l'État et au public, et comme un larcin tout ce qu'il en déroberoit aux affaires, ou à ce qui le pourroit conduire à s'en rendre capable; qu'aussi ne prenoit[-il] d'amusement que par délassement, et pour se rendre l'esprit plus propre à recommencer utilement après un relâchement nécessaire à la nature. De là il s'étendit sur le Roi, m'en parla avec une extrême tendresse et une grande reconnoissance, et me dit qu'il se croyoit obligé d'une manière très-étroite à contribuer à son soulagement, puisqu'il avoit la confiance en lui de le desirer. J'entrai fort dans des sentiments si dignes; mais en peine si la tendresse, la reconnoissance et le respect ne dégénéroient point en une admiration dangereuse, je glissai quelques mots sur ce que le Roi ignoroit bien des choses qu'il s'étoit mis en état de ne pouvoir apprendre, et auxquelles sûrement sa bonté ne demeureroit pas insensible si elles pouvoient arriver jusqu'à lui.

Cette corde, touchée ainsi légèrement, rendit aussitôt un grand son. Le prince, après quelques mots de préface sur ce qu'il savoit par M. de Beauvillier qu'on pouvoit sûrement me parler de tout, avoua la vérité de ce que je disois, et tomba incontinent sur les ministres. Il s'étendit sur l'autorité sans bornes qu'ils avoient usurpée, sur celle qu'ils s'étoient acquise sur le Roi, sur le dangereux usage qu'ils en pouvoient faire, sur l'impossibilité de faire rien passer au Roi, ni du Roi à personne, sans leur entremise; et sans nommer aucun d'eux, il me fit bien clairement entendre que cette forme de gouvernement étoit entièrement contraire à son goût et à ses maximes. Revenant de là tendrement au Roi, il se plaignit de la mauvaise éducation qu'il avoit eue, et des pernicieuses mains dans lesquelles il étoit successivement tombé; que par là, sous prétexte de politique et d'autorité, dont tout le pouvoir et tout l'utile n'étoit que pour les ministres, son cœur, naturellement bon et juste, avoit sans cesse été détourné du droit chemin, sans s'en apercevoir ; qu'un long usage l'avoit confirmé dans ces routes une fois prises, et avoit rendu le royaume très-malheureux. Puis, se ramenant à soi avec humilité, il me donna de grands sujets de l'admirer. Il revint après à la conduite des ministres, et j'en pris occasion de le conduire sur leurs usurpations avec les ducs et avec les gens de la plus haute qualité. A ce récit, l'indignation échappa à sa retenue; il s'échauffa sur le *Monseigneur* qu'ils nous refusent, et qu'ils exigeoient de tout ce qui n'étoit point titré, à l'exception de la robe.

Je ne puis rendre à quel point cette audace le choqua, et cette distinction si follement favorable à la bourgeoisie sur la plus haute noblesse. Je le laissai parler, tant pour jouir des dignes sentiments de celui qui se trouvoit si proche d'en pouvoir faire des règles et des lois, que pour m'instruire moi-même du degré où l'équité enflammée le pouvoit porter. Je repris ensuite les commencements de l'intervertissement de tout ordre, et je lui dis que le pur hasard m'avoit conservé trois lettres à mon père de M. Colbert, ministre contrôleur général des finances et secrétaire d'État, qui lui écrivoit *Monseigneur*. Cela parut lui faire autant de plaisir que s'il y avoit été intéressé. Il m'ordonna de les envoyer chercher, et admira la hardiesse d'un changement si entier. Nous le discutâmes ; et comme il aimoit à approfondir et à remonter tant qu'il pouvoit aux sources, il se mit sur la naissance des charges de secrétaire d'État, dont la ténuité de l'origine le surprit de nouveau, quoique lui-même, par l'explication qu'il se prit à en faire, me montrât qu'il n'avoit rien à apprendre là-dessus.

Tout cela fut la matière de plus d'une heure d'entretien ; elle nous détourna de celle que nous devions traiter, mais d'une manière plus importante que cette matière même, à laquelle celle de cet entretien n'étoit rien moins qu'étrangère. Le Dauphin m'ordonna de l'avertir lorsque j'aurois ces trois lettres de M. Colbert à mon père, et me dit qu'en même temps nous reprendrions la matière qu'il s'étoit proposé de traiter avec moi, et dont celle-ci l'avoit diverti.

Il est difficile d'exprimer ce que je sentis en sortant d'avec le Dauphin. Un magnifique et prochain avenir s'ouvroit devant moi. Je vis un prince pieux, juste, débonnaire, éclairé et qui cherchoit à le devenir de plus en plus, et l'inutilité avec lui du futile, pièce toujours si principale avec ces personnes-là. Je sentis aussi par cette expérience une autre merveille auprès d'eux[1], qui est que l'estime et l'opinion d'attachement, une fois prise par

---

1. *Eux* au masculin, quoique tenant lieu du mot *personnes*.

lui et nourrie de tout temps, résistoit au non-usage et à la séparation entière d'habitude. Je goûtai délicieusement une confiance si précieuse et si pleine, dès la première occasion d'un tête-à-tête, sur les matières les plus capitales. Je connus avec certitude un changement de gouvernement par principes. J'aperçus sans chimères la chute des marteaux de l'État et des tout-puissants ennemis des seigneurs et de la noblesse, qu'ils avoient mis en poudre et à leurs pieds, et qui ranimée d'un souffle de la bouche de ce prince devenu roi, reprendroit son ordre, son état et son rang, et feroit rentrer les autres dans leur situation naturelle. Ce desir en général sur le rétablissement de l'ordre et du rang avoit été toute ma vie le principal des miens, et fort supérieur à celui de toute fortune personnelle. Je sentis donc toute la douceur de cette perspective, et de la délivrance d'une servitude qui m'étoit secrètement insupportable, et dont l'impatience perçoit souvent malgré moi.

Je ne pus me refuser la charmante comparaison de ce règne de Monseigneur. que je n'avois envisagé qu'avec toutes les affres possibles et générales et particulières, avec les solides douceurs de l'avant-règne de son fils, et bientôt de son règne effectif, qui commençoit sitôt à m'ouvrir son cœur, et en même temps le chemin de l'espérance la mieux fondée de tout ce qu'un homme de ma sorte se pouvoit le plus légitimement proposer, en ne voulant que l'ordre, la justice, la raison, le bien de l'État, celui des particuliers, et par des voies honnêtes, honorables, et où la probité et la vérité se pourroient montrer. Je résolus en même temps de cacher avec grand soin cette faveur si propre, si on l'apercevoit, à effrayer et à rameuter tout contre moi, mais de la cultiver sous cette sûreté, et à me procurer avec discrétion de ces audiences, dans lesquelles j'aurois tant à apprendre, à semer, à inculquer doucement, et à me fortifier. Mais j'aurois cru faire un larcin, et payer d'ingratitude, si j'avois manqué de faire l'hommage entier de cette faveur à celui duquel je la tenois toute entière. Certain d'ailleurs, comme je l'étois, que le duc de Beauvillier avoit le passe-partout du cœur et de l'esprit du Dauphin, je ne crus pas commettre une infidélité de lui aller raconter tout ce qui venoit de se passer entre ce prince et moi; et je me persuadai que la franchise du tribut en soutiendroit la matière, et me serviroit par les conseils à y bien diriger ma conduite. J'allai donc tout de suite rendre toute cette conversation au duc de Beauvillier : il n'en fut pas moins ravi que je l'étois moi-même.

Ce duc, à travers une éminente piété presque de l'autre monde, d'une timidité qui sentoit trop les fers, d'un respect pour le Roi trop peu distant de l'adoration de latrie[1], n'étoit pas moins pénétré que moi du mauvais de la forme du gouvernement, de l'éclat de la puissance et de la manière de l'exercer des ministres, qui chacun dans leur département, et même au dehors, étoient des rois absolus, enfin non moins duc et pair que je l'étois moi-même. Il fut étonné d'une ouverture si grande avec moi, et surpris d'un si grand effet de ce que lui-même avoit pris tant de soin de planter et de cultiver en ma faveur dans l'esprit de son pupille. Sa vertu et ses mesures, qui le contenoient avec lui, l'y captivoient, en sorte qu'il me parut qu'il ne l'avoit guère ouï parler si clairement. J'en fus surpris au dernier point, mais cela me parut à toute sa contenance, et aux répétitions qu'il exigea de moi sur ce qui regardoit le pouvoir des ministres et la mauvaise éducation du Roi. Il m'avoua même sa joie sur ces deux chapitres, avec une naïveté qui me fit comprendre qu'encore qu'il n'apprît rien de nouveau sur les dispositions du Dauphin, les expressions pourtant le lui étoient, et que ce prince n'avoit pas été si net, ni peut-être si loin avec lui. La suite me le fit encore mieux sentir; car soit que son caractère personnel lui imposât des mesures qu'il ne se crût pas permis de franchir, ou qu'il ne voulût

---

1. Le culte de latrie est le culte que l'on rend à Dieu seul.

franchir que peu à peu, peut-être comme un maître qui aime mieux suivre son écuyer en de certains passages, il ne tarda pas à prendre des mesures avec moi pour agir sur plusieurs choses de concert, puis d'une manière conséquente par lui-même, il me parut très-sensible à la confiance pleine de dépendance dont j'usois avec lui là-dessus, et bien déterminé à faire usage de sa situation nouvelle.

Peu de jours après j'eus une autre audience. Il faut dire une fois pour toutes que du Chesne ordinairement, rarement M. de Beauvillier, quelquefois le Dauphin, bas, à la promenade, m'avertissoit de l'heure de me trouver chez lui, et que lorsque c'étoit moi qui voulois une audience, je le disois à du Chesne, qui en prenoit l'ordre aussitôt et m'en avertissoit. Où que ce fût dans la suite, Fontainebleau, Versailles, Marly, j'entrois toujours à la dérobée par la garde-robe, où du Chesne avoit soin de m'attendre toujours seul, pour m'introduire aussitôt, et de m'attendre à la sortie seul encore, de façon que personne ne s'en est jamais aperçu, sinon une fois la Dauphine, comme je le raconterai en son lieu, mais qui en garda parfaitement le secret.

Je présentai au Dauphin ces trois lettres dont j'ai parlé de M. Colbert à mon père. Il les prit, les regarda fort, les lut toutes trois, et s'intéressa dans l'heureux hasard qui les avoit conservées, et sauvées du peu d'importance de leur contenu. Il en examina les dates, et retomba sur l'insolence des ministres (il n'en ménagea pas le terme), et sur le malheur des seigneurs. Je m'étois principalement proposé de le sonder sur tout ce qui intéresse notre dignité; je m'appliquai donc à rompre doucement tous les propos qui s'écartoient de ce but, à y ramener la conversation, et la promener sur tous les différents chapitres. Je le trouvai très-instruit du fond de notre dignité, de ses rapports à l'État et à la couronne, de tout ce que l'histoire y fournit, assez sur plusieurs autres choses qui la concernent, peu ou point sur d'autres, mais pénétré de l'intérêt sensible de l'État, de la majesté des rois de France et de la primauté de leur couronne à soutenir et rétablir cette première dignité du royaume, et du desir de le faire.

Je le touchai là-dessus par ce que j'avois reconnu de sensible en lui là-dessus[1], à l'occasion de sa première visite à Saint-Germain avec la Dauphine, depuis la mort de Monseigneur. Je le fis souvenir de la nouveauté si étrange des prétentions de l'électeur de Bavière, tout incognito qu'il étoit, avec Monseigneur à Meudon. Je les mis en opposition avec l'usage constant jusqu'alors, et avec ce que l'histoire nous fournit de rois qui se sont contentés d'égalité avec des fils de France. Je lui fis faire les réflexions naturelles sur le tort extrême que la tolérance de ces abus faisoit[2] aux rois et à leur couronne, qui portoit après sur les choses les plus solides par l'affoiblissement de l'idée de leur grandeur. Je lui montrai fort clairement que les degrés de ces chutes étoient les nôtres, qui, avilis au dedans et abandonnés au dehors, donnions lieu par nos flétrissures à celles du trône même, par l'avilissement de ce qui en émane de plus grand, et le peu de cas qu'on accoutume ainsi les étrangers à en faire. Je lui exposai la nouveauté des usurpations faites sur nous par les électeurs ses oncles, par quelle méprise cela étoit arrivé et demeuré, d'où bientôt après l'électeur de Bavière s'étoit porté jusqu'à prétendre la main de Monseigneur, et à s'y soutenir par des *mezzo-termine*, tout incognito qu'il étoit, parce qu'il s'étoit aperçu qu'il n'y avoit qu'à prétendre et entreprendre. Je vins après à la comparaison des grands d'Espagne avec les ducs pairs et vérifiés, qui me donna un beau champ, et en même temps à la politique de Charles V, soigneusement imitée par les rois d'Espagne ses successeurs, qui non content d'avoir si fort élevé leur dignité dans ses États, s'étoit servi de leur étendue et de leur dispersion dans les

---

1. Cette répétition de *là-dessus* est au manuscrit.
2. Saint-Simon a écrit *faisoient*, au pluriel.

différentes parties de l'Europe, et de l'autorité que sa puissance lui avoit acquise à Rome et dans d'autres cours, pour leur y procurer le rang le plus grandement distingué, duquel ils y jouissent encore, et qui sert infiniment à faire respecter la couronne d'Espagne au dehors de ses États. Je passai de cet exemple à celui du vaste usage que les papes ont su tirer, pour leur grandeur temporelle, de celle où ils ont porté les cardinaux, dont la dignité se peut appeler littéralement une chimère, puisqu'elle n'a rien de nécessairement ecclésiastique, qu'elle n'en a ni ordres ni jurisdiction, ainsi laïque avec les ecclésiastiques, ecclésiastique avec les laïques, sans autre solidité que le droit d'élection des papes, et l'usage d'être ses principaux ministres d'État. Me promenant ensuite en Angleterre, chez les rois du Nord et par toute l'Europe, je démontrai sans peine que la France seule entre tous les États qui la composent souffre, en la personne de ses grands, ce que pas un des autres n'a jamais toléré, non pas même la cour impériale, quoique si fourmillante de tant de véritables princes, et que la France seule aussi en a pensé périr, et la maison régnante, dont la Ligue, sur tous exemples, me fournit toutes les preuves.

Le Dauphin, activement attentif, goûtoit toutes mes raisons, les achevoit souvent en ma place, recevoit avidement l'impression de toutes ces vérités. Elles furent discutées d'une manière agréable et instructive. Outre la Ligue, les dangers que l'État et les rois ont si souvent courus, jusqu'à Louis XIV inclusivement, par les félonies et les attentats de princes faux et véritables, et les établissemens qu'ils leur ont valus au lieu de châtiment, ne furent pas oubliés. Le Dauphin, extrêmement instruit de tous ces faits historiques, prit feu en les déduisant, et gémit de l'ignorance et du peu de réflexion du Roi. De toutes ces diverses matières, je ne faisois presque que les entamer en les présentant successivement au Dauphin, et le suivre après pour lui laisser le plaisir de parler, de me laisser voir qu'il étoit instruit, lui donner lieu à se

persuader par lui-même, à s'échauffer, à se piquer, et à
moi de voir ses sentiments, sa manière de concevoir et
de prendre des impressions, pour profiter de cette connoissance, et augmenter plus aisément par les mêmes
voies sa conviction et son feu. Mais cela fait sur chaque
chose, je cherchois moins à pousser les raisonnements et
les parenthèses qu'à le conduire sur d'autres objets, afin
de lui montrer une modération qui animât sa raison, sa
justice, sa persuasion venue de lui-même, et sa confiance, et pour avoir le temps aussi de le sonder partout,
et de l'emprégner[1] doucement et solidement de mes sentiments et de mes vues sur chacune de ces matières,
toutes distinctes dans la même. Je n'oubliai pas d'assener
sur M. d'Espinoy, en passant, le terme d'apprentif[2] prince,
et sur M. de Talmont et autres pareils, par vérité d'expression, et pour m'aider d'un ridicule qui sert souvent beaucoup aux desseins les plus sérieux. Content donc au
dernier point de ce que le Dauphin sentoit sur les
rangs étrangers, la plume et la robe, qui eut aussi
son léger chapitre, je mis en avant le nouvel édit de
cette année 1711, fait à l'occasion de d'Antin sur les duchés.

Je discutai avec le Dauphin, naturellement curieux de
savoir et d'apprendre, je discutai, dis-je, avec lui les prétentions diverses qui y avoient donné lieu. Je ne le fis
que légèrement, pour le satisfaire, dans le dessein de
passer le plus tôt que je le pourrois aux deux premiers
articles de cet édit, et de m'y étendre selon que j'y trouverois d'ouverture. J'y portai donc le prince. Ma surprise et ma satisfaction furent grandes, lorsqu'à la simple
mention je le vis prendre la parole, et me déduire lui-
même et avec ardeur l'iniquité de ces deux premiers articles, et de là passer tout de suite aux usurpations des
princes du sang, et s'étendre sur l'énormité du rang nouveau des bâtards. Les usurpations des princes du sang

1. Telle est bien l'orthographe de Saint-Simon.
2. Voyez tome V, p. 459 et note 2.

fut [1] un des points où je le trouvai le plus au fait de l'état en soi de ces princes, et de celui de notre dignité, et en même temps parfaitement équitable, comme il me l'avoit paru sur tous les autres. Il me déduisit très-nettement l'un et l'autre, avec cette éloquence noble, simple et naturelle qui charmoit sur les matières les plus sèches, combien plus sur celle-ci. Il admettoit, avec grande justice et raison, l'idée qu'avoit eue Henri III, par l'équité, de donner aux héritiers possibles d'une couronne successive et singulièrement masculine une préséance et une prééminence sur ceux qui, bien que les plus grands de l'État, ne peuvent toutefois dépouiller jamais la condition de sujets; mais n'oubliant point aussi qu'avant Henri III nos dignités précédoient le sang royal, qui n'en étoit pas revêtu, et qui jusqu'alors avoit si peu compté ce beau droit exclusif de succéder à la couronne, que les cadets de branches aînées cédoient partout aux chefs des branches cadettes qui toutefois pouvoient devenir sujets de ces cadets qu'ils précédoient, il se souvint bien, de lui-même, que la préséance et prééminence ne put être établie qu'en supposant et rendant tout le sang royal masculin pair de droit, sans terre érigée par droit d'aînesse, et plus anciens que nuls autres, par lui faire tirer son ancienneté d'Hugues Capet, abolissant en même temps toute préséance entre les princes du sang par autre titre que celui de leur aînesse.

Avec ces connoissances exactes et vraies, le Dauphin ne pouvoit souffrir l'avilissement de notre dignité par ceux-là même qui s'en étoient si bien servis pour leur élévation, quoique si juste. Il se déclara donc fort contre les usurpations que les princes du sang lui avoient faites; sur toutes il ne put souffrir l'attribution aux princes du sang, par l'édit, de la représentation des anciens pairs au sacre, à l'exclusion des pairs : il sentoit parfaitement toute la force d'expression des diverses figures de cette auguste

---

1. Il y a bien *fut*, et non *furent*, au manuscrit.

cérémonie, et il me laissa bien clairement apercevoir qu'il vouloit être couronné comme l'avoient été ses ancêtres. Moins informé des temps et des occasions des usurpations des princes du sang sur les pairs que des usurpations mêmes, je l'en entretins avec un grand plaisir de sa part, plus soigneux de le suivre et de satisfaire à ses questions, pour entretenir son feu et sa curiosité, que de lui faire des récits et une suite de discours. En garde contre l'écoulement du temps lorsque je le crus pour cette fois suffisamment instruit sur les princes du sang, je m'aidai de la grandeur des bâtards, qui avoit si fort servi à augmenter celle des princes du sang, pour amener le Dauphin aux légitimés. C'étoit une corde que je voulois lui faire toucher le premier, pour sentir au son qu'il lui donneroit le ton que je devois prendre à cet égard. Ma sensibilité sur tout ce qu'ils nous ont enlevé, et le respect du Dauphin pour le Roi son grand-père, m'étoient également suspects, de manière qu'attentif à le suivre sur les princes du sang, et à ne faire que lui montrer les autres, je fus longtemps à le faire venir à mon point. Il y tomba enfin de lui-même. Prenant alors un ton plus bas, des paroles plus mesurées, mais en échange un visage plus significatif, car mes yeux travailloient avec autant d'application que mes oreilles, il se mit sur les excuses du Roi, sur ses louanges, sur le malheur de son éducation et de[1] celui de l'état où il s'étoit mis de ne pouvoir entendre personne. Je ne contredisois que de l'air et de la contenance, pour lui faire sentir modestement combien ce malheur portoit à plein sur nous. Il entendit bien ce langage muet, et il m'encouragea à parler : je préludai donc comme lui par les louanges du Roi, par les plaintes que lui-même en avoit faites, et je tombai enfin sur les inconvénients qui en résultoient.

Je me servis, non sans cause, de la piété, de l'exemple,

---

1. Ce mot *de* est au manuscrit.

de la tentation nouvelle, ajoutée à celle de la chose même, qui précipiteroit toutes les femmes entre les bras des rois, le scandale de l'égalité entière entre le fils du sacrement et le fils du double adultère, c'est-à-dire, après deux générations, de l'égalité parfaite, de l'égalité de la postérité des rois légitime et illégitime, comme on le voyoit déjà entre M. le duc de Chartres et les enfants de M. du Maine ; et ces remarques ne furent point languissantes.

Le Dauphin, satisfait de son exorde, et peut-être content du mien, excité après par mes paroles, m'interrompit et s'échauffa. Cette application présente le frappa vivement. Il se mit sur la différence d'une extraction qui tire toute celle qui la distingue si grandement de son habileté innée à la couronne, d'avec une autre qui n'est due qu'à un crime séducteur et scandaleux qui ne porte avec soi qu'infamie. Il parcourut les divers et nombreux degrés par lesquels les bâtards (car ce mot fut souvent employé) étoient montés au niveau des princes du sang, et qui, pour leur avantage, avoient élevé ce niveau de tant d'autres degrés à nos dépens. Il traita de nouveau le point du sacre énoncé dans l'édit, et s'il lui avoit paru intolérable dans les princes du sang, il lui sembla odieux, et presque sacrilége, dans les légitimés. Dans tout cela, néanmoins, de fréquents retours de respect, d'attendrissement même et de compassion pour le Roi, qui me firent admirer souvent la juste alliance du bon fils et du bon prince dans ce Dauphin si éclairé. Sur la fin, se concentrant en lui-même : « C'est un grand malheur, me dit-il, d'avoir de ces sortes d'enfants. Jusques ici Dieu me fait la grâce d'être éloigné de cette route; il ne faut pas s'en élever. Je ne sais ce qui m'arrivera dans la suite : je puis tomber dans toutes sortes de désordres; je prie Dieu de m'en préserver; mais je crois que si j'avois des bâtards, je me garderois bien de les élever de la sorte, et même de les reconnoître. Mais c'est un sentiment que j'ai à présent par la grâce que Dieu me fait; comme on n'est pas sûr de la mériter et de l'avoir toujours, il faut au moins se brider là-dessus de telle sorte qu'on ne puisse plus tomber dans ces inconvénients. »

Un sentiment si humble, et en même temps si sage, me charma; je le louai de toutes mes forces. Cela attira d'autres témoignages de sa piété et de son humilité: après quoi, la conversation revenue à son sujet, je lui dis qu'on n'ignoroit pas la peine qu'il avoit eue des dernières grandeurs que M. du Maine avoit obtenues pour ses enfants. Jamais rien ne peut être plus expressif que le fut sa réponse muette : toute sa personne prit un renouvellement de vivacité que je vis qu'il eut peine à contenir. L'air de son visage, quelques gestes échappés à la retenue que l'improbation précise du Roi lui imposoit, témoignèrent avec éloquence combien impatiemment il supportoit ces grandeurs monstrueuses, et combien peu elles dureroient de son règne. J'en vis assez pour en espérer tout, pour oser même le lui faire entendre; et je connus très-bien que je lui plaisois.

Enfin, la conversation ayant duré plus de deux heures, il me remit en gros sur les pertes de notre dignité, sur l'importance de les réparer, et me témoigna qu'il seroit bien aise d'en être instruit à fond. Dans le commencement de la conversation, je lui avois dit qu'il seroit surpris du nombre et de l'excès de nos pertes s'il les voyoit toutes d'un coup d'œil; je lui proposai ici d'en faire les recherches et de les lui présenter : non-seulement il le voulut bien, mais il me pria avec ardeur de le faire. Je lui demandai un peu de temps, pour ne lui rien donner que de bien exact, et je lui laissai le choix de l'ordre que j'y donnerois, par natures de choses et de matières, ou par dates de pertes. Il préféra le dernier, quoique moins net pour lui et plus pénible pour moi; je le lui représentai, même sur-le-champ, mais il persista dans ce choix, et il m'étoit trop important de le servir là-dessus à son gré pour y rien ménager de ma peine. J'omets ici les remerciements que je lui fis de l'honneur de sa confiance, et tout ce qu'il eut la bonté de me dire de flatteur. Il me donna, en prenant congé de lui, la liberté de ne le voir en public qu'autant que je le jugerois à propos sans inconvénient, et en particulier toutes les fois que je le desirerois, pour l'entretenir de ce que j'aurois à lui dire.

Il n'est pas difficile d'imaginer dans quel ravissement je sortis d'un entretien si intéressant. La confiance d'un Dauphin juste, éclairé, si près du trône, et qui y participoit déjà, ne laissoit rien à desirer pour la satisfaction présente, ni pour les espérances. Le bonheur et la règle de l'État, et après, le relèvement de notre dignité, avoient été dans tous les temps de ma vie l'objet le plus ardent de mes desirs, qui laissoient loin derrière celui de ma fortune. Je rencontrois tous ces objets dans le Dauphin ; je me voyois en situation de contribuer à ces grands ouvrages, de m'élever en même temps, et avec un peu de conduite, en possession tranquille de tant et de si précieux avantages. Je ne pensai donc plus qu'à me rendre digne de l'une, et coopérateur fidèle des autres.

Je rendis compte le lendemain au duc de Beauvillier de ce qui s'étoit passé entre le Dauphin et moi. Il mêla sa joie à la mienne ; il ne fut point surpris de ses sentiments sur notre dignité, en particulier sur les bâtards. J'avois déjà bien su, comme je l'ai rapporté alors, que le Dauphin s'étoit expliqué à lui lors des grandeurs accordées aux enfants du duc du Maine ; je vis encore mieux ici qu'ils s'étoient bien expliqués ensemble sur les bâtards, et que M. de Beauvillier l'avoit fort instruit sur notre dignité. Nous convînmes de plus en plus d'un concert entier sur tout ce qui auroit rapport au Dauphin et aux matières qui s'étoient traitées dans mes deux conversations avec lui ; que je le verrois plutôt à ses promenades qu'aux heures de cour chez lui, parce que j'y serois plus libre de les suivre et de les quitter, de remarquer, de parler ou de me taire, suivant ce qui s'y trouveroit ; d'avoir attention d'éviter d'aborder et de quitter la promenade du Roi avec le Dauphin, et de lui parler en sa présence ; enfin, de tout ce que la prudence peut suggérer pour éviter tout éclat, m'insinuer de plus en plus, et profiter au mieux de ce qui se présentoit à moi de si bonne grâce. Il m'avertit que je pouvois parler de tout sans aucune sorte de crainte au Dauphin, et que je devois le faire selon que je le jugerois à propos, étant bon de l'y accoutumer; il finit par m'exhorter au travail où je m'étois engagé : c'étoient les fruits de ce qu'il avoit de longue main préparé, puis fait pour moi auprès du Dauphin. Son amitié et son estime l'avoient persuadé que la confiance que ce prince pourroit prendre en moi seroit utile à l'État et au prince, et il étoit si sûr de moi que c'étoit initier un autre soi-même.

Il préparoit et dirigeoit le travail particulier du Dauphin avec les ministres; eux-mêmes ne le pouvoient guère ignorer. L'ancienne rancune de Mme de Maintenon cédoit au besoin présent d'un homme qu'elle n'avoit pu renverser, qui étoit toujours demeuré avec elle dans une mesure également ferme et modeste, qui étoit incapable d'abuser de ce que le Dauphin lui étoit, duquel elle ne craignoit rien pour l'avenir, bien assurée de la reconnoissance de ce prince, qui sentoit qu'il lui devoit la confiance du Roi et l'autorité où il commençoit à l'élever, d'ailleurs sûre de la Dauphine comme d'elle-même, pour l'amour de laquelle elle avoit ramené le Roi jusqu'à ce point. Par conséquent le Roi, qui ne trouvoit plus d'aigreur ni de manéges en Mme de Maintenon contre M. de Beauvillier, suivoit son penchant d'habitude, d'estime et de confiance, et n'étoit point blessé de ce qui étoit pesant aux ministres, et de ce qui mettoit le duc dans une situation si principale au dedans et si considérable au dehors. Bien qu'on ignorât à la cour jusqu'où alloit mon intérieur avec lui, et entièrement mes particuliers avec le Dauphin, je ne laissois pas d'être regardé, examiné, compté tout autrement que je ne l'avois été jusqu'alors; on me craignit, on me courtisa. Mon application fut de paroître toujours le même, surtout désoccupé, et d'être en garde contre tout air important, et contre tout ce qui pouvoit découvrir rien de ce que tant d'envieux et de curieux cherchoient à pénétrer; jusqu'à mes plus intimes amis, jusqu'au chancelier même, je ne laissai voir que l'écorce que je ne pouvois cacher.

Le duc de Beauvillier étoit presque tous les jours enfermé longtemps avec le Dauphin, et le plus souvent mandé par lui. Ils digéroient ensemble les matières principales de la cour, celles d'État, et le travail particulier des ministres. Beaucoup de gens qui n'y pensoient guère y passoient en revue en bien et en mal, qui presque toujours avoient été ballottés entre le duc et moi avant d'être discutés entre lui et le Dauphin. Il en étoit de même de quantité de matières importantes, et de celles surtout qui regardoient la conduite de ce prince; une entre autres tomba fort en dispute entre le duc et moi, sur laquelle je ne pus céder ni le persuader, et qui regardoit la succession de Monseigneur.

Le Roi eut un moment envie d'hériter, mais fit bientôt réflexion que cela seroit trop étrange. Elle fut traitée comme celle du plus simple particulier, et le chancelier et son fils furent chargés seuls, en qualité de commissaires, d'y faire ce que les juges ordinaires font à la mort des particuliers. Meudon et Chaville, qui valoient environ quarante mille livres de rente, et pour quinze cent mille livres de meubles ou de pierreries, composoient tout ce qui étoit à partager, sur quoi il y avoit à payer trois cent mille livres de dettes. Le roi d'Espagne se rapporta au Roi de ses intérêts, et témoigna qu'il préféroit des meubles pour ce qui lui devoit revenir. Il y avoit encore une infinité de bijoux de toute espèce; le Roi voulut que les pierres de couleur fussent pour le Dauphin, parce que la couronne en avoit peu, et au contraire beaucoup de diamants. On fit donc un inventaire, une prisée de tous les effets mobiliers, et trois lots : les plus beaux meubles et les cristaux furent pour le roi d'Espagne, et les diamants pour M. le duc de Berry avec un meuble;

tous les bijoux et les moindres meubles, qui à cause de Meudon étoient immenses, se vendirent à l'encan pour payer les dettes. Du Mont et le bailli de Meudon furent chargés de la vente, qui se fit à Meudon, de ces moindres meubles et des joyaux les plus communs.

Les principaux bijoux, et qui étoient en assez grand nombre, se vendirent avec une indécence qui n'a peut-être point eu d'exemple : ce fut dans Marly, dans l'appartement de Madame la Dauphine, en sa présence, quelquefois en celle de Monsieur le Dauphin, par complaisance pour elle ; et ce fut pendant la dernière moitié du voyage de Marly l'amusement des après-dînées. Toute la cour, princes et princesses du sang, hommes et femmes, y entroient à portes ouvertes ; chacun achetoit à l'enchère ; on examinoit les pièces, on rioit, on causoit : en un mot, un franc inventaire, un vrai encan. Le Dauphin ne prit presque rien, mais il fit quelques présents aux personnes qui avoient été attachées à Monseigneur, et les confondit, parce qu'il n'avoit pas eu lieu de les aimer du temps de ce prince. Cette vente causa quelques petites riottes[1] entre la Dauphine et M. le duc de Berry, poussé quelquefois par Mme la duchesse de Berry, par l'envie des mêmes pièces. Elles furent même poussées assez loin sur du tabac, dont il y avoit en grande quantité et d'excellent, parce que Monseigneur en prenoit beaucoup, pour qu'il fallut[2] que M. de Beauvillier et quelques dames des plus familières s'en mêlassent ; et pour le coup la Dauphine avoit tort, et en vint même à la fin à quelques excuses de fort bonne grâce.

Le partage de M. le duc de Berry étoit tombé en litige, parce qu'il avoit eu un apanage dont Monseigneur et lui avoient signé l'acte, ce qui opéroit sa renonciation à la succession du Roi et à celle de Monseigneur, comme en étant déjà rempli d'avance. Cela fut jugé de la sorte

---

1. Voyez tome II, p. 390 et note 1.
2. Il y a bien *fallut*, à l'indicatif.

devant le Roi, qui en même temps lui donna, par une augmentation d'apanage, tout ce qui lui seroit revenu de son partage outre le meuble et les diamants. Pendant que tout cela s'agitoit, le Roi fit hâter le partage et la vente des meubles, dans la crainte que celui de ses deux petits-fils à qui Meudon demeureroit n'en voulût faire usage, et partageât ainsi la cour de nouveau.

Cette inquiétude étoit vaine. On a vu p. 1104[1] qu'il devoit être pleinement rassuré là-dessus du côté du Dauphin, et à l'égard de M. le duc de Berry, qui n'auroit osé lui déplaire ; la suite d'un prince cadet, quand même il auroit usé de Meudon, n'auroit pas rendu la cour moins grosse, surtout dès qu'on s'y seroit aperçu que ce n'auroit pas été faire la sienne au Roi qu'être de ces voyages. Ce prince, qui dans tout son apanage n'avoit aucune demeure, desiroit passionnément Meudon, et Mme la duchesse de Berry encore davantage. Mon sentiment étoit que le Dauphin lui fît présent de toute sa part : il vivoit de la couronne en attendant qu'elle tombât sur sa tête ; il ne perdoit donc rien à ce don ; il y gagnoit au contraire le plaisir, la reconnoissance, la bienséance même, d'un bienfait considérable, et plein de charmes pour Monsieur son frère et pour Mme la duchesse de Berry, qui recevroit sûrement un applaudissement universel. M. de Beauvillier, à qui je le dis, ne me surprit pas peu par un avis contraire : sa raison, qu'il m'expliqua, fut que rien ne seroit plus dangereux que donner occasion et tentation à M. et à Mme la duchesse de Berry d'une cour à part, qui déplairoit souverainement au Roi, et qui tout au plus différée après lui, sépareroit les deux frères, et deviendroit la source sinon de discorde, du moins de peu d'union ; qu'il falloit que l'aîné jouît de tous ses avantages, que le cadet dépendît toujours de lui ; qu'il valoit mieux qu'il fût pauvre en attendant que son frère fût roi, pour recevoir alors des marques de sa libéralité,

---

1. Page 301 de notre tome VIII.

que si, mis prématurément à son aise, il se trouvât[1] alors en état de se passer, conséquemment de mériter peu ses bienfaits ; qu'avoir Meudon et ne donner pas le moindre signe d'en vouloir user seroit au Dauphin un moyen sûr de plaire infiniment au Roi ; qu'en un mot Meudon convenoit au Dauphin, qu'il y avoit sa part et son préciput, et celle encore du roi d'Espagne en lui donnant des meubles et d'autres choses en échange, et que si M. le duc de Berry se trouvoit y avoir quelque chose, il l'en falloit récompenser en diamants.

Ce raisonnement politique me parut fort tiré, et ne put m'entrer dans la tête : je soutins au duc la supériorité des bienfaits sur la nécessité à l'égard d'un fils de France, la bienséance d'adoucir par des prémices solides d'amitié cette grande différence que la mort du père mettoit entre les frères, et la totale dont la perspective commençoit à se faire sentir, l'utile sûreté d'émousser les semences d'aigreur entre eux en saisissant l'occasion unique de gratifier un frère avant d'être son roi, la disproportion de l'avantage idéal d'un côté, très-effectif de l'autre, et celle de l'impression que prendroit le monde d'une conduite sèche, dure, littérale, ou remplie de générosité et de tendresse, l'impuissance de retenir un frère dans sa future cour qu'à faute de maison ailleurs, que tôt ou tard il lui faudroit bien donner, non comme grâce, mais comme chose de toute nécessité, l'abondance de moyens toujours nouveaux, fournis par la couronne, de gratifier un frère qui même étoit si mal apanagé, et à qui Meudon augmenteroit bien plus qu'il ne diminueroit le besoin des grâces, comme on avoit vu que Saint-Cloud avoit été une source de besoins à Monsieur, si prodigieusement apanagé, et au Roi un moyen continuel de le tenir, dont il avoit si bien su profiter ; enfin, indépendamment du sacrifice de l'usage de Meudon, le Dauphin, établi et soutenu comme il l'étoit dans l'entière confiance du Roi, et ancré déjà par son

---

1. Saint-Simon a bien mis ce verbe au subjonctif.

grand-père dans l'exercice, et en la disposition même en partie des affaires, ne manqueroit pas d'occasions et de moyens journaliers de lui plaire, et de s'établir de plus en plus dans son cœur, dans son esprit, et dans toute l'administration. Il me sembloit et il me semble encore que mon raisonnement là-dessus étoit juste et solide : aussi devint-il celui de tout le monde, mais il ne persuada point M. de Beauvillier.

Meudon demeura au Dauphin, et tout ce qui regarda cette succession fut traité avec la même rigueur. Elle ne fit pas honneur dans le monde, ni un bon effet en M. et Mme la duchesse de Berry, à qui je me gardai bien de laisser entrevoir quoi que ce soit là-dessus. Mais il n'étoit pas indifférent au bien, dont il avoit peu à proportion de ses charges, et dont il dépensoit avec fort peu de mesure, et poussé de plus par Mme la duchesse de Berry, haute avec emportement, et déjà si éloignée de cœur du Dauphin, surtout de la Dauphine. Ils se turent sagement, n'imaginèrent pas que le duc de Beauvillier eut[1] aucune part en cette affaire, et ne tardèrent pas à vendre beaucoup de diamants de leur héritage, pour remplir les vides que leurs fantaisies avoient déjà creusés dans leurs affaires.

CHAPITRE III.

Je vois souvent le Dauphin tête à tête. — Le Dauphin, seul avec moi, surpris par la Dauphine. — Ma situation à l'égard de la Dauphine, — Mérite de Mme de Saint-Simon m'est très-utile. — Aversion de Mme de Maintenon pour moi; sur quoi fondée. — Je travaille à unir M. le duc d'Orléans au Dauphin. — Intérieur de la famille royale, et le mien avec elle. — Je donne un étrange avis à M. le duc d'Orléans, qui en fait un plus étrange usage avec Madame sa fille; je me brouille et me laisse après raccommoder avec lui, et je demeure très-froidement avec Mme la duchesse de Berry depuis. — Dégoûts du Roi de M. le duc d'Orléans. — Dangereux manéges du duc du Maine, qui

---

1. *Eut*, à l'indicatif.

projette le mariage de son fils avec une sœur de Mme la duchesse de Berry. — Je travaille à unir M. le duc d'Orléans au Dauphin et au duc de Beauvillier, à laquelle[1] je réussis.

Je voyois souvent le Dauphin en particulier, et je rendois aussitôt après au duc de Beauvillier ce qui s'y étoit passé. Je profitai de son avis, et je parlai de tout au prince. Sa réserve ni sa charité ne s'effarouchèrent de rien ; non-seulement il entra aisément et avec liberté dans tout ce que je mis sur le tapis de choses et de personnes, mais il m'encouragea à le faire, et me chargea de lui rendre compte de beaucoup de choses et de gens. Il me donnoit des mémoires ; je les lui rendois avec le compte qu'il m'en avoit demandé ; je lui en donnois d'autres qu'il gardoit, et qu'il discutoit après avec moi en me les rendant. Je garnissois toutes mes poches de force papiers toutes les fois que j'allois à ces audiences, et je riois souvent en moi-même, passant dans le salon, d'y voir force gens qui se trouvoient actuellement dans mes poches, et qui étoient bien éloignés de se douter de l'importante discussion qui alloit se faire d'eux.

Le Dauphin logeoit alors dans celui des quatre grands appartements de plein pied au salon, que la maladie de Mme la princesse de Conti, comme je l'ai remarqué lors de la mort de Monseigneur, fit rompre pendant le voyage suivant de Fontainebleau, pour y placer un grand escalier, parce que le Roi avoit eu peine à monter chez elle par les petits degrés tortueux, uniques alors. La chambre du prince étoit dans cet emplacement : le lit avoit les pieds aux fenêtres ; à la ruelle du côté de la cheminée étoit la porte de la garde-robe obscure par où j'entrois ; entre la cheminée et une des deux fenêtres, un petit bureau portatif à travailler ; vis-à-vis la porte ordinaire d'entrée, et derrière le siége à travailler et le bureau, la porte d'une autre pièce du côté de la Dauphine ; entre les deux fenêtres, une commode qui n'étoit que pour des papiers.

1. Union à laquelle.

Il y avoit toujours quelques moments de conversation avant que le Dauphin se mît à son bureau, et qu'il m'ordonnât de m'asseoir vis-à-vis tout contre. Devenu plus libre avec lui, je pris la liberté de lui dire, dans ces premiers moments de conversation debout, qu'il feroit bien de pousser le verrou de la porte derrière lui. Il me dit que la Dauphine ne viendroit pas, et que ce n'étoient pas là ses heures. Je répondis que je ne craindrois point cette princesse seule, mais beaucoup l'accompagnement qui la suivoit toujours. Il fut opiniâtre, et n'en voulut rien faire. Je n'osai l'en presser davantage; il se mit à son bureau, et m'ordonna de m'y mettre aussi. La séance fut longue, après laquelle nous triâmes nos papiers. Il me donna des siens à mettre dans mes poches, il en prit des miens, il en enferma dans sa commode, et au lieu d'en enfermer d'autres dans son bureau, il en laissa dessus, et se mit à causer le dos à la cheminée, des papiers dans une main et ses clefs dans l'autre. J'étais debout au bureau, y cherchant quelque papier d'une main et de l'autre en tenant d'autres, lorsque tout à coup la porte s'ouvrit vis-à-vis de moi, et la Dauphine entra.

Ce premier coup d'œil de tous les trois, car Dieu merci elle étoit seule, l'étonnement, la contenance de tous les trois ne sont jamais sortis de ma mémoire. Le fixe des yeux et l'immobilité de statue, le silence, l'embarras également dans tous trois, dura plus d'un lent *Pater*. La princesse les rompit la première. Elle dit au prince, d'une voix très-mal assurée, qu'elle ne le croyoit pas en si bonne compagnie, en souriant à lui et puis à moi. J'eus le temps de sourire aussi et de baisser les yeux avant que le Dauphin répondît. « Puisque vous m'y trouvez, Madame, lui dit-il en souriant de même, allez-vous-en. » Elle fut un instant à le regarder, en lui souriant davantage et lui à elle: elle me regarda après toujours souriant, avec plus de liberté que d'abord, fit après la pirouette, sortit, et ferma la porte, dont elle n'avoit pas dépassé plus que la profondeur.

Jamais je ne vis femme si étonnée ; jamais, j'en hasarderai le mauvais mot, je ne vis homme si penaud que le prince, même après la sortie ; jamais homme, car il faut tout dire, n'eut si grand'peur que j'eus d'abord, mais qui se rassura dès que je ne la vis point suivie. Sitôt qu'elle eut fermé la porte : « Hé bien, Monsieur, dis-je au Dauphin, si vous aviez bien voulu tirer le verrou ? — Vous aviez raison, me dit-il, et j'ai eu tort. Mais il n'y a point de mal, elle étoit seule heureusement, et je vous réponds de son secret. — Je n'en suis point en peine, lui dis-je (si l'étois-je bien toutefois), mais c'est un miracle de ce qu'elle s'est trouvée seule. Avec sa suite vous en auriez été quitte pour être peut-être grondé, mais moi, je serois perdu sans ressource. » Il convint encore de son tort, et me rassura de plus en plus sur le secret. Elle nous avoit pris non-seulement tête à tête, ce dont personne au monde n'avoit le moindre soupçon, mais sur le fait, mais, comme on dit, le larcin à la main. Je compris bien qu'elle ne voudroit pas exposer le Dauphin, mais je craignois la facilité de quelque confidence, et de là la révélation après du secret. Toutefois il fut si bien gardé, ou confié, s'il le fut, à personnes si sûres, qu'il n'en a jamais rien transpiré. Je n'insistai pas davantage. Nous achevâmes, moi d'empocher, le prince de serrer nos papiers. Le reste de la conversation fut court, et je me retirai par la garde-robe, comme j'étois venu, et comme je faisois toujours, où du Chesne seul m'attendoit. M. de Beauvillier, à qui je contai l'aventure en lui rendant compte du travail, en pâlit d'abord, et se remit lorsque je lui dis que la Dauphine étoit seule, et blâma fort l'imprudence du verrou ; mais il me rassura aussi sur le secret.

Depuis cette découverte, la Dauphine me sourit souvent, comme pour m'en faire souvenir, et prit pour moi un air d'attention marquée. Elle aimoit fort Mme de Saint-Simon, et ne lui en a jamais parlé. Moi, elle me craignoit en gros, parce qu'elle craignoit fort les ducs de Chevreuse et de Beauvillier, dont les allures graves et sérieuses n'étoient pas les siennes, et qu'elle n'ignoroit pas mon intime et ancienne liaison avec eux. Leurs mœurs et leur influence sur le Dauphin la gênoit ; l'aversion de Mme de Maintenon pour eux ne l'avoit pas rassurée ; la confiance du Roi en eux et leur liberté avec lui, toute timide qu'elle étoit, la tenoit aussi en presse. Elle les redoutoit, surtout M. de Beauvillier, sur l'article le plus délicat auprès de son époux, et peut-être auprès du Roi ; et elle ignoroit sans qu'on osât le lui apprendre, à quel point il étoit occupé de la frayeur de ce qu'elle craignoit de lui, et qui lui pouvoit arriver par d'autres, et de toutes les précautions possibles à sagement prendre pour y barrer tout chemin. Pour moi, qui en étois tout aussi éloigné, et qu'elle n'avoit pas lieu d'appréhender là-dessus, je n'avois jamais été en aucune familiarité avec elle. Cela ne pouvoit guère arriver que par le jeu, et je ne jouois point ; très-difficilement par ailleurs, et je ne l'avois point même recherché. Cette liaison des deux ducs et ma vie sérieuse avoient formé en elle, qui étoit timide, cette appréhension à laquelle Mme de Maintenon, qui ne m'aimoit pas, avoit pu contribuer aussi ; mais cela n'alloit pas jusqu'à l'éloignement, par d'autres liaisons aussi fort étroites que j'avois avec des dames de sa confiance, comme avoit été la duchesse de Villeroy, et comme étoit Mme la duchesse d'Orléans, Mme de Nogaret et quelques autres ; outre qu'elle étoit légère, et qu'un éloignement effectif pour moi ne lui auroit pas permis de vouloir faire succéder Mme de Saint-Simon à la duchesse du Lude autant qu'elle le desiroit, et de prendre là-dessus tous les devants et tous les tournants pour l'y conduire.

Le Dauphin ne le souhaitoit pas moins. Il ne s'en cacha pas à elle-même, et il y avoit pris confiance par l'estime de sa vertu et de sa conduite égale, et amitié par l'agrément et la douceur, surtout la sûreté de sa société, qu'il éprouvoit sans cesse dans la familiarité des particuliers et des parties avec Mme la duchesse de Bourgogne, de tout temps, beaucoup plus encore depuis le mariage de Mme la

duchesse de Berry, qui mettant nécessairement Mme de
Saint-Simon de tout dans leur intrinsèque, avoit formé
plus d'habitude, et leur avoit montré un assemblage de
vertu, de douceur, de sagesse, de grand sens et de discrétion, qui les charma, dans l'exercice d'un emploi que
l'humeur de Mme la duchesse de Berry ne rendoit pas
moins difficile que son tempérament, qui lui concilioit la
plus grande considération de cette princesse, et sans
aucun soupçon, en même temps que toute l'amitié et la
confiance de M. le duc de Berry ; et tout cela entretenu
par l'estime et la considération très-marquée en tout
temps pour elle du Roi et de Mme de Maintenon, et l'affection générale et la réputation entière qu'elle s'étoit acquise et entretenue à la cour depuis qu'elle y étoit, et
sans soins, surtout sans bassesses ni rien qui les sentît,
et avec beaucoup de dignité, qui, avec l'opinion que le
monde avoit prise d'elle, la fit toujours singulièrement
respecter, et qui dans tous les temps de ma vie m'a été
un grand soutien et une puissante ressource.

Je viens de dire que Mme de Maintenon ne m'aimoit
pas : je ne faisois alors que m'en douter, et cet article
mérite de s'y étendre un moment, au hasard de quelque
répétition. Il y avoit longtemps qu'elle me haïssoit, sans
que je l'eusse mérité d'elle. Chamillart me l'apprit après
la mort du Roi, jusqu'à laquelle il ne m'en avoit pas
laissé soupçonner la moindre chose. Il me dit alors que,
lorsqu'il travailla à me raccommoder avec le Roi et à me
remettre dans le train ordinaire de Marly, ç'avoit été moins
lui qu'il avoit eu à ramener que Mme de Maintenon qu'il
avoit eue à combattre, jusque-là qu'il en avoit eu des
prises avec elle, et même fortes, sans l'avoir jamais pu
faire revenir sur moi, ni tirer d'elle contre moi que des
lieux communs et des choses générales, tellement qu'il
avoit eu par là toutes les peines du monde et fort longtemps à travailler du côté du Roi, et à l'emporter enfin et
de mauvaise grâce par complaisance pour lui, parce que
Mme de Maintenon fut toujours et constamment contraire.

Chamillart n'avoit pas voulu me révéler ce secret, par fidélité et par modestie, peut-être aussi pour ne me jeter pas dans une peine et dans un embarras où il ne voyoit point de remède, et me l'avoua enfin quand il n'y eut plus rien de tout cela à ménager. Cette tardive découverte, lorsqu'elle ne pouvoit plus servir à rien, me fit voir que mes soupçons ne m'avoient pas trompé, encore qu'ils n'allassent pas jusqu'à ce que j'appris alors.

Je m'étois douté que M. du Maine, à bout enfin de ses incroyables avances envers moi, qu'on a vues p. 927 [1], et outré de n'avoir pu parvenir à me lier, non pas même à m'apprivoiser avec lui, m'avoit secrètement regardé comme son ennemi, et dangereux pour son rang, que j'avois jugé être l'objet de ses infatigables et incompréhensibles recherches et de celles de Mme la duchesse du Maine; et que dans ce sentiment il avoit inspiré à Mme de Maintenon cet éloignement que je sentois, et que Chamillart m'apprit enfin être une véritable haine. Je n'avois personne auprès d'elle, je n'avois jamais songé à m'approcher d'elle : rien de si difficile que son accès, nulle occasion ne m'en étoit née, et, pour ne rien retenir, je ne m'en souciai jamais, parce que ce qu'elle étoit et force choses qu'elle faisoit me donnoient pour elle un extrême éloignement. Mon intime liaison avec les ducs de Chevreuse et de Beauvillier d'une part, avec M. le duc d'Orléans de l'autre, avec le chancelier encore, ne fit dans la suite qu'augmenter pour moi les mauvaises dispositions de cette étrange fée, et sûrement ses mauvais offices, auxquels je ne comprends pas comment j'ai pu échapper, et à ceux de Nyert, de Bloin, et des valets principaux, tous à M. du Maine, et sur lesquels j'étois averti et défendu souvent par Maréchal. Je ne puis donc comprendre encore d'où m'est venue, et moins encore comment a pu subsister constamment la considération, même personnelle, que le Roi m'a toujours montrée depuis l'audience

---

1. Pages 255 et 256 de notre tome VII.

que Maréchal m'en procura (p. 897 [1]) jusqu'à sa mort, ni comment il a tenu à un intérieur si intime et qui m'étoit si contraire, et dans les crises qu'on a vues depuis cette audience, et dans celles qu'on verra dans la suite. Quelquefois il se piquoit de caprice en de certaines choses contre Mme de Maintenon. M. du Maine, timide et réservé, laissoit à elle et aux valets à me nuire. Je n'ai jamais su qu'il m'eût desservi auprès du Roi expressément et à découvert : il n'alloit jamais qu'entre deux terres, et on verra qu'il me ménagea toujours personnellement en tout ce qui put me marquer son extrême envie de me raccrocher, et sa patience sans mesure à ne se lasser point de son peu de succès avec moi.

Parmi tant de choses générales et particulières qui m'occupoient, je ne l'étois pas peu d'unir bien M. le duc d'Orléans avec le Dauphin, et pour cela de le lier avec le duc de Beauvillier. Tout m'y secondoit, excepté lui et Madame sa fille, ce qui est étrange à concevoir, d'autant plus que ce prince en sentoit la convenance et le besoin, et qu'il le desiroit. L'obligation si prodigieuse de ce grand mariage qu'il avoit fait, la liaison qui s'en maintenoit entière entre la Dauphine et la duchesse d'Orléans, celle qui subsistoit en leur manière entre M. d'Orléans et le duc de Chevreuse, la partialité publique et non interrompue de ce prince pour l'archevêque de Cambray, et le coin des jésuites qu'il avoit toujours utilement ménagé, tout cela étoit de grandes avances vers le but que je me proposois. Leur contredit n'étoit guère moindre. Les mœurs de M. le duc d'Orléans, l'affectation de se parer de ses débauches et d'impiété, des indiscrétions là-dessus les plus déplacées, faisoient fuir le Dauphin et rebroussoient infiniment son ancien gouverneur. Il étoit d'ailleurs en brassière du côté du Roi, à qui la conduite de son neveu étoit par plus d'un endroit odieuse, et cet autre endroit va être expliqué; et la brassière étoit redoublée par la

---

1. Pages 164-166 de notre tome VII.

haine de Mme de Maintenon pour M. le duc d'Orléans, que le mariage de sa fille n'avoit point émoussée dans le temps même qu'elle le faisoit.

Ce mariage, qui auroit dû être un centre de réunion, étoit devenu entre eux tous un flambeau de discorde. On a vu ici, p. 1100 [1], quelques traits du caractère terrible de Mme la duchesse de Berry, dont la galanterie, étrangement menée et plus singulièrement étendue, n'étoit pas à beaucoup près le plus mauvais côté en comparaison des autres. On a vu p. 1102 son ingratitude et la folie de ses desseins. L'élévation de son beau-frère et de sa belle-sœur, à qui elle devoit tout, n'avoit fait qu'exciter sa jalousie, son dépit, sa rage; et le besoin qu'elle avoit d'eux portoit les élans de ces passions à l'excès. Nourrie dans l'aversion de Mme la duchesse d'Orléans et dans l'indignation du vice de sa naissance, elle ne s'en contraignit plus dès qu'elle fut mariée. Quoique elle dût ce qu'elle étoit devenue à sa mère et à la naissance de sa mère, quoique elle en eût sans cesse reçu toute sorte d'amitié et nulle contrainte, cette haine et ce mépris pour elle éclatoit à tous moments par les scènes les plus scandaleuses, que la mère étouffoit encore tant qu'elle le pouvoit, et qui ne laissèrent pas souvent d'attirer à la fille de justes et rudes mercuriales du Roi, et même de Madame, qui n'avoit pourtant jamais pu s'accoutumer à la naissance de sa belle-fille; et ces mercuriales, qui contenoient pour un temps, augmentoient encore le dépit et la haine. Outre un naturel hardi et violent, elle se sentoit forte de son mari et de son père.

M. le duc de Berry, né bon, doux, facile, en étoit extrêmement amoureux, et outre que l'amour l'aveugloit, il étoit effrayé de ses emportements. M. le duc d'Orléans, comme on ne le verra que trop dans la suite, étoit la foiblesse et la fausseté même. Il avoit aimé cette fille dès sa

---

1. Pages 290 et suivantes de notre tome VIII. Voyez aussi même tome, pages 278-281.

naissance préférablement à tous ses enfants, et il n'avoit cessé de l'aimer de plus en plus; il la craignoit aussi; et elle, qui sentoit ce double ascendant qu'elle avoit sur l'un et sur l'autre, en abusoit continuellement. M. le duc de Berry, droit et vrai, mais qui étoit fort amoureux, et dont l'esprit et le bien dire n'approchoit pas de celui de Mme la duchesse de Berry, se laissoit aller souvent contre ce qu'il pensoit et vouloit, et s'il osoit la contredire, il en essuyoit les plus terribles scènes. M. le duc d'Orléans, qui presque toujours la désapprouvoit, et presque toujours s'en expliquoit très-naturellement à Mme la duchesse d'Orléans et à d'autres, même à M. le duc de Berry, ne tenoit pas plus que lui devant elle, et si il pensoit vouloir lui faire entendre raison, les injures ne lui coûtoient rien : elle le traitoit comme un nègre, tellement qu'il ne songeoit après qu'à l'apaiser et à en obtenir son pardon, qu'elle lui faisoit bien acheter. Ainsi, pour l'ordinaire, il donnoit raison à elle et à Mme la duchesse d'Orléans sur les sujets de leurs brouilleries, ou sur les choses que l'une faisoit et que l'autre improuvoit, et c'étoit un cercle dont on ne pouvoit le sortir. Il passoit beaucoup de temps par jour avec elle, surtout tête à tête dans son cabinet.

On a vu p. 989[1] que le monde s'étoit noirci de fort bonne heure d'une amitié de père qui, sans les malheureuses circonstances de cabales enragées, n'auroit été ramassée de personne. La jalousie d'un si grand mariage, que ces cabales n'avoient pu empêcher, se tourna à tâcher de le rendre infructueux; et l'assiduité d'un père malheureusement né désœuvré, et dont l'amitié naturelle et de tout temps trouvoit de l'amusement dans l'esprit et la conversation de sa fille, donna beau jeu aux langues de Satan. Leur bruit fut porté jusqu'à M. le duc de Berry, qui de son côté, voulant jouir en liberté de la société de Madame sa femme, s'importunoit d'y avoir presque toujours son beau-père en tiers, et s'en alloit peu content;

1. Pages 442 et 443 de notre tome VII.

ce bruit de surcroît le frappa fort. Cela nous revint à Mme de Saint-Simon et à moi (ceci n'arriva qu'au retour de Fontainebleau, pour ce que je vais raconter qui me regarde, mais je n'ai pas cru devoir y revenir à deux fois). L'importance d'un éclat qui pouvoit arriver entre le gendre et le beau-père sur un fondement si faux, mais si odieux, nous parut devoir être détourné avec promptitude.

J'avois déjà tâché de détourner M. le duc d'Orléans de cette grande assiduité chez Madame sa fille, qui fatiguoit M. le duc de Berry, et je n'y avois pas réussi. Je crus donc devoir recharger plus fortement encore; et voyant mon peu de succès, je lui fis une préface convenable, et je lui dis après ce qui m'avoit forcé à le presser là-dessus. Il en fut étourdi; il s'écria sur l'horreur d'une imputation si noire, et la scélératesse de l'avoir portée jusqu'à M. le duc de Berry; il me remercia du service de l'en avoir averti, qu'il n'y avoit guère que moi qui le lui pût rendre. Je le laissai en tirer la conclusion que la chose présentoit d'elle-même sur sa conduite. Cela se passa entre lui et moi à Versailles, sur les quatre heures après midi. Il n'y avoit que Mme la duchesse d'Orléans, outre Mme de Saint-Simon, qui sût ce que je devois faire, et qui m'en avoit extrêmement pressé.

Le lendemain matin, Mme de Saint-Simon me conta que, rentrant la veille du souper et du cabinet du Roi chez Mme la duchesse de Berry, avec elle, elle avoit passé tout droit dans sa garde-robe, et l'y avoit appelée; que là, d'un air colère et sec, elle lui avoit dit qu'elle étoit bien étonnée que je la voulusse brouiller avec M. le duc d'Orléans; et que sur la surprise que Mme de Saint-Simon avoit témoignée, elle lui avoit dit que rien n'étoit si vrai que je voulois l'éloigner d'elle, mais que je n'en viendrois pas à bout; et tout de suite lui conta ce que j'avois dit à Monsieur son père, qu'il avoit eu la bonté de lui rendre une heure après. Mme de Saint-Simon, encore plus surprise, l'écouta attentivement jusqu'au bout, et lui répondit que cet horrible bruit étoit public, qu'elle pouvoit elle-même, tout faux et tout abominable qu'il fût, se douter des conséquences qu'il pouvoit avoir, sentir s'il n'étoit pas important que M. le duc d'Orléans en fût averti, et que j'avois rendu de telles preuves de mon attachement pour eux, et de mon desir de leur union et de leur bonheur à tous, qu'il n'étoit pas possible qu'elle pût avoir le moindre soupçon contraire, finit brusquement par la révérence et sortir pour se venir coucher. Le trait me parut énorme.

J'allai l'après-dînée le conter à Mme la duchesse d'Orléans. J'ajoutai qu'instruit par une si surprenante expérience, j'aurois l'honneur désormais de voir M. le duc d'Orléans si rarement et si sobrement, que j'en éviterois les risques les plus impossibles à prévoir; et que pour Mme la duchesse de Berry, je me tiendrois pour dit, et pour toujours, la rare opinion qu'il lui plaisoit prendre de moi. Mme la duchesse d'Orléans fut outrée; elle se mit à dire de la chose tout ce qu'elle méritoit, mais en même temps à l'excuser sur la foiblesse du père pour sa fille, et à me conjurer de n'abandonner point M. le duc d'Orléans, qui ne voyoit que moi d'honnête homme en état de lui parler franc et vrai. La cause de la rupture lui fit peur. L'utilité journalière dont je lui étois auprès de lui, et à lui-même, si je l'ose. dire, depuis que je les avois raccommodés, l'effraya encore d'en être privée. Elle ne me dissimula ni l'un ni l'autre, et déploya toute son éloquence, qui n'étoit pas médiocre, pour me persuader que l'amitié devoit pardonner cette légèreté, toute pesante qu'elle fût. J'abrégeai la visite, je ne me pressai pas de la redoubler, et je cessai de voir M. le duc d'Orléans. L'un et l'autre en furent bien en peine. Ils en parlèrent à Mme de Saint-Simon. Mme la duchesse de Berry, que Monsieur son père avoit apparemment grondée, essaya de rhabiller avec elle ce qu'elle lui avoit dit, quoique d'assez mauvaise grâce. Mme la duchesse d'Orléans m'envoya prier d'aller chez elle. Elle s'y remit sur son bien-dire; M. le duc d'Orléans m'y vint surprendre : excuses, propos, tout ce qui se peut dire de plus touchant. Je demeurai longtemps sur la glace du silence, puis du respect; à la fin je me mis en colère, et m'en expliquai tout au plus librement avec lui. Ce ton-là leur déplut moins que le premier; ils redoublèrent d'excuses, de prières, de promesses de fidélité et de secret à l'avenir. L'amitié, je n'oserois dire la compassion de sa foiblesse, me séduisit : je me laissai entraîner dans l'espérance que je mis dans la bonté de cette leçon, et pour le faire court, nous nous raccommodâmes, mais avec résolution intérieure et ferme de le laisser vivre avec Madame sa fille sans lui en jamais parler, et d'être très-sobre avec lui sur tout ce qui la regarderoit d'ailleurs.

Depuis que j'avois reconnu Mme la duchesse de Berry, je la voyois fort rarement, et je m'étois défait de tout particulier avec elle; mais elle venoit quelquefois me trouver dans ma chambre, sous prétexte d'aller chez Mme de Saint-Simon, et m'y tenoit des heures tête à tête quand elle se trouvoit dans l'embarras. Depuis cette aventure je ne remis de longtemps le pied chez elle, et ailleurs je lui battis si froid que je lui fis perdre l'habitude de me venir chercher. Dans la suite, pour ne rien trop marquer, j'allois à sa toilette publique une fois en deux mois, et des moments chaque fois; et tant qu'elle a vécu je ne m'en suis pas rapproché davantage, malgré force agaceries directes et indirectes, qui ont souvent recommencé, et auxquelles j'ai constamment résisté. C'est une fois pour toutes ce qu'il falloit expliquer de cet intérieur de famille royale, et du mien avec eux tous. Revenons maintenant d'où je suis parti.

La lueur de raison et de religion qui parut en M. le duc d'Orléans, après sa séparation d'avec Mme d'Argenton, n'avoit pas été de longue durée, quoique de bonne foi pendant quelque temps, et peut-être allongée de politique jusqu'au mariage de Mme la duchesse de Berry, qui suivit cette rupture de cinq ou six mois. L'ennui, l'habitude, la mauvaise compagnie qu'il voyoit dans ses voyages de

Paris, l'entraînèrent : il se rembarqua dans la débauche et dans l'impiété, quoique sans nouvelle maîtresse en titre, ni de brouilleries avec Mme la duchesse d'Orléans que par celles de Mme la duchesse de Berry. C'étoit entre le père et la fille à qui emporteroit le plus ridiculement la pièce sur les mœurs et sur la religion, et souvent devant M. le duc de Berry, qui en avoit beaucoup, et qui trouvoit ces propos fort étranges, et aussi mauvais qu'il l'osoit les attaques qu'ils lui donnoient là-dessus, et qui ne réussirent jamais.

Le Roi n'ignoroit rien de la conduite de son neveu. Il avoit été fort choqué de son retour à la débauche et à ses compagnies de Paris. Son assiduité chez Madame sa fille et son attachement pour elle fit retomber sur lui les dégoûts continuels qu'il prenoit d'elle, et les déplaisirs souvent éclatants qu'elle donnoit à sa mère, laquelle il aimoit en père et en protecteur, et pour l'amour de qui il avoit fait ce mariage, malgré toute la répugnance de Monseigneur. Le manége de M. du Maine ne laissoit rien passer ni refroidir : il se montroit peu à découvert, mais il faisoit le bon personnage, en plaignant une sœur avec qui la haine de l'autre sœur l'avoit étroitement réuni. Les valets principaux le servoient bien ; et il disposoit d'autant plus sûrement de Mme de Maintenon, qu'on a vu, et qu'on verra encore mieux dans la suite, à quel point d'aveuglement elle l'aimoit, et combien elle haïssoit M. le duc d'Orléans. M. du Maine avoit ses raisons : il avoit travaillé au mariage dans la crainte de celui de Mlle de Bourbon ; mais le mariage fait, il ne vouloit pas dans l'intérieur du Roi, aussi familier que le sien même pour les heures libres et les entrées, qu'un prince aussi supérieur à lui l'égalât dans l'amusement, approchât de lui en amitié, et le diminuât par une considération à laquelle il n'étoit pas pour atteindre et pour être vis-à-vis de lui. Un autre grand intérêt le portoit encore à éloigner le Roi de ce prince le plus qu'il lui seroit possible. Un de ses motifs pour le mariage de Mme la duchesse de Berry étoit aussi

celui d'une sœur de cette princesse avec le prince de
Dombes. Le principal obstacle en étoit levé par le rang
entier de prince du sang qu'il avoit obtenu pour ses
enfants. M*me* la duchesse d'Orléans, toute bâtarde et uniquement occupée de la grandeur de ses frères et de ses
neveux, le desiroit passionnément. Elle s'étoit servie de
cette vue auprès de M. du Maine pour le faire agir en
faveur du mariage de M*me* la duchesse de Berry : elle ne
me l'avoit pas caché, mais toutefois sans m'en parler
autrement que comme d'un coup d'aiguillon à son frère,
quoique je visse le fond de ses desirs.

Je crois aussi que ce dessein entroit pour beaucoup
dans l'inconcevable constance des ménagements si recherchés de M. du Maine pour moi, parce qu'il ne voyoit
d'obstacle que M. le duc d'Orléans, et que comme on pré-
sume toujours de son esprit, de son manége, et de la
sottise de ceux qu'on veut emporter, il ne désespéroit
peut-être pas de me gagner, et par moi M. le duc d'Orléans, quelque intérêt de rang que j'eusse à empêcher de
consolider si bien celui de ses enfants. De toutes ces
choses résultoit un mécontentement et un éloignement
du Roi pour M. le duc d'Orléans, qui augmentoit sans
cesse, moins peut-être par sa conduite personnelle que
par celle de M*me* la duchesse de Berry. Le gros de tout cela
n'étoit pas inconnu au duc de Beauvillier, qui l'éloignoit
encore de la liaison que je voulois former entre M. le duc
d'Orléans et lui. Je voyois le but de M. du Maine : il vouloit plonger au plus bas M. le duc d'Orléans, pour ne lui
laisser de ressource auprès du Roi que le mariage du
prince de Dombes ; et comme il le connoissoit l'unique
obstacle à ce dessein, et en même temps la foiblesse
même, il se dévouoit à une route de laquelle il espéroit
un si grand succès. Mais plus je voyois ce but et la justesse
de cette noire politique pour y arriver, plus je sentois
l'extrême nécessité de fortifier M. le duc d'Orléans d'une
union avec M. de Beauvillier qui opéreroit celle du Dauphin
avec lui, et qui, étant sincère, contiendroit M. le duc

d'Orléans sur beaucoup de choses, le rendroit considérable, et à la longue brideroit Mme la duchesse de Berry, moins supportée de Monsieur son père, et émousseroit les choses passées dans cet intérieur de famille royale, et les disposeroit tout autrement à l'avenir; et dans le crédit que le Dauphin prenoit de jour en jour, surtout pensant comme il faisoit sur les bâtards, je regardois cette union comme un des plus grands renforts que la foiblesse de M. le duc d'Orléans pût recevoir, et un obstacle dirimant au mariage qui auroit fait le prince de Dombes beau-frère de M. le duc de Berry, qui par lui-même n'auroit eu ni la force ni le crédit de l'empêcher, et beaucoup moins Mme la duchesse de Berry d'en oser seulement ouvrir la bouche, dans l'état où elle s'étoit mise avec le Roi.

Pressé par ces vues, j'en exposai fortement au duc de Beauvillier l'importance, et combien il étoit nécessaire de ne se rebuter de rien, pour ne laisser pas échapper le fruit si principal qu'on s'étoit proposé du mariage de Mme la duchesse de Berry, qui étoit l'union de la famille royale; que plus on s'étoit trompé dans le personnel de cette princesse, plus il se falloit roidir pour en détourner et en corriger les inconvénients, dont le moyen unique étoit celui que je lui proposois; que je le priois d'examiner s'il en pouvoit trouver un autre, et de comparer l'embarras de l'embrasser avec le danger de le négliger. Je lui représentai l'ascendant que cette union pouvoit lui faire prendre sur la facilité, la foiblesse, j'ajoutai la timidité de M. le duc d'Orléans, dont l'esprit et la conduite contenue, et peu à peu guidée par son influence, qui portoit quand et soi[1] celle du Dauphin, et qui par là seroit doublement comptée, pouvoit prendre tout un autre tour, et servir alors autant qu'elle nuisoit maintenant à cette union de famille si desirable; que tout foible et futile par oisiveté qu'étoit à cette heure M. le duc d'Orléans, sa proximité, si

1. Avec elle.

rapprochée par l'alliance, en faisoit toujours un prince qui ne pouvoit être dans l'indifférence, et bien moins encore à l'avenir que pendant la vie du Roi, qui retenoit tout dans le tremblement devant lui ; qu'outre cette raison, il ne me pouvoit nier celle d'un esprit supérieur en tout genre, et capable d'atteindre à tout ce qu'il voudroit sitôt qu'il en voudroit faire usage; que ses campagnes avoient manifesté cette vérité, qui se développeroit bien davantage lorsque, délivré du joug du Roi, le dégoût d'une vie ennuyée du néant et de l'inutile à laquelle il étoit maintenant réduit, et l'aiguillon de l'humeur et de l'esprit ambitieux et imaginaire de Madame sa fille, lui donneroit envie de se faire compter sous un nouveau règne, et si alors on ne se repentiroit pas de n'avoir pas, quand on l'avoit pu, mis pour soi, et pour une union si nécessaire, ce qu'on y trouveroit alors de si opposé, et toujours, en ce cas, plus ou moins embarrassant. J'assaisonnai la force de ces considérations de celle de l'opinion qu'il savoit que M. de Chevreuse avoit foncièrement de ce prince, qu'il voyoit toujours de fois à autre en particulier de tout temps; et je me gardai bien d'omettre ce qu'il ne pouvoit ignorer que M. le duc d'Orléans avoit toujours pensé, et tout haut, sur Monsieur de Cambray. Enfin, je n'oubliai pas de lui faire entendre que les faits historiques, les arts, les sciences, dont le Dauphin aimoit à s'entretenir, étoit[1] une matière toujours prête et jamais épuisée, où M. le duc d'Orléans étoit maître, dont il savoit parler nettement et fort agréablement, et qui seroit entre eux un amusement sérieux qui leur plairoit beaucoup à l'un et à l'autre, et qui ne serviroit pas peu au dessein si raisonnable que nous nous proposions.

Tant de raisons ébranlèrent le duc de Beauvillier, qui s'étoit ému dès les premiers mots, mais qui, à ma prière, m'avoit laissé tout dire sans interruption. Il convint de tout, mais en même temps il m'opposa les mœurs et les

---

1. Il y a bien *étoit*, au singulier.

propos étranges qui lui échappoient quelquefois devant le Dauphin, et qui l'aliénoient infiniment, et me montra sans peine que cette indiscrétion étoit un obstacle qui mettoit la plus forte barrière à leur liaison. Je le sentois trop pour en pouvoir disconvenir, mais je le pressai en ôtant cet obstacle, et je vis un homme intérieurement rendu à cette condition. Alors je m'arrêtai, parce que je sentis que tout dépendoit de cela, qu'il s'agissoit par conséquent d'y travailler avant toutes choses, et que connoissant la légèreté de M. le duc d'Orléans, et ce détestable héroïsme d'impiété qu'il affectoit bien plus encore qu'il n'en avoit le fond, je ne pouvois me répondre de réussir.

Je ne différai pas à l'attaquer, et je n'eus aucune peine à le faire sincèrement convenir de tous les solides avantages qu'il trouveroit, outre la considération présente, de son union avec le Dauphin, et ce qui étoit inséparable, avec le duc de Beauvillier. De l'aveu je le conduisis aisément au desir, que je crus devoir aiguiser par la difficulté que lui-même sentoit bien résulter de ses mœurs et de sa conduite. Je le ballottai longtemps exprès là-dessus dans la même conversation. Quand je crus l'avoir assez échauffé et assez embarrassé pour pouvoir espérer le faire venir à mon point en lui proposant la solution que j'avois projetée, je lui dis que je m'abstenois de l'exhorter sur ses mœurs et sur ses opinions prétendues, qu'il ne pouvoit avoir foncièrement, et sur lesquelles il se trompoit soi-même; qu'il savoit de reste ce que je pensois sur tout cela, et que je n'ignorois plus aussi combien vainement je le presserois d'en changer; qu'aussi étoit-ce à moins de frais que je croyois qu'il pourroit réussir à l'union qu'il avoit de si pressantes raisons de desirer; que le moyen en étoit entre ses mains et facile, mais que s'il se résolvoit à le prendre, il ne falloit pas s'en lasser, et qu'en ce cas, je croyois qu'il ne tarderoit pas à en voir des succès qui, suivis et entretenus avec attention, le pourroient conduire à tout ce qu'il en pouvoit souhaiter. Je l'avois ainsi excité de plus en plus, en le laissant au large sur le malheureux fond de sa vie; je lui fis dans la même vue acheter l'explication de ce chemin et du moyen facile que je lui proposois sans le lui dire. Enfin, après lui avoir doucement reproché que je ne l'en croyois pas capable, je me laissai vaincre, et je lui dis que tout consistoit en deux points : le premier d'être en garde continuelle de tout propos le moins du monde licencieux en présence du Dauphin, et chez Mme la princesse de Conti, où le Dauphin alloit quelquefois, et d'où de tels discours lui pourroient revenir; que son indiscrétion là-dessus lui aliénoit ce prince plus dangereusement et plus loin beaucoup qu'il ne pouvoit se l'imaginer, et que ce que je lui disois là-dessus n'étoit pas opinion, mais science; que la discrétion opposée lui plairoit tant, qu'elle le feroit revenir peu à peu, en lui ôtant l'occasion de l'horreur qu'il concevoit de ces choses et de celui qui les produisoit, par conséquent la crainte et les entraves où sa présence le mettoit, qui se changeroient en aise et en liberté quand l'expérience lui auroit appris qu'il pouvoit l'entendre sans scandale et se livrer sans scrupule à sa conversation, dont les arts, les sciences et des choses historiques entretiendroient[1] la matière entre eux, et peu à peu en banniroient toute contrainte et n'y laisseroient que de l'agrément. L'autre point étoit d'aller moins souvent à Paris, d'y faire la débauche au moins à huis clos, puisqu'il étoit assez malheureux que de la vouloir faire, et d'imposer assez à lui-même et à ceux qui la faisoient avec lui pour qu'il n'en fût pas question le lendemain matin.

Il goûta un expédient qui n'attaquoit point ses plaisirs; il me promit de le suivre. Il y fut fidèle, surtout pour les propos en présence du Dauphin ou qui lui pouvoient revenir. Je rendis ce que j'avois fait au duc de Beauvillier. Le Dauphin s'aperçut bientôt de ce changement, et le dit au duc, par qui il me revint. Peu à peu ils se

---

1. Saint-Simon a écrit *entretiendroient* au pluriel, et quelques mots plus loin, *banniroit* et *laisseroit* au singulier.

[1711] AU DAUPHIN ET AU DUC DE BEAUVILLIER. 71

rapprochèrent ; et comme M. de Beauvillier craignoit toute nouveauté apparente, et qu'il n'avoit pas accoutumé de voir M. le duc d'Orléans, tout entre eux passa par moi, et après ce Marly, où le duc de Chevreuse n'étoit point, par lui et par moi, tantôt l'un tantôt l'autre.

CHAPITRE IV.

Mémoire des pertes de la dignité de duc et pair, etc. — Tête-à-tête du Dauphin avec moi. — Affaire du cardinal de Noailles remise par le Roi au Dauphin ; causes de ce renvoi. — Discussion entre le duc de Beauvillier et moi sur un prélat à proposer au Dauphin pour travailler sous lui à l'affaire du cardinal de Noailles. — Voyage de Fontainebleau par Petit-Bourg ; dureté du Roi dans sa famille. — Comte de Toulouse attaqué de la pierre. — Musique du Roi à la messe de la Dauphine. — Je raccommode sincèrement et solidement le duc de Beauvillier et le chancelier. — Famille et mort du prince de Nassau, gouverneur de Frise. — Mort de Penautier ; quel il étoit. — Mort du duc de Lesdiguières, qui éteint ce duché-pairie. — Neuf mille francs de pension sur Lyon au duc de Villeroy. — Mort de Pelletier, ci-devant ministre et contrôleur général. — Mort de Phélypeaux, conseiller d'État, frère du chancelier. — Mort de Serrant et du chevalier de Maulevrier ; leur famille. — Mort de la princesse de Furstemberg ; sa famille, son caractère ; maison de son mari ; le tabouret lui est procuré tard par adresse. — Mariage du chevalier de Luxembourg avec Mlle d'Harlay. — Mort du cardinal de Tournon. — Mort et caractère du maréchal de Boufflers. — Danger que j'y cours. — Triste fin de vie. — Horreur des médecins. — Générosité de la maréchale de Boufflers, qui accepte à peine une pension du Roi de douze mille livres.

Parmi tous ces soins et ces affaires, il falloit travailler au mémoire de nos pertes tel que le Dauphin me l'avoit demandé. De tout temps je les avois rassemblées[1], avec les occasions qui les avoient causées, autant que j'avois pu. J'avois eu cette curiosité dès ma première jeunesse ; je l'avois toujours suivie depuis ; je m'étois continuellement appliqué à m'en instruire des vieux ducs et du-

---

1. Voir les pièces. (*Note de Saint-Simon.*) Voyez tome I, p. 420, note 1.

chesses les plus de la cour en leur temps et les mieux informés, à constater par d'autres ce que j'en apprenois, et surtout à m'en donner à moi-même la dernière certitude par des gens non titrés, anciens, instruits, versés dans les usages de la cour et du monde, qui y avoient été beaucoup, qui avoient vu par eux-mêmes, et par d'anciens valets principaux. Je mettois les uns et les autres sur les voies, et par conversation je les enfilois doucement à raconter ce que je m'étois proposé de tirer d'eux. J'avois écrit à mesure; ainsi j'avois tous mes matériaux, où j'avois ajouté à mesure aussi les pertes depuis mon temps, et dont j'avois été témoin avec toute la cour. Sans une telle avance, le recueil m'eût été impossible, et les recherches m'en auroient mené trop loin. Mais l'arrangement tel que le Dauphin le voulut fut encore un travail long et pénible. Je n'y pouvois être aidé de personne : M. de Chevreuse, encore une fois, n'étoit point à Marly : M. de Beauvillier étoit trop occupé; je n'osai même me servir de secrétaire. Néanmoins j'en vins à bout vers la fin du voyage. M. de Beauvillier ne put repasser ce travail que superficiellement. M. de Chevreuse, à qui je l'envoyai, l'examina à fond. J'allai le trouver après à Dampierre, de Marly, où je couchai une nuit. Il m'en parut content et n'y corrigea rien. J'y fis une courte préface, adressée au Dauphin. Tout cet ouvrage se trouvera avec les pièces. Il s'en peut faire, depuis qu'il fut achevé, un étrange supplément.

J'ajoutai un mémoire, qui eût pu être bien meilleur s'il n'eût pas été fait si rapidement, mais que je crus devoir présenter au Dauphin dans tout son naturel, en lui en expliquant l'occasion. Ce fut lors de la sortie du cardinal de Bouillon du royaume, et de son impudente lettre au Roi, que le maréchal de Boufflers me le demanda sur les maisons de Lorraine, de Bouillon et de Rohan, et avec tant de précipitation que je le fis en deux fois dans la même journée. Il croyoit pouvoir en faire usage dans un moment critique; il n'en fit aucun : c'est toujours le sort de ce qui regarde la dignité. J'avertis le Dauphin que l'état des changements arrivés à notre dignité pendant ce règne étoit prêt à lui être présenté. J'y avois joint, en faveur de la haute noblesse, la lettre que le Roi écrivit à ses ambassadeurs et autres ministres dans les cours étrangères, du 19 décembre 1670, sur la rupture du mariage de Mademoiselle avec M. de Lauzun, parce que mon dessein, comme on l'a pu déjà voir, n'étoit pas moins de la relever que les chutes de notre dignité.

Quelque occupé que fût le Dauphin de l'affaire qui enfanta depuis la fameuse bulle *Unigenitus*, que le Roi lui avoit renvoyée en partie, il me donna heure dans son cabinet. J'eus peine à cacher dans mes poches, sans en laisser remarquer l'enflure, tout ce que j'avois à lui porter. Il en serra plusieurs papiers parmi les siens les plus importants, et les autres avec d'autres qui ne l'étoient pas moins, et j'admirai cependant l'ordre net et correct dont il les tenoit tous, malgré les changements de lieu si ordinaires de la cour, qui n'étoit pas une de ses moindres peines. Avant de les mettre sous la clef, il voulut passer les yeux sur notre décadence, et fut épouvanté du nombre des articles. Son étonnement augmenta bien davantage lorsque je lui fis entendre en peu de mots le contenu du dernier article, qui comprenoit une infinité de choses qui auroient pu faire autant d'autres articles, mais que j'avois ramassées ensemble pour le fatiguer moins, et n'avoir pas l'air d'un juste volume. Je lui lus la préface, et je lui expliquai les sources d'où j'avois puisé ce qui a précédé mon temps. Il admira la grandeur du travail; l'ordre et la commodité des deux différentes tables; il me remercia de la peine que j'y avois prise, comme si je n'y eusse pas été intéressé; il me répéta que, puisque je l'avois bien voulu, il ne pouvoit regretter la peine que m'avoit donnée l'ordre chronologique qu'il m'avoit demandé, auquel j'avois si nettement suppléé par l'arrangement des tables, que je ne lui dissimulai pas avoir été ce qui m'avoit le plus coûté. Je lui [dis] qu'avec un prince superficiel et moins desireux d'approfondir et de savoir à fond, je me serois bien gardé de présenter les deux ouvrages ensemble, de peur qu'il ne se contentât des tables et de leurs extraits ; mais que ce que j'avois fait pour son soulagement et pour la satisfaction subite d'une première curiosité, j'espérois qu'il ne deviendroit pas obstacle à la lecture des articles entiers, où il trouveroit encore toute autre chose que les extraits ne pouvoient renfermer. Il me donna parole de lire le tout à Fontainebleau d'un bout à l'autre, de le lire pour s'en meubler la tête, et de m'en entretenir après. Il ajouta qu'il ne remettoit cela à Fontainebleau, où on alloit bientôt, que parce qu'il étoit accablé, outre le courant, d'une affaire que le Roi lui avoit renvoyée presque toute entière, et qui l'occupoit d'autant plus que la religion y étoit intéressée.

Je ne jugeai pas à propos de prolonger une audience en laquelle je n'avois rien à ajouter à la matière qui me la procuroit, et où je ne le voyois pas disposé à me parler d'autre chose. Comme il ne s'ouvrit pas davantage sur l'affaire qui l'occupoit tant, et en effet beaucoup trop, je me contentai de le louer du temps qu'il y vouloit bien donner, et de lui représenter en gros combien il étoit desirable qu'elle finît promptement, et combien dangereuses les passions et les altercations qui l'allongeroient en l'obscurcissant. Il me répondit là-dessus avec son humilité ordinaire sur lui-même, et avec bonté pour moi, sur quoi je me retirai. J'allai aussitôt après rendre compte de cette courte audience au duc de Beauvilliér : il fut ravi de la manière dont elle s'étoit passée ; mais, ainsi que le Dauphin, il étoit tout absorbé de l'affaire dont ce prince me venoit de légèrement parler.

On entend bien que c'étoit celle du cardinal de Noailles, qui enfanta depuis la fameuse constitution *Unigenitus*, sur laquelle on se souviendra ici de ce qui en est ci-devant dit et expliqué, p. 1075 et suivantes[1]. Les noirs inven-

---

1. Pages 214 et suivantes de notre tome VIII.

teurs de cette profonde trame, contents au dernier point de l'avoir si bien conduite, et réduit le cardinal de Noailles à une défensive de laquelle même ils lui faisoient un crime auprès du Roi, ne laissoient pas d'être en peine d'avoir vu ce cardinal revenir à la cour, et y avoir une audience du Roi passablement favorable, après en avoir obtenu une défense de s'y présenter, qui fut ainsi de courte durée. Le Roi, tiraillé par les prestiges de son confesseur appuyés de Mme de Maintenon par ceux de l'évêque de Meaux, et l'ineptie irritée de la Chétardie, curé de Saint-Sulpice, ne résistoit qu'à peine à son ancien goût pour le cardinal de Noailles, et à l'estime qui alloit jusqu'à la vénération qu'il avoit conçue pour lui. Ils s'aperçurent que, quelques progrès qu'ils fissent, la présence du cardinal ou les déconcertoit, ou du moins mettoit le Roi dans un malaise qui les tenoit en échec. Le remède qu'ils y trouvèrent fut de faire renvoyer l'affaire au Dauphin, puisque le Roi lui en renvoyoit tant d'autres, qu'il se mêloit de toutes avec autorité, par la volonté et pour le soulagement du Roi, et que tous les ministres travailloient chez ce prince. Le Roi, fatigué de cette affaire, prit aisément à cette ouverture : il ordonna donc au Dauphin de travailler à la finir, de lui en épargner les détails, et de ne lui en rendre compte qu'en gros et seulement lorsqu'il seroit nécessaire.

Rien n'accommodoit mieux les ennemis du cardinal de Noailles. Il étoit resté le seul en vie des trois prélats qui avoient lutté contre l'archevêque de Cambray lors de l'orage du quiétisme, et qui l'avoient culbuté à la cour et fait condamner à Rome. Ce mot seul explique toute la convenance de la remise de l'affaire présente au Dauphin, livré absolument au duc de Beauvillier, beaucoup aussi au duc de Chevreuse, toujours également passionné pour son ancien précepteur, élevé dans tous leurs principes sur la doctrine, et qu'ils espéroient bien rendre pareil à eux sur Rome, et sur les immenses terreurs du jansénisme et des jansénistes. Le

Dauphin avoit pourtant montré plus d'une fois, en plein conseil et avec éclat, sur des affaires très-principales que les jésuites y avoient en leur nom, que la justice et ses lumières prévaloient à toute affection; mais ils comptèrent gagner l'une et l'autre en celle-ci, avec les deux ducs si puissamment en croupe, et si unis au P. Tellier.

Raisonnant peu de jours après avec le duc de Beauvillier, allant avec lui de Marly à Saint-Germain, du renvoi de cette affaire au Dauphin, nous convînmes aisément de la nécessité de lui proposer un évêque pour y travailler sous lui et y exécuter ses ordres à l'égard des parties, et nous agitâmes les prélats qui pouvoient y être propres. Je lui nommai l'ancien évêque de Troyes. Plusieurs raisons me firent penser à lui. C'étoit un homme d'esprit et de savoir, qui avoit de plus la science et le langage du monde, auquel il étoit fort rompu. Il avoit brillé dans toutes les assemblées du clergé, où il avoit souvent réuni les esprits. Il s'étoit trouvé à la cour dans des liaisons importantes et fort opposées, sans soupçon sur sa probité. Dans les affaires de l'Église, il s'étoit maintenu bien avec tous et avec les jésuites; il étoit neuf sur celle-ci, puisqu'il étoit démis et retiré à Troyes depuis nombre d'années. Enfin sa droiture et sa piété ne pouvoient être suspectes, à la vie toute pénitente qu'il avoit choisie très-volontairement, et dans laquelle il persévéroit depuis si longtemps. Toutes ces qualités, jointes à un esprit poli, doux, facile, liant, insinuant, qui étoit proprement le sien, me paroissoient faites exprès pour remplir les vues de l'emploi dont il s'agissoit. J'expliquai ces raisons à M. de Beauvillier, qui n'eut rien à m'opposer, sinon que Monsieur de Troyes étoit ami du cardinal de Noailles; et de cela je ne l'en pus tirer, quoi que je lui pusse représenter. Je vins donc à un autre, et lui parlai de Besons, archevêque de Bordeaux, liant aussi, fort instruit, estimé, transféré d'Aire à Bordeaux par le P. de la Chaise, enfin ami des jésuites, et qui ne pouvoit être suspect.

Le duc ne rejeta pas la proposition, mais il me parla de

Bissy, évêque de Meaux, comme du plus propre à travailler sous le Dauphin. Celui-ci n'avoit pas encore levé le masque : il s'entretenoit respectueusement bien avec le cardinal de Noailles, tandis que, de concert en tout avec le P. Tellier, il l'égorgeoit en secret auprès de Mme de Maintenon. Je m'élevai donc contre ce choix, et lui dis ce que je savois de l'ambition et des menées de ce prélat à Rome, étant évêque de Toul, des causes de son refus opiniâtre de l'archevêché de Bordeaux, qui le dépaysoit, et beaucoup d'autres choses que je ne répéterai pas, et qui se trouvent p. 138, 321, 884[1], etc., pour la plupart. Alors M. de Beauvillier m'avoua qu'il en avoit déjà parlé au Dauphin ; et sur ce que je m'écriai encore davantage, et que je lui reprochai ensuite plus doucement une dissertation inutile, puisque le choix étoit fait, je l'ébranlai, et je vis jour à joindre le Bordeaux au Meaux, dans ce travail sous le Dauphin. Il n'est pas temps maintenant d'en dire davantage sur cette affaire.

Le Roi étoit à Marly depuis la mort de Monseigneur, c'est-à-dire qu'il y étoit arrivé de Meudon la nuit du 14 au 15 d'avril, et il y avoit été retenu, comme je l'ai remarqué, à cause du mauvais air, que Versailles étoit plein de petites véroles, et par la considération des princes ses petits-fils. Il fut trois mois pleins à Marly, et il en partit le mercredi 15 juillet, après y avoir tenu conseil et dîné, passa à Versailles, où il monta un moment dans son appartement, et alla coucher à Petit-Bourg, chez d'Antin, et le lendemain à Fontainebleau, où il demeura jusqu'au 14 septembre. Je supprimerois cette bagatelle, arrivée à l'occasion de ce voyage, si elle ne servoit de plus en plus à caractériser le Roi. Mme la duchesse de Berry étoit grosse pour la première fois, de près de trois mois, fort incommodée, et avoit la fièvre assez forte. M. Fagon trouva beaucoup d'inconvénient à ne lui pas faire différer le voyage de quelques jours. Ni elle ni M. le duc d'Orléans

---

1. Pages 12 et 13 de notre tome II, page 199 de notre tome III, et page 127 de notre tome VII.

n'osèrent en parler. M. le duc de Berry en hasarda timidement un mot, et fut mal reçu. Mme la duchesse d'Orléans, plus timide encore, s'adressa à Madame et à Mme de Maintenon, qui, toutes peu tendres qu'elles fussent pour Mme la duchesse de Berry, trouvèrent si hasardeux de la faire partir, qu'appuyées de Fagon elles en parlèrent au Roi. Ce fut inutilement. Elles ne se rebutèrent pas, et cette dispute dura trois ou quatre jours. La fin en fut que le Roi se fâcha tout de bon, et que, par capitulation, le voyage se fit en bateau au lieu du carrosse du Roi.

Pour l'exécuter, ce fut une autre peine d'obtenir que Mme la duchesse de Berry partiroit de Marly le 13, pour aller coucher au Palais-Royal, s'y reposer le 14, et s'embarquer le 15 pour arriver à Petit-Bourg, où le Roi devoit coucher ce jour-là, et arriver comme lui le 16 à Fontainebleau, mais toujours par la rivière. M. le duc de Berry eut permission d'aller avec Madame sa femme; mais le Roi lui défendit avec colère de sortir du Palais-Royal pour aller nulle part, même l'Opéra, à l'un et à l'autre, quoique on y allât du Palais-Royal sans sortir, et de plein pied des appartements dans les loges de M. le duc d'Orléans. Le 14, le Roi, sous prétexte d'envoyer savoir de leurs nouvelles, leur fit réitérer les mêmes défenses, et à M. et à Mme la duchesse d'Orléans, à qui il les avoit déjà faites à leur départ de Marly. Il les poussa jusqu'à les faire à Mme de Saint-Simon pour ce qui regardoit Mme la duchesse de Berry, et lui enjoignit de ne la pas perdre de vue, ce qui lui fut encore réitéré à Paris de sa part. On peut juger que ses ordres furent ponctuellement exécutés. Mme de Saint-Simon ne put se défendre de demeurer et de coucher au Palais-Royal, où on lui donna l'appartement de la Reine mère. Il y eut grand jeu tant qu'ils y furent, pour consoler M. le duc de Berry de sa prison.

Le prévôt des marchands avoit reçu ordre de faire préparer des bateaux pour le voyage; il eut si peu de temps qu'ils furent mal choisis. Mme la duchesse de Berry s'embarqua le 15, et arriva avec la fièvre, à dix heures du soir, à Petit-Bourg, où le Roi parut épanoui d'une obéissance si exacte. Le lendemain, Madame la Dauphine la vit embarquer. Le pont de Melun pensa être funeste; le bateau de Mme la duchesse de Berry heurta, pensa tourner, et s'ouvrit à grand bruit, en sorte qu'ils furent en très-grand danger. Ils en furent quittes pour la peur et pour du retardement. Ils débarquèrent en grand désordre à Valvin, où leurs équipages les attendoient, et ils arrivèrent à Fontainebleau à deux heures après minuit. Le Roi, content au possible, l'alla voir le lendemain matin, dans ce bel appartement de la Reine mère que le feu roi et la reine d'Angleterre, et après eux Monseigneur, avoient toujours occupé. Mme la duchesse de Berry, à qui on avoit fait garder le lit depuis son arrivée, se blessa, et accoucha, sur les six heures du matin du mardi 21 juillet, d'une fille. Mme de Saint-Simon l'alla dire au Roi à son premier réveil, avant que les grandes entrées fussent appelées; il n'en parut pas fort ému, et il avoit été obéi. La duchesse de Beauvillier, accompagnée de la marquise de Châtillon, nommées par le Roi, l'une comme duchesse, l'autre comme dame de qualité, eurent la corvée de porter l'embryon à Saint-Denis. Comme ce n'étoit qu'une fille, on s'en consola, et que la couche n'eut point de mauvaises suites.

M. le comte de Toulouse, attaqué de grandes douleurs de vessie depuis deux mois à Marly, n'y voyoit sur les fins presque plus personne. Le Roi l'alla voir plus d'une fois, mais il voulut aussi qu'il allât à Fontainebleau en même temps que lui. Quoique il ne pût souffrir de voiture, et encore moins monter à cheval, il en fit le voyage en bateau, et ne put presque sortir de sa chambre, pour aller seulement chez le Roi très-rarement, tant qu'on fut à Fontainebleau. C'est ainsi que rien ne pouvoit dispenser des voyages, et que le Roi faisoit éprouver aux siens qu'il étoit au-dessus de tout. Il fit en arrivant la galanterie à la Dauphine d'envoyer à sa messe toute sa musique, comme elle étoit auparavant à celle de Monsei-

gneur. Le Dauphin ne se soucia point de l'avoir à sa
messe, qu'il entendoit d'ordinaire de bonne heure, et
toujours dans un recueillement qui ne se seroit guère
accommodé de musique, d'autant plus qu'il l'aimoit beaucoup.
Ce fut une distinction que la Dauphine n'avoit
point demandée; elle la toucha beaucoup, et montra à la
cour une grande considération.

Dès que nous fûmes à Fontainebleau, je songeai de plus
en plus comment je pourrois réussir à une réconciliation
sincère du duc de Beauvillier et du chancelier. Je continuois
à parler au premier du fils, sans jamais lui nommer
le père, et je lui faisois valoir sa conversion par la soumission
qu'il montroit entière à tout ce que je lui portois
de sa part. J'en vis le duc si satisfait que je crus qu'il
étoit temps de le sonder tout à fait, pour m'assurer de
voir rester le fils en place, dont j'avois bien de grandes
espérances, mais non encore la pleine certitude que je
desirois. Je l'exécutai dans une conférence, dans la galerie
des Cerfs : le duc en avoit une clef; on y entroit du bas
de son degré, et c'étoit là d'ordinaire qu'il aimoit à parler
tête à tête, en se promenant, sans crainte d'être interrompu.
Là, après quelques propos sur Pontchartrain, j'en
tirai ce mot décisif, que si Pontchartrain devenoit praticable,
il opinoit à le laisser en place, puisqu'il y étoit,
plutôt même qu'y en mettre un autre meilleur que lui,
pour éviter un déplacement. Je remerciai extrêmement
M. de Beauvillier, et je le confirmai de mon mieux dans
une résolution pour laquelle j'avois tant labouré. Sûr alors
que Pontchartrain avoit échappé au danger, et qu'en continuant
de se conduire à l'égard du duc comme il faisoit,
et comme la frayeur l'empêcheroit d'y broncher, il n'avoit
plus à craindre, et devoit son salut au duc de Beauvillier,
je crus que c'étoit le moment d'essayer de frapper le grand
coup que je méditois ; mais je compris que si la réconciliation
étoit possible, ce ne seroit qu'en la forçant, et,
pour ainsi dire, malgré l'un et l'autre.

Le duc étoit trop justement ulcéré, et sentoit trop ses

forces pour vouloir ouïr parler du chancelier; et celui-ci trop outré de voir toute la faveur et l'autorité, sur lesquelles il avoit si raisonnablement compté sous Monseigneur, passées par la mort de ce prince au duc de Beauvillier, et qu'il jouissoit déjà d'avance d'une grande partie, pour souffrir d'entendre parler de l'humiliation de se courber devant cet homme qu'il s'étoit accoutumé à attaquer et à haïr, et consentir à lui faire des avances.

Plein de mon idée, j'allai une après-dînée à la chancellerie, où il logeoit, à heure de l'y trouver seul et de n'être pas interrompu. Il avoit un petit jardin particulier le long de son appartement et de plein pied, qu'il appeloit sa Chartreuse, et qui y ressembloit en effet, où il aimoit à se promener seul, et souvent avec moi tête à tête. Dès qu'il me vit entrer dans son cabinet, il me mena dans ce petit jardin, affamé de causer depuis notre longue séparation de Marly, et qu'il ne faisoit qu'arriver à Fontainebleau, où je ne l'avois vu qu'un soir ou deux avec du monde. Là, après une conversation vague, assez courte, de gens qui effleurent tout parce qu'ils ont beaucoup à se dire, je lui demandai, à propos du travail des ministres chez le Dauphin, et de la grandeur nouvelle du duc de Beauvillier, dont il étoit fort affecté, s'il savoit tout ce qui s'étoit passé à Marly, et si son fils lui en avoit rendu compte. Sur ce qu'il m'en dit, et qui n'avoit nul trait à son fait, je regardai le chancelier, en lui demandant s'il ne lui avoit rien appris de plus particulier et de plus intéressant. Il m'assura que non, avec curiosité de ce que je voulois dire. « Oh bien! donc, Monsieur, repris-je, apprenez donc ce que votre éloignement continuel de Marly et votre passion pour Pontchartrain, d'où vous voudriez ne bouger, vous fait ignorer, et à quoi peut-être cette conduite vous expose : c'est que Monsieur votre fils a été au moment d'être chassé. — Hélas! me répondit-il en haussant les épaules, à la conduite qu'il a, et aux sottises qu'il fait tous les jours, c'est un malheur auquel je m'attends à tous instants. » Puis se tournant vers moi d'un air fort agité : « Mais contez-moi donc cela, ajouta-t-il, et à quoi il en est. » Je lui dis le fait, et tout ce que je crus le plus capable de l'effrayer, mais en prenant garde de lui rien montrer qui le pût faire douter le moins du monde du duc de Beauvillier, et le laissant au contraire dans l'opinion de l'effet de leur haine et de son nouveau crédit, qu'il exhala vivement à plus d'une reprise.

Je le tins longtemps entre deux fers, comme en effet son fils y avoit été longtemps, et lui dans l'impatience de la conclusion et de savoir où en étoit son fils, et je fis exprès monter cette impatience jusqu'à la dernière frayeur. Alors je lui dis qu'il étoit sauvé, que pour cette fois il n'avoit plus rien à craindre, et que j'avois même lieu de croire qu'il pourroit être soutenu par qui l'avoit sauvé. Voilà le chancelier qui respire, qui m'embrasse, et qui me demande avec empressement qui peut être le généreux ami à qui il doit le salut de sa fortune. Je ne me pressai point de répondre, pour l'exciter davantage, et revins à l'extrême et imminent péril dont la délivrance étoit presque incroyable. Le chancelier à pétiller, et à me demander coup sur coup le nom de celui à qui il devoit tout, et à qui il vouloit être sans mesure toute sa vie. Je le promenai encore sur l'excès de l'obligation et sur les sentiments qui lui étoient dus par le chancelier et par toute sa famille; et comme il me demanda de nouveau qui c'étoit donc, et si je ne le lui nommerois jamais, je le regardai fixement, et d'un air sévère qui m'appartenoit peu avec lui, mais que je crus devoir usurper pour cette fois : « Que vous allez être étonné, lui dis-je, de l'entendre, ce nom que vous devez baiser, et que vous allez être honteux ! Cet homme que vous haïssez sans cause, que vous ne cessez d'attaquer partout, M. de Beauvillier enfin, » en haussant la voix et lui lançant un regard de feu, « est celui à qui il n'a tenu, en laissant faire, que votre fils n'ait été chassé, et qui l'a sauvé, et raffermi de plus dans sa place. Qu'en direz-vous, Monsieur ? ajoutai-je tout de suite. Croyez-moi, allez vous cacher. — Ce que j'en dirai, répondit le chancelier d'une voix entrecoupée d'émotion, c'est que je suis son serviteur pour jamais, et qu'il n'y a rien que je ne fasse pour le lui témoigner; » puis me regardant, et m'embrassant avec un soupir : « C'est bien là votre ouvrage, je vous y reconnois; eh! combien je le sens! mais cela est admirable à M. de Beauvillier au point où il est, et au point où nous sommes ensemble. Je vous conjure de l'aller trouver, de lui dire que je me jette à ses pieds, que j'embrasse ses genoux, que je suis à lui pour toute ma vie; mais auparavant je vous conjure de me raconter tout ce détail, dont vous ne m'avez dit que le gros.. »

Alors je n'en fis plus de difficulté : je lui fis le récit fort étendu de ce que j'ai cru devoir resserrer ici, sans plus ménager le secret que M. de Beauvillier m'avoit imposé, et par moi ensuite à Pontchartrain, lorsqu'il voulut après que je lui parlasse de sa part. Ce récit très-exact, mais appuyé et circonstancié avec soin, jeta le chancelier dans une honte, dans une confusion, dans un repentir, dans une admiration, dans une reconnoissance dignes d'un homme de sa droiture et de son esprit. Il redoubla les remerciements qu'il me fit d'un service si signalé que j'avois rendu à lui et à son fils, et lorsque j'en étois si mécontent, mais qu'il falloit qu'il s'en souvînt toute sa vie, et passât partout par où je voudrois. Je répondis au chancelier qu'à mon égard ce n'étoit là au sien que le payement de mes dettes, mais qu'il devoit porter toute sa gratitude vers le duc de Beauvillier, qui n'ayant reçu de lui qu'aigreurs et procédés fâcheux, et souvent même de son fils encore, le sauvoit néanmoins par pure générosité, par effort de religion, sans y être obligé le moins du monde, n'ayant qu'à se taire pour le laisser périr, et dans un temps encore où il falloit avouer qu'il n'avoit, et que, selon toute apparence humaine, il n'auroit jamais aucun besoin de lui ni de son fils.

Le chancelier convint bien franchement qu'il n'auroit

jamais pensé trouver là son salut, se livra de même à toute la honte que je voulus encore lui faire de ses préventions et de ses manières à l'égard de M. de Beauvillier, ajouta de nouveau qu'il vouloit être pour jamais à lui et sans mesure, et qu'il lui tardoit qu'il le sût par lui-même. Je le priai de suspendre jusqu'à ce que j'eusse préparé le duc à la révélation de son secret, et ce que je ne lui dis pas, à vouloir bien recevoir son hommage et se raccommoder avec lui. Il me conjura de n'y perdre pas un moment, de protester au duc qu'il étoit à lui sans réserve, qu'il le supplioit de trouver bon que son opinion au conseil lui demeurât libre en choses graves, mais qu'à cela près, qu'il se rangeroit toujours à son avis toutes les fois que cela lui seroit possible, qu'il n'y manqueroit jamais dans les choses qui ne seroient pas vraiment importantes, et que si, dans celles qui le seroient, il ne pouvoit pas toujours se ranger à son avis, il diroit le sien tout uniment, sans jamais contester ni disputer avec lui, qu'enfin il verroit, par toute sa conduite, combien exactement il rempliroit ses engagements, et combien en tout genre son dévouement et sa reconnoissance seroient fidèles et entières [1].

J'allai de ce pas chez le duc de Beauvillier, à qui je racontai sans détour toute la conversation que je venois d'avoir. Il rougit, et me demanda avec quelque petite colère qui m'en avoit prié. Je lui repartis que c'étoit moi-même, que je ne lui dissimulois pas que mon désir, et enfin mon dessein, avoit toujours été de le raccommoder avec le chancelier, dont le péril troubloit toute la joie de ma vie. Un peu de courte mais de vive paraphrase que j'ajoutai en même sens calma le duc, jusqu'à me savoir bon gré, non de la chose, mais du sentiment qui me l'avoit fait faire. Je lui fis comprendre tout de suite assez aisément que, bien loin qu'il y allât le moins du monde du sien dans la situation où il se trouvoit, une générosité

---

1. Il y a bien *entières*, au féminin.

si gratuite et si peu méritée lui enchaînoit le chancelier et son fils par une obligation de nature à ne pouvoir jamais s'en séparer, lui épargnoit la peine d'achever de perdre l'un, et de continuer nécessairement par travailler à la perte de l'autre, que je ne regardois le fils que comme accessoire, mais qu'une fois sincèrement réuni avec le père, j'étois persuadé qu'il y trouveroit des ressources qui le soulageroient en tous les temps, et qui deviendroient fort utiles à l'État. Le duc, tout à fait radouci, me chargea de compliments modestes pour le chancelier, et de lui dire qu'il étoit bien aise de montrer à lui et à son fils combien ils s'étoient mécomptés sur lui, que les engagements qu'il vouloit prendre pour le conseil étoient trop forts, qu'il étoit juste que tous deux y conservassent leur liberté entière, que l'aigreur et la chaleur étoient les seules choses à y retrancher, et qu'il l'assuroit aussi qu'il y seroit toujours le plus qu'il le pourroit favorable à ce qu'il jugeroit qui lui pourroit être agréable.

Tout de suite j'exigeai du duc, et aussitôt après du chancelier, que mettant à part toute prévention réciproque sur les affaires concernantes Rome et la matière du jansénisme, ils en parleroient mesurément au conseil, en y disant néanmoins tout ce qui feroit à l'affaire et à leur sentiment, mais de façon à se marquer réciproquement leur considération mutuelle, jusque dans ces choses qui les touchoient si fort tous deux, et d'une manière si opposée. J'en eus parole de tous les deux, et de bonne grâce, et tous deux l'ont toujours depuis tenue fort exactement. Je me gardai bien de rendre au chancelier la manière dont j'avois été reçu d'abord du duc de Beauvillier ; je lui dis tout le reste. Il petilloit de sceller lui-même cette grande réconciliation avec lui ; mais le duc, toujours et quelquefois trop plein de mesures, voulut un délai de dix ou douze jours, sans que j'en visse la raison. Je soupçonnai qu'ayant été pris au dépourvu, et comme par force, il crut avoir besoin de ce temps pour se dompter entièrement sur le chancelier, et ne rien faire de mauvaise grâce. Le chancelier toutefois ne s'en douta point, mais son impatience le porta à me prier de demander en grâce au duc de trouver bon qu'au premier conseil il profitât de ce petit passage long et noir qui avoit d'un côté la chambre du premier valet de chambre en quartier, et de l'autre une vaste armoire, et qui étoit l'unique entrée de l'antichambre dans la chambre du Roi, et que là, comme passant presque ensemble, il le serrât, lui prît la main, et lui exprimât au moins par ce langage muet ce qu'il n'avoit pas encore la liberté de lui dire. Le duc y consentit, et cela fut exécuté de la sorte.

Au bout de dix ou douze jours, M. de Beauvillier me chargea d'avertir le chancelier qu'il iroit chez lui le lendemain après dîner, avec le duc de Chevreuse, qui avoit à lui parler, et, ce qui me surprit fort, de le prier de ne lui rien témoigner devant ce tiers, à qui toutefois il ne cachoit rien, et qui étoit ami particulier du chancelier; il ne voulut pas non plus que je m'y trouvasse. La visite ne se passa que civilement, quoique avec plus d'onction qu'il n'y en avoit eu jusque-là entre eux. Quand elle fut finie, le duc de Beauvillier pria le duc de Chevreuse de le laisser seul avec le chancelier. Alors se firent les remerciements d'une part, les embrassades et les protestations de toutes les deux d'une amitié sincère. Le chancelier ne feignit[1] point de s'avouer vaincu de tous points, et l'obligé de toutes les sortes. Ils se remirent, pour abréger, à tout ce que je leur avois dit de la part de l'un à l'autre; ils convinrent que leur réconciliation demeureroit secrète, pour éviter les discours et les raisonnements, et ils se séparèrent extrêmement contents l'un de l'autre. Le duc de Chevreuse attendoit son beau-frère, avec qui il s'en alla; et le chancelier avoit mis ordre à être trouvé seul, et qu'il ne se trouvât personne chez lui pendant leur visite. Le duc et le chancelier me rendirent tous deux ce qu'il s'y étoit passé, et tous deux me prièrent que leur com-

---

1. Voyez tome V, p. 111 et note 1.

merce continuât à passer par moi; tous deux aussi me rendirent longtemps comment les choses se passoient entre eux au conseil.

Le chancelier et sa femme ne tarissoient point de remerciements avec moi. Pontchartrain, souple par la nécessité dont je lui étois, par crainte et par honte, ne me dit pas un mot de la capitainerie garde-côte de Blaye, ni moi à lui. J'en admirai la ténacité, et j'avois beau jeu alors de lui faire quitter prise; mais je n'en voulus pas faire la moindre mention, ni leur laisser croire qu'un si petit objet eût pu entrer pour rien dans le projet du pénible ouvrage que je venois d'exécuter. Son succès me donna la joie la plus sensible et la plus pure; et j'ai eu celle que cette amitié de mes deux plus intimes amis a duré vraie, fidèle, entière, sans lacune et sans ride tant qu'ils ont vécu. Mme de Beauvillier en fut enfin fort aise, et me le témoigna; M. et Mme de Chevreuse beaucoup aussi, à qui M. de Beauvillier ne le cacha pas. Le monde ignora longtemps cette réconciliation. Les manières si changées au conseil de ces deux personnages ouvrirent enfin les yeux aux autres ministres, et lentement après aux courtisans. L'érection nouvelle de Chaulnes, postérieure à tout ceci de trois mois, fut prise quelque temps pour la cause du raccommodement, dont ils ne s'aperçurent que longtemps après; mais à la fin tout se sait en vieillissant, et on découvrit la véritable origine. Je ne pus en faire un secret au premier écuyer, après ce qui s'étoit passé entre lui et moi là-dessus. La réconciliation s'étoit consommée dans les quinze premiers jours de Fontainebleau; son séjour d'Armainvilliers lui en différa la joie jusque vers la fin du voyage.

Le prince de Nassau, gouverneur héréditaire des provinces de Frise et de Groningue, se noya au passage du Mordick. La pluie le rendit paresseux de sortir de son carrosse, et de passer dans un autre bâtiment que celui où on l'embarqua. Les chevaux s'effrayèrent, et causèrent tout le désordre. Il n'y périt que deux ou trois personnes avec lui. Il avoit pris le nom de prince d'Orange depuis la mort du roi Guillaume, qui l'avoit fait son héritier de tout ce qu'il avoit pu. Le pensionnaire Heinsius, tout-puissant en Hollande, et la créature la plus affidée et dévouée au roi Guillaume, le vouloit faire stathouder de la République. Il étoit bien fait, spirituel, appliqué, affable, aimé; il promettoit infiniment pour son âge. Il avoit épousé la sœur du landgrave d'Hesse-Cassel, depuis roi de Suède; il la laissa grosse d'un fils unique, qui porte aussi le nom de prince d'Orance, qui a épousé une fille du roi Georges II d'Angleterre, qui est bossu et fort vilain, mais qui a beaucoup d'esprit et d'ambition, et qui n'oublie rien pour arriver au stathoudérat de la République, dont néanmoins il paroît encore assez éloigné.

Penautier mourut fort vieux, en Languedoc. De petit caissier il étoit devenu trésorier du clergé, et trésorier des états de Languedoc, et prodigieusement riche. C'étoit un grand homme très-bien fait, fort galant et fort magnifique, respectueux et très-obligeant; il avoit beaucoup d'esprit, et il étoit fort mêlé dans le monde; il le fut aussi dans l'affaire de la Brinvilliers et des poisons, qui a fait tant de bruit, et mis en prison avec grand danger de sa vie. Il est incroyable combien de gens, et des plus considérables, se remuèrent pour lui, le cardinal Bonzi à la tête, fort en faveur alors, qui le tirèrent d'affaires. Il conserva long-temps depuis ses emplois et ses amis, et quoique sa réputation eût fort souffert de son affaire, il demeura dans le monde comme s'il n'en avoit point eu. Il est sorti de ses bureaux force financiers qui ont fait grande fortune; celle de Crosat, son caissier, est connue de tout le monde.

Le duc de Lesdiguières mourut à Paris à quatre-vingt-cinq ans, sans enfants, et en lui fut éteint ce duché-pairie. C'étoit un courtisan imbécile, frère des duc et maréchal de Crequy, qui n'étoient rien moins. J'en ai parlé sous le nom de Canaples, qu'il portoit lors du voyage de la maison de Mme la duchesse de Bourgogne au-devant d'elle à Lyon, où il commandoit, et à l'occasion de son mariage. Sa femme, qui tenoit beaucoup de l'esprit des Mortemarts, eut la sottise de le pleurer; on se moqua bien d'elle : « Que voulez-vous ? dit-elle, je le respectois comme mon père, et je l'aimois comme mon fils. » On s'en moqua encore davantage ; elle n'osa plus pleurer. Elle avoit passé sa vie dans une grande contrainte avec Mme de Montespan; ce mari la contraignoit encore davantage : avec tout son esprit, elle se trouva embarrassée de sa liberté. Il avoit neuf mille francs de la ville de Lyon, que le Roi donna au duc de Villeroy. Canaples, cousin germain des Villeroy, avoit eu par eux le commandement de Lyon après l'archevêque de Lyon, frère du vieux maréchal de Villeroy, qui lui avoit fait donner douze mille francs par la ville. Canaples les eut en lui succédant. On l'ôta à force d'imbécillités. Le maréchal de Villeroy fit mettre Rochebonne à sa place, avec mille écus, et c'est les neuf mille francs qui furent laissés à Canaples qu'eut le duc de Villeroy.

M. Pelletier, qui avoit été ministre et contrôleur général des finances, mourut à Paris à plus de quatre-vingts ans. J'ai suffisamment parlé de lui lors de sa belle retraite, qu'il soutint admirablement. Il avoit une grosse pension, voyoit le Roi quelquefois par les derrières, qui le traitoit toujours avec beaucoup d'estime et d'amitié, et dont il a obtenu tout ce qu'il a voulu depuis sa retraite, et les établissements les plus considérables dans la robe pour sa famille.

Le chancelier perdit aussi son frère, accablé d'apoplexies, qu'il aimoit fort, quoique ce ne fût pas un grand clerc, mais un fort honnête homme, extrêmement riche par sa femme. Son frère l'avoit fait intendant de Paris, qu'il n'étoit plus, et conseiller d'État. Il laissa des enfants, que leurs richesses[1] ni leur parenté

---

1. Saint-Simon a écrit *leurs* au pluriel, et *richesse* au singulier.

n'ont pu sauver de leur peu de mérite et de la dernière obscurité.

Le vieux Serrant mourut aussi, extrêmement vieux, dans sa belle maison de Serrant en Anjou, où il étoit retiré depuis longues années. Il avoit été maître des requêtes, et surintendant de Monsieur. Il étoit Bautru, bourgeois de Tours, extrêmement riche, oncle et beau-père de Vaubrun, grand-père de l'abbé de Vaubrun et de la duchesse d'Estrées. Son petit-fils, le chevalier de Maulevrier Colbert par son autre fille, mourut en même temps de la petite vérole, fort aimé, estimé et regretté à la guerre, où il s'était fort distingué, et étoit devenu maréchal de camp fort jeune. Son père étoit frère de M. Colbert, mort étrangement, chevalier de l'ordre, de douleur de n'être pas maréchal de France, qu'il méritoit. M. de Louvois, pour l'en empêcher, ne pouvant pis, lui fit donner l'ordre en 1688.

En même temps mourut aussi la princesse de Furstemberg. On a vu p. 212[1] qui étoit son mari, qui fut le dernier de sa maison, des premiers et des plus anciens comtes de l'Empire, et dont le père en avoit été fait prince, qui étoit frère de l'évêque de Strasbourg et du cardinal de Furstemberg. La princesse de Furstemberg étoit fille unique et fort riche de Ligny, maître des requêtes, et de la sœur de la vieille Tambonneau et de la mère du duc et du cardinal de Noailles. Elle avoit été extrêmement jolie, faite à peindre, et quoique boiteuse, dont elle ne se cachoit point, elle avoit été une des meilleures danseuses de son temps. C'étoit la meilleure et la plus aimable femme du monde, dont elle étoit extrêmement, et d'une naïveté très-plaisante. Elle étoit amie intime de la duchesse de Foix, et logeoit et couchoit à Versailles avec elle. Un soir que Mme de Foix s'étoit amusée fort tard à jouer chez Monsieur le Grand, elle trouva la princesse de Furstemberg couchée, qui d'une voix lamentable lui dit qu'elle se mouroit, et

---

1. Page 312 de notre tome II.

que c'étoit tout de bon. Mme de Foix s'approche, lui demande ce qu'elle a; l'autre dit qu'elle ne sait, mais que depuis deux heures qu'elle est au lit, les artères lui battent, la tête lui fend, et qu'elle a une sueur à tout percer, qu'enfin elle se trouve très-mal et que le cœur lui manque. Voilà Mme de Foix bien en peine, et qui de plus, n'ayant point d'autre lit, va par l'autre ruelle pour se coucher au petit bord. En se fourrant doucement pour ne pas incommoder son amie, elle se heurta contre du bois fort chaud : elle s'écrie; une femme de chambre accourt avec une bougie : elles trouvent un moine dont on avoit chauffé le lit, que la Furstemberg n'avoit point senti, et qui par sa chaleur l'avoit mise dans l'état où elle étoit. Mme de Foix se moqua bien d'elle, et toute la cour le lendemain.

Je ne sais comment un Allemand de la naissance de son mari l'avoit épousée. Il la planta là quelques années après, et s'en retourna en Allemagne, où il devint le premier ministre de l'électeur de Saxe, et gouverneur en plein de l'électorat quand ce prince fut en Pologne. Sa femme n'avoit jamais été assise, ni prétendu à l'être. Le cardinal de Furstemberg, fort en faveur, prétexta que son neveu la demandoit. Elle fit longtemps ses paquets et ses adieux : sur le point de partir, le cardinal de Furstemberg témoigna au Roi sa douleur de la situation de son neveu avec sa femme, qu'il n'avoit osé mener en Allemagne, à cause de la mésalliance; que ses occupations l'empêchoient de se mêler de ses affaires domestiques; que sa maison s'éteignoit; que ces raisons le forçoient de la faire venir auprès de lui pour ne plus revenir en France; que ce lui seroit une grande consolation, et à son neveu un grand moyen de bien faire recevoir sa femme, si en partant d'ici le Roi lui vouloit faire la grâce de la faire asseoir à son souper; qu'il ne le demandoit qu'en prenant congé, et pour une fois unique. Le Roi, accoutumé à ne rien refuser à un homme qui l'avoit si bien servi, et tant et si dangereusement souffert pour lui, l'accorda à cette condition. Elle s'assit donc, mais se garda bien de prendre congé ; le voyage parut différé incontinent après. Monsieur, qui l'aimoit fort, excusa le délai, et représenta au Roi en même temps que ne pas continuer ce tabouret jusqu'au départ étoit pis que de l'avoir refusé ; le cardinal de Furstemberg de son côté, que sa nièce, après avoir eu cet honneur, ne pouvoit plus paroître à la cour sans qu'il lui fût continué, et que si elle n'y venoit plus, son mari la croiroit chassée, et que cela les brouilleroit. Avec tout ce manége, le tabouret lui demeura, le voyage s'éloigna, puis s'évanouit par insensible transpiration. Elle demeura le reste de sa vie à Paris et à la cour, assise. Elle n'eut point de garçons, ni sa fille aînée d'enfants du prince d'Isenghien, qu'elle laissa bientôt veuf. Sa seconde avoit épousé Seignelay, comme on l'a vu en son temps, dont une fille unique, très-riche, qui a épousé le duc de Luxembourg, petit-fils du maréchal ; et sa troisième le comte de Lannois, en Normandie.

Ce fut en ce même temps que le chevalier de Luxembourg, dernier fils du maréchal, et maréchal de France lui-même vingt-trois ans depuis, épousa la fille unique d'Harlay, conseiller d'État, fils unique du feu premier président Harlay, qui étoit une riche héritière.

On eut en ce même temps à Rome et ici l'étrange nouvelle de la mort du cardinal de Tournon, légat *à latere* à la Chine et aux Indes. Elle fit un prodigieux bruit par toute l'Europe. Sa mission, son succès, sa sainte mais exécrable catastrophe, sont tellement connus et imprimés partout, que je m'abstiendrai d'entrer dans cette énorme affaire, qui aussi bien est tout à fait étrangère aux matières de ces *Mémoires*, si ce n'est l'admirable cadence de ce martyre avec la naissance de l'affaire de la bulle *Unigenitus*.

Le maréchal de Boufflers mourut à Fontainebleau, à soixante-huit ans. Il est si souvent mention de lui dans ces *Mémoires* qu'il n'en reste presque rien à dire. Rien de si surprenant qu'avec aussi peu d'esprit, et un esprit aussi courtisan, mais non jusqu'aux ministres, avec qui il se savoit bien soutenir, il ait conservé une probité sans la plus légère tache, une générosité aussi parfaitement pure, une noblesse en tout du premier ordre, et une vertu vraie et sincère, qui ont continuellement éclaté dans tout le cours de sa conduite et de sa vie. Il fut exactement juste pour le mérite et les actions des autres, sans acception ni distinction, et à ses propres dépens; bon et adroit à excuser les fautes; hardi à saisir les occasions de remettre en selle les gens les plus disgraciés. Il eut une passion extrême pour l'État, son honneur, sa prospérité; il n'en eut pas moins, par admiration et par reconnoissance, pour la gloire et pour la personne du Roi. Personne n'aima mieux sa famille et ses amis, et ne fut plus exactement honnête homme, ni plus fidèle à tous ses devoirs. Les gens d'honneur et les bons officiers lui étoient en singulière estime; et avec une magnificence de roi, il sut être réglé autant qu'il le put, et singulièrement désintéressé; il fut sensible à l'estime, à l'amitié, à la confiance; discret et secret au dernier point, et d'une rare modestie en tout temps, mais qui ne l'empêcha pas de se sentir aux occasions rares qu'on a vues, et de se faire pesamment sentir aussi à qui s'outrecuidoit à son égard. Il tira tout de son amour du bien, de l'excellente droiture de ses intentions, et d'un travail en tout genre au-dessus des forces ordinaires, qui, nonobstant le peu d'étendue de ses lumières, tira souvent de lui des mémoires, des projets et des lettres d'affaires très-justes et très-sensés, dont il m'a montré plusieurs. Je lui en communiquois aussi des miens, et il en avoit un fort important dans sa cassette lorsque je fus averti de son extrémité, telle qu'il mourut le lendemain. J'avois espéré jusque-là, et je n'avois pas voulu lui montrer d'inquiétude. Je courus chez lui dans la frayeur du scellé et de l'inventaire; je lui dis que j'espérois tout de l'état où je le trouvois, mais que cette maladie étant grande, il seroit longtemps sans pouvoir s'appliquer à rien de sérieux, pendant quoi j'aurois besoin de mon mémoire, qu'il me feroit plaisir de me rendre, et que je lui redonnerois après quand il voudroit. Il ne fut point ému de ce discours, appela sa femme, qui étoit arrivée la surveille, la pria d'aller chercher sa casette, l'ouvrit, y prit le papier et me le rendit.

J'ai déjà dit que le service si rare, et qui fut si heureux, qu'il rendit à la bataille de Malplaquet, lui avoit tourné la tête jusqu'à oser demander l'épée de connétable, et sur le refus, la charge de colonel général de l'infanterie, supprimée aussi, et encore plus dangereuse. De celle-là, le refus encore plus sec l'outra; il oublia ses récompenses, il ne vit que les refus, en contraste de tout ce qui fut prodigué au maréchal de Villars pour prix de la même bataille, et d'une campagne où tous les genres de mérites étoient de son côté, et de celui de Villars tous les démérites possibles : cela le désespéra. Le Roi se dégoûta de lui comme d'un ambitieux qui étoit insatiable, et ne s'en contraignit pas. Boufflers aimoit le Roi comme on aime un maître; il le craignoit, l'admiroit, l'adoroit presque comme un dieu. Il sentit que l'impression étoit faite, et bientôt après qu'elle étoit sans remède. Il en tomba dans un déplaisir cuisant, amer et sombre, qui lui fit compter toute sa fortune pour rien, et qui peu à peu le jeta dans des infirmités où les médecins ne purent rien comprendre. Je perdis mon temps et mes efforts à le consoler; car il ne m'avoit caché que ses demandes avant de les faire, mais non leur triste succès. Il s'en plaignoit quelquefois à Monseigneur, qui le considéroit, et qui cherchoit à le consoler; souvent à Mgr le duc de Bourgogne, et encore depuis qu'il fut Dauphin, qui l'aimoit et l'estimoit, et qui l'alla voir avec affection dans sa maladie. Il revenoit d'un tour à Paris lorsqu'elle le prit; quatre ou cinq jours le conduisirent aux portes de la mort. Un empirique lui donna un remède qui le mit presque hors de danger par la sueur, et qui défendit bien tout purgatif. Le lendemain matin, la Faculté, bien étonnée de le trouver en si bon état, lui persuada une médecine qui le tua dans la journée, avec des accidents qui montrèrent bien que c'étoit un poison après le remède qu'il avoit pris, et qui ne fit pas honneur à ceux qui la lui donnèrent. Il fut universellement regretté, et ses louanges retentirent dans toutes les bouches, quoique sa considération fût tout à fait tombée. Le Roi en parla bien, mais peu, et se sentit extrêmement soulagé. On emporta chez la duchesse de Guiche la maréchale de Boufflers, où le Dauphin et la Dauphine allèrent la voir. Elle voulut s'en aller aussitôt après à Paris, et ne permit point qu'on demandât rien pour elle, ce qu'elle rejeta même avec indignation. Néanmoins leurs affaires étoient fort embarrassées, et quelques jours après on la força d'accepter une pension du Roi de douze mille livres.

CHAPITRE V.

Charost capitaine des gardes du corps par le Dauphin. — Domingue ; quel, et son propos sur Charost à la Dauphine. — Cause de la charge de Charost. — Fortune des trois Charosts. — Cause curieuse du mariage du vieux Charost. — Cause du tabouret de grâce de la princesse d'Espinoy ; prince d'Espinoy chevalier de l'ordre parmi les gentilshommes en 1661. — Pont d'or fait aux Charosts pour leur ôter la charge de capitaine des gardes, et sa cause. — Habileté importante du vieux Charost. — Malice de Lauzun sur le duc de Charost, et sa cause. — Raison qui fit renouveler des ducs vérifiés sans pairie. — Repentir de Louis XIII de l'érection de Paris en archevêché. — Cause qui fit Charost duc et pair. — Raison qui priva Harlay, archevêque de Paris, du cardinalat, et qui le fit duc et pair. — Importance des entrées. — Ruses d'Harlay, archevêque de Paris, démontées par Charost. — Dessein du duc de Beauvillier et du Dauphin de me faire gouverneur de Mgr le duc de Bretagne. — Fortune de Charost du tout complète. — Campagne d'Allemagne. — Campagne de Savoie. — Campagne de Flandres. — Témérité du prince Eugène et de Marlborough ; fautes énormes de Villars. — Impudence de Villars, qui donne faussement un démenti net et public au maréchal de Montesquiou, qui l'avale. — Course de Contade à la cour ; son caractère. — Siége de Bouchain, Ravignan dedans ; sa situation personnelle ; son caractère. — Bouchain rendu, la garnison prisonnière ; générosité des ennemis à l'égard de Ravignan ; fin de la campagne en Flandres. — Villars assez bien reçu à la cour, et pourquoi.

La charge vacante eut plusieurs prétendants. Je hasardai de m'en mettre par une lettre que je présentai au Roi. Il me revint aussitôt qu'elle lui avoit plu assez pour me donner de l'espérance; mais M. de Beauvillier, sans qui je ne faisois rien d'important, et qui m'y avoit exhorté à tout hasard, me la diminua bientôt. Le maréchal étoit mort le 22 août. Le vendredi matin, 4 septembre, le Roi travailla à l'ordinaire avec le P. Tellier, puis envoya chercher le Dauphin. Il lui dit qu'en l'âge où il étoit, ce n'étoit plus pour soi qu'il devoit faire des choix de gens qui ne le serviroient guère, mais qui serviroient le Dauphin toute leur vie; qu'ainsi il vouloit lui donner un capitaine des gardes à son gré, et qu'il lui ordonnoit de lui dire franchement à qui des prétendants il donnoit la préférence. Le Dauphin, après lui avoir fait les réponses convenables, lui nomma le duc de Charost comme celui qui lui étoit le plus agréable, et dans l'instant il l'obtint. Le Roi passa ensuite chez Mme de Maintenon; il y fit appeler Charost, lui donna la charge avec cinq cent mille livres de brevet de retenue pour en payer autant qu'en avoit le maréchal de Boufflers, lui dit qu'il devoit cette préférence au Dauphin, à qui il avoit laissé le choix, et lui ordonna d'envoyer sur-le-champ cette nouvelle à son père, à qui elle feroit grand plaisir.

Charost étoit lieutenant général, mais ne servoit plus depuis longtemps; il n'étoit pas même sur un pied avec le Roi à se faire craindre aux prétendants de la charge : ce fut donc un étonnement extrême et un bourdonnement étrange, et en même temps un événement qui imprima à toute la cour un grand respect pour le Dauphin et une persuasion parfaite de tout ce qu'il pouvoit. Un nommé Domingue, portemanteau de la Dauphine, et fort familier avec elle, courut lui dire la nouvelle. Il osa ajouter qu'il l'en félicitoit avec toute la joie possible, parce qu'au moins M. de Charost, fait capitaine des gardes, ne seroit pas gouverneur de Mgr le duc de Bretagne. On verra qu'il ne fut pas prophète; mais la Dauphine en rit et y applaudit, et ce qui se trouva là de ses familières, par qui je le sus. Ce Domingue étoit un garçon d'esprit et orné, fort au-dessus de son état, et bien traité et avec distinction de tout le monde. Il étoit venu tout enfant d'Espagne, avec son père, à la suite de la Reine, à qui il étoit, et lui aussi quand il fut plus grand, puis à la Dauphine de Bavière, enfin à celle-ci à son mariage. Elle avoit de la bonté pour lui, qui alloit à une vraie confiance. Il lui parloit pourtant en honnête homme, et très-franchement tête à tête, et ne laissoit pas de lui faire souvent impression. Il s'attacha tellement à elle qu'il ne voulut point se marier, pour ne se point partager, et elle lui en savoit gré; enfin, il fut tellement touché de sa mort qu'il ne put se consoler : il tomba dans des infirmités qui en moins d'un an le conduisirent au tombeau, sans être sorti presque de sa chambre, ni avoir voulu voir personne que pour sa conscience.

N'ayant pas la charge, je fus ravi de la voir à un de mes plus intimes amis. Lui et moi nous l'étions réciproquement souhaitée. Je ne vis jamais homme si aise, et de la chose et de la manière. Le Dauphin, à travers toute sa modeste retenue, parut extrêmement content, et la Dauphine aussi, mais par concomitance : on a vu quel rang tenoit la duchesse de Béthune dans le petit troupeau de Monsieur de Cambray et parmi les disciples de Mme Guyon, et quelle considération il en revenoit au duc de Charost, son fils, auprès du Dauphin, par celle de Monsieur de Cambray, et par les ducs de Chevreuse et de Beauvillier, ce qui lui valut la charge. Quoique cette fortune fût fort peu apparente, et aussi peu espérée, on lui en verra faire une plus haute et encore moins attendue de lui ni de personne. C'est ce qui m'engage à un peu de disgression sur la singulière et curieuse fortune de ces MM. de Charost.

Le comte de Charost, grand-père de celui-ci, étoit quatrième fils, mais tenant lieu de second fils du frère du premier duc de Sully, ministre favori d'Henri IV. Ce frère, qui étoit catholique, fut célèbre par ses nombreuses et importantes ambassades, par les succès qu'il y eut, et par ses emplois considérables dans les armées; chevalier du Saint-Esprit en 1609, et mort à quatre-vingt-quatre ans, en 1649. Charost, son cadet, ne pouvoit pas espérer grand bien de lui. Le fameux procès que le comte de Soissons intenta au prince de Condé, duquel M. de Sully avoit pris la défense auprès d'Henri IV, qui le rendit partial, et dont le comte de Soissons ne pardonna jamais le succès au favori, avoit lié une amitié intime entre ce dernier et Lescalopier, qu'il avoit fait nommer rapporteur du procès, et qu'il en fit récompenser d'une charge de président à mortier au parlement de Paris. Lescalopier avoit une fille fort riche, dont M. de Sully, qui ne mourut qu'à la fin de décembre 1641, fit le mariage avec le comte de Charost, son neveu, en février 1639. Ce comte de Charost se trouva un homme de mérite, qui se distingua fort dans toutes les guerres de son temps, et qui y eut toujours des emplois considérables. Il s'attacha au cardinal de Richelieu, jusqu'à s'en faire créature; cette protection lui valut la charge de capitaine des gardes du corps, dont se défit en 1634 le comte de Charlus, bisaïeul du duc de Lévy, et deux ans après Calais.

Le cardinal Mazarin, qui se piqua d'aimer et d'avancer tout ce qui avoit particulièrement été attaché au cardinal de Richelieu, rechercha l'amitié du comte de Charost, et le mit en grande considération auprès de la Reine mère, et ensuite auprès du Roi, qui le regardèrent toujours comme un homme de tête et de valeur, et d'une fidélité à toute épreuve. Il se fit un principe de demeurer uni avec tout ce qui avoit tenu au cardinal de Richelieu, qu'il appeloit toujours son maître, et dont il avoit force portraits, quoique sa mémoire ne fût pas agréable à la Reine mère. Il avoit beaucoup dépensé; il aimoit la faveur, quoique fort homme d'honneur : il maria donc son fils, au commencement de 1657, à la fille unique du premier lit de M. Foucquet, qui étoit lors dans l'apogée du ministère et de la faveur. La sienne à lui obtint un tabouret de grâce en 1662, qui fit le mariage de sa fille avec le prince d'Espinoy, qui n'y songeoit pas, et qui avoit été avec lui de la promotion de l'ordre de 1661, sans aucune prétention parmi les gentilshommes, et qui n'en a jamais eu jusqu'à sa mort. Celle du cardinal Mazarin, qui suivit de près le mariage que Charost avoit fait de son fils, la fut de bien plus près de la disgrâce, ou plutôt de la perte de Foucquet, que ce premier ministre mourant avoit conseillée.

Colbert, son intendant qu'il avoit recommandé comme un homme très-capable, s'éleva bientôt sur les ruines du surintendant. Le Tellier et lui, qui bien qu'ennemis étoient très-unis pour la perte de Foucquet, qu'ils avoient hâtée et approfondie, le furent toujours à la sceller de toutes parts. Dans la frayeur de son retour, ils ne voyoient qu'avec la dernière inquiétude le vif sentiment avec lequel le vieux Charost et son fils avoient pris les malheurs de Foucquet, combien ils s'étoient peu embarrassés de garder les moindres mesures dans leurs discours et dans leurs mouvements en sa faveur. Le fils étoit capitaine des gardes en survivance de son père; ils n'en avoient rien perdu de leur familiarité, ni de leur considération auprès du Roi et auprès de la Reine, et l'un et l'autre aimoient, estimoient et distinguoient le père, comme un ancien serviteur de toute épreuve, ce qui influoit aussi sur le fils. Les deux ministres ne purent se croire en sûreté à l'égard de Foucquet, ni sur eux-mêmes, tant que ces deux hommes conserveroient une charge qui leur donnoit un accès si libre et si continuel. Le Roi et la Reine sa mère, tiraillés de part et d'autre, se seroient trouvés soulagés de voir leur charge en d'autres mains; mais trop sûrs de leur fidélité, et trop accoutumés à une sorte de déférence pour le père, ils ne purent se résoudre à les en dépouiller. Ce fut donc aux deux ministres à recourir à la voie de la négociation, et ils eurent permission de leur faire un pont d'or.

Charost, vieux routier de cour, sentit qu'à la longue il ne leur résisteroit pas, deviendroit à la fin à charge au Roi, et seroit forcé de faire avec dégoût, et pour ce qu'on voudroit bien lui donner, une chose qu'il pouvoit faire alors avec agrément, en imposant la loi, et en conservant et augmentant même sa considération et sa familiarité. Le traité fut donc que M. de Duras lui rendroit le prix de sa charge, et qu'il en seroit pourvu; que M. de Charost auroit pour rien la lieutenance générale unique de Picardie, Boulonois et pays reconquis, avec le commandement en chef dans la province; que son fils, qui quitteroit sa survivance en faveur de M. de Duras, auroit celle de ladite lieutenance générale, avec celle du gouvernement de Calais, et que le père et le fils seroient en même temps faits ducs à brevet l'un et l'autre. Mais ce ne fut pas tout : le père voulut deux choses du Roi, auquel il s'adressa directement, et les obtint toutes les deux. L'une fut un billet entièrement écrit et signé de la propre main du Roi, portant parole et promesse expresse de ne point faire de pair de France, pour quelque cause que ce pût être, sans faire Charost père ou fils, et sans le faire avant tout autre, en sorte qu'il auroit le rang d'ancienneté sur celui ou ceux que le Roi voudroit faire. L'autre chose fut un brevet d'affaires au père et un au fils, c'est-à-dire de moindres entrées que celles des premiers gentilshommes de la chambre, et beaucoup plus grandes que toutes les autres. Cette voie si rare et si précieuse d'un accès continuel et familier n'étoit pas le compte des deux ministres, qui l'auroient bien empêché s'ils l'avoient pu; mais Charost brusqua ce dernier point du Roi à lui; comme le vin du marché, sans lequel il ne pouvoit le conclure de bon cœur, ni quitter une charge qui l'approchoit si fort de lui, et sans s'assurer pour soi et pour son fils de s'en approcher encore davantage. Le billet fut un point capital et un effort extrême de considération. C'est l'unique promesse que le Roi ait jamais donnée par écrit d'aucune grâce. On verra bientôt de quelle importance furent les

entrées et la promesse, et combien ce trait fut celui d'un
habile homme. Il mourut en 1681, à soixante-dix-sept
ans, et toujours en grande considération.

Il ne faut pas omettre que Calais et la lieutenance générale
de Picardie fut et est encore un morceau de quatre-
vingt mille livres de rente, outre le grand établissement.
Charost son fils servit avec distinction, et se maintint
dans la familiarité du Roi. Ce ne fut pas sans une légère
éclipse. Il étoit à Calais lorsque la reine d'Angleterre y
arriva avec le prince de Galles. M. de Lauzun, qui les
avoit sauvés d'Angleterre et conduits, s'étoit pris à Pi-
gnerol d'une aversion extrême contre le malheureux
Foucquet, qu'il y avoit trouvé et laissé. Cette haine s'étendit à sa famille, et il n'en est jamais revenu. Tout occupé
qu'il devoit être de son retour à la faveur d'une fortune
si unique et si inimaginable, il ne le fut pas moins de
nuire à Charost. Il rendit au Roi un compte si désavan-
tageux en tout de Charost, de sa réception de la reine
d'Angleterre, de l'état de Calais et de la garde de la place,
que Charost eut le dégoût d'y voir arriver Laubanie en
qualité de commandant, le même qui s'acquit longtemps
depuis tant de gloire à la défense de Landau. Charost
revint, et lui et Lauzun demeurèrent des années sans se
parler, et longtemps sans se saluer.

Laubanie se conduisit en très-galant homme qu'il étoit
à l'égard de Charost, avec toutes sortes d'égards et de
respects, et se fit un point d'honneur de lui rendre justice et de détruire les mauvaises impressions que le Roi
avoit prises. Il y réussit, et Charost revint auprès du Roi
comme auparavant. Il avoit vu faire en divers temps
plusieurs ducs vérifiés, M. de la Feuillade, M. de Chevreuse, M. de la Rocheguyon, M. de Duras, le maréchal
d'Humières : il s'en étoit plaint. Le Roi, qui ne les faisoit
point pairs pour éviter de faire Charost, lui répondoit
toujours froidement qu'il avoit tort de se plaindre, qu'il
ne faisoit point de pairs, et Charost en effet n'avoit point
à répliquer, mais il voyoit que le Roi se moquoit de lui.

A la fin la faveur d'Harlay, archevêque de Paris, prévalut. Il étoit duc à brevet depuis le mois d'avril 1674, et il petilloit d'attacher la pairie à son siége. Ce n'est pas d'aujourd'hui que les rois se laissent entraîner en des fautes, même en les voyant. Le cardinal Gondi avoit arraché le consentement de Louis XIII à l'érection de son évêché de Paris en archevêché. Rome, à son ordinaire, avoit longtemps balancé, pour mieux faire acheter une grâce qui lui coûtoit si peu. Cependant on ouvrit les yeux là-dessus à Louis XIII; il comprit qu'il n'avoit pas intérêt à augmenter l'autorité du siége de sa capitale, ni de ceux qui le rempliroient, et il en fut si persuadé qu'il fit dépêcher un courrier à Rome pour rompre cette affaire : le courrier arriva le lendemain du consistoire où l'érection avoit passé; le cardinal Gondi fut archevêque de Paris, d'évêque qu'il en étoit auparavant, et on se garda bien de laisser découvrir que, vint-quatre heures plus tard, Paris n'eût jamais été métropole.

C'étoit ici le même inconvénient dans le genre séculier, et plus grand encore en tant que ce siége avoit déjà tout dans le genre ecclésiastique. Son prélat, que le Roi aimoit, étoit duc à brevet; c'étoit des honneurs pour sa personne, dont il se devoit d'autant mieux contenter que ses successeurs ne lui étoient rien, et que leur dignité ne décoroit point sa famille. Le Roi aussi pouvoit[1] se contenter de cette distinction, unique dans le clergé et personnelle qu'il lui avoit donnée, sans se soucier de ses successeurs et craindre d'en augmenter l'autorité, que le cardinal de Retz lui avoit assez fait sentir, et de rendre une septième pairie éternelle. Néanmoins la faveur l'emporta, et le Roi résolut d'élever le siége de Paris à la pairie. En même temps il ne vouloit point faire Charost : il recommanda donc fort le secret à l'archevêque de Paris, dans le dessein qu'il fût enregistré et reçu en même moment, et que la grâce ne se sût que par là, quitte après

---

1. Saint-Simon a répété *aussi* après *pouvoit*.

pour se défaire comme il pourroit des clameurs de Charost.

L'archevêque eut beau mener son affaire le plus sourdement qu'il fût possible, et le premier président et le procureur général l'y aider par ordre du Roi, les érections sont sujettes à quantité de formes : Charost étoit au guet, il eut le vent de ce qu'il se préparoit, il en parla au Roi, qui biaisa et se hâta de se défaire de lui. Charost, par là encore plus certain de la chose, et qu'on lui vouloit faire passer la plume par le bec, ne se rebuta point : il attaqua le Roi à la fin du petit coucher, où le peu de ceux qui jouissoient de ces entrées avoient toujours la considération réciproque de sortir tous dès que l'un d'eux se présentoit à parler au Roi comme il donnoit le bonsoir, afin de le laisser seul en liberté avec lui. Là le Roi, prêt à se mettre au lit, ne pouvoit prétexter des affaires ni passer dans une autre pièce; il falloit bien qu'il écoutât jusqu'au bout des gens en très-petit nombre, la plupart en grande dignité, et distingués tous par leurs privances et presque tous par leurs charges. Le Roi, pris ainsi au trébuchet, se mit à se promener par sa chambre avec Charost, qui, son billet à la main, le somma de sa parole comme le plus honnête homme qui fût dans son royaume. Le Roi ne put disconvenir de l'engagement, mais il se tourna à exagérer les services de l'archevêque, dont la nature demandoit d'autant plus une récompense éclatante et immédiate de sa main, qu'ils étoient obstacles invincibles à celle qu'il lui avoit voulu donner par Rome, où les propositions de l'assemblée du clergé de 1682, où il présidoit, étoient si odieuses, que le Pape, qui ne pouvoit ne pas remplir la nomination qu'il lui avoit donnée pour la promotion des couronnes, s'opiniâtroit depuis tant d'années à la différer toujours, et aimoit mieux ne faire plus de promotions de son pontificat que de donner un chapeau à l'archevêque. Charost trouva ces raisons fort bonnes, mais il ajouta qu'elles ne concluoient en quoi que ce fût pour son exclusion, et pour que le Roi oubliât les services de son père et les siens, et manquât pour l'unique fois de sa vie à une promesse solennelle, qu'il lui représentoit de sa propre main, et que lui-même avouoit telle.

Le Roi prétendit que l'archevêque devoit passer seul par les considérations qu'il venoit d'expliquer, mais avec assurance qu'il ne feroit plus aucun pair sans tenir la parole qu'il avoit donnée. Charost insista, et se retira au bout d'une demi-heure, fort mal satisfait du succès d'une si longue dispute. Il en eut encore trois fort près à près, toutes à la même heure, toutes autant ou plus longues, toutes en se promenant. A la dernière il emporta le prix de sa persévérance : le Roi lui dit qu'il lui auroit fait grand plaisir d'entrer dans ses raisons, et de se fier à lui pour une autre fois, mais enfin, puisqu'il ne se vouloit point relâcher de sa parole qu'il avoit, il la lui vouloit tenir, et qu'il pouvoit avertir de sa part le premier président et le procureur général de prendre ses ordres là-dessus, et qu'il pouvoit aussi prendre ses mesures pour ce qu'il avoit à faire de sa part. On peut juger qu'il n'y perdit pas de temps. Lui-même m'a conté ce détail, et celui qui va suivre, et m'a dit que sans ses entrées et la facilité de forcer le Roi de l'écouter seul à la fin de son petit coucher tant qu'il vouloit, il n'auroit jamais emporté sa pairie.

L'archevêque de Paris, qui avoit compté sur la distinction d'être seul, voulut au moins être le premier des deux, et prit secrètement toutes ses mesures. Charost n'y fut pas moins attentif, ni moins bien servi qu'il l'avoit été sur l'érection même. Il retourna au Roi, toujours au petit coucher, toujours son billet en main ; il se plaignit du dessein avantageux de l'archevêque, et montra au Roi que sa parole n'étoit pas moins engagée à ce qu'il fût le premier de ceux qu'il feroit, qu'à n'en faire aucun sans lui. Le principal étoit accordé, l'accessoire ne tint pas. Le Roi avoit bien tacitement consenti à la surprise que l'archevêque lui vouloit faire, mais une fois éventée et portée en plainte, elle ne tint pas. Le Roi promit à Charost d'arrêter l'archevêque, qui en effet ne fut enregistré et reçu au Parlement que huit jours après lui. Mais ce fut encore une autre ruse, où Charost le poursuivit jusqu'au bout : l'archevêque, outré de n'avoir pu faire que Charost ne fût point fait pair en même temps que lui, plus piqué encore de n'avoir pu réussir à faire passer sa pairie la première, eut la petitesse d'en vouloir éviter au moins la préséance actuelle, et pour cela voulut, ce qui ne se fait jamais, être reçu à la dérobée, sans assistance d'aucun pair. Il eut encore l'infortune d'être découvert et forcé dans ce dernier retranchement : Charost, toujours aux écoutes, fut encore averti; il sut le jour que le secret complot se devoit exécuter : en vingt-quatre heures il s'assura du plus grand nombre de pairs qu'il put, qui arrivèrent avec lui à la grand'chambre à sept heures du matin, comme on alloit commencer l'affaire de l'archevêque. Ils l'y trouvèrent lui-même, qui attendoit à l'ordinaire des pairs qui vont être reçus, et ils lui firent des compliments dont il se seroit bien passé. Sa surprise et son dépit ne purent se cacher. Ces pairs prirent aussitôt leurs places, et l'archevêque fut obligé de prendre la sienne au-dessous du duc de Charost.

Cette aventure fut fort ridicule pour l'archevêque, et Charost eut complète satisfaction. Il avoit été duc à brevet avec son père en 1672, et il fut pair avec l'archevêque de Paris en 1690. Il étoit chevalier de l'ordre de 1688. La teinture que M. de Lauzun lui avoit donnée auprès du Roi, et qui n'étoit pas encore effacée, comme elle la fut depuis, eut grand'part à tout ce qu'il eut à surmonter dans cette occasion, pour lui si capitale.

Il maria son fils, cause de cette disgression, en 1680, à sa cousine germaine, fille du prince d'Espinoy et de sa première femme, qui mourut trois ans après et lui laissa deux fils. Il se remaria huit ans après à une Lamet, fille unique de Baulè, gouverneur de Dourlens, dont il eut après le gouvernement. Il avoit déjà les survivances de son père de Calais et de Picardie, etc. Il fut lieutenant général des armées du Roi en 1702, et n'a presque pas servi depuis. Son père se démit de son duché en sa faveur en 1697. Il aimoit à aller au Parlement, et y entraînoit souvent son cousin le duc d'Estrées. Le cardinal d'Estrées disoit plaisamment qu'il y avoit là du Lescalopier. Démis, il continua à y aller plus d'un an, parce que son fils ne s'y faisoit point recevoir. Le Roi à la fin le trouva mauvais, et le duc de Charost fut reçu au Parlement, et son père cessa d'y pouvoir aller, qui, lors de sa démission, avoit pris le nom de duc de Béthune. Nous verrons dans la suite la continuation de cette fortune. M. de Beauvillier, qui ne jugeoit le duc de Charost propre qu'aux choses du dehors, qui en effet ne lui communiquoit jamais rien, et qui l'avoit extrêmement approché du Dauphin sur ce même pied-là de tout temps, le voulut placer de même auprès de lui, récompenser ainsi la liaison si intime de sa mère, favoriser tout le petit troupeau, et avoir un homme à eux et à lui dans cette charge principale, et qui, par la singularité de la grâce, fit[1] montre du crédit du Dauphin.

Il avoit sur moi d'autres vues, qu'il ne tarda pas à m'expliquer, et où je fus bientôt après confirmé par le Dauphin même. C'étoit de me faire gouverneur de M{^{gr}} le duc de Bretagne, né [le] 8 janvier 1707, lorsqu'il seroit en âge de sortir des mains des femmes, place dont il y avoit d'autant plus d'apparence que le Roi en laisseroit la disposition au Dauphin, qu'il venoit de lui donner celle d'une autre principale, et qui ne lui étoit ni si directe ni si intime. Dieu, qui souffle sur les projets des hommes, n'a pas permis l'accomplissement de celui-là. On verra bientôt enterrer ce jeune prince, avec toute l'espérance et le bonheur de la nation, et avec toutes les grâces, les charmes et les plaisirs de la cour. Ainsi Charost, par des événements uniques, eut le pont d'or que la compagnie des gardes valut à sa famille pour s'en démettre, rattrapa en sus cette même compagnie, et on verra qu'outre qu'il la fit

---

1. Ce verbe est bien à l'indicatif.

passer à fils et à petit-fils, avec les charges qui en avoient été la récompense et la dignité de duc et pair où elle l'avoit porté, il eut encore la place qui m'avoit été destinée, et dont la vue fit préférer Charost pour la charge de capitaine des gardes du corps.

Les armées du Rhin et des Alpes passèrent de part et d'autre la campagne à s'observer et à subsister. Besons, qui soulageoit fort Harcourt, vivoit aux dépens de l'ennemi au delà du Rhin, tandis qu'Harcourt étoit demeuré dans nos lignes de Weissembourg, avec le gros de l'armée, que Besons rejoignit après avoir consommé tout ce qu'il avoit pu de fourrages. Le reste de la campagne s'y passa dans cette tranquillité jusqu'à la mi-octobre, qu'Harcourt, ne voyant plus rien à craindre, la laissa en quartiers de fourrages sous Besons, et s'en alla prendre des eaux à Bourbonne.

Berwick, toujours sur une assez foible défensive, faute de troupes et de moyens à pouvoir mieux, ne fut que mollement inquiété. Monsieur de Savoie, qui commandoit son armée, auroit pu l'attaquer plus d'une fois avec beaucoup d'avantage, mais il fut retenu par ses soupçons, et plus encore par son mécontentement. Il prit ombrage du trop grand affoiblissement de la France qui faisoit trop pencher la balance, et il ne pouvoit obtenir du nouveau gouvernement de Vienne de lui tenir les paroles qu'il avoit tirées du précédent sur des cessions en Lombardie, ni en tirer les payements de ce qui lui étoit dû de subsides.

En Flandres, le prince Eugène et le duc de Marlborough, dans leur union accoutumée, se contentèrent longtemps de vivre aux dépens des pays du Roi, et de resserrer son armée dans des lignes. A ce qui s'y étoit passé les années précédentes, c'étoit pour celle-ci en être quitte à bon marché, quoique fort honteux. Néanmoins ces avantages des alliés, quoique très-réels, ne leur parurent pas dignes de leurs campagnes ordinaires. Marlborough, au faîte de la gloire et de la plus haute fortune où un capitaine de sa nation pût parvenir, se trouvoit menacé d'un funeste revers, qu'il avoit un pressant intérêt de parer par quelque grand coup qui ranimât son parti, et qui pût ébranler celui qui lui étoit contraire. Le prince Eugène, personnellement mal avec l'archiduc successeur de son frère, et fort en brassière avec le nouveau gouvernement de Vienne, avoit le même intérêt[1] que Marlborough. Il leur étoit particulier à chacun, et en commun ils avoient celui de la continuation de la guerre, qui maintenoit toute leur autorité, leur puissance et leurs établissements, et qui augmentoit journellement leurs immenses richesses, de Marlborough surtout, également avare et avide. De si pressantes raisons les jetèrent à une entreprise en apparence insensée, que leur bonheur, leur témérité, et l'incompréhensible[2] conduite du maréchal de Villars fit réussir.

Ce dernier couvrait Bouchain. Outre le peu de places qui nous restoient de cette frontière si malmenée, celle-là est un passage fort important, tient la tête des rivières, ouvre ou ferme un grand pays. Pour en faire le siége, il falloit tourner toute notre armée et la place par un long détour, et s'exposer à tout au passage inévitable de l'Escaut. C'est ce que les deux généraux ennemis osèrent entreprendre, au hasard d'une bataille, demi-passés, ou incontinent après. Villars, qui tiroit gros de partout où il pouvoit, mais qui payoit peu et mal les espions, fut tard averti. Il voulut les suivre. S'il se fût pressé, il les eût combattus à l'Escaut. Il montra désir de réparer cette faute, qui ne se pouvoit dissimuler, et arriva de fort bonne heure dans une belle plaine, où il voulut camper. Plusieurs officiers généraux, et le maréchal de Montesquiou même, lui rapportèrent des nouvelles des ennemis si proches et en si mauvais ordre, que personne ne douta qu'elles ne le détermineraient à les aller attaquer, et à réparer sur-le-champ l'occasion qu'il venoit de manquer. Son froid, ses difficultés, ses lenteurs surprirent infiniment l'armée, où les

---

1. Saint-Simon a écrit *le même* au singulier, et *intérêts* au pluriel.
2. *Impréhensible*, sans doute par erreur, au manuscrit.

nouvelles des ennemis s'étoient répandues, et avoient inspiré une ardeur qui éclata par des cris, et qui fit souvenir avec joie de l'ancien courage françois. Les remontrances furent redoublées, pressées, poussées au delà de la bienséance; Villars fut inflexible : pour toutes raisons il vanta son courage avec audace, on n'en doutoit pas, et fit des rodomontades pour le lendemain. L'armée, en fureur contre lui, coucha en bataille, et ne s'ébranla qu'assez avant dans la matinée suivante, par les mêmes lenteurs. Elle eut beau marcher, les ennemis avoient pris les devants, qui furent redevables de leur salut à la rare retenue du maréchal de Villars, dont le motif n'a pu être pénétré, puisque en l'état où les ennemis se trouvèrent, ils ne pouvoient, de l'aveu des deux armées, éviter d'être battus.

Villars avoit annoncé la bataille par un courrier à la cour, qui fut quatre jours dans la plus vive attente. Enfin un courrier arriva à Fontainebleau, que Voysin amena au Roi, qui venoit de donner le bonsoir : le Dauphin, qui se déshabilloit, se rhabilla, et tout courut en un moment chez le Roi, pour apprendre le succès de la bataille et savoir les morts et les blessés. L'antichambre étoit pleine, qui croyoit que Voysin en lisoit le détail au Roi, qui attendoit qu'il sortît avec la dernière impatience, et qui sut enfin de lui qu'il n'il n'y avoit point eu d'action.

Pour revenir à l'armée, Villars voyant les ennemis échappés, il[1] se mit à éclater en reproches. Les officiers généraux, surpris tout ce qu'on peut l'être, se regardèrent les uns les autres; Albergotti et quelque autre avec lui prirent la parole pour le faire souvenir qu'il n'avoit pas tenu à leurs représentations les plus vives qu'il n'eût vivement poursuivi sa marche ; Montesquiou, qui se crut plus offensé et plus à l'abri que les autres par son bâton de maréchal de France, lui répondit plus vertement qu'eux : un prompt démenti net et sec, sans détour ni enveloppe,

---

1. *Il* a été ajouté après coup par Saint-Simon.

fut le salaire de cette vérité ; Montesquiou frémit, tourna le dos, la main sur la garde de son épée, et sortit.

Villars, fier de ce triomphe, l'unique de sa campagne, après en avoir coup sur coup manqué deux si beaux, si sûrs, si nécessaires, se mit à braver de plus belle, d'autant mieux qu'après cet étrange essai il ne craignoit plus d'être contredit en face ; mais la vérité étoit contre lui, elle demeuroit entière, elle étoit connue de toute l'armée, et quoique Montesquiou n'en fût pas aimé, il fut visité de toute l'armée en foule. Villars enfin, un peu revenu à soi, fut fort embarrassé ; il fit des pas pour se racommoder avec Montesquiou. Les armées, non plus que les cours, ne manquent pas de gens qui aiment à se faire de fête et à s'empresser ; il s'en trouva qui volontiers s'entremirent entre les deux maréchaux. Le second, bien empêché d'avoir à repousser contre son supérieur une injure si atroce et si publique, ne fut pas fâché d'en sortir par l'apparente porte de l'amour du bien public dans des conjonctures fâcheuses, soutenu par une réputation plus que faite sur la valeur, et par la consolation d'avoir toute l'armée pour témoin de la vérité qu'il avoit soutenue. Pour couper court à une si étrange affaire, il ne fut pas question d'éclaircissement qui n'eût pas été possible, ni d'excuse qui n'eût fait qu'aggraver ; on crut qu'un air d'oubli ou de chose non avenue étoit l'unique voie à prendre. Dès le lendemain, Montesquiou parut un moment chez Villars, et peu à peu ils se revirent à l'ordinaire. Pour achever tout de suite ce qui regarde cette aventure, elle revint à Paris et à la cour par toutes les lettres de l'armée. Le Roi aimoit Montesquiou, qu'il voyoit depuis longtemps quelquefois par les derrières, et qui étoit ami de tous les valets principaux, mais son démenti le peinoit bien moins que la cause et que les suites qu'il en voyoit par le siége de Bouchain, que les ennemis avoient formé : il ordonna donc à Villars de lui envoyer un officier général bien instruit, pour lui rendre compte des mouvements qui avoient précédé ce siége. Villars, en bon courtisan, choisit Contade, major du régiment des gardes, fort connu du Roi et fort dans le grand et le meilleur monde, qui étoit major général de son armée. Contade savoit aller et parler, et se tourner à propos, et fort bien à qui il avoit affaire; il s'étoit fort attaché à Villars; il étoit fort ami de la maréchale, et plus qu'ami de longtemps de Mme de Maisons, sœur de la maréchale. Contade arriva le 20 août à Fontainebleau; il fut le lendemain matin vendredi conduit après la messe du Roi chez Mme de Maintenon, où ils demeurèrent deux heures avec lui. Ils y retournèrent encore l'après-dînée, où Contade prit congé. Il fut après assez longtemps seul avec le Dauphin dans son cabinet, et repartit le 22 pour retourner à l'armée. On peut juger du compte que rendit Contade, disposé comme il l'étoit, choisi et instruit par Villars, en présence de Mme de Maintenon, qui lui fut toujours si favorable, et d'un ministre moins ministre du Roi et d'État que ministre de cette dame.

Marlborough, qui n'avoit jamais tenté un si dangereux hasard, se félicita publiquement d'y être échappé, et ne songea plus qu'à former le siége de Bouchain, qui étoit l'objet qui l'avoit engagé à s'y exposer, ce qu'il exécuta incontinent après. Villars espéra d'abord de sauver la place en s'y entretenant une communication libre par les marécages. La garnison y étoit bonne, forte, et bien munie et approvisionnée, et Ravignan y commandoit. Il vint concerter avec les maréchaux; sa personne fit un embarras : il avoit été fait prisonnier avec la garnison de Tournay, et renvoyé sur sa parole; la difficulté des échanges l'empêcha de servir : il exposa le malheur de cette situation au duc de Marlborough, qui eut la générosité par sa réponse de lui permettre de servir, en l'avertissant toutefois qu'il ne lui répondoit en cela que des Anglois, et nullement des Impériaux ni des Hollandois.

Cette restriction n'arrêta point Ravignan. Il avoit beaucoup d'ambition, il ne pouvoit la satisfaire que par la guerre; il l'aimoit et il étoit fort bon officier, et de même nom que le président de Mesmes, qui prenoit grand'part à lui. Il étoit fort connu du Roi, dont il avoit été page, et qui avoit ri quelquefois de ses tours de page, et de ce que la passion de la chasse lui avoit fait faire. Il ne balança donc pas à servir d'inspecteur qu'il étoit, et partout où il put, mais sans être mis comme officier général sur les états des armées, parce que la permission seule des Anglois ne suffisoit pas pour cela. Il falloit quelqu'un d'intelligent pour commander l'été dans Bouchain, et on l'y mit, parce qu'on ne crut pas que la place dût craindre d'être assiégée. Le cas arrivé, il fut question de savoir si Ravignan y demeureroit. C'étoit contrevenir très-directement à sa parole à l'égard des Impériaux et des Hollandois. Il est même si différent de servir en ligne parmi la foule, ou de se charger de la défense d'une place attaquée, que Marlborough avoit droit de trouver que c'étoit abuser de la générosité de sa permission. Les lois de la guerre n'alloient à rien moins qu'à excepter Ravignan de toute capitulation si la place étoit prise, et de le faire pendre haut et court, ce que Marlborough, quelque bonne volonté qu'il pût lui conserver, n'étoit pas en état d'empêcher. Cette matière amplement délibérée au camp, tandis que Ravignan s'y trouvoit, il fut résolu que son honneur ni la bonne foi de la guerre ne devoient pas être exposés [1], et on songeoit déjà à envoyer dès le soir même un autre commandant dans Bouchain; mais Ravignan mit moins son honneur à garder sa parole, qu'à sortir d'une place où il commandoit, à la vue des ennemis qui en alloient former le siége. Il pressa Villars de l'y laisser retourner, et il fit des instances si fortes que Villars, outré d'un siége formé par ses fautes, et dont les suites étoient si terribles pour les campagnes suivantes, ne fut peut-être pas fâché d'en laisser la défense à un officier aussi entendu, et dont l'opiniâtreté seroit assistée de la perspec-

---

1. *Exposées*, au manuscrit.

tive d'une potence. Ainsi, contre l'avis universel, Villars prit sur soi d'y renvoyer Ravignan, qui ne se le fit pas dire deux fois et y retourna aussitôt.

La communication avec la place, entreprise avec de grands travaux, ne put se soutenir. Albergotti, qui la gardoit, en fut chassé, et l'événement fut regardé comme décisif pour le siége. Il produisit des accusations réciproques entre Albergotti et Villars, qui furent fort poussées. Tout à la fin du siége, l'adroit Italien n'oublia aucune souplesse pour se raccommoder avec son général. A l'extérieur, il ne parut plus rien ; personne n'en fut la dupe, et à leur retour ils se portèrent l'un à l'autre tous les coups qu'ils purent, mais avec une égale impuissance. Villars fit toutes les démonstrations de vouloir combattre et secourir la place. On est encore à savoir s'il en eut effectivement le dessein. La fanfaronnade fut courte ; il s'éloigna pour subsister. Cependant, après une défense de moins d'un mois, Bouchain battit la chamade le 13 septembre, et la garnison, prisonnière de guerre, fut conduite à Tournay. Les généraux ennemis ne voulurent pas s'apercevoir de Ravignan, avec toute la générosité possible, et demeurèrent un mois à réparer la place. Il étoit lors la mi-octobre.

Marlborough étoit pressé de passer la mer, pour soutenir son parti, fort abandonné, et une fortune chancelante. Le prince Eugène, si inséparablement uni à lui par les mêmes intérêts, n'étoit pas lui-même sans inquiétude, comme on l'a vu p. 1108 [1]. Il avoit à soutenir à la Haye la bonne volonté d'Heinsius et de leur cabale, à y tout concerter en l'absence de Marlborough, et la perspective d'un voyage en Allemagne vers un nouveau maître et une cour nouvelle avec qui il étoit mal. De si fortes raisons, et dans une saison si avancée, leur persuadèrent de finir la campagne ; notre armée, harassée à l'excès et sans utilité, profita aussitôt de l'exemple : chacun de part et d'autre

---

1. Page 312 de notre tome VIII.

tourna aux quartiers d'hiver. Villars fut assez bien reçu, parce qu'on [n']avoit personne à lui substituer pour la campagne suivante. Montesquiou passa l'hiver sur la frontière, comme les précédents, et par la raison qui vient d'être expliquée, fut assez peu content d'une course qu'il vint faire à la cour.

CHAPITRE VI.

Défaite entière du Czar en personnne sur le Pruth, qui se sauve avec ce qui lui reste par un traité et par l'avarice du grand vizir, qui lui coûte la tête. — Chalais; quel; va trouver la princesse des Ursins en Espagne. — Princesse des Ursins forme et avance le projet d'une souveraineté pour elle, et de l'usage qu'elle en fera; se fait bâtir, sans paroître, une superbe demeure en Touraine; sort de cette demeure et du projet de souveraineté. — Campagne d'Espagne oisive. — Mort de Castel dos Rios, vice-roi du Pérou; prince de Santo-Buono lui succède. — Don Domingo Guerra rappelé en Espagne; son caractère; ses emplois. — Arpajon fait chevalier de la Toison d'or. — Retour de Fontainebleau. — Cardinal de Noailles interdit plusieurs jésuites, voit le Roi et le Dauphin à leur retour; intrigues pour allonger l'affaire, sous prétexte de la finir, et des lettres au Roi de quantité d'évêques. — Le Dauphin logé à Versailles dans l'appartement de Monseigneur. — Retour du duc de Noailles par ordre du Roi, qu'il salue, et est mal reçu. — Biens de France du prince de Carignan confisqués; douze mille livres de pension dessus au prince d'Espinoy. — Chimères de M. de Chevreuse mettent en péril l'érection nouvelle de Chaulnes pour son second fils. — Vidame d'Amiens fait duc et pair de Chaulnes; cris de la cour; le Dauphin désapprouve cette grâce. — Rare réception du duc de Chaulnes au Parlement. — Plénipotentiaires nommés pour la paix; Utrecht choisi pour le lieu de la traiter. — Retour des généraux, de Tallart de sa prison en Angleterre, et du roi Jacques de ses voyages par le royaume. — Comte de Toulouse fort heureusement taillé par Maréchal; la galerie et le grand appartement fermés jusqu'à sa parfaite guérison. — Mort et caractère de Mlle de la Rochefoucauld. — Mort et caractère de Sebville. — Mort, état et caractère de Mme de Grancey. — Mort et singuliers mariages de la maréchale de l'Hôpital. — Abbé de Pompone conseiller d'État d'Église. — Tremblement de terre peu perceptible. — Nouvelle tontine. — Grand prieur à Lyon.

On apprit en ce même temps le malheur du Czar contre le grand vizir, sur la rivière du Pruth. Ce prince, piqué de la protection que la Porte avoit accordée au roi de Suède retiré à Bender, en voulut avoir raison par les armes, et tomba dans la même faute qui avoit perdu le roi de Suède contre lui. Les Turcs l'attirèrent sur le Pruth à travers des déserts, où, manquant de tout, il fallut périr ou hasarder tout par un combat fort inégal. Il étoit à la tête de soixante mille hommes ; il en perdit plus de trente mille sur la place, le reste mourant de faim et de misère ; et lui sans aucune ressource, sans pouvoir éviter d'être prisonnier des Turcs avec tout ce qu'il avoit avec lui. Dans une extrémité si pressante, une femme de rien, qu'il avoit ôtée à son mari, tambour dans ses troupes, et qu'il avoit publiquement épousée après avoir répudié et confiné la sienne dans un couvent, lui proposa de tenter le grand vizir pour le laisser retourner libre dans ses États avec tout ce qui étoit resté de la défaite. Le Czar approuva la proposition, sans en espérer de succès. Il envoya sur-le-champ au grand-vizir, avec ordre de lui parler en secret. Il fut ébloui de l'or et des pierreries, et de plusieurs choses précieuses qui lui furent offertes ; il les accepta, les reçut, et signa avec le Czar un traité de paix par lequel il lui étoit permis de se retirer en ses États par le plus court chemin, avec tout ce qui l'accompagnoit, les Turcs lui fournissant des vivres, dont il manquoit entièrement ; et le Czar s'engageoit à rendre Azof dès qu'il seroit arrivé chez lui, de raser tous les forts et de brûler tous les vaisseaux qu'il avoit sur la mer Noire, de laisser retourner le roi de Suède par la Poméranie, et de payer aux Turcs et à ce prince tous les frais de la guerre.

Le grand vizir trouva une telle opposition au Divan à passer ce traité, et une telle hardiesse dans le ministre du roi de Suède, qui l'accompagnoit, à exciter contre lui tous les principaux de son armée, que peu s'en fallut qu'il ne fût rompu, et que le Czar avec tout ce qui lui restoit ne subissent le sort d'être faits prisonniers : il n'étoit pas en état de la moindre résistance ; le grand vizir n'avoit qu'à le vouloir pour l'exécuter sur-le-champ. Outre la gloire de mener à Constantinople le Czar, sa cour et ses troupes, on peut juger de ce qu'il en eût coûté à ce prince; mais ses riches dépouilles auroient été pour le Grand Seigneur, et le grand vizir les aima mieux pour soi. Il paya donc d'autorité et de menaces, et se hâta de faire partir le Czar et de s'éloigner en même temps. Le ministre de Suède, chargé des protestations des principaux chefs des Turcs, courut à Constantinople, où le grand vizir fut étranglé en arrivant. Le Czar n'oublia jamais ce service de sa femme, dont le courage et la présence d'esprit l'avoit sauvé. L'estime qu'il en conçut, jointe à l'amitié, l'engagea à la faire couronner czarine, à lui faire part de toutes ses affaires et de tous ses desseins. Échappé au danger, il fut longtemps sans rendre Azof, et à démolir ses forts de la mer Noire. Pour ses vaisseaux, il les conserva presque tous, et ne voulut pas laisser retourner le roi de Suède en Allemagne, ce qui pensa rallumer la guerre avec le Turc.

Chalais prit congé à Fontainebleau, pour s'en aller en Espagne prendre un bâton d'exempt des gardes du corps dans la compagnie wallone, dont M. de Bournonville étoit capitaine. Mme des Ursins avoit toujours conservé un grand attachement pour son premier mari, pour son nom, pour ses proches. Celui-ci étoit fils unique de son frère aîné, qui n'étoit jamais sorti de sa province, et ce fils n'avoit paru ni à [la] cour ni dans le service. Le père étoit fort mal aisé, et le fils, qui n'avoit rien, fut trop heureux de cette ressource; on le retrouvera dans la suite plus d'une fois. Outre cette affection, Mme des Ursins fut bien aise d'avoir quelqu'un entièrement à elle, qui ne tînt qu'à elle, qui ne pût espérer rien que d'elle, et qui ne fût connu de personne en France ni en Espagne.

Non contente d'y régner en toute autorité et puissance, elle osa songer à avoir elle-même de quoi régner. Elle saisit la conjoncture du don que le roi d'Espagne fit à l'électeur de Bavière de ce qui étoit demeuré dans son obéissance aux Pays-Bas, pour y faire stipuler que l'électeur y donneroit des terres jusqu'à cent mille livres de rente à elle, pour en jouir sa vie durant en toute souveraineté. Bientôt après il fut convenu avec l'électeur que le chef-lieu de ces terres, qui devoient être contiguës et n'en former qu'une seule, seroit la Roche en Ardenne, et que la souveraineté en porteroit le nom. On verra dans la suite cette souveraineté prendre diverses formes, changer de lieu, et se dissiper enfin en fumée ; et cela dura longtemps. Mme des Ursins s'en tint si assurée, qu'elle bâtit là-dessus un beau projet : ce fut d'échanger avec le Roi la souveraineté qui lui seroit assignée sur sa frontière, et pour celle-là d'avoir en souveraineté la Touraine et le pays d'Amboise sa vie durant, réversible après à la couronne, de quitter l'Espagne, et de venir en jouir le reste de ses jours.

Dans ce dessein, qu'elle crut immanquable, elle envoya en France d'Aubigny, cet écuyer si favori dont il a été parlé ici plus d'une fois, avec ordre de lui préparer une belle demeure pour la trouver toute prête à la recevoir. Il acheta un champ près de Tours, et plus encore d'Amboise, sans terres ni seigneurie, parce qu'étant souveraine de la province, elle n'en avoit pas besoin. Il se mit aussitôt à y bâtir très-promptement, mais solidement, un vaste et superbe château, d'immenses basses-cours et des communs prodigieux, avec tous les accompagnements des plus grands et des plus beaux jardins, à la magnificence desquels les meubles répondirent en tous genres. La province, les pays voisins, Paris, la cour même en furent dans l'étonnement. Personne ne pouvoit comprendre une dépense si prodigieuse pour une simple guinguette, puisque une maison au milieu d'un champ, sans terres, sans revenu, sans seigneurie, ne peut avoir d'autre nom, et moins encore une cage si vaste et si superbe pour l'oiseau qui la construisoit. Ce fut longtemps une énigme, et cette folie de Mme des Ursins fut, comme on le verra, la première cause de sa perte. On n'en dira pas davantage sur le succès de cette chimère, qui ne laissa pas d'accrocher la paix par l'opiniâtreté du roi d'Espagne, qui ne céda enfin qu'à l'autorité du Roi, qui le força de se désister de cet article, dont les alliés se moquèrent toujours avec mépris, jusqu'à n'avoir jamais voulu en entendre parler dans les formes, parce que ce point est fort bien expliqué dans les pièces[1]; mais pour n'y plus revenir, il faut voir ce que devint cet admirable palais, si complétement achevé en tout, et meublé entièrement avant que Mme des Ursins eût perdu l'espérance d'y jouer la souveraine.

On ne pouvoit imaginer qu'un aussi petit compagnon que l'étoit d'Aubigny, quelques richesses qu'il eût amassées, pût ni osât faire un pareil bâtiment pour soi. Ce ne fut que peu à peu que l'obscurité fut percée. On soupçonna que Mme des Ursins le faisoit agir, et se couvroit de son nom. On pensoit qu'elle pouvoit lasser, ou se lasser enfin de l'Espagne, et vouloir venir achever sa vie dans son pays, sans y traîner à la cour ni dans Paris, après avoir si despotiquement régné ailleurs. Mais un palais, qui pourtant n'étoit qu'une guinguette, ne s'entendoit pas pour sa retraite; ce ne fut que l'éclat que sa prétendue souveraineté fit par toute l'Europe qui commença à ouvrir les yeux sur Chanteloup : c'est le nom de ce palais, dont à la fin on sut la destination. La chute entière de cette ambitieuse femme, qui se verra ici en son temps, ne lui permit pas d'habiter cette belle demeure; elle demeura en propre à d'Aubigny, qui y reçut très-bien les voisins et les curieux, ou les passants de considération, à qui il ne cacha plus que ce n'étoit ni pour soi, ni de son bien, qu'il l'avoit bâtie et meublée. Il s'y établit, il s'y fit aimer et estimer. Il y perdit sa femme qui ne lui laissa qu'une fille unique fort jeune : ainsi il s'étoit marié du vivant de Mme des Ursins, ou aussitôt après sa mort; et cette fille très-riche a épousé le marquis d'Armentières, qui sert

---

1. Voir les pièces. (*Note de Saint-Simon.*) Voyez tome I, p. 420, note 1.

actuellement d'officier général, et qui en a plusieurs enfants : Orry, dès lors contrôleur général, en fit le mariage. Peu auparavant Aubigny étoit mort, et avoit chargé Orry du soin de sa fille et de ses biens, comme étant le fils de son meilleur ami, de ce même Orry qui avoit été plus d'une fois en Espagne, et dont plus d'une fois il a été parlé ici.

La campagne n'avoit été rien en Espagne ; il n'y eut que des bagatelles. L'archiduc, trop affoibli pour rien entreprendre de bonne heure, ne songea plus qu'au départ dès que l'Empereur son frère fut mort, et n'eut plus d'argent que pour la dépense du voyage. M. de Vendôme en manquoit aussi, et ne laissa pas de faire accroire longtemps aux deux cours qu'il feroit le siége de Barcelone, pour lequel il amassa des préparatifs. Le roi et la reine d'Espagne passèrent l'hiver à Sarragosse, et l'été fort inutilement à Corella. Le duc de Noailles, destiné avec ses troupes, qui n'avoient rien à faire en Catalogne, à servir sous M. de Vendôme, étoit allé dès le mois de mars à la cour d'Espagne, où M. de Vendôme ne fut que de rares instants, sous prétexte des préparatifs de la campagne. La contrainte ne l'accommodoit pas ; il aimoit mieux régner et paresser librement dans ses quartiers. L'été et l'automne s'écoulèrent de la sorte, et tout à la fin la cour d'Espagne retourna à Madrid ; elle donna la vice-royauté du Pérou au prince Caraccioli de Santo-Buono, grand d'Espagne, qui avoit perdu tous ses biens de Naples.

Cette vice-royauté vaquoit par la mort du marquis de Castel dos Rios, qui étoit ambassadeur d'Espagne en France à l'avénement de Philippe V à la couronne, et rappela en Espagne don Domingo Guerra, qui avoit été chancelier de Milan, place extrêmement principale qu'il avoit perdue depuis l'occupation des Impériaux, et étoit à Paris depuis longtemps. Il eut les premières places d'affaires en Espagne, et à la fin les perdit. C'étoit une très-bonne tête, fort instruit, fort expérimenté, grand travailleur, fort espagnol et assez peu françois. Bientôt après Arpajon, qui servoit de lieutenant général en Espagne, et qui y avoit été heureux en deux petites expéditions qui ne roulèrent que sur lui, fut honoré de l'ordre de la Toison d'or.

Le lundi 14 septembre, le Roi revint de Fontainebleau par Petit-Bourg, et arriva le lendemain de bonne heure. Le cardinal de Noailles, qui avoit eu ordre de s'y trouver ce même jour, parut à la descente du carrosse. Il eut aussitôt après une assez longue audience du Roi, puis du Dauphin encore plus longue. Ce prince avoit fort travaillé à cette affaire à Fontainebleau, et j'en avois appris des nouvelles à mesure par l'archevêque de Bordeaux. Elle avoit alors deux points : le personnel entre le cardinal de Noailles et les évêques de la Rochelle et de Luçon, où celui de Gap s'étoit fourré depuis comme diable en miracles ; et le livre du P. Quesnel, c'est-à-dire la doctrine, dont le personnel n'avoit été que le chausse-pied. Ils sentoient bien l'odieux du chausse-pied, qui ne pourroit se soutenir, et qui entraîneroit à la fin celui de la doctrine, si elle n'étoit soutenue que par ces trois agresseurs. Le Tellier[1], qui gouvernoit l'évêque de Meaux, et qui par lui allongeoit l'affaire auprès du Dauphin, se servit de cet entre-temps pour faire écrire au Roi, par tous les évêques qu'il put gagner, des lettres d'effroi sur la doctrine, et de condamnation du livre du P. Quesnel. Les créatures des jésuites, les foibles qui n'osèrent se brouiller avec l'entreprenant confesseur, les avares et les ambitieux firent un nombre qui imposa. Le cardinal de Noailles eut le vent de ces pratiques, qui se dirigeoient toutes aux jésuites de la rue Saint-Antoine. Les PP. Lallemant, Doucin et Tournemine en étoient les principaux artisans. Il leur échappa quelques menaces fort indiscrètes et fort insolentes ; d'autres gros bonnets en furent les échos. Le cardinal de Noailles ôta à ceux-là les pouvoirs de confesser et de prêcher, et cela fit un nouveau vacarme.

Les choses en étoient là au retour de Fontainebleau, et

---

1. Le P. Tellier.

les lettres des évêques au Roi prêtes à pleuvoir, parce qu'il fallut du temps à Saint-Louis pour composer le même thème en tant de façons différentes, envoyer dans les diocèses, et obtenir la signature et l'envoi. Monsieur de Meaux avoit eu beau fournir des embarras, le procédé étoit insoutenable, et Monsieur le Dauphin le voulut finir, avec d'autant plus d'empressement que l'interdiction de ce petit nombre de jésuites alloit apporter de nouvelles aigreurs. Le Roi néanmoins, quelque prévenu qu'il fût par le P. Tellier, écouta assez bien les raisons du cardinal de Noailles sur cette interdiction, quoique elle lui déplût, et ne voulut pas qu'elle fît obstacle à ce que le Dauphin avoit réglé. Il l'expliqua ce même jour au cardinal de Noailles, qui s'y soumit de bonne grâce. Voysin avoit en poche le consentement des trois évêques, qui, dans l'espérance que le cardinal feroit quelque difficulté dont ils feroient retomber la mauvaise satisfaction sur lui, n'avoit eu garde de s'en vanter, et ne l'apporta au Dauphin que cinq jours après.

Le jugement fut que les trois évêques feroient en commun un nouveau mandement en réparation des précédents, qu'avant de le publier il seroit envoyé à Paris, pour y être examiné par personnes nommées par le Dauphin, communiqué après au cardinal, et s'il en étoit content, le publier. Ensuite le Roi lui devoit envoyer une lettre des trois évêques que Sa Majesté avoit déjà reçue, pour réparer de plus en plus ce qu'ils avoient écrit contre lui; et dans l'une et l'autre pièce, pas un mot du livre du P. Quesnel. Le Dauphin, fort ignorant des profondeurs des jésuites et de l'ambition de l'évêque de Meaux, crut avoir tout fini, et que le bruit qui s'étoit fait sur ce livre tomberoit avec la querelle personnelle dont il étoit venu au secours, ou que, s'il y avoit en effet de la réalité dans les plaintes si nouvelles d'un livre si anciennement approuvé, et estimé sans contradiction de personne, les choses se passeroient en douceur et en honnêteté entre des évêques raccommodés. Il n'étoit pourtant pas difficile de voir l'artifice. Un mandement à faire, puis à mettre à l'examen, étoit de quoi tirer de longue, et faire naître toutes les difficultés qu'on voudroit; et le silence spécieux sur le livre laissoit toute liberté là-dessus, après la réconciliation même faite, sous le beau prétexte de la pureté de la doctrine. Mais le Dauphin auroit fait scrupule de penser si mal de son prochain. Combien étoit-il éloigné d'imaginer ce nombre de lettres qui se fabriquoient[1] alors, et la surprenante aventure qui en mit au jour sous les yeux du public le scélérat mystère, et qui l'a transmis à la postérité !

Le Dauphin, en arrivant de Fontainebleau, prit l'appartement de Monseigneur. Le lendemain de l'arrivée de Fontainebleau le duc de Noailles revint d'Espagne, et salua le Roi chez Mme de Maintenon. Il en avoit reçu l'ordre. Je différerai d'en expliquer les raisons jusque tout à la fin de cette année, pour n'y être pas interrompu par le récit d'autres événements.

Le Roi, ayant su que le prince de Carignan, fils du célèbre muet, avoit servi dans l'armée de Monsieur de Savoie, confisqua tous ses biens en France, et donna dessus douze mille livres de rente au prince d'Espinoy, qui avoit aussi des biens confisqués en Flandres. C'est ce même prince de Carignan qui, longtemps depuis, épousa la bâtarde de Monsieur de Savoie et de Mme de Verue, avec qui il vint après vivre et mourir à Paris d'une manière honteuse, et qui, par les manéges encore plus honteux de sa femme, y obtint tant de millions.

M. de Chevreuse, à qui j'avois fortement reproché ses absences, qui lui avoient coûté à Marly le dangereux délai de son affaire de Chaulnes, lors de l'édit et de l'érection de d'Antin, avoit fort travaillé à la remettre à flot pendant tout Fontainebleau. On disoit quelquefois de lui qu'il étoit malade de raisonnement; et la vérité est qu'il le fut tellement en cette occasion, qu'il eut souvent

---

1. *Frabiquoient*, au manuscrit.

besoin de mon secours pour l'empêcher d'en mourir, c'est-à-dire son affaire de manquer. Chaulnes avoit été érigé en duché-pairie pour le maréchal de Chaulnes, frère du connétable de Luynes. Il est vrai que ce fut à l'occasion et en faveur de son mariage avec l'héritière de Picquigny, qui le savoit bien dire, à laquelle appartenoit aussi le comté de Chaulnes ; mais l'érection n'en fut pas moins masculine, et bornée, comme toutes les autres qui n'ont pas de clauses extraordinaires et expresses, aux hoirs masculins issus de ce mariage de mâle en mâle. Les deux fils de ce mariage, ducs l'un après l'autre, n'en avoient point eu ; le duché-pairie étoit donc éteint, ou il n'y en aura jamais ; et depuis la mort du dernier duc de Chaulnes, si connu par ses ambassades, il n'en avoit pas été question. M. de Chevreuse, grand artisan de quintessences, et qu'on a vu, à l'occasion du procès de M. de Luxembourg, n'avoir point voulu être des nôtres, par la chimère de l'ancienne érection de Chevreuse, s'en étoit bâti une à part lui sur Chaulnes. Je crois avoir remarqué ici quelque part que, lorsqu'il se maria, M. de Chaulnes, cousin germain de son père, lui assura tout son bien au cas qu'il mourût sans enfants, avec substitution au second fils qui naîtroit de son mariage. Le cas étoit arrivé ; il étoit exécuté.

M. de Chevreuse, depuis la mort de M. de Chaulnes, se qualifioit duc de Luynes, de Chaulnes et de Chevreuse. Comme je vivois dans la plus libre familiarité avec lui, je lui voyois souvent sur son bureau des certificats pour des chevau-légers, etc., où ces titres étoient ; et toujours je lui disois : « Seigneur du duché de Chaulnes, mais duc, non. » Il riochoit, ne répondoit qu'à demi, et disoit qu'il le pouvoit prétendre. Lorsqu'il fut question de l'édit, il fallut discuter ensemble plus sérieusement une prétention dont, à l'imitation de d'Antin, il vouloit faire le chausse-pied de son second fils. Il prétendit donc que M. de Chaulnes, par la donation et la substitution de ses biens, et en particulier de Chaulnes, les avoit donnés et substitués comme il les possédoit, et par conséquent la dignité de laquelle il jouissoit.

Je serois infini, et très-inutilement, si je m'amusois à réfuter ici un paradoxe aussi absurde et aussi nouveau; mais il fallut en discuter avec lui la nouveauté et l'absurdité, et se livrer à l'ennuyeuse complaisance de laisser couler ses longs raisonnements. Il me mit après en avant des coutumes particulières des lieux, qui pouvoient bien régler les transmissions des biens, mais jamais en aucun cas celle des dignités. Enfin il se retrancha sur une compensation, en abandonnant la prétention de la première érection de Chevreuse. C'étoit étayer une chimère par une autre. Chevreuse avoit été érigé en duché-pairie pour M. de Chevreuse, dernier fils du duc de Guise, tué aux derniers états de Blois. Il avoit épousé la veuve du connétable de Luynes, mère du duc de Luynes père du duc de Chevreuse à qui je parlois. Sa grand'mère avoit eu, pour ses reprises, le duché de Chevreuse à la mort de ce second mari, lequel duché, c'est-à-dire la terre, étoit passé d'elle à son fils, puis à son petit-fils, avec ses autres biens. Chevreuse, duché-pairie alors éteint, avoit été érigé de nouveau, mais sans pairie, et vérifié au Parlement pour M. de Chevreuse, par la faveur de M. Colbert, dont il venoit d'épouser la fille aînée, et jamais M. de Chevreuse n'avoit osé rien prétendre au delà.

Je pris donc la liberté de me moquer de cette seconde chimère, comme j'avois fait de la première; et je lui conseillai fort de n'appuyer point sur des fondements si ruineux, ou pour mieux dire si parfaitement nuls, mais de se fonder uniquement sur l'amitié et les services de Monsieur le chancelier, et sur la bonté distinguée que le Roi avoit pour lui, qui l'avoit empêché de rejeter la proposition, que le chancelier avoit eu l'adresse de lui faire, d'une érection nouvelle en faveur du vidame d'Amiens, laquelle, entre deux amis et pour lui en dire le vrai, n'étoit en aucun sens faisable ni recevable, et de n'aller pas gâter son affaire par des idées chimériques qui impatienteroient le chancelier et le rebuteroient, qui étoit pourtant l'instrument unique duquel il pût espérer une si prodigieuse fortune pour son fils. Mais je parlois à un homme qui se trompoit lui-même de la meilleure foi du monde, et qui, à force de métaphysique et de géométrie, se croyoit rendre sensibles, et aux autres ensuite, les raisonnements les plus faux, qu'il soutenoit de beaucoup d'esprit et d'un bien-dire naturel. Il ne put se déprendre de ses chimères, ni s'empêcher d'en vouloir persuader le chancelier.

Celui-ci, qui étoit vif, net, conséquent avec justesse, dont les principes étoient certains et les conséquences naturelles, petilloit, interrompoit, faisoit des négatives sèches, et après se plaignoit à moi d'un homme qui n'étoit pas content qu'on fît son second fils duc et pair sans raison quelconque autre que l'amitié, et qui vouloit que ce fût à des titres fous, chimériques, nuls, qui ne se lassoit jamais en raisonnements absurdes, et qui ne finissoit point. J'avertis plus d'une fois M. de Chevreuse qu'il raisonneroit tant qu'il échoueroit : je n'y gagnai rien. C'étoit un homme froid, tranquille, qui se possédoit, puissant en dialectique, dont il abusoit presque toujours, qui s'y confioit, qui espéroit toujours et qui ne se rebutoit jamais, qui de plus, lorsqu'il s'étoit bien persuadé une chose, écoutoit tout ce qu'on lui opposoit avec le dernier mépris effectif, quoique voilé de toute la douceur et la politesse possible. Avec cette conduite il poussa si bien le chancelier à bout, qu'il me déclara plusieurs fois qu'il n'y pouvoit plus tenir, et à deux différentes qu'il n'en vouloit plus ouïr parler. J'eus bien de la peine, deux jours durant, à l'apaiser et à renouer l'affaire. Mais la seconde fut si forte qu'il déclara à M. de Chevreuse qu'il pouvoit faire son fils duc et pair, du Roi à lui, s'il vouloit, et l'embâter de tous ses beaux raisonnements (car le chancelier poussé laissa échapper ce terme), mais que pour lui, il étoit las de perdre son temps à ouïr répéter les mêmes absurdités en cent façons qui ne les rendoient pas plus supportables, à quelque sauce qu'il les mît, et que de ce duché-là il n'en vouloit plus ouïr parler, ni se charger d'en reparler au Roi.

M. de Chevreuse, fort effrayé malgré tout son sens froid[1], vint aussitôt me conter sa déconvenue, et me prier instamment de la raccommoder. J'avoue que, pour un homme de mon âge, je ne me retins pas avec lui, piqué de lui voir perdre et gâter une si inespérable affaire par cette inflexibilité d'attachement à son sens, et encore si évidemment absurde. Il essuya ma bordée. Je lui en valus une autre de M. de Beauvillier, qui ne le trouvoit pas en duchés moins chimérique que je le trouvois moi-même. Avec ce secours, mais qui jusque-là n'avoit agi que foiblement, je tirai parole qu'il ne parleroit plus au chancelier, sinon pour le prier d'agir auprès du Roi en conséquence de ce qu'il avoit déjà fait, et qu'en aucun temps il n'entreroit en aucun autre détail, surtout sur ses idées de prétentions, et après un édit fait, le chancelier pour les anéantir toutes. Avec cette sûreté, je parlai au chancelier, que j'eus grand'peine à vaincre; il fallut plusieurs jours. Enfin il me promit de parler au Roi, à condition qu'il ne verroit seulement pas M. de Chevreuse. Ce fut donc moi qui agis seul auprès du chancelier, dans la fin du voyage de Fontainebleau et au commencement du retour à Versailles. L'affaire enfin fut accordée immédiatement avant d'aller à Marly; et le lendemain que le Roi y fut, qui étoit un jeudi 8 octobre, il déclara qu'il faisoit le vidame d'Amiens duc et pair de Chaulnes par une nouvelle érection. La joie extrême de la famille ne fut pas pure; la cour parut consternée, et ne se contraignit pas : un troisième duché dans la maison d'Albert, érigé pour un cadet de l'âge du vidame, excita des propos mortifiants; et ce qui les dut toucher davantage, et qui causa une surprise générale, le Dauphin s'en expliqua tout haut, avec mesure, mais en désapprouvant nettement la grâce

---

1. Voyez tome I, p. 221 et note 1, et tome II, p. 255, note 1.

et ne blâmant pas la licence qu'elle rencontroit, ce qui lui fit beaucoup d'honneur dans le monde, et montra que ceux avec qui il vivoit dans la plus grande habitude d'estime et de confiance ne seroient pas en état d'emporter des choses qu'il ne croiroit ni justes ni raisonnables.

Qu'il me soit permis de donner ici quelques moments au futile et au délassement, pour la singularité de la chose, d'autant qu'elle ne touche à rien d'essentiel à qui a toujours été intimement de mes amis, et qui d'ailleurs fut parfaitement publique. Je la raconterai ici tout de suite, parce qu'elle ne mériteroit pas la peine d'y revenir. Tout étant consommé pour cette érection, et prêt pour la réception du nouveau duc de Chaulnes, le Parlement s'assembla à l'heure accoutumée, et les princes du sang et les autres pairs y prirent leurs places. M. de Chaulnes, qui devoit se tenir à la porte de la grand'chambre, en dedans, pour les voir arriver et les saluer, comme c'est l'ordre, n'étoit point arrivé. On causoit en place les uns avec les autres, et à la fin on s'impatientoit. Au bout d'une heure on soupçonna quelque accident, et pour ne passer pas toute la matinée de la sorte, on voulut enfin en être éclairci. Le premier président envoya un huissier s'en informer à l'hôtel de Luynes. Il trouva le duc de Chaulnes à qui on faisoit la barbe, qui dit qu'il s'alloit dépêcher, et qui ne parut nullement embarrassé de l'auguste séance qui l'attendoit depuis si longtemps. On peut juger du succès du rapport de l'huissier. La parure du candidat fut encore fort longue; enfin il arriva d'un air riant et tranquille. Tout étoit rapporté; il n'eut qu'à prêter serment et à prendre place.

La coutume est que le premier président fait un compliment au pair d'érection nouvelle aussitôt qu'il est assis en place, et qu'il n'en fait point aux pairs reçus par le titre de pairie successive. Voilà donc le premier président qui ôte son bonnet, se tourne vers la place où étoit le nouveau pair, lui dit deux mots, se couvre, continue, et se découvre et s'incline en finissant. Aussitôt M. de Chaulnes ôte son chapeau, y glisse un papier qu'il tenoit en sa main, et l'y déploie, et se met à vouloir y lire. Le pair son voisin le pousse, et l'avertit de mettre son chapeau; le Chaulnes le regarde, et sur l'avis redoublé se couvre, et manifeste son papier en entier. Cela le déconcerte; toutefois il se met à vouloir lire. Il répète : « Monsieur; » il ânonne : bref il se démonte au point qu'il ne peut lire et qu'il demeure absolument court. La Compagnie ne peut s'empêcher de rire. Il la regarde tout autour; il prend enfin son parti, il ôte son chapeau sans mot dire, s'incline au premier président comme pour finir ce qu'il n'avoit pas commencé, regarde après encore la Compagnie, et se met à rire aussi avec elle. Voilà quelle fut la réception du duc de Chaulnes, qui n'a jamais été oubliée, parce qu'elle n'eut jamais sa pareille. Il fut le premier après à en rire avec tout le monde.

Ménager, gros négociant, qui par son esprit et sa capacité dans le commerce devint négociateur, arriva le 19 octobre de Londres à Versailles, chez Torcy, qui le mena aussitôt trouver le Roi chez Mme de Maintenon. On sut par lui que la reine Anne avoit nommé ses trois plénipotentiaires pour la paix. Le maréchal d'Huxelles et l'abbé de Polignac, qui depuis longtemps étoient avertis, furent déclarés ceux du Roi, et Ménager avec eux en troisième, et en égal caractère, ce qui sembla assez étrange. Ceux d'Espagne le furent aussi, et Bergheyck pour le second. Je ne fais que coter ces dates, parce que toute la négociation, depuis son principe jusqu'à sa fin, se trouve parfaitement racontée dans les pièces[1]. Utrecht fut le lieu de l'assemblée, et les plénipotentiaires du Roi partirent bientôt après.

Nos généraux d'armée arrivèrent, et furent bien reçus, et tôt après eux Tallart, qui le fut aussi très-bien. Il étoit prisonnier en Angleterre depuis sept ans qu'il avoit été

---

1. Voir les pièces. (*Note de Saint-Simon.*) Voyez tome I, p. 420, note 1.

pris à la bataille de Hochstedt, relégué et très-observé à Nottingham, sans en pouvoir découcher, et sans avoir pu aller à Londres ni revenir ici sur sa parole. Ce retour sans échange, sans rançon et sans queue fut les prémices publiques de la bonne volonté de la reine Anne. Le roi Jacques revint aussi à Saint-Germain, après avoir employé tout l'été à voir les principales provinces du royaume, quelques-unes de nos armées et plusieurs de nos ports.

Le samedi 7 novembre au matin, le comte de Toulouse fut taillé fort heureusement par Maréchal. La pierre étoit fort grosse et pointue, et l'opération fut parfaite; elle ne fut suivie d'aucun accident, et la guérison fut entière. Maréchal en eut dix mille écus, qu'il fit difficulté d'accepter, et que le Roi lui ordonna de prendre à la fin de la cure. Il en avoit refusé deux mille de Fagon, qu'il avoit autrefois taillé et parfaitement guéri, que le Roi lui fit payer du sien. Le Roi étoit à Marly du 2 novembre; il avoit visité souvent le comte de Toulouse auparavant, dont il prit de grands soins. Mme la duchesse d'Orléans et Madame la Duchesse demeurèrent tout ce voyage à Versailles auprès de lui. Le Roi, qui retourna le 15 à Versailles, interdit le passage de la galerie et du grand appartement, même aux princes du sang, parce que le comte de Toulouse en auroit eu du bruit, et cela dura jusqu'à sa parfaite convalescence. Ce fut une grande incommodité pour le commerce d'une aile à l'autre, qui ne put plus se faire que par les cours. Le comte de Toulouse s'étoit préparé avec sagesse, piété et tranquillité, et montra une fermeté très-simple. Il ne lui en resta aucune suite, et il courut depuis le cerf comme auparavant.

M. de la Rochefoucauld perdit l'aînée de ses trois sœurs, qui n'avoit que deux ans moins que lui, et qui avoit [de] l'esprit, et beaucoup de mérite, de vertu et de maintien. C'étoit celle qui étoit la plus comptée dans sa famille et dans le monde. J'ai parlé ailleurs de ces trois filles, et de leur vie commune dans un coin à part de l'hôtel de la Rochefoucauld, à l'occasion de la mort de Gourville.

Sebville mourut aussi en même temps. Il étoit officier général et vieux. Il avoit été envoyé du Roi à Vienne et ailleurs. C'étoit un fort honnête homme, et qui n'étoit pas sans mérite et sans talents.

En même temps mourut encore Mme de Grancey, fille du maréchal de Grancey, qui n'avoit jamais été mariée, et qui étoit l'aînée de Mme de Maré, dont j'ai parlé plus d'une fois. Elle avoit été belle, et à son âge elle se la croyoit encore, moyennant force rouge et blanc et les parures de la jeunesse. Elle avoit été extrêmement du grand monde, fort galante, et avoit longtemps gouverné le Palais-Royal sous le stérile personnage de maîtresse de Monsieur, qui avoit d'autres goûts, qu'il crut un temps masquer par là, et en effet par le pouvoir entier qu'elle eut toujours sur le chevalier de Lorraine. Elle ne paroissoit guère à la cour, qui n'étoit pas son terrain. Monsieur, pour la faire appeler Madame, l'avoit faite dame d'atour de la reine d'Espagne, sa fille, qu'elle accompagna en cette qualité jusqu'à la frontière.

La maréchale de l'Hôpital mourut aussi, célèbre par ses trois mariages, et fort vieille, retirée depuis longtemps aux petites Carmélites. Elle s'appeloit Fr. Mignot. Je ne sais si elle étoit fille de ce cuisinier que Boileau a rendu célèbre pour gâter tout un repas. Elle épousa 1° Pierre de Portes, trésorier et receveur général de Dauphiné. Elle avoit de la beauté, de l'esprit, du manége, et des écus qui la firent, en 1653, seconde femme du maréchal de l'Hôpital, si connu pour avoir tué le maréchal d'Ancre, contre les défenses expresses et réitérées de Louis XIII, qui ne vouloit que s'assurer de sa personne. Il mourut dans une grande fortune, en 1660. La maréchale sa veuve, qui n'avoit point d'enfants, fit si bien qu'elle épousa en troisième noces, le 14 décembre 1672, en sa maison de Paris, rue des Fossés-Montmartre, paroisse de Saint-Eustache, Jean-Casimir, successivement prince de Pologne, jésuite, cardinal, roi de Pologne, qui avoit abdiqué, s'étoit retiré en France, où il avoit force grands bénéfices, entre autres l'abbaye Saint-Germain des Prés, où il logeoit, et où il est enterré. Le mariage fut su et très-connu, mais jamais déclaré : elle demeura Madame la maréchale, et lui, garda ses bénéfices.

L'abbé de Pompone, revenu de son ambassade de Venise et de ses négociations en Italie, vieillissoit tristement dans le second ordre, aumônier du Roi. Cela étoit fâcheux à un fils et à un beau-frère de ministres, qui n'y étoient pas accoutumés, et qui croyoient, par les mauvais exemples récents, les premières places de l'Église faites pour eux. Torcy, tout timide qu'il étoit, ne le put digérer plus longtemps. Il n'y avoit rien à reprendre aux mœurs ni à la conduite de son beau-frère; mais le Roi ne lui avoit pas caché son invincible répugnance à placer le nom d'Arnauld dans un siége épiscopal. Torcy se réduisit donc à la ressource que le chancelier avoit procurée à l'abbé Bignon, son neveu, que la dépravation de ses mœurs avoit exclu de l'épiscopat. La place de conseiller d'État d'Église, qu'avoit le feu archevêque de Reims, n'étoit pas remplie. Torcy fit encore parler le Roi sur son beau-frère, qui s'expliqua comme il avoit déjà fait, lorsque cette exclusion engagea Torcy d'employer l'abbé de Pompone en Italie; mais en même temps le Roi en dit du bien, et témoigna être fâché de l'empêchement dirimant. Là-dessus Torcy tourna court sur la place de conseiller d'État, et l'obtint sur-le-champ. L'abbé de Pompone s'y donna tout entier, faute de mieux, et en prit l'occasion de quitter sa place d'aumônier du Roi.

On sentit sur les huit heures du soir du 6 novembre, à Paris et à Versailles, un tremblement de terre si léger, qu'assez peu de gens s'en aperçurent. Il fut très-sensible vers la Touraine et le Poitou en quelques endroits; le même jour et à la même heure, en Saxe et dans quelques villes d'Allemagne voisines. En ce même temps on établit à Paris une nouvelle tontine.

Le grand prieur, qui n'avoit pu obtenir la liberté du fils de Massenar, dont il a été parlé lors de l'enlèvement du grand prieur, en représailles, par le père de cet homme, qui étoit dans Pierre-Encise, avoit peu à peu obtenu quelque liberté des Suisses. Il vint enfin à bout de l'avoir toute entière, et permission du Roi de venir demeurer à Lyon, mais sans approcher la cour ni Paris de plus près. Il y demeura depuis tant que le Roi vécut.

CHAPITRE VII.

Mariage du czaréwitz avec la sœur de l'Impératrice régnante. — Départ de l'archiduc pour l'Italie et l'Allemagne, qui laisse l'archiduchesse à Barcelone avec Staremberg. — Molinez, Espagnol, doyen de la Rote, interdit par le Pape. — Duc d'Uzeda; sa maison; sa grandesse; ses emplois; sa défection; renvoie l'ordre du Saint-Esprit; sa vie et sa fin obscure; catastrophe, à Vienne, de son fils. — Entrevue du duc de Savoie et de l'archiduc dans la Chartreuse de Pavie. — L'archiduc, élu empereur, reçoit à Milan les ambassadeurs et le légat Imperiali; quel étoit ce cardinal. — Étiquette prise d'Espagne sur les attelages. — L'Empereur à Inspruck; y reçoit froidement le prince Eugène; causes de sa disgrâce, et ses suites, jusqu'à sa triste mort. — Tortose manqué par les Impériaux. — Mariage de la fille d'Amelot avec Tavannes, qui manque la grandesse par le Roi. — Mariage du chevalier de Croissy. — Six mille livres de pension à d'O; trois cent mille de brevet de retenue au duc de Tresmes, à qui cela en fait cinq cent mille. — Causes du retour du duc de Noailles et de sa secrète disgrâce. — Embarras et fâcheuse situation du duc de Noailles à la cour. — Noailles se jette à Desmarets: — Noailles brouillé avec M. et Mme la duchesse d'Orléans, et pourquoi. — Noailles se propose de lier avec moi. — Caractère du duc de Noailles. — Je me laisse entraîner à la liaison du duc de Noailles. — Duc de Noailles, brouillé avec M. et Mme la duchesse d'Orléans, me prie de le raccommoder avec eux; mes raisons de le faire; j'y réussis; sa délicate mesure. — Duc de Noailles me confie à sa manière la cause de son retour d'Espagne et sa situation; ses vues dans cette confidence; son extrême desir de m'engager à le rapprocher du duc de Beauvillier, conséquemment du Dauphin; mes raisons de le faire; j'y réussis. — Ma liaison avec le cardinal de Noailles, qui devint intime jusqu'à sa mort. — Scélératesse du complot des jésuites contre le cardinal de Noailles mise au net par le paquet de l'abbé de Saron à son oncle l'évêque de Clermont, tombé entre les mains du cardinal de Noailles, qui n'en sait pas profiter. — Cris publics. — Le Dauphin ne se cache pas sur son avis de chasser le P. Tellier, et me le dit. — Affaire du cardinal renvoyée en total au Dauphin pour la finir; grand mot qu'il me dit en faveur du cardinal; il m'ordonne de m'instruire à fond sur les matières des libertés de l'Église gallicane et sur l'affaire du cardinal de Noailles, et me dit qu'il la veut finir définitivement[1] avec moi.

Le Czar, à peine sorti d'entre les mains des Turcs, conclut le mariage du fils unique qu'il avoit de sa première femme, qu'il avoit répudiée, et qu'il tenoit dans un couvent avec la seconde petite-fille du vieux duc Ulrich de Wolfenbuttel, sœur de l'archiduchesse qu'on va voir impératrice. Le Czar le conclut à Carlsbaden, où il prenoit des eaux, d'où il partit pour l'aller voir célébrer à Torgau. Ce fut un funeste mariage.

L'archiduc, qui depuis longtemps n'avoit plus de pensées que d'aller recueillir la vaste succession de l'Empereur son frère, se revoir avec l'Impératrice sa mère, dont il avoit toujours été le mieux aimé, et se retrouver chez soi dans Vienne, libre des inquiétudes et des étrangers, parmi lesquels il étoit comme banni, et régner dans les mêmes lieux où il n'avoit vécu qu'en servitude, il eut peine à se tirer des mains des Catalans. Il leur laissa pour vice-roi le comte de Staremberg, général de ses troupes, qui lui avoit été donné pour conseil et pour conducteur, qu'il avoit pris en grande estime et amitié, et qui la méritoit; la Corsana, comme ministre castillan, et Perlas, qui étoit devenu son favori, comme secrétaire d'État et ministre catalan. Il fit espérer son retour à la ville de Barcelone et à tout son parti en Espagne, et mit enfin à la voile, suivi de trois députés catalans, nommés Corbeillone, Piñoz et Cardonne. Sa flotte étoit de quarante ou cinquante bâtiments de toutes sortes, anglois, hollandois et catalans. Il ne put emmener l'archiduchesse : il auroit désespéré les Catalans, qui s'opiniâtrèrent à la garder à Barcelone comme le gage de son retour et le centre des affaires, à la tête desquelles il la mit pour la forme en

---

1. *Diffinitivement*, au manuscrit.

son absence. Leur mariage étoit et fut depuis toujours extrêmement uni, chose si rare parmi les princes, et la séparation leur coûta beaucoup.

Depuis que les hauteurs du marquis de Prié, ambassadeur du feu Empereur à Rome, du temps que le maréchal de Tessé y étoit, avoient, comme je l'ai raconté alors, forcé le Pape à reconnoître l'archiduc en qualité de roi d'Espagne, par les violences qu'il fit exercer par les troupes impériales dans les États de l'Église, il n'y avoit plus de nonce à Madrid, qui en avoit été chassé, ni d'ambassadeur d'Espagne à Rome. Molinez, doyen de la Rote, qui en étoit auditeur pour la Castille, étoit le seul ministre d'Espagne à Rome, où il étoit fort considéré. Le bruit confirmé du prochain départ de l'archiduc de Barcelone pour l'Italie fit parler à Rome de lui envoyer un légat comme roi d'Espagne, sans attendre qu'il fût élu empereur. Molinez en parla aux ministres, puis au Pape, qui à la fin lui avoua que la résolution en étoit prise. Molinez, très-attaché à Philippe V, ne se rebuta point, et n'oublia aucunes des raisons qui pouvoient détourner ce qu'il appeloit un affront fait au roi son maître; à la fin il pressa si vivement le Pape, et lui parla si haut, que le pontife se fâcha, et pour se défaire de ses remontrances, l'interdit de toutes ses fonctions, et alla même jusqu'à lui défendre de dire la messe. Cette affaire fit grand bruit par toute l'Europe, et même Rome, neutre, ne l'approuva pas. Molinez se tint chez lui, fort visité, par l'estime qu'il avoit acquise, et n'en sortit plus jusqu'à ce qu'il eût reçu des ordres de Madrid. Le Roi s'en plaignit fort à Rome, et de la chose et de la cause; mais le parti y étoit pris, et cette cour n'étoit pas pour reculer.

Le duc d'Uzeda étoit ambassadeur d'Espagne à Rome : il étoit de cette grande et nombreuse maison d'Acuña y Pacheco, de laquelle sont aussi les marquis de Villena et ducs d'Escalone, comte de S. Estevan de Gormaz [1], les ducs

---

1. Les mots *comte de S. Esteran de Gormaz* sont écrits en interligne.

d'Ossone, les comtes de Montijo, le marquis de Bedmar d'aujourd'hui, et ce vieillard illustre, le marquis de Mancera, dont j'ai parlé plus d'une fois, tous grands d'Espagne de première classe, et tous fort grands seigneurs. Uzeda fut érigé en duché, et donné par Philippe III au fils aîné du duc de Lerme, son premier ministre, mort cardinal et disgracié, en faisant ce fils grand d'Espagne. Cette grandesse tomba de fille en fille ; la dernière qui en hérita étoit fille du V° duc d'Ossone, qui la porta en mariage à un cadet de sa même maison, qui s'appeloit le comte de Montalvan, et qui prit, en se mariant, le nom et le rang de duc d'Uzede[1]. Il fut gentilhomme de la chambre, gouverneur et capitaine général de Galice, puis vice-roi de Sicile, d'où il passa à l'ambassade de Rome, où il logea Louville lorsque Philippe V, étant à Naples, l'envoya remercier le Pape de lui avoir envoyé un légat.

Le duc d'Uzede fut fait chevalier du Saint-Esprit avec les premiers grands Espagnols, qui le reçurent peu de temps après, et le dut à la bonne réception qu'il fit à Louville, qu'il persuada fort de son attachement pour Philippe V, qui étoit vrai alors. Mais la décadence de ses affaires en Italie, et la chute du duc de Medina Celi, dans l'alliance et l'intime confidence duquel il étoit, le jetèrent secrètement dans le parti d'Autriche, auquel il se lia ; et sorti de Rome lorsque cette cour reconnut l'archiduc roi d'Espagne, il s'arrêta en Italie d'abord par la difficulté du passage pour retourner en Espagne, qui après son changement secret lui servit de prétexte à demeurer en Italie, qu'il ne fut pas si spécieux qu'il ne donnât beaucoup de soupçon de sa conduite, et après de sa fidélité, par son opiniâtre désobéissance aux ordres souvent réitérés de se rendre en Espagne, et il fut fort accusé d'avoir fait manquer une entreprise pour reprendre la Sardaigne, il y avoit deux ans, dont il avoit le secret.

Le passage de l'archiduc par l'Italie fut l'occasion qu'il

---

1. Il y a bien *Uzede*, ici et cinq lignes plus loin.

prit de lever le masque. Ce prince arriva le 12 octobre à
Saint-Pierre d'Arena, faubourg de Gênes, où cette république le reçut superbement. Le duc d'Uzeda renvoya au
Roi l'ordre du Saint-Esprit, alla trouver et reconnoître
publiquement l'archiduc à Gênes, comme roi d'Espagne
et comme son souverain, et reçut de lui, comme tel,
l'ordre de la Toison d'or. Il y perdit ses biens d'Espagne,
et n'en fut point récompensé par la cour de Vienne, qui
le laissa languir pauvre et méprisé en Italie. Lassé au
bout de quelques années de ne pouvoir rien obtenir, il
s'en alla avec sa famille à Vienne, où il éprouva de plus
près le même abandon. Il y est mort avec le vain titre de
président du conseil d'Espagne, qui n'avoit rien à administrer puisque la paix étoit faite, et que l'Empereur y
avoit renoncé et reconnu Philippe V. Son fils, duc d'Uzeda
après lui, demeura à Vienne, et y a fini enfin très-malheureusement, en prison, sur des soupçons étranges,
sans qu'on ait ouï parler de lui depuis qu'il fut
arrêté.

Le duc de Savoie, fort mécontent, comme on l'a vu, du
feu Empereur, se flatta de tirer un meilleur parti de l'archiduc, et voulut le voir à son passage; il en obtint une
audience à jour nommé dans la Chartreuse de Pavie, par
où ce prince, allant à Milan, passa incognito sous le nom
de comte de Tyrol.

Il apprit à Milan qu'il avoit été, le 12 octobre, élu
empereur à Francfort par toutes les voix, excepté celles de
Cologne et de Bavière, qui n'y avoient pas été admises,
parce que ces deux électeurs étoient au ban de l'Empire.
Le nouvel empereur en prit aussitôt la qualité. Milan se
surpassa à le magnifiquement recevoir. Il y donna audience au cardinal Imperiali, légat *a latere*, avec beaucoup de pompe. C'étoit un des plus accrédités du sacré
collége, qui avoit le plus de poids et de part aux affaires,
un des plus capables et des plus papables, avec de l'honneur, des lettres, et une grande décence, riche et magnifique, mais suspect à la France pour être fils de ce doge

de Gênes qui, après le bombardement, fut obligé de venir, étant toujours doge, demander pardon au Roi, accompagné de quatre sénateurs, et qui trouva moyen de s'acquitter avec esprit et dignité d'une fonction si humiliante, et de plaire et se faire estimer de tout le monde. Son fils, quoique fort sage et mesuré, n'avoit pas oublié ce voyage, et on sentoit trop aisément, pour ses espérances au pontificat, qu'il étoit fort ennemi de la France et fort autrichien, ce qui lui coûta l'exclusion de la France, et la tiare, que le conclave suivant fut d'accord de lui déférer. Les ambassadeurs de Savoie, Venise et Gênes eurent aussi leur audience; mais ils eurent ordre de n'y venir qu'en des carrosses à quatre chevaux : ce fut apparemment pour soutenir le caractère de roi d'Espagne, qui seul va où il est à six chevaux ou mules, et les ambassadeurs, cardinaux, grands, n'en peuvent avoir que quatre. L'audience fut constamment refusée à l'ambassadeur du grand-duc, qui à son gré s'étoit montré trop favorable aux deux couronnes. Tout ce qu'il y eut d'illustre en Italie s'empressa d'aller faire sa cour à Milan.

L'archiduc alla droit de Milan à Inspruck, où il s'arrêta, et où le prince Eugène s'étoit rendu pour le saluer. L'accueil fut médiocre pour un homme de la naissance, des services et de la réputation de ce grand et heureux capitaine. Il étoit particulièrement aimé et estimé du feu Empereur, dont il avoit toute la confiance. Ce prince capricieux n'avoit jamais aimé ni bien traité l'archiduc son frère. Celui-ci avoit sans cesse manqué de tout en Espagne de la part de la cour de Vienne; il s'en prenoit au prince Eugène, qui pouvoit tout sur ces sortes de dispositions, et surtout il ne lui avoit point pardonné son refus opiniâtre de venir conduire et pousser la guerre d'Espagne. Staremberg, qui n'aimoit point le prince Eugène par des intrigues de cour et des suites de partis opposés, souffroit impatiemment les manquements d'argent et de toutes choses, qui l'assujettissoient pour tout aux Anglois, et qui ôtoient à Staremberg les moyens et les occasions de se signaler, d'élever sa gloire et sa fortune. Il en étoit piqué contre le prince Eugène, et s'en étoit vengé en aliénant de lui l'archiduc. Eugène, qui sentoit sa situation avec ce prince, ne se rassuroit ni sur ses lauriers ni sur le besoin qu'il avoit de lui. Il ne craignoit pas tant pour ses emplois que pour l'autorité avec laquelle il s'étoit accoutumé à les exercer. Il avoit des ennemis puissants à Vienne, car le mérite, surtout grandement récompensé, est toujours envié. C'est ce qui le hâta d'aller trouver l'archiduc, encore en voyage, avant que ceux de la cour de Vienne l'eussent joint. Néanmoins ses soumissions, ses protestations, les éclaircissements où il s'efforça d'entrer ne purent fondre les glaces qu'il trouva consolidées pour lui dans l'archiduc, et c'est ce qui lui donna un nouveau degré de chaleur pour la continuation de la guerre, pour perpétuer le besoin de soi et pour éloigner un temps de paix où il se verroit exposé à mille dégoûts à Vienne, où il avoit régné jusqu'alors présent et absent, et c'est ce qui le précipita dans ce déshonorant voyage d'Angleterre, où il fit un si étrange personnage, et qui se voit si bien dans la description qui s'en trouve dans les pièces[1], à propos des négociations de la paix.

Le peu de satisfaction qu'il eut à Inspruck lui annonça à quoi il devoit s'attendre. La paix faite, il vécut à Vienne de dégoûts, sous une considération apparente, dans les premières places du militaire et du civil, sous lesquels enfin, avec les années, son esprit succomba plus tôt que sa santé, et le précipita à chercher et à trouver la fin de sa vie, ce que j'ai voulu dire ici en deux mots, parce que cet événement dépasse de beaucoup le terme que je me suis proposé de donner à ces *Mémoires*. Le prince Eugène cacha comme il put son chagrin, quitta Inspruck promptement, pour retourner en Hollande mettre obstacle de tout son crédit à la paix, et aller essayer d'étranges choses en Angleterre pour y remettre à flot Marlborough à la guerre,

1. Voyez tome I, p. 420, note 1.

où il ne recueillit que de la honte et du mépris. C'est ainsi qu'on voit quelquefois qu'au lieu de se plaindre que la vie est trop courte, il arrive à de grands hommes de vivre beaucoup trop longtemps. L'archiduc devoit partir d'Inspruck pour arriver à Francfort le 18, et y être couronné empereur le 23.

Pendant ce temps-là Staremberg entreprit de prendre Tortose, sur quelque intelligence qu'il y avoit. Il en fit approcher trois mille hommes si diligemment et si secrètement, qu'ils attaquèrent la place par trois différents endroits, la nuit et en même temps, sans qu'on s'y attendît. Le gouverneur étoit à l'armée de M. de Vendôme. Le lieutenant de Roi se défendit si bien, qu'avec une très-médiocre garnison il les rechassa de leurs trois attaques, reprit le chemin couvert dont ils s'étoient rendus maîtres, leur tua plus de cinq cents hommes, leur en prit autant, et les poursuivit quelque temps dans leur retraite.

Amelot maria sa fille à Tavannes, l'aîné de la maison, qui depuis a commandé longtemps en Bourgogne, et dont le frère est devenu évêque-comte de Châlons, archevêque de Rouen et grand aumônier de la Reine. Amelot, illustre par le succès de ses ambassades, et adoré en Espagne, n'avoit eu aucune récompense de ses travaux, que la charge de président à mortier pour son fils, après tant de réputation et de si justes espérances. Il tenta la grandesse, dont sa robe l'excluoit, pour Tavannes, en épousant sa fille. Il y trouva toute la facilité à laquelle il devoit s'attendre de la cour d'Espagne, que Mme des Ursins gouvernoit si despotiquement; mais le Roi n'y voulut jamais consentir. Ce n'étoit plus ici le temps d'Amelot. Son mérite avoit trop effrayé malgré sa sagesse et sa modestie. J'ai expliqué cette anecdote lors de son retour d'Espagne.

Torcy maria aussi, ou laissa marier son frère à une fille de Brunet, riche financier, qui de chevalier de Croissy devint comte de Croissy.

D'O, comme devenu menin du Dauphin, eut six mille

livres de pension ; et le duc de Tresmes trois cent mille livres de brevet de retenue sur sa charge de premier gentilhomme de la chambre ; il en avoit déjà un de deux cent mille, tellement qu'il en eut cinq cent mille.

Il est temps de revenir au duc de Noailles. On a vu que, n'y ayant plus rien à faire pour lui en Catalogne, ses troupes avoient passé à l'armée de M. de Vendôme, et lui, dès le commencement de mars, à Saragosse, où étoit la cour d'Espagne, destiné lui-même à servir sous les ordres de ce général. La foiblesse et les manquements de quantité de choses tinrent toute cette campagne les armées oisives, à quelques légères entreprises près, qui ne troublèrent point la paresse de Vendôme, qui étoit dans ses quartiers avec toute son armée, ni la cour assidue de Noailles, qui demeura toujours auprès du roi d'Espagne à Saragosse et à Corella. L'ambition de gouverner, facilitée de la considération et des accès que le neveu de Mme de Maintenon trouvoit dans une cour qu'il avoit déjà fort pratiquée, jointe à celle que lui donnoit son emploi dans l'armée, dont il en avoit commandé une en chef, et ses liaisons intimes avec M. de Vendôme, dont on a vu en son temps l'origine, engagèrent le duc de Noailles à une folie et à tenter ce qui ne pouvoit que le perdre, au lieu de se contenter des prospérités les plus flatteuses, dont il jouissoit avec solidité.

Il trouva à Saragosse le marquis d'Aguilar, duquel j'ai parlé plus d'une fois, qui avoit quitté la charge de colonel du régiment des gardes espagnoles pour celle de capitaine de la première compagnie des gardes du corps espagnoles, qui l'approchoit davantage du Roi. Tous deux s'étoient connus aux voyages précédents que le duc de Noailles avoit faits près du roi d'Espagne ; tous deux s'étoient plu ; ils avoient lié ensemble une amitié conforme à leur génie, à leur esprit, à leur caractère, qui étoit parfaitement homogène. Je ne sais lequel des deux imagina le projet, mais il est certain que tous deux l'embrassèrent, agirent d'un grand concert, et n'oublièrent rien pour un succès qu'ils crurent les devoir porter à devenir en Espagne les maîtres de la cour et de l'État.

La Reine étoit attaquée des écrouelles, qui la conduisirent enfin au tombeau. Son mal l'empêchoit de suivre le Roi aux chasses continuelles et aux promenades, la tenoit encore dans la retraite de son appartement, dans d'autres temps qu'elle passoit auparavant avec le Roi, la rendoit particulière et beaucoup moins accessible au public, et l'obligeoit à une coiffure embéguinée, qui lui cachoit la gorge et une partie du visage. Les deux amis n'ignoroient pas que le Roi ne pouvoit se passer d'une femme, et qu'il étoit accoutumé à s'en laisser gouverner. Ils se persuadèrent que l'empire dont la princesse des Ursins jouissoit n'étoit fondé que sur celui que la Reine avoit pris sur le Roi, que si elle le perdoit la camarera-mayor tomberoit avec elle, et jugeant du Roi par eux-mêmes, ils ne doutèrent pas de se servir utilement du mal de la Reine pour en dégoûter le Roi. Ce grand pas fait, ils avoient résolu de lui donner une maîtresse, et se flattèrent que sa dévotion céderoit à ses besoins. Avec une maîtresse de leur main, qui auroit un continuel besoin d'eux, en conseils et en appui, pour se soutenir elle-même, ils comptèrent de la substituer à la Reine auprès du Roi, et de devenir eux-mêmes dans la cour et dans la monarchie ce qu'y étoit la princesse des Ursins.

Ce pot au lait de la bonne femme, et qui en eut aussi le sort, ne fait pas honneur aux deux têtes qui l'entreprirent, moins encore à un étranger si grandement, si agréablement et si prématurément établi dans son pays. Ils commencèrent aussitôt à travailler à cette entreprise. Ils profitèrent de tous les moments de s'insinuer de plus en plus dans la familiarité du Roi. Aguilar avoit été ministre de la guerre, il s'étoit aussi mêlé des finances; Noailles, par son commandement et par son personnel en notre cour, n'avoit pas moins d'occasion et de matière que l'autre d'entrer en des conversations importantes et suivies avec le Roi, secondés qu'ils étoient de la faveur de la

Reine et de l'appui de Mme des Ursins, auxquelles ils faisoient une cour d'autant plus assidue et plus souple qu'ils avoient plus d'intérêt de leur cacher ce qu'ils méditoient contre elles. Cela dura ainsi pendant tout le séjour de Saragosse, où ils ne songèrent qu'à s'établir puissamment dans la confiance du Roi. Le voyage de Corella, qui fit une légère séparation de lieu du Roi et de la Reine, leur parut propre à entamer leur dessein. Ils prirent le Roi par le foible qu'ils lui connoissoient sur sa santé, et lui firent peur, sous le masque d'affection et de l'importance dont sa santé et sa vie étoient à l'État, de gagner le mal de la Reine en continuant de coucher avec elle, et poussèrent jusqu'à l'inquiéter d'y manger. Ce soin pour sa conservation fut assez bien reçu pour leur donner espérance ; ils continuèrent, elle augmenta ; ils poussèrent leur pointe ; ils plaignirent le Roi sur ses besoins ; ils battirent la campagne sur la force et les raisons de nécessité : en un mot, ils lui proposèrent une maîtresse. Tout alloit bien jusque-là, mais ce mot de maîtresse effaroucha la piété du Roi, et les perdit. Il les écarta doucement, ne les écouta plus que sur d'autres matières, ne leur parla plus avec ouverture. Sa contrainte et sa réserve avec eux leur fut un présage funeste qu'ils ne purent détourner.

Dès que le Roi se retrouva entre la Reine et Mme des Ursins, il leur raconta la belle et spécieuse proposition qui lui avoit été faite par deux hommes qu'elles lui vantoient incessamment et qu'elles se croyoient si attachés. On peut juger de l'effet du récit. Toutefois il n'y parut pas au dehors ; elles voulurent s'assurer de leur vengeance. La Reine en écrivit à la Dauphine avec la dernière amertume, et la princesse des Ursins à Mme de Maintenon, avec tout l'art dans lequel elle étoit si grande maîtresse. Quelque intérieurement irrités que le Roi et Mme de Maintenon fussent de la souveraineté que Mme des Ursins entreprenoit de se faire, colère dont il n'est pas encore temps de parler qu'en passant, ils se sentirent piqués jusqu'au vif : le Roi blessé du côté de la religion, de l'ambition, de la hardiesse ; Mme de Maintenon de celui de la toute-puissance, qu'elle croyoit exercer en Espagne par la princesse des Ursins, qui étoit son endroit le plus sensible ; tous deux de l'ingratitude, et de ce qu'ils appelèrent, avec la Dauphine, la perfidie d'un homme comblé, en un tel âge et à un tel excès, de biens, de charges et de dignités, de grands emplois, de distinctions, de toutes les sortes de faveur, et de leur confiance, duquel ils se croyoient les plus assurés, et qui en abusoit avec une telle audace. L'amitié, l'amusement, la confiance entière que Mme de Maintenon avoit surtout prises[1] en ce neveu, qu'elle regardoit comme son fils, comme son ami, quelquefois comme son conseil, et comme ne faisant qu'un avec elle, et ne pouvant avoir d'autres intérêts que les siens, fit dans son cœur une blessure profonde, qui à force de temps et de changement des choses parut guérie à l'extérieur, mais ne le fut jamais dans le fond, ni pour l'amitié, ni pour l'estime, ni pour la confiance, et laissa jusqu'à la fin de sa vie un fâcheux malaise entre eux. La Dauphine, toujours investie par les Noailles, qui avoit goûté l'esprit de badinage, et quelquefois de sérieux, du duc de Noailles, et à qui, pour plaire à Mme de Maintenon, elle avoit laissé prendre un accès auprès d'elle, et une familiarité publique qui n'avoit jamais été permise qu'à lui, et qui le regardoit comme un ami, n'en fut que plus blessée contre lui, pour la Reine sa sœur, qu'elle aimoit beaucoup et avec qui elle étoit dans un continuel commerce. Elle sut un gré infini à Mme de Maintenon de prendre l'affaire si amèrement contre un homme si proche, à qui elle étoit si accoutumée ; et Mme de Maintenon à elle de lui voir porter l'intérêt de sa sœur avec tant de vivacité. Ce groupe secret, intime, suprême, ne fit donc que s'échauffer et s'irriter mutuellement, et le Dauphin y entra en quart, au point où il étoit avec eux, dans

---

1. Il y a bien *prises*, au féminin pluriel.

l'horreur d'une action pour ce monde si folle, et pour la religion si criminelle. Les réponses en Espagne ne tardèrent pas, dont la force fut pleinement au gré de la reine d'Espagne et de la princesse des Ursins.

Le duc de Noailles eut par la même voie un ordre sec et précis de revenir sur-le-champ à la réception de ces lettres. L'extérieur, parfaitement gardé jusque-là, n'eut plus de ménagement. Aguilar reçut ordre de donner sur l'heure la démission de sa charge, qui fut à l'instant donnée au comte de S. Estevan de Gormaz, grand d'Espagne par sa femme, et fils du marquis de Villena, desquels j'ai parlé ailleurs, et en même temps de partir sur-le-champ pour sa commanderie, où il fut relégué quelque temps. Le duc de Noailles, dans le très-peu de jours qu'il mit à arranger son voyage, ne trouva plus que des portes fermées, et des visages qui le furent encore plus. Il arriva, comme je l'ai dit, à Versailles le surlendemain du retour de Fontainebleau, et salua le Roi chez Mme de Maintenon, qui, pour le public, l'y voulurent voir comme ils l'y avoient toujours vu à ses retours; mais la réception y fut étrangement courte et différente. On ne tarda pas à s'apercevoir au sec du Roi pour lui, à sa retenue et à son embarras avec le Roi, avec le Dauphin, et surtout avec la Dauphine, qu'il y avoit quelque chose de grave et de fort extraordinaire sur son compte, car on n'avoit pas encore pénétré qu'il eût eu ordre de revenir, ni la cause encore moins. Les dames de l'intérieur remarquèrent qu'elles le rencontroient bien plus rarement chez Mme de Maintenon, et que dans ce peu qu'elles l'y voyoient la contrainte et l'embarras du neveu, le sec et le bref de la tante, sautoient aux yeux, et faisoient un contraste entier avec les manières que jusqu'alors elles leur avoient toujours vues ensemble. Ces choses toujours continuées percèrent peu à peu; elles excitèrent toute la curiosité, et bientôt après on sut, mais parmi les plus instruits seulement, la cause de la disgrâce, que j'appris des premiers par ces dames du palais, à qui la Dauphine s'ouvroit volontiers.

Le duc de Noailles, également occupé à cacher une situation si fâcheuse et à y chercher des ressources, s'y trouva étrangement embarrassé ; les siennes naturelles, et qui l'avoient si rapidement mené, lui devenoient inutiles : Mme de Maintenon, blessée au cœur par son plus cher intérêt ; le Roi par la chose même, et par le dépit de s'être si lourdement mépris à prodiguer ses grâces les plus signalées ; la Dauphine, offensée pour la Reine sa sœur, pour elle-même, et qui se piquoit encore de l'être ; le Dauphin, dans l'extrême piété dont il étoit, contre tous les principes duquel il se trouvoit surpris. Sa famille, si brillante, si établie, si nombreuse, outrée contre lui de s'être perdu ainsi, comme de gaieté de cœur, ne pouvoit rien en sa faveur : sa mère, d'excellent conseil, n'avoit jamais eu qu'un manége, qui avoit toujours tenu le Roi et Mme de Maintenon en garde contre elle, même assez peu décemment ; sa femme, une folle qui, toute nièce unique qu'elle étoit de Mme de Maintenon, lui étoit devenue pesante à l'excès, et qui, loin d'oser lui ouvrir la bouche, ne la voyoit que par mesure, et presque toujours pour en être grondée, sans liaison en aucun temps avec la Dauphine, sans considération dans le monde, qu'on ne lui avoit jamais laissé voir que par le trou d'une bouteille ; son oncle, perdu avec Mme de Maintenon, et fort avancé de l'être près du Roi ; ses trois sœurs, dames du palais, et fort bien avec la Dauphine, mais la Dauphine hors de mesure d'écouter rien ; nul seigneur en charge à qui il pût ou voulût avoir recours ; et pour les ministres, son cas n'étoit pas graciable auprès de gens à principes et de la haute piété des ducs de Chevreuse et de Beauvillier, et fils et neveu de gens dont le premier ne pouvoit lui attirer leur grâce, et l'autre, quoi qu'il eût fait pour conserver au duc de Beauvillier ses places aux dépens de son propre frère, n'en étoit pas moins pour eux l'ennemi fatal de l'archevêque de Cambray.

L'évêque de Meaux n'étoit pas assez simple pour s'ingérer de raccommoder avec Mme de Maintenon le neveu de celui qui le vouloit perdre; il en étoit de même de la Chétardie, son directeur, et du P. Tellier auprès du Roi. Voysin, vil esclave de Mme de Maintenon, ne se seroit pas hasardé à lui déplaire; Pontchartrain, malfaisant et sans crédit ni volonté; le chancelier se sentoit les reins trop rompus; Torcy étoit la timidité même : Desmarets parut au duc de Noailles le seul dont il pût espérer secours. Desmarets étoit un sanglier tellement enfoncé dans sa bauge, qu'il ignoroit presque tout ce qui se passoit hors de sa sphère : il ne comptoit et ne croyoit qu'en Mme de Maintenon; il ne se douta seulement pas de la situation du duc de Noailles. Il se trouva donc flatté de le voir se jeter à lui; et si il la sut bien longtemps depuis, il se trouva tellement lié qu'il ne put s'en défaire ou qu'il ne l'osa. C'étoit donc tenir à quelqu'un que cette liaison si prompte que saisit le duc de Noailles. Il la cultiva d'assiduité, de flatteries et de souplesses : un contrôleur général, ministre et accrédité, étoit toujours bon à avoir pour qui surtout n'avoit personne, en attendant qu'il vît jour à se servir de lui pour le raccommoder, ce qui néanmoins ne se trouva pas.

M. de Noailles, qui avoit été fort bien avec M. et Mme la duchesse d'Orléans, étoit brouillé avec eux pour l'affaire de Renaut, qu'il lui avoit donné, et qu'il avoit eu auparavant à lui, et pour des tracasseries avec Madame la Duchesse. Dans son état florissant, il s'en seroit, je crois, peu soucié; mais dans celui où il se trouvoit, les miettes même lui sembloient aiguës : il auroit voulu au moins les ramasser. Ma liaison intime avec eux étoit publique; je passois pour l'ami de cœur et de confiance la plus totale du duc de Beauvillier, et même du duc de Chevreuse; on n'ignoroit pas que j'étois au même point avec le chancelier; ce qui se passoit de secret et d'intime entre le Dauphin et moi ne se savoit pas, mais on étoit en grand soupçon sur moi de ce côté-là par le chausse-pied du duc de Beauvillier, par l'air et les manières qui échappoient pour moi au Dauphin, quand je paroissois devant lui en public, par les entretiens tête à tête qu'il avoit souvent dans le salon de Marly avec Mme de Saint-Simon, et dans leurs parties, où elle se trouvoit presque toujours. Ni lui ni la Dauphine ne se contraignoient plus sur le desir de la voir succéder à la duchesse du Lude, et d'une manière encore que celle-ci, qui le savoit et en parloit, ne pouvoit en être peinée. Le Roi et le monde la traitoient avec une distinction marquée de tout temps, et qui augmentoit toujours; je l'étois bien du Roi, et le monde avoit les yeux fort ouverts sur moi. Tout cela apparemment persuada au duc de Noailles que, pour un temps ou pour un autre, j'étois un homme qu'il falloit gagner, et il ne fut pas quinze jours de retour qu'il commença à dresser vers moi ses batteries.

Le duc de Noailles, maintenant arrivé au bâton, au commandement des premières armées et au ministère, va désormais figurer tant et en tant de manières, qu'il seroit difficile d'aller plus loin avec netteté sans le faire connoître, encore qu'il soit plein de vie et de santé, et qu'il ait trois ans moins que moi. C'est un homme né pour faire la plus grande fortune, quand il ne l'auroit pas trouvée toute faite chez lui. Sa taille assez grande, mais épaisse, sa démarche lourde et forte, son vêtement uni, ou tout au plus d'officier, voudroient montrer la simplicité la plus naturelle; il la soutient avec le gros de ce que, faute de meilleure expression, on entend par une apparence de sans façon et de camarade. On a rarement plus d'esprit et plus de toutes sortes d'esprits, plus d'art et de souplesse à accommoder le sien à celui des autres, et à leur persuader, quand cela lui est bon, qu'il est pressé des mêmes desirs et des mêmes affections dont ils le sont eux-mêmes, et pour le moins aussi fortement qu'eux, et qu'il en est supérieurement occupé. Doux quand il lui plaît, gracieux, affable, jamais importuné quand même il l'est le plus; gaillard amusant, plaisant de la bonne et fine plaisanterie, mais d'une plaisanterie qui ne peut offenser; fécond en saillies charmantes, bon convive, musicien ; prompt à revêtir comme siens tous les goûts des autres, sans jamais la moindre humeur ; avec le talent de dire tout ce qu'il veut, comme il veut, et de parler tout une journée sans toutefois qu'il s'en puisse recueillir quoi que ce soit, et cela même au milieu du salon de Marly, et dans les moments de sa vie les plus inquiets, les plus chagrins, les plus embarrassants : je parle pour l'avoir vu bien des fois, sachant ce qu'il m'en avoit dit lui-même, et lui demandant après, dans mon étonnement, comment il pouvoit faire ; aisé, accueillant, propre à toute conversation, sachant de tout, parlant de tout, l'esprit orné, mais d'écorce, en sorte que, sur toute espèce de savoir, force superficie, mais on rencontre le tuf pour peu qu'on approfondisse, et alors vous le voyez maître passé en galimatias de propos délibéré. Tous les petits soins, toutes les recherches, tous les avisements les moins prévus coulent de source chez lui pour qui il veut capter, et se multiplient et se diversifient avec grâce et gentillesse, et ne tarissent point, et ne sont point sujets à dégoûter : tout à tous, avec une aisance surprenante, et n'oublie pas dans les maisons à plaire à certains anciens valets ; l'élocution nette, harmonieuse, toutefois naturelle et agréable ; assez d'élégance, beaucoup d'éloquence, mais qui sent l'art, comme avec beaucoup de politesse et de grâce dans ses manières, elles ne laissent pas de sentir quelque sorte de grossièreté naturelle ; et toutefois des récits charmants, le don de créer des choses de riens pour l'amusement, et de dérider et d'égayer même les affaires les plus sérieuses et les plus épineuses, sans que tout cela paroisse lui coûter rien.

Voilà sans doute bien de l'agréable et de grands talents de cour : heureux s'il n'en avoit point d'autres. Mais les voici : tant d'appâts d'esprit, de société, de commerce, tant de piéges d'amitié, d'estime, de confiance, cachent presque tous les monstres que les poëtes ont feints dans le Tartare ; une profondeur d'abîme, une fausseté à toute épreuve, une perfidie aisée et naturelle, accoutumée à se jouer de tout, une noirceur d'âme qui fait douter s'il en a une, et qui assure qu'il ne croit rien, un mépris de toute vertu de la plus constante pratique, et tour à tour, selon le besoin et les temps, la débauche publique abandonnée, et l'hypocrisie la plus ouverte et la plus suivie; en tous ces genres de crimes, un homme qui s'étend à tout, qui entreprend tout, qui, pris sur le fait, ne rougit de rien, et n'en pousse que plus fortement sa pointe, maître en inventions et en calomnies, qui ne tarit jamais, et qui demeure bien rarement court, qui se trouvant à découvert, et dans l'impuissance se reploie prestement comme les serpents, dont il conserve le venin parmi toutes les bassesses les plus abjectes, dont il ne se lasse point, et dont il ne cesse d'essayer de vous regagner, dans le dessein bien arrêté de vous étrangler; et tout cela sans humeur, sans haine, sans colère, tout cela à des amis de la plus grande confiance, dont il avoue n'avoir jamais eu aucun lieu de se plaindre, et auxquels il ne nie pas des obligations du premier ordre. Le grand ressort d'une perversité si extrêmement rare est l'ambition la plus démesurée, qui lui fait tramer ce qu'il y a de plus noir, de plus profond, de plus incroyable, pour ruiner tout ce qu'il y craint d'obstacles, et tout ce qui peut même, sans le vouloir, rendre son chemin moins sûr et moins uni. Avec cela une imagination également vaste, fertile, déréglée, qui embrasse tout, qui s'égare partout, qui s'embarrasse et qui sans cesse se croise elle-même, qui devient aisément son bourreau, et qui est également poussée par une audace effrénée et contrainte par une timidité encore plus forte, sous le contraste desquelles il gémit, il se roule, il s'enferme, il ne sait que faire, que devenir, et qui protége néanmoins rarement contre ses crimes.

En même temps, avec tout son esprit, ses talents, ses connoissances, l'homme le plus radicalement incapable de travail et d'affaires. L'excès de son imagination, la foule de vues, l'obliquité de tous les desseins qu'il bâtit en nombre tous à la fois, les croisières qu'ils se font les uns aux autres, l'impatience de les suivre et de les démêler, mettent une confusion dans sa tête de laquelle il ne peut sortir. C'est à la guerre la source de tant de mouvements inutiles dont il harasse ses troupes, sans aucun fruit et si souvent à contre-temps, en général par des marches et des contre-marches que personne ne comprend, en détail par des détachements qui vont et qui reviennent sans objet, en tout par des contre-ordres, six, huit, dix tous de suite, quelquefois en une heure aux mêmes troupes, souvent à toute l'armée, pour marcher et ne marcher pas, qui en font le désespoir, le mépris et la ruine. En affaires, il saisit un projet, il le suit huit jours, quelquefois jusqu'à quinze ou vingt; tout y cède, tout y est employé, tout autre chose languit dans l'abandon, il ne respire que pour ce projet : un autre naît et se grossit dans sa tête, fait disparoître le premier, en prend la place avec la même ardeur, est éteint par un troisième, et toujours ainsi. C'est un homme de grippe, de fantaisie, d'impétuosité successive, qui n'a aucune suite dans l'esprit que pour les trames, les brigues, les piéges, les mines qu'il creuse et qu'il fait jouer sous les pieds. C'est où il a beaucoup de suite, et où il épuise toute la sienne pour les affaires.

On verra en son temps les preuves de fait de ce qui se lit ici, et on les verra les unes avec horreur, les autres avec toute la surprise que peuvent donner les propositions les plus étranges et les plus insensées; enfin, ce qui trouvera à peine croyance d'un homme d'autant d'esprit et employé de si bonne heure, on le verra incapable de faire un mémoire raisonné sur quoi que ce soit, et incapable d'écrire une lettre d'affaires.

A force de raisonner, de parler, de dicter, de reprendre, de corriger, de raturer, de changer, de refondre, tout s'évapore, il ne demeure rien ; les jours et les mois s'écoulent, la tête tourne aux secrétaires, il ne sort rien, mais rien, quoi que ce soit. De dépit, quand c'est chose qu'il faut pourtant qui existe et montrer, il se résout enfin de la faire faire par un inconnu qu'il a déniché et qu'il a mis sous clef dans un grenier, à qui souvent encore il fait faire et défaire dix fois, et avec la plus tranquille effronterie produit cet ouvrage comme sien. Un homme en apparence si ouvert, si aimable, si fait exprès pour jeter de la poudre aux yeux des plus réservés, pour montrer si naturellement tout ce qui peut engager de tous les côtés possibles, et pour en donner jusqu'en capacité de toutes les sortes les plus avantageuses impressions, qui en même temps ne pense que pour soi, ne fait aucun pas, quelque futile ou indifférent qu'il paroisse, qui n'ait rapport à son objet, qui pense toujours sombrement, profondément, à qui nul moyen ne coûte, qui avale la trahison et l'iniquité comme l'eau, qui sait imaginer, ourdir de loin, et suivre les plus infernales trames, est un de ces hommes que la miséricorde de Dieu a rendus si rares, qui avec la noirceur des plus grands criminels n'a pas même ce que, faute d'expression, on appelle la vertu qu'il faut pour exécuter de grands crimes, mais rassemble en soi pour les autres les plus grands dangers, et ne leur plaît que pour les perdre, comme les sirènes des poëtes. Pour sa valeur, au moins plus qu'obscurcie par l'étrange timidité de général, j'en abandonne le jugement à ceux qui l'ont vu en besogne : il en a essuyé quelquefois de bons mots le long des lignes. Ses incertitudes continuelles et ses occupations, qui l'ont tenu si fort sous clef à l'armée et à la cour, ne l'y ont pas fait aimer.

Mon caractère droit, franc, libre, naturel, et beaucoup trop simple, étoit fait exprès pour être pris dans ses pièges. Comme je l'ai dit, il tourna court à moi. Je n'en vis que la partie aimable; j'y pris aisément les écorces estimables pour les choses mêmes : il n'étoit pas encore démasqué ; au moins j'ignorois le masque, et je n'étois pas encore instruit de la cause de son retour. J'imaginai bien que ce n'étoit pas, comme l'on dit, à mes beaux yeux que je devois les avances et les recherches empressées d'un homme avec qui je n'avois jamais vécu, et que

les ailes de la faveur avoient si continuellement porté
dans des routes brillantes tandis que je rampois. Je crus
bien qu'il voyoit derrière moi M. le duc d'Orléans, M. de
Beauvillier, peut-être le Dauphin dans le lointain, et
qu'à tout hasard il avoit envie de me ramasser par le
chemin. Je compris que c'étoit un conseil de sa mère,
dont je parlerai ailleurs, qui avoit toujours eu de l'amitié
pour moi, quoique sans liaison bien étroite, et qui chercha
toujours tant qu'elle put, mais par des voies honnètes, à
avoir tout pour soi et rien contre. Je fus séduit par qui
avoit tout pour séduire, l'esprit, les grâces, le raisonnement, et pour le dehors les plus grands et les plus bril-
lants établissements en tout genre. Je répondis à ses
avances, peu à peu à ses ouvertures, où je ne mis rien
du mien, et où il me paroissoit qu'il mettoit fort du sien.
Ses campagnes, les choses d'Espagne servirent d'intro-
duction ; quelqu'une d'un intérieur de cour qui me passoit souvent, parce que la scène en étoit chez Mme de
Maintenon, conduisit la confiance ; et quand elle fut un
peu établie par les raisonnements sur la position présente
et future, ce raffiné musicien me pinça mélodieusement
deux cordes, qui lui rendirent tout le son qu'il s'en étoit
promis : l'une regardoit notre dignité si abattue, l'autre
l'état de son oncle, auquel je reviendrai à part. Il me savoit,
comme bien d'autres, fort touché de notre rang : il m'étoit
arrivé là-dessus des choses que j'ai racontées, et qui
n'étoient pas ignorées ; et son oncle, qui, comme toute sa
famille, avoit mis en lui toutes ses complaisances, lui
avoit déjà appris que je m'intéressois en lui. Je me voyois
donc parfaitement homogène à lui sur ces deux points si
importants ; et il falloit, surtout en l'écoutant, être pour
ainsi dire en son âme, pour imaginer qu'il pût n'être pas
un en tout et partout avec le cardinal de Noailles, et par
les plus communs et les plus pressants intérêts, et que sur
l'autre point il ne fût pas sensible à ce qui constituoit et
qui combloit le plus la grandeur solide et radicale de sa
fortune et de son état autant qu'il me le disoit, avec un

air de naïveté et de vivacité qui avinoit¹ ses raisonnements là-dessus. Ces deux pivots de notre amitié dans la suite, et qui de là devinrent la base de la confiance que peu à peu je pris en lui, il ne les amena qu'après leur avoir aplani les voies par d'autres choses, et bientôt après il sut bien s'en servir pour ce qu'il se proposoit, et pour augmenter en même temps ma confiance par ses confidences.

La première, et qui ne tarda pas, fut celle de l'état où il se trouvoit avec M. et Mme la duchesse d'Orléans. Il ne m'apprenoit rien, et il pouvoit bien le juger ainsi. Je ne le lui cachai point. Il m'avoua que cela l'embarrassoit, se plaignit d'eux, se disculpa à moi sur l'un et sur l'autre, ne me dissimula point qu'il me seroit obligé de les sonder et de le remettre bien avec eux, moins par ce qu'il y avoit à gagner avec des gens qui ne pouvoient quoi que ce soit, que pour n'être pas brouillé après une amitié liée, et pour une aventure où il avoit aussi peu de part qu'étoit celle de Renaut, mais dont l'obscurité étoit aussi désagréable. J'entrai dans ses raisons, et je lui promis de parler à M. et à Mme la duchesse d'Orléans, d'autant plus volontiers qu'ignorant encore la triste situation du duc de Noailles pour le fond, quoique j'en aperçusse déjà l'écorce, je ne doutois pas qu'il ne se relevât promptement par le secours de sa tante, et que je trouvois qu'en ce raccommodement il y avoit plus à gagner pour M. et Mme la duchesse d'Orléans que pour lui, qui, dans un intérieur de privance tel que je le croyois avec sa tante, pouvoit si aisément leur devenir utile, quand ce ne seroit qu'en avertissant et en découvrant. Je le représentai ainsi à l'un et à l'autre. Mme la duchesse d'Orléans y entra assez; M. le duc d'Orléans, qui n'étoit jamais bien revenu de son affaire d'Espagne, et qui l'avoit fort sur le cœur, se montra plus difficile. Ce siége dura quelques jours, à la fin j'en vins à bout. Je le dis au duc

---

1. Saint-Simon a bien écrit *avinoit*; les précédentes éditions ont imprimé *avivoient*.

de Noailles. Il me remercia fort, puis me proposa un autre embarras du côté de sa tante si elle le voyoit relié avec M. le duc d'Orléans, et les mesures infinies qu'il avoit à garder avec une femme si délicate, si aisée à blesser, et dont la jalousie de tout autre ménagement s'effarouchoit à son égard aussi facilement qu'à celui des autres. C'est qu'il me cachoit la situation où il se trouvoit avec elle, et qu'il craignoit de l'empirer si elle soupçonnoit qu'ainsi mal avec elle, il se jetât d'un côté qu'elle haïssoit autant, et sans sa participation, qu'il n'étoit pas en état de sonder.

Moi, qui ignorois ce fond, j'attribuai cette mesure craintive à une connoissance encore plus grande qu'il avoit de l'éloignement du Roi, et surtout de sa tante, pour M. le duc d'Orléans, que celle que nous n'ignorions pas ; et cette pensée me fut une raison de plus de desirer et de presser le renouement, que j'espérois dans la suite pouvoir contribuer à émousser Mme de Maintenon, et la rendre moins ennemie de M. le duc d'Orléans, en lui mettant le duc de Noailles pour contre-poids à M. du Maine. J'en parlai en ces termes-là à M. le duc d'Orléans, et plus mesurément à Mme la duchesse d'Orléans. Ils y entrèrent l'un et l'autre, et ils voulurent bien que le duc de Noailles allât chez eux en un temps d'obscurité et de solitude, sans explication, et comme le passé non avenu, en un mot sur le pied précédent, que le duc de Noailles ne les vît pas plus souvent que lui-même croiroit le pouvoir faire, et qu'en public il ne se marquât rien de ce changement entre eux. Cela fut exécuté de la sorte. La visite se passa très-bien, à ce qu'il m'en revint des deux côtés ; les suivantes furent très-rares. Le bâton, que le duc de Noailles prit au 1er janvier, y servit de nouvelle excuse, qu'il me pria souvent de réitérer.

Content de ce premier succès, qui nourrissoit et augmentoit notre confiance, il craignit apparemment que le temps ne me découvrît ce qu'il m'avoit caché, et que le temps aussi m'avoit[1] appris, mais dont je ne crus pas sage de lui ouvrir le propos; plus que cela encore, il espéra que je ne serois pas plus difficile ni moins heureux auprès du duc de Beauvillier que je l'avois été pour lui auprès de M. et de Mme la duchesse d'Orléans. Sa situation avec le Dauphin et la Dauphine le tenoit à la gorge, et il n'étoit pas en une meilleure avec le duc de Beauvillier, par qui seul néanmoins, car il ne voyoit pas d'autre route, il pût rapprocher le Dauphin, et par lui la Dauphine, et se frayer après, par ses sœurs, à qui cela rouvriroit la bouche, une protection par la Dauphine, pour fondre peu à peu les glaces de Mme de Maintenon pour lui. C'est au moins ce que je pus comprendre de ses propos couverts, coupés, entortillés, qui suivirent la confidence qu'il me fit des mauvais offices qu'on lui avoit rendus en Espagne, où, pour perdre Aguilar, on l'avoit perdu ici sans qu'il l'eût mérité, ni qu'il sût même ce qu'il s'étoit passé d'Aguilar au roi d'Espagne, parce que ce dernier avoit été si promptement chassé qu'il étoit parti pour sa commanderie sans qu'il eût pu le voir, ni personne non plus que lui. Il ne convint jamais du dessein de donner une maîtresse, au moins pour lui, ni qu'il en eût jamais ouï parler à son ami Aguilar; et toujours sur les plaintes de ce que lui coûtoit cette amitié, par la jalousie du mérite des emplois et de la faveur d'un seigneur de la cour d'Espagne qu'on avoit cru perdre plus sûrement en ne les séparant pas, et dont le malheur retomboit à plomb sur lui dans la nôtre, sans qu'on eût voulu l'écouter en celle d'Espagne, dont il portoit très-innocemment toute la colère ici.

Je vis un homme fâché lorsque je lui appris que son aventure ne m'étoit plus nouvelle, que j'avois cru de ma discrétion de ne lui pas montrer que j'en étois instruit, et que je n'en étois pas moins touché de sa confidence. Je pris pour bon tout ce qu'il m'ajusta sur le projet de

---

1. On lit ici une seconde fois le mot *aussi*.

donner une maîtresse au roi d'Espagne, et de ses suites, sur lesquelles il s'étendit fort, et sur la folie, établi comme il l'étoit ici, de ce qu'il auroit pu espérer en Espagne. Tous vilains cas sont reniables. Il ne me persuada point contre ce que je savois, et dont la colère de l'intérieur, et surtout de sa tante, faisoit foi, auparavant si aveuglée pour lui; mais je crus sage de ne pas presser une telle aposthume[1]. Je regardai ce trait d'ambition comme une verdeur de jeunesse gâtée par tout ce qui peut flatter le plus à tout âge, et ce coup de fouet comme une leçon qui le mûriroit et l'instruiroit avec tout l'esprit qu'il avoit.

Ces plaintes qu'il me fit se prolongèrent quelques jours avant d'en venir au point que je sentis après qui l'avoit pressé de me les faire, et ce fut lorsqu'il y vint où l'ambage de ses discours me fit[2] entrevoir ce qu'il se proposoit par le duc de Beauvillier. Il s'étendit sur son mérite, sur l'impression que sa vertu avoit toujours faite sur lui: il savoit trop à qui il parloit pour ne pas dire merveilles sur ce chapitre, qu'il conclut par ses desirs de pouvoir se rapprocher de lui, et tout ce qui se suit de là. Il me sonda délicatement, comme pour ne me rien proposer d'embarrassant; et, comme il aime à parler et à s'étendre, je le laissai volontiers se satisfaire, rêvant cependant à ce que moi-même je ferois. Ce qui me détermina fut la persuasion que l'unique neveu de Mme de Maintenon, qui avoit jusqu'alors marqué pour lui un goût si abandonné, rentreroit à la fin dans ses bonnes grâces, et par elle dans celles du Roi, et de la Dauphine encore, légère comme elle étoit, et incapable d'une forte amitié et plus encore d'une longue haine, investie des Noailles au point et par les endroits où elle l'étoit; pour l'avenir, qu'un homme d'autant d'esprit, de talents, d'emplois, frère de ces mêmes dames du palais, et premier capitaine des gardes, approcheroit toujours le Dauphin devenu roi de fort près; qu'il

1. Voyez tome VI, p. 455, note 1.
2. *Firent*, au manuscrit.

n'étoit pas possible qu'il ne lui plût à la longue ; et que, pour le présent et le futur, il valoit mieux l'avoir à soi, qu'à compter un jour avec lui après avoir refusé et méprisé ses avances. Ce raisonnement, qui me saisit, m'emporta, tellement que je me rendis facile à travailler à une réunion. Lorsqu'il m'en pria et qu'il m'en pressa tout de suite, je ne laissai pas de le vouloir sonder à mon tour.

Sa mère, en femme sage et habile, avoit su profiter de la douceur et de l'équanimité[1] du duc de Chevreuse, pour relier avec lui aussitôt que ce grand orage du quiétisme fut passé. Il avoit été à diverses reprises ou choisi par MM. de Bouillon et de Noailles, ou suggéré par le Roi pour accommoder leurs vifs démêlés d'affaires et de procédés qui regardoient le vicomté de Turenne et les terres de M. de Noailles, dont les devoirs et la mouvance même étoient réciproquement prétendus et niés[2], et qui les avoient souvent extrêmement commis. Ces affaires n'étoient point finies, et souvent M. de Chevreuse s'en mêloit encore. Je demandai donc au duc de Noailles pourquoi il ne s'adressoit pas à un canal si naturel et si puissant sur M. de Beauvillier. Il me répondit assez naturellement qu'à la nature de ce qui lui étoit imputé en Espagne, à la piété pleine de maximes de M. de Chevreuse, et à la froideur dont il l'avoit retrouvé, il croyoit n'avoir guère moins besoin de secours auprès de lui qu'à l'égard de M. de Beauvillier, et que je l'obligerois doublement si je voulois bien parler de lui à tous les deux. Parler à l'un c'étoit parler à l'autre : en affaires moins encore qu'en société, cela ne pouvoit se séparer, et jamais l'un n'auroit pris un parti sur le duc de Noailles sans l'autre. J'étois trop avant avec eux, et depuis trop longtemps, pour l'ignorer, mais je voulus être instruit de la façon d'être d'alors du duc de Noailles avec M. de Chevreuse, et je le fus. Déterminé

---

1. Et de l'égalité d'humeur.
2. Au manuscrit, *prétendues et niées*.

que j'étois de parler à l'un, c'étoit l'être aussi de parler à l'autre, et je m'en chargeai.

Je n'eus pas peine à remarquer, aux remerciements que j'en reçus, la différence entière que faisoit le duc de Noailles de se raccommoder avec eux ou avec M. et Mme la duchesse d'Orléans. Son bien-dire ici me parut tout autrement aiguisé, et son empressement aussi, jusqu'à ce que j'eusse une réponse à lui faire. Néanmoins je sentois tout l'éloignement de cour et de religion qu'avoit le duc de Beauvillier pour le fils du feu maréchal de Noailles, et pour le neveu du cardinal de Noailles et de Mme de Maintenon. M. de Chevreuse, qui, par la raison que j'ai rapportée, en étoit moins éloigné, fut celui à qui je m'adressai d'abord. Son accortise naturelle le ploya assez aisément au raisonnement qui m'avoit déterminé, et le disposa ensuite à le faire valoir à M. de Beauvillier, que j'attaquai après. Je trouvai que je ne m'étois pas trompé. La proposition fut mal reçue. J'insistai pour être entendu jusqu'au bout; je déployai mes raisons, les louanges de ce que je trouvois dans M. de Noailles, les avantages qui se pouvoient rencontrer avec lui, les inconvénients de le rejeter, tandis qu'il n'y en avoit aucun à le recevoir; je m'étendis sur ce qu'il ne s'agissoit de rien en particulier, sinon en général d'être avec lui sur un pied honnête de bienveillance générale, de le voir et de lui parler en général quelquefois, avec toute liberté d'étendre et de resserrer ce léger commerce, selon qu'il se trouveroit convenir aux temps et aux occasions, et cependant s'assurer de l'avoir en laisse. Le duc de Beauvillier voulut prendre quelques jours pour y penser. Je m'étois assuré du duc de Chevreuse, que je comptois qui achèveroit de le déterminer, dans l'ébranlement où je l'avois mis, et la chose succéda comme je l'avois prévue.

M. de Beauvillier me permit donc de répondre au duc de Noailles de sa part, avec quelque chose de plus que de la politesse, mais il me chargea en même temps de lui bien faire entendre combien il étoit important d'éviter de faire une nouvelle, d'exciter la curiosité et l'inquiétude, et de laisser apercevoir un changement de conduite l'un avec l'autre par se parler souvent, et plus qu'en passant, quand ils se trouveroient devant le monde aux lieux et aux heures publiques, ou par des visites moins que rares et sans précautions pour n'y trouver point de témoins. M. de Chevreuse, dont les suites des affaires de Turenne rendoient la taille plus aisée, se prêta aussi un peu plus. Je m'acquittai de ce que[1] l'un et l'autre m'avoient chargé, avec la précision la plus exacte, et je comblai le duc de Noailles d'une joie que ces mesures étroites ne purent diminuer. Jamais son commerce avec M. de Chevreuse n'avoit pu lui en ouvrir aucun avec M. de Beauvillier; et M. de Beauvillier, auquel il avoit toujours inutilement buté par rapport à son jeune prince, dans les temps où ils ne pouvoient rien, étoit en son absence devenu tout à coup l'étoile du matin, et le Dauphin la brillante aurore qui donnoit les couleurs à tout.

Rien de si vif, de si expressif que les remerciements que je reçus du duc de Noailles de lui avoir ramené ces deux seigneurs, avec lesquels il falloit maintenant compter, et plus encore à l'avenir, Beauvillier surtout, qui pénétroit la cour de ses rayons. Ils se virent donc; ils furent contents les uns des autres, jusque-là que les deux ducs me surent gré de l'entremise et me le témoignèrent, et le Noailles ne sut comment m'exprimer l'excès de son contentement et de sa reconnoissance. Il s'échafaudoit par-dessus ses espérances, et se flattoit d'arriver bientôt par ce chemin jusqu'au Dauphin. Son impatience là-dessus ne put souffrir de délai. Il s'expliqua là-dessus avec moi; il ne ménagea pas même l'ouverture comme la première fois. Il me dit que l'obligation seroit trop grande pour oser s'en flatter sitôt après avoir été reçu par le duc de Beauvillier, mais qu'il me laissoit faire, et que les preuves d'amitié qu'il recevoit de moi si

---

1. Saint-Simon a bien écrit *que*, et non *dont*.

importantes coup sur coup lui donnoient la confiance d'en tout espérer. Je sondai le terrain ; je sentis que le duc de Noailles avoit été goûté : j'en profitai. Je fis sentir au duc de Beauvillier tout ce qu'un service prompt et qu'on n'ose demander ajoute à la grandeur du service ; cette considération entra, elle fit effet ; incontinent après, c'est-à-dire au bout de sept ou huit jours, les manières silencieuses et sèches du Dauphin changèrent peu à peu pour le duc de Noailles, qui dans son transport me le vint dire, avec tous les remerciements pour moi, et les expressions pour le duc de Beauvillier, qu'un succès si prompt et si peu espéré mit à la bouche d'un homme qui y avoit si fort buté, comme au salut présent de sa fortune et à l'ouverture de toutes ses espérances pour l'avenir. Malheureusement pour tout, ce n'est pas la peine de s'y étendre davantage. Revenons maintenant pour un moment au cardinal de Noailles.

C'étoit un homme avec qui mon âge et mon état ne m'avoient fourni aucune sorte de liaison ni commerce. Sa déplorable foiblesse pour la ruine radicale de Port-Royal des Champs, et l'exil du Charmel, dont j'ai parlé en son temps, m'avoient même donné de l'éloignement pour lui. Mais le guet-apens[1] qui lui avoit été dressé par ces deux évêques, l'insolence hypocrite dont il étoit soutenu, l'innocence évidente opprimée dans leurs filets par une injustice qui sautoit aux yeux, et cette innocence que bridoit la patience, la charité, la confiance en la bonté et la simplicité de sa cause, et une funeste lenteur naturelle, m'avoit piqué contre l'iniquité et le complot qui étoit palpable, dont les progrès croissoient toujours. J'étois ami intime de plusieurs de ses amis et amies, qui m'en parloient souvent ; et le P. Tellier, qui me tâtoit là-dessus avec ses ruses, n'en avoit pas assez pour me cacher de grossières friponneries. Il avoit eu le crédit de faire défendre au cardinal de Noailles d'aller à la cour. Cela

1. Ici encore Saint-Simon écrit *guet a pend*. Voyez tome VII, p. 460, note 4.

m'avoit révolté, tellement que j'allai à l'archevêché, un matin que son audience finissoit, lui témoigner la part que je prenois aux peines qu'on lui faisoit. Il fut extrêmement touché de ma visite, et beaucoup aussi du peu de ménagement que j'y apportois en me montrant chez lui en une heure si publique. Il me témoigna combien il sentoit l'un et l'autre. Il entra fort avant en matière avec moi, et de ce moment naquit une liaison entre nous, qui s'est toujours étrécie, et qui n'a fini qu'avec lui. Bientôt après, il eut permission de voir le Roi, et ce ne fut qu'assez longtemps après que son affaire fut renvoyée au Dauphin.

A peine fut-on de retour de Fontainebleau à Versailles que la mine, si artistement chargée, joua avec tout l'effet que les mineurs s'en étoient promis. Le Roi fut accablé de lettres d'évêques hypocritement tremblants pour la foi, et qui, dans le péril extrême où ils trouvoient que le cardinal de Noailles la mettoit, se sentoient forcés par leur conscience, et pour la conservation du précieux dépôt qui leur étoit confié, et dont le père de famille leur redemanderoit un rigoureux compte, de se jeter aux pieds du fils aîné de l'Église, du destructeur de l'hérésie, du Constantin, du Théodose de nos jours, pour lui demander la protection qu'il n'avoit jamais refusée à la bonne et saine doctrine. Ce pathétique, tourné en diverses façons, fut soutenu de la frayeur mensongère dont étoient saisis de pauvres évêques inconnus, qui se trouvoient avoir à combattre l'archevêque de la capitale, orné de la pourpre romaine, puissant en famille, en amis, en faveur, en crédit. Le fracas fut grand ; et le Roi, à qui ces lettres étoient à tout moment présentées à pleines mains par le P. Tellier, et par lui bien commentées, entra dans un effroi comme si la religion eût été perdue. Mme de Maintenon reçut aussi quelques lettres semblables, que l'évêque de Meaux lui faisoit d'autant mieux valoir qu'il étoit dans la bouteille, et Mme de Maintenon animoit le Roi de plus en plus. Mais au plus fort de ce triomphe il arriva un malheur, qui eût fait avorter une affaire si fortement conduite si le cardinal de Noailles eût bien voulu prendre la peine d'en profiter.

Je répète ici que je ne prétends pas grossir ces *Mémoires* du récit d'une affaire qui remplit des in-folio, mais en coter seulement les endroits qui m'ont passé par les mains. Je renvoie donc à ces livres le comment de ceci avec tout le reste. Mais il arriva que la lettre originale du P. Tellier à l'évêque de Clermont, qui le pressoit d'écrire au Roi, et l'instruisoit pour l'y résoudre de la pareille démarche à lui promise par beaucoup d'évêques, le modèle tout fait de sa lettre au Roi, qu'il n'avoit qu'à faire copier, la signer, et la lui adresser, ce qu'il lui devoit écrire à lui en accompagnement, et la lettre originale que lui écrivoit son neveu, l'abbé Bochart de Saron, trésorier de la Sainte-Chapelle de Vincennes, en lui envoyant celles que je viens de marquer de la part du P. Tellier, qui les lui avoit remises, tombèrent entre les mains du cardinal de Noailles. Cela montroit la trame si manifestement qu'il n'y avoit ni manteau ni couverture à y mettre. Le cardinal n'avoit qu'à s'en aller trouver le Roi à l'instant; et sans se dessaisir de ces importantes pièces, les lui faire lire, lui en commenter courtement toute l'horreur, et lui montrer les suites de ce qui se brassoit si ténébreusement contre lui, aux dépens du repos du Roi et de l'Église, lui demander justice en général, et en particulier de chasser le P. Tellier si loin qu'on n'en pût plus entendre parler, en aller user de même avec Mme de Maintenon, puis faire tout le fracas que méritoit une si profonde scélératesse. Le P. Tellier étoit perdu sans ressource, les évêques écrivains convaincus, l'affaire en poudre, et le cardinal plus en crédit et plus assuré que jamais.

Au lieu d'un parti si aisé et si sage, le cardinal, plein de confiance en la proie qu'il tenoit, en parla, la montra, attendit le jour de son audience. La chose transpira; le P. Tellier fut averti; l'excès du danger lui donna des ailes et des forces : il prévint le Roi comme il put; il réussit, tant ce prince lui étoit abandonné. Le cardinal trouva les devants pris. Son étonnement et l'indignation de voir le Roi froid sur une imposture aussi énorme et aussi claire l'étourdirent. Il ne s'aperçut pas assez que le Roi ne laissoit pas d'être incertain, ébranlé; c'étoit où il falloit de la force pour l'emporter, et ne lui laisser pas l'intervalle de huit jours, jusqu'à sa prochaine audience, pour se rassurer et se laisser prendre aux nouveaux piéges de son confesseur : il n'y mit que de la douceur et de la misère, et il échoua ainsi au port. Le P. Tellier, qui, malgré son audace, ses mensonges et ses ruses, trembloit de l'effet qu'auroit cette audience du cardinal, se rassura quand il n'en vit aucun. Il en profita en scélérat habile et qui sent à qui il a affaire. Il en fut quitte pour la plus terrible peur que lui et les siens eussent eue de leur vie. Ils travaillèrent sans relâche auprès du Roi et de Mme de Maintenon; ils furent quelque temps sans oser pousser le cardinal de Noailles, dans la crainte du public, qui jeta les hauts cris; ils se donnèrent le temps de les laisser amortir, et à eux de reprendre haleine; et de là continuèrent hardiment ce qu'ils avoient entrepris.

Le Dauphin ne put être pris comme le Roi. Lui et la Dauphine en parlèrent fort librement; et ce prince me dit, et le dit encore à d'autres, qu'il falloit avoir chassé le P. Tellier. Dès la fin de Fontainebleau, le Roi avoit remis au Dauphin la totalité de l'affaire du cardinal de Noailles. Il y travailla trop théologiquement, et je crus avoir aperçu qu'il étoit entré en grande défiance des jésuites sur cette affaire, ce qui est clair par ce que je viens de rapporter de lui sur le P. Tellier, mais encore de l'évêque de Meaux. Ce qui m'en a persuadé, c'est que la dernière fois que je travaillai avec lui, qui fut deux jours avant le retour de Marly à Versailles, et cinq ou six jours avant la maladie qui emporta la Dauphine, après une séance de plus de deux heures où il n'avoit point été question de l'affaire du cardinal de Noailles, il m'en parla comme nous serrions nos papiers, et cette conversation fut assez longue. Il m'y dit un mot bien remarquable. Louant la piété, la candeur, la douceur du cardinal de Noailles : « Jamais, ajouta-t-il, on ne me persuadera qu'il soit janséniste, » et s'étendit en preuves de son opinion.

Cette conversation finit par m'ordonner de m'instruire à fond de ce qui regarde les matières des libertés de l'Église gallicane, et à fond de l'affaire du cardinal de Noailles, que le Roi lui avoit totalement renvoyée pour la finir, et à laquelle il travailloit beaucoup, qu'il la vouloit finir avec moi, et me recommanda à deux ou trois reprises de me mettre bien au fait de ces deux points, d'aller à Paris consulter qui je croirois de meilleur, et prendre les livres les plus instructifs sur Rome et nos libertés, parce qu'il vouloit travailler foncièrement sur ces deux points avec moi, et finir ainsi l'affaire du cardinal, qui alloit trop loin et trop lentement, et la finir sans retour avec moi. Jamais ce prince ne m'avoit laissé rien entrevoir de ce dessein, quoique il m'eût parlé quelquefois de cette affaire ; et j'ai toujours cru qu'il ne le conçut que par le dégoût et les soupçons que lui donna la manifestation de toute l'horreur de cette intrigue par la découverte de ce paquet de l'abbé de Saron. Il me fit promettre de m'appliquer sans délai à l'exécution de ses ordres, et de ne pas perdre un instant à me mettre en état d'y travailler avec lui. J'allois en effet passer pour cela quelques jours à Paris, quand je fus arrêté par la maladie de la Dauphine, et peu de jours après tout à fait, par le coup le plus funeste que la France pût recevoir.

CHAPITRE VIII.

1712. — Pelletier se démet de la place de premier président ; M. du Maine la fait donner au président de Mesmes. — Extraction et fortune des Mesmes. — Caractère de Mesmes, premier président.— Nos plénipotentiaires vont à Utrecht.—Cardone manqué par nos troupes. — L'empereur couronné à Francfort. — Marlborough dépouillé veut sortir d'Angleterre ; duc d'Ormont général en sa place. — Troupes angloises rappelées de Catalogne. — Garde-robe de la Dauphine ôtée, puis mal rendue à la comtesse de Mailly. — Éclat entre Mme la duchesse de Berry et Mme la duchesse d'Orléans pour des perles et pour la de Vienne, femme de chambre confidente, chassée. — Pierreries de Monseigneur; judicieux présents du Dauphin. — Dîners particuliers du Roi; musique, etc., chez Mme de Maintenon. — Tailleurs au pharaon chassés de Paris. — Voyage de Marly. — Avis de poison au Dauphin et à la Dauphine venus par Boudin et par le roi d'Espagne. — Mariage de la princesse d'Auvergne avec Mésy, par l'infamie du cardinal de Bouillon. — Mort de Mme de Pompone; mort de Mme de Mortagne. — Mort et caractère de Tressan, évêque du Mans; ses neveux. — Mort de l'abbé de Saint-Jacques. — Extraction et fortune des Aligres. — Éloge de l'abbé de Saint-Jacques. — Mort de Gondrin; plaisant contraste de la Vallière. — Mort de Razilly et sa dépouille; conduite étrange de Mme la duchesse de Berry là-dessus. — Éloge et mort du maréchal Catinat. — Mort de Magnac. — Mort de Lussan, chevalier de l'ordre.

Cette année commença par le changement de premier président du parlement de Paris. Pelletier, médiocre président à mortier, pour tenir comme l'ancien les audiences des après-dînées, avoit succédé dans la première place à Harlay, par le crédit de son père, pour qui le Roi avoit conservé beaucoup d'amitié et de considération, depuis même qu'il se fut retiré du ministère. Les qualités nécessaires à une place aussi laborieuse et aussi importante manquoient au nouveau premier président. Il sentoit un poids difficile à soutenir, et qui lui devint insupportable depuis l'accident, rapporté en son lieu, du plancher qui fondit sous lui comme il étoit à table, dont néanmoins personne ne fut blessé; mais la frayeur qu'il eut, et la commotion qui se fit peut-être dans sa tête, l'affoiblit de sorte qu'il ne put plus souffrir le travail. Il traîna depuis sa charge plus qu'il ne la fit, dans laquelle son père le retenoit. Il étoit très-riche. Sa charge de président à mortier avoit passé à son fils, qui longues années depuis fut aussi premier président, ne valut pas son père, et s'en démit comme lui. Pelletier n'avoit rien à gagner à demeurer en place. Il le sentoit, elle l'accabloit, mais son père l'y retenoit. Dès qu'il l'eut perdu, il ne songea plus qu'à se délivrer, et il envoya sa démission au Roi le dernier jour de l'année qui vient de finir. Cinq jours après, M. du Maine la fit donner au président de Mesmes, et le Roi voulut que ce fût ce cher fils qui le lui apprît, à qui il étoit si principal d'avoir un premier président totalement à lui. Ce magistrat paroîtra si souvent dans la suite qu'il est nécessaire de le connoître, et de reprendre les choses de plus haut.

Ces Mesmes sont des paysans du Mont-de-Marsan, où il en est demeuré dans ce premier état qui payent encore aujourd'hui la taille, nonobstant la généalogie que les Mesmes qui ont fait fortune se sont fait fabriquer, imprimer et insérer partout où ils ont pu, et abuser le monde, quoique il n'ait pas été possible de changer les alliances, ni de dissimuler tout à fait les petits emplois de plume et de robe à travers l'enflure et la parure des artistes. Le premier au net qui se trouve avoir quitté les sabots fut un professeur en droit dans l'université de Toulouse, que la reine de Navarre, sœur de François Ier, employa dans ses affaires, et le porta à la charge de lieutenant civil à Paris. Son fils professa aussi le droit à Toulouse, puis fut successivement conseiller à la cour des aides, au grand conseil, et maître des requêtes. Il sera mieux connu par le nom qu'il porta de sieur de Malassise, d'où la courte paix qu'il négocia avec les huguenots, comme second du premier maréchal de Biron, en 1570, qui n'étoit pas lors maréchal de France, mais qui étoit déjà boiteux d'une blessure, fut appelée la paix boiteuse et mal assise. Il fut père du sieur de Roissy, successivement conseiller au Parlement, maître des requêtes, qui eut un brevet de conseiller d'État et d'intendant des finances, et qui fut père de trois fils, qui établirent puissamment cette famille, et de deux filles, dont l'aînée épousa le sieur Lambert d'Herbigny, maître des requêtes, l'autre Max. de Bellefourière, qui fut mère du marquis de Soyecourt, si à la mode et fort en faveur, grand-maître de la garde-robe, 1653, chevalier du Saint-Esprit, 1661, et qui acheta en 1669 la charge de grand veneur du chevalier de Rohan. Il étoit gendre du président de Maisons, surintendant des finances, et mourut à Paris en 1679. Ses deux fils furent tués tous deux à la bataille de Fleurus, sans alliance, en 1690 ; et leur sœur, mariée pour rien à Seiglière Boisfranc, porta à ses enfants tous les biens de Bellefourière, de Soyecourt, sa grand'-mère, héritière, et des Longueil Maisons, qu'elle a vu éteindre. Ces riches aventures arrivent toujours à des filles de qualité dont on veut se défaire pour rien et qui épousent des vilains.

Les trois frères de ces deux sœurs, enfants du sieur de Roissy et petits-enfants du sieur de Malassise, furent le sieur de Mesmes, le sieur d'Avaux et le sieur d'Irval.

Le sieur de Mesmes fut lieutenant civil à Paris en 1613, et député du tiers état aux derniers états généraux tenus à Paris, en 1614. Il mourut président à mortier en 1650, et il avoit épousé la fille unique de Gabriel de Fossés, dit la Valée, marquis d'Everly, gouverneur de Montpellier et de Lorraine, chevalier du Saint-Esprit en 1633. Cette héritière avoit épousé en premières noces Gilles de Saint-Gelais, dit Lezignen, dont elle avait eu une fille unique qui épousa le duc de Crequy, et qui fut dame d'honneur de la Reine ; et de son second mariage, la maréchale-duchesse de Vivonne, et une naine pleine d'esprit, religieuse de la Visitation Sainte-Marie à Chaillot. Ainsi les duchesses de Crequy et de Vivonne étoient sœurs de mère.

Le sieur d'Avaux est le célèbre d'Avaux qui se comtisa dans ses ambassades. Il négocia à Rome, à Venise, à Mantoue, à Turin, à Florence, chez la plupart des princes d'Allemagne, ambassadeur en Danemark, en Suède, en Pologne, et plénipotentiaire à Hambourg, à Munster, à Osnabruck, où il eut tant de démêlés avec Servien, son collègue, qui eut plus de crédit que lui à la cour. Il fut greffier de l'ordre, ministre d'État, et surintendant des finances, mais un peu en peinture, comme il l'avoue par quelques-unes de ses lettres. Servien, son fléau, qui l'étoit avec lui[1], en avoit toute l'autorité. D'Avaux ne se maria point, et mourut comme son frère aîné, en 1650, quelques mois après lui.

Le sieur d'Irval prit le nom de Mesmes à la mort de son frère aîné, dont il eut la charge de président à mortier. Il laissa deux fils, l'aîné qui succéda à son nom et à sa charge, et qui épousa la fille de Bertran sieur de la Bazinière, trésorier de l'épargne et prévôt grand maître des cérémonies de l'ordre du Saint-Esprit, qui avoit épousé pour rien Mlle de Barbezières Chemerault, fille d'honneur de la Reine. La Bazinière tomba en déroute, en recherches, fut mis à la Bastille, privé de ses charges et du cordon bleu, qui ne lui fut point rendu. C'étoit un riche, délicieux et fastueux financier, qui jouoit gros jeu, qui étoit souvent de celui de la Reine, et qui la quittoit familièrement à moitié partie, et la faisoit attendre, pour achever, qu'il eût fait sa collation, qu'il faisoit apporter dans l'antichambre, et dont il régaloit les dames. Il étoit si bon homme et si obligeant qu'on lui passoit toutes ces impertinences; fort galant, libéral, magnifique, homme de grande chère, et si aimé que tout le monde s'intéressa pour lui. Il parut constant qu'il n'y avoit nulle friponnerie en son fait, mais un grand désordre, faute de travail et d'avoir su régler sa dépense. Il sortit enfin d'affaires; et quoique dépouillé et réduit au petit pied, il fut le reste de sa vie, qui fut encore longue, bien reçu partout et accueilli de la meilleure compagnie. Je l'ai vu chez mon père, avec un joli équipage, et, tout vieux qu'il étoit, l'homme le plus propre et le plus recherché. Il mourut en 1688, tout à la fin, quinze ou seize ans après être sorti d'affaires. Son gendre eut sa charge de l'ordre, qui mourut neuf ou dix mois avant lui. Son frère, qui ne se maria point, et qui, tout conseiller d'État de robe qu'il étoit, se faisoit

---

1. On pourrait croire, d'après ce passage, que Servien a été surintendant des finances avec d'Avaux. C'est une erreur. Servien fut nommé surintendant des finances en 1653, avec Foucquet, et conserva cette fonction jusqu'à sa mort, arrivée en 1659. Servien n'avait été adjoint à d'Avaux que dans l'ambassade de Munster, où l'on négocia la paix de Westphalie.

appeler le comte d'Avaux, fut survivancier, puis titulaire, de sa charge de l'ordre, ambassadeur à Venise, en Hollande, près du roi Jacques en Irlande, en Suède, et encore en Hollande, et mourut d'une seconde taille, en 1709. J'en ai parlé ailleurs.

Son aîné, le président de Mesmes, gendre de la Bazinière, eut trois fils et deux filles : l'aîné, qui fut premier président cette année; un abbé de Mesmes, fort débordé; un chevalier de Malte, qui ne le fut guère moins, et que le crédit de son frère chargea de bénéfices et de commanderies, et qu'il fit ambassadeur de Malte; Mme de Fontenilles, dont j'aurai lieu de parler dans la suite, et une ursuline. Après ce détail nécessaire, venons au nouveau premier président.

Il porta le nom de sieur de Neuchâtel du vivant de son père. C'étoit un grand et gros homme, de figure colossale, trop marqué de petite vérole, mais dont toute la figure, jusqu'au visage, avoit beaucoup de grâces, comme ses manières, et avec l'âge quelque chose de majestueux. Toute son étude fut celle du grand monde, à qui il plut, et fut mêlé dans les meilleures compagnies de la cour et dans les plus gaillardes. D'ailleurs il n'apprit rien, et fut extrêmement débauché, tellement que son père le prit en telle aversion qu'il osoit à peine paroître devant lui. Il ne lui épargnoit pas les coups de bâton, et lui jetoit quelquefois des assiettes à la tête, ayant bonne compagnie à sa table, qui se mettoit entre-deux et tâchoit de les raccommoder souvent; mais le fils étoit incorrigible, et ne songeoit qu'à se divertir et à dépenser. Cette vie libertine le lia avec la jeunesse la plus distinguée, qu'il recherchoit avec soin, et ne voyoit que le moins qu'il pouvoit de Palais et de gens de robe. Devenu président à mortier par la mort de son père, il ne changea guère de vie, mais il se persuada qu'il étoit un seigneur, et vécut à la grande.

Les gens distingués qui fréquentoient la maison de son père, les alliances proches de M. de la Trémoille, de

M. d'Elbœuf, et des enfants de Mme de Vivonne, qui vivoit et qui les lioit, le tentoient[1] de se croire de la même espèce, gâté qu'il étoit par la même sorte de gens avec qui il avoit toujours vécu. Il n'oublia pas de lier avec les courtisans qu'il put atteindre ; d'Antin fut de ce nombre par ses cousines ; et par ces degrés, il parvint jusqu'à M. et Mme du Maine, qui, dans leurs projets, avoient besoin de créatures principales dans le Parlement, et qui ne négligèrent pas de s'attacher un président à mortier. Celui-ci, ravi de s'en voir si bien reçu, songea à se faire une protection puissante du fils favori du Roi, et se dévoua jusqu'à la dernière indécence à toutes les fantaisies de Mme du Maine. Il y introduisit son frère le chevalier ; ils furent de toutes les fêtes de Sceaux, de toutes les nuits blanches[2]. Le chevalier n'eut pas honte de jouer aux comédies, ni le président d'y faire le baladin, à huis clos, entre une vingtaine de personnes. Il en devint l'esclave à n'oser ne pas tout quitter pour s'y rendre, et à se laisser peindre travesti, dans un tableau historique de ces gentillesses, avec des valets de Sceaux, à côté du suisse en livrée. Ce ridicule lui en donna beaucoup dans le monde, et déplut fort au Parlement. Il le sentit, mais il étoit aux fers, et il importoit à ses vues de fortune de ne les pas rompre. Avançant en ancienneté parmi les présidents à mortier, il comprit qu'il étoit temps de fréquenter le Palais un peu davantage, et la magistrature, à qui sa négligence à la voir avoit marqué trop de mépris. Il ne crut pas même indifférent de s'abaisser à changer un peu de manières pour les avocats, procureurs, greffiers un peu distingués ; et néanmoins n'en refroidit pas son commerce avec les gens de la cour et du grand monde, dont il avoit pris tout à fait le ton et les manières.

Il chercha aussi à suppléer à son ignorance en apprenant bien ce qu'on appelle le trantran du Palais, et à connoître le foible de chacun de Messieurs qui avoient du

1. Saint-Simon a écrit *tentoit*, au singulier.
2. Voyez tome IV, p. 255.

crédit et de la considération dans leurs chambres; beaucoup d'esprit, grande présence d'esprit, élocution facile, naturelle, agréable; pénétration, reparties promptes et justes; hardiesse jusqu'à l'effronterie; ni âme, ni honneur, ni pudeur; petit-maître en mœurs, en religion, en pratique; habile à donner le change, à tromper, à s'en moquer, à tendre des piéges, à se jouer de paroles et d'amis ou à leur être fidèle, selon qu'il convenoit à ses intérêts; d'ailleurs d'excellente compagnie, charmant convive, un goût exquis en meubles, en bijoux, en fêtes, en festins, et en tout ce qu'aime le monde; grand brocanteur, et panier percé sans s'embarrasser jamais de ses profusions, avec les mains toujours ouvertes, mais pour le gros, et l'imagination fertile à s'en procurer; poli, affable, accueillant avec distinction, et suprêmement glorieux, quoique avec un air de respect pour la véritable seigneurie, et les plus bas ménagements pour les ministres et pour tout ce qui tenoit à la cour.

Rien n'a mieux dépeint son principal ridicule qu'un de ce grand nombre de noëls qu'on s'avisa de faire une année pour caractériser beaucoup de gens de la cour et de la ville, qu'on introduisoit à la crèche les uns après les autres. Je ne me souviens plus du couplet, sinon qu'il débutoit: *Je suis M. de Mesmes*, et qu'il finissoit: *qui viens prier le poupon à souper en carême*. Il avoit eu la charge de l'ordre de son oncle, et un logement, non à Versailles, mais à Fontainebleau, qu'avoit eu son père, et que son père avoit conservé en se défaisant d'une charge de lecteur du Roi qu'il avoit eue assez longtemps. C'en est assez maintenant sur ce magistrat, qui à toute force vouloit être un homme de qualité et de cour, et qui se faisoit souvent moquer de lui par ceux qui l'étoient en effet, et avec qui il vivoit tant qu'il pouvoit.

Les passe-ports arrivèrent le premier jour de cette année pour nos plénipotentiaires. Ils eurent incontinent après leur audience du Roi, chacun séparément, et partirent l'un après l'autre pour Utrecht, dans les huit premiers jours de cette année. En même temps M. de Vendôme fit tenter par Muret, lieutenant général, le siége de Cardone, qu'il fallut lever assez promptement avec quelque perte. L'archiduc avoit fait passer cinq ou six mille hommes de ses troupes en Catalogne, où il soupçonnoit que ce qu'il y avoit laissé d'Anglois ne demeureroient pas longtemps. Ce prince avoit reçu la couronne impériale à Francfort, et s'en étoit allé à Vienne, après avoir écrit aux états généraux une lettre violente et pressante pour les détourner de la paix, à laquelle il voyoit que tout tendoit en Angleterre, où le duc de Marlborough ne se crut plus en sûreté, et obtint de la Reine la permission de passer la mer avec la duchesse sa femme, dès qu'ils se virent dépossédés de toutes leurs charges de cour et de guerre, le duc d'Ormont nommé en sa place pour commander les troupes de la Reine en Flandres; et peu après, le duc d'Argyle, général des troupes d'Angleterre en Catalogne, eut ordre de leur faire repasser la mer, et les ramena en Angleterre.

Il arriva dans tous les premiers jours de cette année un fâcheux dégoût à Mme de Mailly, dame d'atour de Madame la Dauphine. La dépense de sa garde-robe passoit de loin le double de celle de la feue Reine; et avec cela la princesse manquoit tellement de tout ce qui fait la commodité, la nouveauté et l'agrément des parures, que le cri en fut public, et que les dames prêtoient journellement à la Dauphine des palatines, des manchons et toutes sortes de colifichets. L'indolence de Mme de Mailly laissoit tout faire à une de ses femmes de chambre, qui se croyoit nièce de Mme de Maintenon parce que sa maîtresse l'étoit. Desmarets, de plus en plus ancré, avoit des prises continuelles avec la dame d'atour sur sa grande dépense, et sur les payements, qu'elle pressoit avec hauteur. Il s'en lassa; il en parla à Mme de Maintenon et au Roi, qui consultèrent la Dauphine. Sa patience et sa douceur s'étoit lassée aussi, après des années de silence et de tolérance, tellement que l'administration de la garde-robe lui fut ôtée, et donnée à Mme Cantin, première femme de chambre, et celle de Mme de Mailly fut chassée, pour s'être trouvée avoir bien fait ses affaires aux dépens de la garde-robe et des marchands. Mme de Mailly cria, pleura, dit qu'on la déshonoroit, et tempêta tant auprès de Mme de Maintenon qu'au bout d'une quinzaine on lui rendit quelque sauve-l'honneur ; mais le réel et l'autorité sur la garde-robe, elle ne put les rattraper. Elle ne fut plainte de personne : l'excès de la gloire dont elle étoit lui avoit aliéné tout le monde, scandalisé d'ailleurs de voir la Dauphine si mal servie.

Ces premiers jours de l'année eurent un autre orage intérieur. Mme la duchesse de Berry, qui gouvernoit père et mari, donnoit toutes sortes de dégoûts à Madame sa mère, et se laissoit conduire elle-même par une de ses femmes de chambre, de beaucoup mais d'un très-mauvais esprit, qui s'appeloit de Vienne, fille de la nourrice de M. le duc d'Orléans, qui la considéroit aussi pour l'avoir auparavant trouvée fort à son gré. Feu Monsieur avoit eu de la Reine mère un collier de perles dont la beauté et la rareté passoit pour être unique. Mme la duchesse d'Orléans l'aimoit fort, et s'en paroit souvent. C'en fut assez pour que Mme la duchesse de Berry le voulût avoir, pour l'ôter à Madame sa mère ; et pour la piquer davantage, elle le lui demanda, sûre d'en être refusée, lui dit qu'elle l'auroit bien sans elle, puisqu'il ne lui appartenoit pas, mais à M. le duc d'Orléans, de qui en effet elle l'obtint. La scène fut forte entre elles. Mme la duchesse de Berry affecta de porter ce collier et de le montrer à tout le monde. Les choses furent poussées si loin que Madame en fut parler au Roi dans son cabinet. Elle ne se borna pas apparemment au procédé du collier de perles. L'embarras et la brouillerie de la mère et de la fille parurent en public ; la fille ne put soutenir la colère du Roi, et se tint au lit, où la Dauphine vint l'exhorter plusieurs fois.

M. le duc de Berry étoit trop amoureux pour n'être pas aussi affligé qu'elle, et M. le duc d'Orléans ne savoit que

devenir entre eux. Il étoit question de bien pis que des
perles. Le Roi voulut que la femme de chambre fût chassée, et malmena M. le duc de Berry, qui se hasarda de
lui en parler. Cet ordre mit Mme la duchesse de Berry
hors de toute mesure; il lui parut un affront que son
orgueil ne pouvoit supporter, indépendamment de toutes
les privations qu'elle trouvoit dans cette perte ; mais elle
eut beau pleurer, crier, hurler, invectiver père et mari
de la sacrifier à leur foiblesse, il fallut obéir, chasser la
femme de chambre, aller demander pardon à Madame sa
mère, à qui elle ne pardonna jamais, et lui rapporter le
collier de perles. Mme la duchesse d'Orléans, satisfaite sur
le principal, lui fit inutilement des merveilles, lui promit de la raccommoder avec le Roi, et la mena dans son
cabinet après le souper deux jours après, parce que le
Roi voulut lui faire sentir sa disgrâce. Il lui parla en
père, mais en roi et en maître, en sorte qu'il ne manqua rien à son humiliation que de pouvoir être intérieurement humiliée. Elle reparut après quelques jours au
souper du Roi et en public, à son ordinaire, cachant à
grand'peine la rage qui la dévoroit.

Mme de Saint-Simon, qui se tenoit à quartier[1] tant
qu'elle pouvoit d'un intérieur où il n'y avoit qu'à perdre
et qui ne se pouvoit régler, ne prit aucune part en toute
cette aventure, sinon d'être témoin le moins qu'elle put
des larmes et des fureurs. J'en usai de même à l'égard de
M. et de Mme la duchesse d'Orléans. Depuis ce que j'ai
rapporté que M. le duc d'Orléans avoit dit à Madame sa
fille, qu'elle avoit si étrangement pris sur moi, je ne mettois presque plus le pied chez elle, et jamais je ne parlois
d'elle à Monsieur son père, qui aussi n'osoit m'en parler;
mais je ne vis jamais homme si mal à son aise. Il donna
une pension à la femme de chambre, et la maria en province quelque temps après. On feroit des volumes de tout
ce qui se passoit chez Mme la duchesse de Berry : le récit

---

1. Voyez tome VII, p. 5 et note 2.

en surprendroit assurément, mais au fond il ne vaudroit guère la peine d'être fait, et je n'en prétends raconter que ce qui a éclaté ou qui a été plus singulièrement marqué.

Ce fut pendant la fin de cet orage domestique que du Mont apporta une après-dînée les pierreries de Monseigneur, dont les trois lots étoient faits relativement à ce qui en avoit été réglé au total et au genre de partage de toute la succession. La Dauphine étoit descendue chez le Dauphin pour les voir. Ce prince prit sur sa part deux belles bagues, dont une de grand prix, que Monseigneur portoit fort souvent, et la donna pour cela même à du Mont, d'une manière fort obligeante; l'autre, il l'envoya à la Croix, cet ami intime de Mlle Choin, dont j'ai parlé, qui avoit prêté de l'argent à Monseigneur sans en avoir voulu prendre d'intérêts.

Au commencement de cette année, le Roi se mit à faire porter son dîner, une fois ou deux la semaine, chez Mme de Maintenon, ce qui ne s'étoit point encore vu, et ce qu'il continua le reste de sa vie; mais dans la belle saison, ces dîners se faisoient souvent à Trianon et à Marly, sans y coucher. La compagnie étoit fort courte, et toujours la même : la Dauphine, qui malheureusement n'en vit que les premiers, Mme de Maintenon, Mmes de Dangeau, de Lévy, d'O et de Caylus, la seule qui ne fût pas dame du palais. Qui que ce soit n'y entroit, non pas même le maître d'hôtel en quartier. Les gens du Roi portoient le couvert et les plats à la porte à ceux de Mme de Maintenon qui servoient. La table se prolongeoit quelquefois une demi-heure plus qu'un dîner ordinaire. Le Roi y demeuroit peu après le dîner, et revenoit le soir à l'ordinaire. Quelque temps après, il jouoit là quelquefois après dîner, quand il faisoit fort mauvais temps, avec les mêmes dames, au brelan ou au reversi, fort petit jeu, et dans la suite quelquefois les soirs des vendredis qu'il n'avoit point de ministres. Cela fit fort considérer ces dames choisies; mais cela ne leur procura rien, non pas même la liberté d'oser parler au Roi en ces heures-là, d'aucune chose qui pût les regarder ni leur famille. Ces dîners furent quelquefois suivis d'une musique, où le Roi revenoit après avoir passé une demi-heure chez lui, et qui duroit jusque sur les six heures : c'étoit les jours de mauvais temps ; et s'introduisit dès le second dîner. Quelquefois elles [1] étoient les soirs au lieu de l'après-dînée, et personne n'y entroit non plus qu'à ces dîners. On chassa en même temps de Paris plusieurs hommes et femmes qui tailloient au pharaon [2], qui étoit un jeu avec raison fort défendu, et que cette exécution fit entièrement cesser.

Le lundi 18 janvier, le Roi alla à Marly. Je marque exprès ce voyage. A peine y fut-on établi que Boudin, premier médecin de la Dauphine, qui l'amusoit fort, qui l'avoit été de Monseigneur, et duquel j'ai parlé ailleurs, l'avertit de prendre garde à elle, et qu'il avoit des avis sûrs qu'on la vouloit empoisonner et le Dauphin aussi, à qui il en parla de même ; il ne s'en contenta pas, il le débita en plein salon, d'un air effarouché, et il épouvanta tout le monde. Le Roi voulut lui parler en particulier ; il assura toujours que l'avis étoit bon, sans qu'il sût pourtant d'où il lui venoit, et demeura ferme dans cette contradiction, car s'il ignoroit d'où lui venoit l'avis, comment pouvoit [-il] le juger et l'assurer bon ? Ce fut une première bouffée, que ses amis arrêtèrent, mais le propos public avoit été lâché et réitéré. Ce qu'il y eut de fort singulier, c'est qu'à vingt-quatre heures près de cet avis donné par Boudin, le Dauphin en reçut un pareil du roi d'Espagne, qui le lui donnoit vaguement et sans citer personne, mais comme étant bien averti. En celui-ci il ne fut mention que du Dauphin nettement, et implicitement et obscurément de la Dauphine : au moins ce fut ainsi que le Dauphin s'en expliqua, et je n'ai point su qu'il en ait dit

---

1. Les musiques.
2. C'est-à-dire, qui tenaient la banque à ce jeu de hasard, et jouaient seuls contre plusieurs personnes.

davantage à personne. On eut l'air de mépriser des choses en l'air, dont on ne connoissoit point l'origine; mais l'intérieur ne laissa pas d'en être frappé, et il se répandit un sérieux de silence et de consternation dans la cour à travers des occupations et des amusements ordinaires.

Le cardinal de Bouillon, reçu chez les ennemis avec tant d'honneurs et d'éclat, y étoit peu à peu tombé dans le mépris. Il avoit perdu son neveu, sur la désertion, l'établissement et la fortune duquel il avoit bâti les plus folles espérances. Ce neveu n'avoit laissé qu'une fille, qui avoit lors trois ou quatre ans, et qui étoit héritière de Berg-op-Zoom et d'autres biens du côté de sa mère, fille du feu duc d'Aremberg et d'Arschot, grand d'Espagne, de la maison de Ligne, et de la fille du feu marquis de Grana Caretto, gouverneur des Pays-Bas. La longue minorité de cette enfant unique laissoit sa mère maîtresse de sa tutelle, de ses revenus, et de lui choisir un mari lorsqu'elle seroit en âge. Elle demeuroit à Bruxelles avec sa mère la duchesse d'Aremberg, à qui son rang, ses richesses, sa vertu et sa conduite attiroient la première considération, et avec le duc d'Aremberg son frère, qui n'en avoit pas moins de son côté, qui épousa depuis une Pignatelli, sœur du comte d'Egmont qui devint le favori du prince Eugène, et qui est aujourd'hui chevalier de la Toison d'or du dernier empereur, feld-maréchal de ses armées, grand bailli et gouverneur de Mons et du Hainaut, mestre de camp général des Pays-Bas autrichiens, et général de l'armée de la reine d'Hongrie, dans un âge encore peu avancé. C'étoit là une mère et un frère d'un appui pour la princesse d'Auvergne à n'avoir pas à compter avec MM. de Bouillon pour la gestion des biens, ni pour l'établissement de sa fille. Le cardinal de Bouillon, qu'ils avoient logé chez eux à Bruxelles, voyoit cela à regret : il étoit tombé dans l'indigence par la saisie de ses bénéfices et la confiscation de ses biens; ceux de sa petite-nièce lui faisoient grande envie.

Un fort mince gentilhomme, qu'on appeloit Mésy, qui avoit été page chez MM. de Bouillon, étoit devenu écuyer de la princesse d'Auvergne, qui depuis quelque temps le regardoit de bon œil. Le cardinal s'en aperçut, suivit ses soupçons, les trouva très-bien fondés. La gloire du prétendu descendant des anciens ducs de Guyenne, et celle du premier homme de l'Église après le Pape, comme il se le disoit, devoit être extrêmement blessée d'une pareille découverte, et encore plus alarmée[1] des suites; mais la vanité céda aux besoins : il imagina qu'en favorisant ces amours jusqu'à les porter à l'union conjugale, et venant après à éclater, il déshonoreroit si parfaitement la princesse d'Auvergne par la honte de la mésalliance, qu'il la feroit déchoir de la tutelle, et que cette tutelle lui tomberoit au préjudice de la duchesse d'Aremberg, parce que Berg-op-Zoom et d'autres biens encore venoient à l'enfant du côté de son père, et emporteroient même les maternels.

Dans cet infâme dessein, il parla à Mésy, et comme par amitié et par intérêt pour sa fortune, l'encouragea à pousser sa pointe et à la tourner du côté du mariage, en quoi il lui promit toute protection. Instruit après par Mésy de ses progrès, il parla à sa nièce, dont l'embarras ne se peut exprimer; il en profita pour la rassurer, et en tirer l'aveu de sa foiblesse, la plaignit, et la combla de trouver un consolateur et un confident dans celui qu'elle avoit le plus à redouter. De là peu à peu il fit l'homme de bien avec elle, et l'évêque, pour mettre sa conscience en sûreté en flattant sa passion. Il fit accroire à la princesse d'Auvergne et à Mésy que leur mariage demeureroit secret, et ne seroit par conséquent sujet à aucune suite fâcheuse du côté des Bouillons ni du côté des Aremberg; il leur offrit de les marier lui-même; il les y résolut, et il les maria dans l'hôtel d'Aremberg.

Quelques mois se passèrent dans les transports de

---

1. Il y a au manuscrit *blessé* et *alarmé*, au masculin.

l'amour, de la reconnoissance, de la confidence. Le cardinal s'applaudissoit en secret de son crime, et se moquoit de leur simplicité, en attendant son temps. L'amante se crut grosse ; ce fut celui d'en profiter. Le mariage se divulgua ; le duc et la duchesse d'Aremberg furent outrés de rage et de dépit, et d'étonnement de trouver le cardinal de Bouillon moins emporté qu'ils ne l'étoient. A la fin la chose éclata tout à fait. L'écuyer et sa dame furent chassés de la maison, sans savoir où se réfugier. Le cardinal, très-court d'argent, les assista peu en cachette, et leur fit entendre qu'il ne pouvoit à l'extérieur se séparer de sentiment du duc et de la duchesse d'Aremberg. Tant qu'il en demeura en ces termes, ils eurent patience, dans l'espérance d'en être secourus ; mais bientôt il fut question d'ôter la tutelle de la petite-fille, que la duchesse d'Aremberg, sa grand'mère, prétendit. A l'instant le cardinal la lui disputa ; et pour rendre sa prétention meilleure, se hasarda à déclamer contre l'indignité d'un pareil mariage, qui faisoit un tel affront à sa maison, conduit et consommé dans la maison maternelle.

Le jugement manqua ici au cardinal de Bouillon, comme dans toutes les occasions de sa vie. Pour ravir le bien il attaquoit la vigilance de la duchesse d'Aremberg, et la vouloit rendre responsable de l'égarement de sa fille et sa[1] nièce, et l'en châtier en lui ôtant la tutelle de l'enfant. C'est ce qui le perdit, je ne dirai pas d'honneur, ce ne fut qu'un en-sus de ce qu'il n'avoit plus il y avoit longtemps, et de [ce] que même il n'eut jamais ; mais l'en-sus fut violent, et retentit cruellement partout où les Aremberg et les Bouillons étoient connus. Mésy expliqua toute l'affaire, sa femme la raconta à qui voulut l'entendre : la duchesse d'Aremberg les fit[2] interroger juridiquement ; il tint à peu que le cardinal ne le fût lui-même. Ce fut un prodigieux fracas que cette révélation de son crime, dont sa conduite pour la tutelle ne laissoit

---

1. Les mots *fille et sa* ont été ajoutés après coup, en interligne.
2. *Firent*, au manuscrit.

plus la vue obscure. Prêt à succomber, il aima mieux se désister, et la tutelle entière fut donnée à la duchesse d'Aremberg, sans que le cardinal de Bouillon fût compté pour rien. L'ignominie dont cette affaire le couvrit dans l'asile où il avoit cru régner le jeta dans un nouveau désespoir, que son peu de moyens et le mépris public, qui ne lui fut pas ménagé, rendit extrême; sa famille en France enragée contre lui, et tout ce qui tenoit aux Aremberg dans les Pays-Bas, hors de toute mesure avec un allié si proche, qui payoit leur assistance et leur hospitalité d'une perfidie si signalée et d'un si infâme intérêt. Ce nouvel accident le rendit errant de ville en ville et de lieu en lieu, sans savoir où s'arrêter, jusqu'à ce qu'enfin il se fixa auprès d'Utrecht, où il ne vit presque personne. Les deux amants errèrent de leur côté. L'indigence éteignit leur amour. Mésy oublia son premier état, et fit le mari fâcheux jusqu'à maltraiter sa femme, qu'il quitta dans la suite, et ils allèrent où ils purent, chacun de son côté. La petite mineure fut élevée par la duchesse d'Aremberg, sa grand'mère, qui la maria à un palatin cadet de la branche de Sultzbach, dont les aînés moururent sans mâles. Eux-mêmes ne vécurent pas longtemps, mais ils laissèrent postérité, dont l'aîné est aujourd'hui électeur palatin.

Deux femmes très-différentes moururent fort vieilles au commencement de cette année : Mme de Pompone, veuve du ministre d'État, belle-mère de Torcy et sœur de l'Avocat, duquel j'ai parlé p. 208[1]; c'étoit une femme pieuse, retirée, qui aimoit ses écus, et qui n'avoit jamais fait grande figure dans les ambassades ni pendant le ministère de son mari, quoique dans une grande union ensemble. L'autre fut Mme de Mortagne, fort décrépite, dont la maison et la considération étoit usée depuis longtemps. Il y auroit beaucoup à dire de cette manière de fée si je n'en avois suffisamment parlé p. 137[2].

1. Page 293 de notre tome II.
2. Pages 10-12 de notre tome II.

Deux hommes d'Église moururent aussi en même temps, tout aussi différents l'un de l'autre : Tressan, évèque du Mans, qui avoit eu la charge de premier aumônier de Monsieur, après le fameux évêque de Valence Cosnac, mort archevêque d'Aix avec le cordon bleu. Tressan étoit un drôle de beaucoup d'esprit, tout tourné à l'intrigue et à la fortune, qui eut beaucoup de crédit sur Monsieur, et qui figura fort chez lui sans s'y faire estimer. Il y attrapa force bénéfices, et vécut fort dans le grand monde. A la fin il se hasarda trop à mesurer son crédit. Le chevalier de Lorraine et le marquis d'Effiat ne voulurent pas compter avec lui, ni lui avec eux ; ils furent les plus forts. Les dégoûts et bientôt les mépris plurent sur l'évêque ; il lutta, puis chancela longtemps ; à la fin il fallut quitter prise, de peur d'être chassé en plein. Il vendit à l'abbé de Grancey, et de dépit se fixa au Mans, d'où il gouverna tout ce qu'il put encore, et dans la province faute de mieux. Il y fit enfin le béat, et amassa force écus. Il n'oublia rien auprès des jésuites pour avoir son neveu pour coadjuteur, qu'il farcit de tout ce qu'il put donner de chapelles et de rogatons de bénéfices, dont il amassa plus de trente titres à la fois, qu'il accumula les uns après les autres. Une meilleure fortune l'attendoit, mais l'évêque ne la vit ni n'eut lieu de l'espérer, et il laissa cet abbé en habit rapiécé, et son autre neveu dans le ruisseau. Il avoit servi dans la gendarmerie. Le goût italien, et fort à découvert, l'avoit banni de la société des honnêtes gens. Il avoit beaucoup d'esprit, mais tourné au mauvais. Il lui échappa des vers, qui mirent le Roi en colère et le firent chasser du service. Tombé depuis dans une grande misère, elle lui a servi de prédicateur. Il s'est retiré au noviciat des jésuites. Il sort à pied, sans valet, fort mal vêtu et plus mal coiffé, en sorte qu'avec sa vue basse on le prend pour un pauvre honteux. La fortune de son frère, archevêque de Rouen, n'a rien changé à la sienne, mais a poussé son fils dans les gardes du corps, qui a hérité de la même veine poétique, et qui auroit eu aussi le même sort de son père si le duc d'Ayen, son capitaine, avec qui il avoit partagé le crime, eût pu être séparé de lui. Tous deux eurent la peur entière; c'étoit encore beaucoup pour le temps où cela arriva.

L'autre ecclésiastique fut l'abbé de Saint-Jacques, fils et petit-fils des deux chanceliers Aligre. Je reviendrai à lui après un mot de curiosité sur la singularité unique de deux chanceliers père et fils. Les Histoires et les Mémoires particuliers du règne de Louis XIII expliquent si bien la disgrâce du chancelier de Sillery, qui avoit si grandement figuré dans les affaires sous Henri IV, qui le fit garde des sceaux, puis chancelier, en décembre 1606 et en janvier 1607, du commandeur de Sillery, son frère, qui avoit été ambassadeur à Rome et en Espagne, et qui mourut prêtre, et de Puysieux, secrétaire d'État, fils du chancelier, que je ne fais que le remarquer ici. Cet office, dont le poids avoit embarrassé le maréchal d'Ancre, qui gouvernoit Marie de Médicis, régente pendant la minorité de Louis XIII, avoit attiré des disgrâces à ceux qui en étoient revêtus en divers temps, dont le mérite de Sillery ne fut pas à couvert. Les sceaux passèrent en différentes mains, et quelquefois les mêmes les tinrent plus d'une fois. Du Vair, Mangot, le connétable de Luynes les cinq derniers mois de sa vie, de Vic, Caumartin les eurent peu chacun. Louis XIII, encore plein des impressions de cette pratique de sa minorité, et qui l'avoit suivie depuis qu'il se fut affranchi du pesant joug de la Reine sa mère, résolut pourtant de remplir la charge de chancelier à la mort de Sillery, arrivée le 1ᵉʳ octobre 1624, mais il ne voulut d'aucun sujet dont le mérite pût figurer et faire compter avec soi. A la mort de Caumartin, il avoit donné les sceaux, en janvier 1624, à un des anciens du conseil, faute de mieux; il se trouvoit tel que Louis XIII le vouloit pour en faire un chancelier, et il le fit succéder à Sillery au mois d'octobre de la même année.

Aligre étoit cet ancien. Il étoit de Chartres, petit-fils d'un apothicaire et fils d'un homme qui, pour son petit état, s'étoit enrichi dans son négoce sans sortir de chez lui. Il mit son fils dans la maison du comte de Soissons, à la mort duquel il fut tuteur onéraire de son fils[1]. Cette protection le fit conseiller au grand conseil, et le premier de sa race qui ait porté robe; il parvint après à devenir conseiller d'État, et monta de là à la première charge de la robe, par les raisons qui viennent d'être rapportées. Il ne put s'y[2] maintenir longtemps. La Reine mère, réconciliée avec le Roi son fils, voulut établir ses créatures : les sceaux furent donnés à Marillac le 1er juin 1626, et Aligre envoyé chez lui à la Rivière, petite maison qu'il avoit sous le château de Pontgouin, terre et maison de campagne des évêques de Chartres. Aligre mourut en décembre 1635, à la Rivière, sans en être sorti nonobstant les révolutions des sceaux, et cette maison de la Rivière est devenue un beau château et une petite terre entre les mains de sa postérité.

Il faut remarquer qu'il avoit épousé Éliz. Chapelier, sœur de M. Chapelier, femme de Jacq. Turpin, père et mère d'Éliz. Turpin femme de Michel le Tellier, chancelier de France : ainsi ce chancelier étoit cousin germain du second chancelier Aligre, fils du premier chancelier de ce nom. Ce second chancelier Aligre fut conseiller au grand conseil, intendant à Caen, intendant des finances, et adjoint un moment avec Morangis, sous le nom de directeur des finances. Il avoit eu une commission à Venise étant fort jeune, et une autre depuis pour être un des commissaires du Roi aux états de Languedoc, enfin conseiller d'État et doyen du conseil, et comme tel premier des commissaires nommés pour assister au sceau, lorsque le Roi les voulut tenir lui-même à la mort du chancelier Séguier, arrivée à Saint-Germain en Laye, 28 janvier 1672, et ne remplir point la charge de chancelier. Le Tellier,

---

1. Le tuteur onéraire était celui qui administrait les biens d'un mineur et en avait la responsabilité. Le tuteur honoraire n'était chargé que de surveiller l'éducation du mineur.
2. Saint-Simon a écrit ici une seconde fois *put*, en interligne.

secrétaire d'État de la guerre dès 1643, et devenu bientôt après ministre d'État fort puissant, avoit porté de tout son crédit son cousin Aligre aux emplois par où il avoit passé, quoique ce fût un homme sans aucune sorte de mérite ni de lumière, et ce qu'on appelle vulgairement un très-pauvre homme. Le Tellier eut grande envie de succéder à Seguier. Louvois, son trop célèbre fils, étoit secrétaire d'État en survivance; il étoit lors âgé de trente-deux ans; il étoit de son chef ministre d'État comme son père, et avoit eu la charge de chancelier de l'ordre à la mort de M. de Péréfixe, archevêque de Paris; il avoit eu grand'part, sous son père, à la guerre de 1667 et aux conquêtes que le Roi avoit faites; il en eut une plus entière dans les suivantes; et lors de cette vacance de l'office de chancelier, lui et son père digéroient et préparoient tout pour cette fameuse guerre qui fut déclarée en avril 1672, et qui fut suivie de tant de rapides conquêtes en Hollande.

Cette position parut favorable au père et au fils, qui étoient d'un grand secours l'un à l'autre. Néanmoins, soit que le Roi ne voulût pas se priver du père dans les importantes fonctions de sa charge à l'ouverture d'une si grande guerre, ou qu'accoutumé à des chanceliers octogénaires, il trouvât le Tellier trop jeune, qui n'avoit pas encore soixante-dix ans, ils ne purent l'emporter. Pressés en même temps par le départ du Roi, qui s'alloit mettre à la tête de ses armées, et qui, pendant qu'il les commanderoit, ne pouvoit continuer à tenir le sceau, ils firent en sorte que le Roi, deux jours avant son départ, donna les sceaux à Aligre sans faire de chancelier, comme étant le plus ancien des conseillers d'État, et le premier commissaire à l'assistance au sceau tenu par le Roi : ainsi ils se réservèrent la vacance, et l'espérance de la remplir par le mépris du concurrent, qui leur devant tout, et les sceaux mêmes, ne pourroit et n'oseroit s'en fâcher, ou, s'ils n'y pouvoient atteindre, tourner court sur le garde des sceaux tout fait, lui procurer aisément par ce chausse-

pied la place vacante, et avoir ainsi un chancelier de
paille, qui, par ce qu'il[1] leur étoit et devoit, et par son
imbécillité, ne les pourroit jamais embarrasser. Ils le
tinrent ainsi au filet vingt mois durant. A la fin l'indécence d'une si longue vacance, et la difficulté qu'ils trouvèrent dans le Roi pour le Tellier, les fit tourner court à
ce dernier parti, et Aligre fut fait chancelier en janvier 1674. Il le fut, et toujours en place, jusqu'au 25 octobre 1677, qu'il mourut à Versailles, à plus de quatre-
vingt-cinq ans. Le Tellier eut alors sa revanche, et lui
succéda quatre jours après. Il jouit huit ans de cette
grande place, en faveur et en pleine santé de corps et
d'esprit, et mourut au milieu de sa brillante famille, en
sa petite maison de Chaville près Versailles, le 30 octobre 1685, à quatre-vingt-trois ans.

Ce second chancelier Aligre, qui peu à peu, lui et ses
enfants, ont cru s'ennoblir en changeant l'H en D, et
s'appeler Daligre[2], avoit un second fils, qui fit profession
de bonne heure parmi les chanoines réguliers, et qui eut
en 1643 l'abbaye de Saint-Jacques, près de Provins. C'étoit
un homme d'esprit et de savoir, plus éminent encore en
vertu, et qui se confina dans son abbaye. On ne fut pas
longtemps à s'apercevoir de l'étrange incapacité de son
père dans la place de chancelier, à qui ses secrétaires
faisoient faire tout ce qu'ils vouloient, et tant de choses
pour de l'argent, que la famille en fut alarmée et vit la
nécessité d'un tuteur. Un étranger étoit à craindre ; le
fils aîné, plus imbécile que le père, ne put aller plus loin
qu'être maître des requêtes et intendant de Caen ; il
fallut avoir recours au second, et au nom du Roi, qu'employa le Tellier pour tirer l'abbé de Saint-Jacques de son
cloître, qui résista tant qu'il put : il le mit auprès du
chancelier, et l'autorisa à être présent à tout le travail
particulier de son père, qui ne signa plus rien et ne dé-

1. *Qui*, pour *qu'il*, au manuscrit.
2. Saint-Simon écrit tantôt *Haligre*, tantôt *Aligre* ; nous avons suivi l'orthographe qui est généralement adoptée.

cida plus qu'en sa présence, et dont les secrétaires eurent défenses du Roi très-expresses[1] d'expédier quoi que ce fût sans l'ordre de l'abbé sur chaque expédition. De cette manière c'étoit lui qui étoit chancelier et garde des sceaux d'effet, et qui le fut excellent en exactitude, en probité, en capacité, et qui par son esprit, sa douceur, sa modestie et la facilité de son accès, satisfit également tout ce qui eut affaire à son père et à lui.

Il ne mit pas le pied hors de chez le chancelier pendant plusieurs années qu'il y fut, y étoit présent à tout pour décider et diriger tout, et le peu de temps qu'il pouvoit ménager, il le donnoit à Dieu, retiré dans sa chambre, sans avoir l'air moins libre et moins agréable avec la compagnie dans les heures qu'il étoit obligé d'y être. Aussitôt que son père fut mort, il porta les sceaux au Roi, dont les louanges et les desirs ne purent le retenir, comme ils n'avoient pu l'engager d'accepter ni charges ni bénéfices, encore moins d'évêchés. Il demeura quelques jours pour rendre compte de plusieurs choses à sa famille et à M. le Tellier, devenu chancelier, et s'en retourna à Saint-Jacques, d'où rien ne put plus le faire sortir. Il y entretint toute la régularité de la règle, sans rien exiger de plus que cette exactitude; mais pour lui, sans se séparer de ses religieux pour les exercices communs, il ne s'épargna aucune sorte d'austérité, et il parvint enfin à celle des anciens anachorètes. Ses aumônes surprenoient tous les ans par leur abondance à proportion de ses moyens, et il vécut ainsi croissant toujours en mérite, adoré dans sa maison, et en vénération singulière partout, sans se relâcher jamais jusqu'à sa mort, âgé de quatre-vingt-seize ans, avec sa tête toute entière. Cette longueur d'une vie si prodigieuse en austérités de toute espèce, de douceur de gouvernement, d'agrément de conversation lorsqu'il étoit forcé de parler, de sagesse de conduite et d'instruction, fut un autre miracle qui

1. Il y a *défenses* au pluriel, et *expresse* au singulier.

ne s'étoit point vu depuis les anciens Pères des déserts, quoique au milieu d'une communauté simplement régulière.

D'Antin perdit Gondrin, son fils aîné, qui laissa des enfants d'une sœur du duc de Noailles, qui longtemps après se remaria au comte de Toulouse. Elle fut si affligée qu'elle en tomba malade au point qu'on lui apporta les sacrements. Toute sa famille y étoit présente, et la maréchale de Noailles sa mère, qui l'aimoit passionnément, étoit fondue en larmes au pied de son lit, qui prioit Dieu à genoux, tout haut et de tout son cœur, et qui, dans l'excès de sa douleur, s'offroit elle-même à lui, et tous ses enfants, si il les vouloit prendre. La Vallière, qui étoit là aussi à quelque distance, et qui l'entendit, se leva doucement, alla à elle, et lui dit tout haut d'un air fort pitoyable : « Madame, les gendres en sont-ils aussi? » Personne de ce qui y étoit ne put résister à l'éclat de rire qui les prit tous, et la maréchale aussi, avec un scandale fort ridicule, et qui courut aussitôt par toute la cour; la malade se porta bientôt mieux, et on n'en rit que de plus belle.

Razilly mourut assez brusquement, à Marly. Je l'ai suffisamment fait connoître, lorsque j'ai parlé de la charge qu'il eut de premier écuyer de M. le duc de Berry et de l'injuste dépit qu'en eut Mme la duchesse de Berry. Les grandes commodités de l'emploi le firent rechercher par des gens de la première qualité. Le chevalier de Roye, le marquis de Lévy, mort duc et pair, s'y présentèrent entre autres; tous deux en eurent parole positive de la bouche de Mme la duchesse de Berry, qu'on savoit bien qui décideroit M. le duc de Berry; tous deux, à l'insu l'un de l'autre, nous en firent confidence. Mme de Lévy, qui avoit eu tant de part au mariage de Mme la duchesse de Berry, appuyée du duc de Chevreuse son père et du duc de Beauvillier, elle-même de tous les particuliers du Roi chez Mme de Maintenon, n'imaginoit pas que cela pût balancer; le comte et la comtesse de Roucy de même, avec le reste de crédit de M. de la Rochefoucauld, et les places des Pontchartrains. Pendant qu'ils s'en flattoient, d'Antin s'avisa de parler à M. et à Mme la duchesse de Berry pour Sainte-Maure, son cousin, demeuré malade à Versailles, et l'emporta. Les deux prétendants, si sûrs de leur fait par la parole qu'ils avoient eue, furent étrangement surpris, et si piqués qu'ils la publièrent, et que non contents du bruit peu mesuré qu'ils en firent, ne se contraignirent pas d'en dire leur avis à Mme la duchesse de Berry, dont l'embarras et le dépit fut extrême, surtout contre la comtesse de Roucy et Mme de Lévy, qui lui parlèrent avec la dernière hauteur, jusqu'à lui dire qu'après ce trait elles n'avoient plus qu'à lui faire la révérence en lieux publics, et jamais ailleurs, parce qu'ils n'auroient jamais ni besoin ni dépendance d'elle. Elle se plaignit à son tour du manque de respect ; mais elle n'étoit ni aimée, ni estimée, ni comptée ; on savoit à quoi elle en étoit avec le Roi, Mme de Maintenon, et au fond avec Madame la Dauphine. Le Roi ne s'en mêla point, et le monde trouva qu'elle n'avoit que ce qu'elle méritoit. Elle ne laissa pas de craindre les particuliers de Mme de Lévy, et quelque temps après voulut elle-même la rapprocher, puis lui faire parler : ses avances furent méprisées. Elle ne le lui pardonna jamais ; Mme de Lévy s'en moqua, et garda trop peu de mesures en propos, et même en contenance, lorsqu'elles se trouvoient dans les mêmes lieux. Sainte-Maure eut quarante mille écus à donner aux enfants de Razilly, tous bien faits, honnêtes gens et dans le service, dont l'aîné eut la lieutenance générale de Touraine, qu'avoit son père.

J'ai si souvent parlé ici du maréchal Catinat, de sa vertu, de sa sagesse, de sa modestie, de son désintéressement, de la supériorité si rare de ses sentiments, de ses grandes parties de capitaine, qu'il ne me reste plus à dire que sa mort, dans un âge très-avancé, sans avoir été marié ni avoir acquis aucunes richesses, dans sa petite maison de Saint-Gratien, près Saint-Denis, où il s'étoit retiré, d'où il ne sortoit plus depuis quelques années, et où il ne vouloit presque plus recevoir personne. Il y rappela le souvenir, par sa simplicité, par sa frugalité, par le mépris du monde, par la paix de son âme et l'uniformité de sa conduite[1], de ces grands hommes qui, après les triomphes les mieux mérités, retournoient tranquillement à leur charrue, toujours amoureux de leur patrie, et peu sensibles à l'ingratitude de Rome, qu'ils avoient si bien servie. Catinat mit sa philosophie à profit par une grande piété. Il avoit de l'esprit, un grand sens, une réflexion mûre; il n'oublia jamais le peu qu'il étoit. Ses habits, ses équipages, ses meubles, sa maison, tout étoit de la dernière simplicité; son air l'étoit aussi, et tout son maintien. Il étoit grand, brun, maigre, un air pensif et assez lent, assez bas, de beaux yeux et fort spirituels. Il déploroit les fautes signalées qu'il voyoit se succéder sans cesse, l'extinction suivie de toute émulation, le luxe, le vide, l'ignorance, la confusion des états, l'inquisition mise à la place de la police; il voyoit tous les signes de destruction, et il disoit qu'il n'y avoit qu'un comble très-dangereux de désordre qui pût enfin rappeler l'ordre dans ce royaume.

Magnac, lieutenant général, inspecteur de cavalerie et gouverneur du Mont-Dauphin, mourut en même temps, dans une grande vieillesse. J'en ai parlé plus d'une fois, surtout à l'occasion de la bataille de Friedlingue, que Villars croyoit perdue, désespéré sous un arbre fort loin, à qui il apprit qu'il l'avoit gagnée, en sorte que je n'ai rien à ajouter.

Lussan, qui étoit à Monsieur le Prince, qui le fit faire chevalier de l'ordre par grâce en 1688, et duquel j'ai aussi parlé ailleurs, mourut aussi en ce même temps, à quatre-vingt-quatre ou cinq ans.

---

1. Les mots *le souvenir* sont répétés ici au manuscrit.

CHAPITRE IX.

La Dauphine à Marly pour la dernière fois. — Monsieur le Duc éborgné. — Retour à Versailles. — Tabatière très-singulièrement perdue ; la Dauphine malade. — La Dauphine change de confesseur, et reçoit les sacrements. — Mort de la Dauphine. — Éloge, traits et caractère de la Dauphine. — Le Roi à Marly. — Le Dauphin à Versailles, puis à Marly. — État du Dauphin, que je vois pour la dernière fois. — Le Dauphin malade. — Le Dauphin croit Boudin bien averti. — Boulduc ; quel ; juge Boudin bien averti. — Mort du Dauphin. — Je veux tout quitter, et me retirer de la cour et du monde ; Mme de Saint-Simon m'en empêche sagement. — Éloge, traits et caractère du Dauphin.

Le Roi, comme je l'ai dit, étoit allé à Marly le lundi 18 janvier. La Dauphine s'y rendit de bonne heure, avec une grande fluxion sur le visage, et se mit au lit en arrivant. Elle se leva à sept heures, parce que le Roi voulut qu'elle tînt le salon. Elle y joua en déshabillé, toute embéguinée, vit le Roi chez Mme de Maintenon peu avant son souper, et de là vint se mettre au lit, où elle soupa. Elle ne se leva le lendemain 19 que pour jouer dans le salon et voir le Roi, d'où elle revint se mettre au lit et y souper. Le 20, sa fluxion diminua, et elle fut mieux. Elle y étoit assez sujette par le désordre de ses dents. Elle vécut les jours suivants à son ordinaire.

Le samedi 30, le Dauphin et M. le duc de Berry allèrent avec Monsieur le Duc faire des battues. Il geloit assez fort. Le hasard fit que M. le duc de Berry se trouva au bord d'une mare d'eau fort grande et longue, et Monsieur le Duc de l'autre côté fort loin, vis-à-vis de lui. M. le duc de Berry tira ; un grain de plomb, qui glissa et rejaillit sur la glace, porta jusqu'à Monsieur le Duc, à qui il creva un œil. Le Roi apprit cet accident dans ses jardins. Le lendemain dimanche, M. le duc de Berry alla se jeter aux genoux de Madame la Duchesse. Il n'avoit osé y aller la veille, ni voir depuis Monsieur le Duc, qui prit ce malheur avec beaucoup de patience. Le Roi le fut voir le dimanche; le Dauphin aussi, et la Dauphine, qui y avoit été déjà la veille; ils y retournèrent le lendemain lundi 1ᵉʳ février. Le Roi fut aussi chez Madame la Duchesse, et s'en retourna à Versailles. Madame la Princesse, toute sa famille, et plusieurs dames familières de Madame la Duchesse, vinrent s'établir à Marly. M. le duc de Berry fut cruellement affligé. Monsieur le Duc fut assez mal et assez longtemps, puis eut la rougeole tout de suite à Marly, et après quelque intervalle de guérison, la petite vérole à Saint-Maur.

Le vendredi 5 février, le duc de Noailles donna une fort belle boîte pleine d'excellent tabac d'Espagne à la Dauphine, qui en prit et le trouva fort bon. Ce fut vers la fin de la matinée. En entrant dans son cabinet, où personne n'entroit, elle mit cette boîte sur la table, et l'y laissa. Sur le soir la fièvre lui prit par frisson. Elle se mit au lit, et ne put se lever, même pour aller dans le cabinet du Roi après le souper. Le samedi 6, la Dauphine, qui avoit eu la fièvre toute la nuit, ne laissa pas de se lever à son heure ordinaire et de passer la journée à l'ordinaire, mais le soir la fièvre la reprit. Elle continua médiocrement toute la nuit, et le dimanche 7 encore moins; mais sur les six heures du soir, il lui prit tout à coup une douleur au-dessous de la tempe, qui ne s'étendoit pas tant qu'une pièce de six sous, mais si violente qu'elle fit prier le Roi, qui la venoit voir, de ne point entrer. Cette sorte de rage de douleur dura sans relâche jusqu'au lundi 8, et résista au tabac en fumée et à mâcher, à quantité d'opium et à deux saignées du bras. La fièvre se montra davantage lorsque les douleurs furent un peu calmées. Elle dit qu'elle avoit plus souffert qu'en accouchant.

Un état si violent mit la chambre en rumeur sur la boîte que le duc de Noailles lui avoit donnée. En se mettant au lit le jour qu'elle l'avoit reçue et que la fièvre lui prit, qui étoit le vendredi 5, elle en parla à ses dames, louant fort la boîte et le tabac, puis dit à Mᵐᵉ de Lévy de la lui aller chercher dans son cabinet, où elle la trouveroit sur la table. Mme de Lévy y fut, ne la trouva point ; et pour le faire court, toutes espèces de perquisition faites, jamais on ne la revit depuis que la Dauphine l'eut laissée dans son cabinet sur cette table. Cette disparution[1] avoit paru fort extraordinaire dès le moment qu'on s'en aperçut, mais les recherches inutiles qui continuèrent à s'en faire, suivie[2] d'accidents si étranges et si prompts, jetèrent les plus sombres soupçons. Ils n'allèrent pas jusqu'à celui qui avoit donné la boîte, où ils furent contenus avec une exactitude si générale qu'ils ne l'atteignirent point ; la rumeur s'en restreignit même dans un cercle peu étendu. On espéroit toujours beaucoup d'une princesse adorée, et à la vie de laquelle tenoit la fortune diverse, suivant les divers états, de ce qui composoit ce petit cercle. Elle prenoit du tabac à l'insu du Roi, avec confiance, parce que Mme de Maintenon ne l'ignoroit pas ; mais cela lui auroit fait une vraie affaire auprès de lui s'il l'avoit découvert, et c'est ce qu'on craignit en divulguant la singularité de la perte de cette boîte.

La nuit du lundi au mardi 9 février, l'assoupissement fut grand toute cette journée, pendant laquelle le Roi s'approcha du lit bien des fois, la fièvre forte, les réveils courts, avec la tête engagée, et quelques marques sur la peau qui firent espérer que ce seroit la rougeole, parce qu'il en couroit beaucoup, et que quantité de personnes connues en étoient en ce même temps attaquées à Versailles et à Paris. La nuit du mardi au mercredi 10 se passa d'autant plus mal que l'espérance de rougeole étoit déjà évanouie. Le Roi vint dès le matin chez Madame la Dauphine, à qui on avoit donné l'émétique. L'opération en fut telle qu'on la pouvoit desirer, mais sans produire aucun soulagement. On força le Dauphin, qui ne bougeoit de sa ruelle, de descendre dans les jardins pour prendre l'air, dont il avoit grand besoin ; mais son inquié-

---
1. Telle est l'orthographe de Saint-Simon.
2. Il y a bien *suivie*, au singulier.

tude le ramena incontinent dans la chambre. Le mal augmenta sur le soir, et à onze heures il y eut un redoublement de fièvre considérable. La nuit fut très-mauvaise. Le jeudi 11 février, le Roi entra à neuf heures du matin chez la Dauphine, d'où Mme de Maintenon ne sortoit presque point, excepté les temps où le Roi étoit chez elle. La princesse étoit si mal qu'on résolut de lui parler de recevoir ses sacrements. Quelque accablée qu'elle fût, elle s'en trouva surprise : elle fit des questions sur son état; on lui fit les réponses les moins effrayantes qu'on put, mais sans se départir de la proposition, et peu à peu des raisons de ne pas différer. Elle remercia de la sincérité de l'avis et dit qu'elle alloit se disposer.

Au bout de peu de temps on craignit les accidents. Le P. la Rue, jésuite, son confesseur, et qu'elle avoit toujours paru aimer, s'approcha d'elle pour l'exhorter à ne différer pas sa confession. Elle le regarda, répondit qu'elle l'entendoit bien, et en demeura là. La Rue lui proposa de le faire à l'heure même, et n'en tira aucune réponse. En homme d'esprit il sentit ce que c'étoit, et en homme de bien il tourna court à l'instant : il lui dit qu'elle avoit peut-être quelque répugnance de se confesser à lui, qu'il la conjuroit de ne s'en pas contraindre, surtout de ne pas craindre quoi que ce soit là-dessus, qu'il lui répondoit de prendre tout sur lui, qu'il la prioit seulement de lui dire qui elle vouloit, et que lui-même l'iroit chercher et le lui amèneroit. Alors elle lui témoigna qu'elle seroit bien aise de se confesser à M. Bailly, prêtre de la Mission de la paroisse de Versailles. C'étoit un homme estimé, qui confessoit ce qui étoit de plus régulier à la cour, et qui, au langage du temps, n'étoit pas net du soupçon de jansénisme, quoique fort rare parmi ces barbichets. Il confessoit Mmes du Châtelet et de Nogaret, dames du palais, à qui quelquefois la Dauphine en avoit entendu parler. Bailly se trouva être allé à Paris. La princesse en parut peinée et avoir envie de l'attendre ; mais sur ce que lui remontra le P. la Rue qu'il étoit bon de ne pas perdre un temps précieux, qui, après qu'elle auroit reçu les sacrements, seroit utilement employé par les médecins, elle demanda un récollet qui s'appeloit le P. Noël, que le P. la Rue fut chercher lui-même à l'instant, et le lui amena.

On peut imaginer l'éclat que fit ce changement de confesseur en un moment si critique et si redoutable, et tout ce qu'il fit penser. J'y reviendrai après : il ne faut pas interrompre un récit si intéressant et si funestement curieux. Le Dauphin avoit succombé; il avoit caché son mal tant qu'il avoit pu, pour ne pas quitter le chevet du lit de la Dauphine. La fièvre, trop forte pour être plus longtemps dissimulée, l'arrêtoit, et les médecins, qui lui vouloient épargner d'être témoin des horreurs qu'ils prévoyoient, n'oublièrent rien, et par eux-mêmes et par le Roi, pour le retenir chez lui, et l'y soutenir de moment en moment par les nouvelles factices de l'état de son épouse.

La confession fut longue. L'extrême-onction fut administrée incontinent après, et le saint viatique tout de suite, que le Roi fut recevoir au pied du grand escalier. Une heure après, la Dauphine demanda qu'on fît les prières des agonisants. On lui dit qu'elle n'étoit point en cet état-là, et avec des paroles de consolation on l'exhorta à essayer de se rendormir. La reine d'Angleterre vint de bonne heure l'après-dînée; elle fut conduite par la galerie dans le salon qui la sépare de la chambre où étoit la Dauphine. Le Roi et Mme de Maintenon étoient dans ce salon, où on fit entrer les médecins, pour consulter en leur présence : ils étoient sept, de la cour ou mandés de Paris. Tous d'une voix opinèrent à la saignée du pied avant le redoublement; et au cas qu'elle n'eût pas le succès qu'ils en desiroient, à donner l'émétique dans la fin de la nuit. La saignée du pied fut exécutée à sept heures du soir. Le redoublement vint; ils le trouvèrent moins violent que le précédent. La nuit fut cruelle. Le Roi vint de fort bonne heure chez la Dauphine. L'émétique qu'elle prit sur les neuf heures fit peu d'effet. La journée se

passa en symptômes plus fâcheux les uns que les autres ;
une connoissance par rares intervalles. Tout à fait sur le
soir la tête tourna dans la chambre, où on laissa entrer
beaucoup de gens, quoique le Roi y fût, qui peu avant
qu'elle expirât en sortit, et monta en carrosse au pied du
grand escalier avec Mme de Maintenon et Mme de Caylus,
et s'en alla à Marly. Ils étoient l'un et l'autre dans la plus
amère douleur, et n'eurent pas la force d'entrer chez le
Dauphin.

Jamais princesse arrivée si jeune ne vint si bien instruite, et ne sut mieux profiter des instructions qu'elle
avoit reçues. Son habile père qui connoissoit à fond notre
cour, la lui avoit peinte, et lui avoit appris la manière
unique de s'y rendre heureuse. Beaucoup d'esprit naturel
et facile l'y seconda, et beaucoup de qualités aimables lui
attachèrent les cœurs, tandis que sa situation personnelle avec son époux, avec le Roi, avec Mme de Maintenon
lui attirèrent[1] les hommages de l'ambition. Elle avoit su
travailler à s'y mettre dès les premiers moments de son
arrivée ; elle ne cessa tant qu'elle vécut de continuer un
travail si utile, et dont elle recueillit sans cesse tous les
fruits. Douce, timide, mais adroite, bonne jusqu'à
craindre de faire la moindre peine à personne, et toute
légère et vive qu'elle étoit, très-capable de vues et de
suite de la plus longue haleine, la contrainte jusqu'à la
gêne, dont elle sentoit tout le poids, sembloit ne lui rien
coûter. La complaisance lui étoit naturelle, couloit de
source ; elle en avoit jusque pour sa cour.

Régulièrement laide, les joues pendantes, le front trop
avancé, un nez qui ne disoit rien, de grosses lèvres mordantes, des cheveux et des sourcils châtain brun, fort
bien plantés, des yeux les plus parlants et les plus beaux
du monde, peu de dents et toutes pourries, dont elle
parloit et se moquoit la première, le plus beau teint et la
plus belle peau, peu de gorge, mais admirable, le cou

---

1. Ce verbe est bien au pluriel.

long, avec un soupçon de goître qui ne lui seyoit[1] point mal, un port de tête galant, gracieux, majestueux, et le regard de même, le sourire le plus expressif, une taille longue, ronde, menue, aisée, parfaitement coupée, une marche de déesse sur les nuées ; elle plaisoit au dernier point : les grâces naissoient d'elles-mêmes de tous ses pas, de toutes ses manières, et de ses discours les plus communs. Un air simple et naturel toujours, naïf assez souvent, mais assaisonné d'esprit, charmoit, avec cette aisance qui étoit en elle, jusqu'à la communiquer à tout ce qui l'approchoit.

Elle vouloit plaire même aux personnes les plus inutiles et les plus médiocres, sans qu'elle parût le rechercher. On étoit tenté de la croire toute et uniquement à celles avec qui elle se trouvoit. Sa gaieté, jeune, vive, active, animoit tout, et sa légèreté de nymphe la portoit partout, comme un tourbillon qui remplit plusieurs lieux à la fois, et qui y donne le mouvement et la vie. Elle ornoit tous les spectacles, étoit l'âme des fêtes, des plaisirs, des bals, et y ravissoit par les grâces, la justesse et la perfection de sa danse. Elle aimoit le jeu, s'amussoit au petit jeu, car tout l'amusoit ; elle préféroit le gros, y étoit nette, exacte, la plus belle joueuse du monde, et en un instant faisoit le jeu de chacun ; également gaie et amusée à faire, les après-dînées, des lectures sérieuses, à converser dessus, et à travailler avec ses dames sérieuses : on appeloit ainsi ses dames du palais les plus âgées. Elle n'épargna rien, jusqu'à sa santé, elle n'oublia pas jusqu'aux plus petites choses, et sans cesse, pour gagner Mme de Maintenon, et le Roi par elle. Sa souplesse à leur égard étoit sans pareille, et ne se démentit jamais d'un moment. Elle l'accompagnoit de toute la discrétion que lui donnoit la connoissance d'eux, que l'étude et l'expérience lui avoient acquise, pour les degrés d'enjouement ou de mesure qui étoient à propos. Son plaisir, ses agréments, je le

---

1. *Sééoil*, au manuscrit. Voyez tome VII, p. 119, et tome VIII, p. 427 et note 1.

répète, sa santé même, tout leur fut immolé. Par cette voie elle s'acquit une familiarité avec eux dont aucun des enfants du Roi, non pas même ses bâtards, n'avoient pu approcher.

En public, sérieuse, mesurée, respectueuse avec le Roi, et en timide bienséance avec Mme de Maintenon, qu'elle n'appeloit jamais que *ma tante*, pour confondre joliment le rang et l'amitié; en particulier, causante, sautante, voltigeante autour d'eux, tantôt perchée sur le bras du fauteuil de l'un ou de l'autre, tantôt se jouant sur leurs genoux, elle leur sautoit au col [1], les embrassoit, les baisoit, les caressoit, les chiffonnoit, leur tiroit le dessous du menton, les tourmentoit, fouilloit leurs tables, leurs papiers, leurs lettres, les décachetoit, les lisoit quelquefois malgré eux, selon qu'elle les voyoit en humeur d'en rire, et parlant quelquefois dessus; admise à tout, à la réception des courriers qui apportoient les nouvelles les plus importantes, entrant chez le Roi à toute heure, même des moments pendant le conseil, utile et fatale aux ministres mêmes, mais toujours portée à obliger, à servir, à excuser, à bien faire, à moins qu'elle ne fût violemment poussée contre quelqu'un, comme elle fut contre Pontchartrain, qu'elle nommoit quelquefois au Roi *votre vilain borgne*, ou par quelque cause majeure, comme elle la fut contre Chamillart; si libre, qu'entendant un soir le Roi et Mme de Maintenon parler avec affection de la cour d'Angleterre dans les commencements qu'on espéra la paix par la reine Anne : « Ma tante, se mit-elle à dire, il faut convenir qu'en Angleterre les reines gouvernent mieux que les rois, et savez-vous bien pourquoi, ma tante? » et toujours courant et gambadant, « c'est que sous les rois ce sont les femmes qui gouvernent, et ce sont les hommes sous les reines. » L'admirable est qu'ils en rirent tous deux, et qu'ils trouvèrent qu'elle avoit raison.

---

1. Voyez tome V, p. 46, note 1.

Je n'oserois jamais écrire dans des Mémoires sérieux le trait que je vais rapporter, s'il ne servoit plus qu'aucun à montrer jusqu'à quel point elle étoit parvenue d'oser tout dire et tout faire avec eux. J'ai décrit ailleurs la position ordinaire où le Roi et Mme de Maintenon étoient chez elle. Un soir qu'il y avoit comédie à Versailles, la princesse, après avoir bien parlé toutes sortes de langages, vit entrer Nanon, cette ancienne femme de chambre de Mme de Maintenon dont j'ai déjà fait mention plusieurs fois, et aussitôt s'alla mettre, tout en grand habit comme elle étoit et parée, le dos à la cheminée, debout, appuyée sur le petit paravent entre les deux tables. Nanon qui avoit une main comme dans sa poche, passa derrière elle et se mit comme à genoux. Le Roi, qui en étoit le plus proche, s'en aperçut, et leur demanda ce qu'elles faisoient là. La princesse se mit à rire, et répondit qu'elle faisoit ce qu'il lui arrivoit souvent de faire les jours de comédie. Le Roi insista. « Voulez-vous le savoir, reprit-elle, puisque vous ne l'avez point encore remarqué? C'est que je prends un lavement d'eau. — Comment! s'écria le Roi, mourant de rire, actuellement, là, vous prenez un lavement? — Eh! vraiment oui, dit-elle. — Et comment faites-vous cela? » Et les voilà tous quatre à rire de tout leur cœur. Nanon apportoit la seringue toute prête sous ses jupes, troussoit celles de la princesse, qui les tenoit comme se chauffant, et Nanon lui glissoit le clystère. Les jupes retomboient, et Nanon remportoit sa seringue sous les siennes ; il n'y paroissoit pas. Ils n'y avoient pas pris garde, ou avoient cru que Nanon rajustoit quelque chose à l'habillement. La surprise fut extrême, et tous deux trouvèrent cela fort plaisant. Le rare est qu'elle alloit avec ce lavement à la comédie sans être pressée de le rendre, quelquefois même elle ne ne le rendoit qu'après le souper du Roi et le cabinet ; elle disoit que cela la rafraîchissoit, et empêchoit que la touffeur[1] du lieu de la comédie ne lui fît mal à la tête.

---

1. La chaleur étouffante.

Depuis la découverte elle ne s'en contraignit pas plus qu'auparavant. Elle les connoissoit en perfection, et ne laissoit pas de voir et de sentir ce que c'étoit que Mme de Maintenon et Mlle Choin.

Un soir, qu'allant se mettre au lit, où Mgr le duc de Bourgogne l'attendoit, et qu'elle causoit sur sa chaise percée avec Mmes de Nogaret et du Châtelet, qui me le contèrent le lendemain, et c'étoit là où elle s'ouvroit le plus volontiers, elle leur parla avec admiration de la fortune de ces deux fées, puis ajouta en riant : « Je voudrois mourir avant M. le duc de Bourgogne, mais voir pourtant ici ce qui s'y passeroit ; je suis sûre qu'il épouseroit une sœur grise ou une tourière des Filles de Sainte-Marie. » Aussi attentive à plaire à Mgr le duc de Bourgogne qu'au Roi même, quoique souvent trop hasardeuse, et se fiant trop à sa passion pour elle et au silence de tout ce qui pouvoit l'approcher, elle prenoit l'intérêt le plus vif en sa grandeur personnelle et en sa gloire. On a vu à quel point elle fut touchée des événements de la campagne de Lille et de ses suites, tout ce qu'elle fit pour le relever, et combien elle lui fut utile en tant de choses si principales dont, comme on l'a expliqué il n'y a pas longtemps, il lui fut entièrement redevable. Le Roi ne se pouvoit passer d'elle. Tout lui manquoit dans l'intérieur lorsque des parties de plaisir, que la tendresse et la considération du Roi pour elle vouloit souvent qu'elle fît pour la divertir, l'empêchoient d'être avec lui ; et jusqu'à son souper public, quand rarement elle y manquoit, il y paroissoit par un nuage de plus de sérieux et de silence sur toute la personne du Roi. Aussi, quelque goût qu'elle eût pour ces sortes de parties, elle y étoit fort sobre et se les faisoit toujours commander. Elle avoit grand soin de voir le Roi en partant et en arrivant ; et si quelque bal en hiver, ou quelque partie en été, lui faisoit percer[1] la nuit, elle ajustoit si bien les choses qu'elle alloit em-

---

1. Voyez tome II, p. 395 et note 1.

brasser le Roi dès qu'il étoit éveillé, et l'amuser du récit de la fête.

Je me suis tant étendu ailleurs sur la contrainte où elle étoit du côté de Monseigneur et de toute sa cour particulière, que je n'en répéterai rien ici, sinon qu'au gros de la cour, il n'y paroissoit rien, tant elle avoit soin de le cacher par un air d'aisance avec lui, de familiarité avec ce qui lui étoit le plus opposé dans cette cour, et de liberté à Meudon parmi eux, mais avec une souplesse et une mesure infinie. Aussi le sentoit-elle bien, et depuis la mort de Monseigneur se promettoit-elle bien de le leur rendre. Un soir qu'à Fontainebleau, où toutes les dames des princesses étoient dans le même cabinet qu'elles et le Roi après le souper, elle avoit baragouiné toutes sortes de langues et fait cent enfances pour amuser le Roi, qui s'y plaisoit, elle remarqua Madame la Duchesse et Mme la princesse de Conti qui se regardoient, se faisoient signe et haussoient les épaules avec un air de mépris et de dédain. Le Roi levé et passé à l'ordinaire dans un arrière-cabinet pour donner à manger à ses chiens, et venir après donner le bonsoir aux princesses, la Dauphine prit Mme de Saint-Simon d'une main et Mme de Lévy de l'autre, et leur montrant Madame la Duchesse et Mme la princesse de Conti, qui n'étoient qu'à quelques pas de distance : « Avez-vous vu, avez-vous vu ? leur dit-elle ; je sais comme elles qu'à tout ce que j'ai dit et fait il n'y a pas le sens commun, et que cela est misérable ; mais il lui faut du bruit, et ces choses-là le divertissent ; » et tout de suite s'appuyant sur leurs bras, elle se mit à sauter et à chantonner : « Eh ! je m'en ris, eh ! je me moque d'elles, eh ! je serai leur reine, eh ! je n'ai que faire d'elles, ni à cette heure ni jamais, eh ! elles auront à compter avec moi, eh ! je serai leur reine ; » sautant et s'élançant et s'éjouissant de toute sa force. Ces dames lui crioient tout bas de se taire, que ces princesses l'entendoient, et que tout ce qui étoit là la voyoit faire, et jusqu'à lui dire qu'elle étoit folle ; car d'elles elle trouvoit tout bon ; elle de sauter plus fort et de chantonner plus haut : « Eh ! je me moque d'elles, je n'ai que faire d'elles, eh ! je serai leur reine ; » et ne finit que lorsque le Roi rentra.

Hélas ! elle le croyoit, la charmante princesse, et qui ne l'eût cru avec elle ! Il plut à Dieu, pour nos malheurs, d'en disposer autrement bientôt après. Elle étoit si éloignée de le penser que le jour de la Chandeleur, étant presque seule avec Mme de Saint-Simon dans sa chambre, presque toutes ses dames étant allées devant à la chapelle, et Mme de Saint-Simon demeurée pour l'y suivre au sermon, parce que la duchesse du Lude avoit la goutte et que la comtesse de Mailly n'y étoit pas, auxquelles elle suppléoit toujours, la Dauphine se mit à parler de la quantité de personnes de la cour qu'elle avoit connues et qui étoient mortes, puis de ce qu'elle feroit quand elle seroit vieille, de la vie qu'elle mèneroit, qu'il n'y auroit plus guère que Mme de Saint-Simon et Mme de Lauzun de son jeune temps, qu'elles s'entretiendroient ensemble de ce qu'elles auroient vu et fait ; et elle poussa ainsi la conversation jusqu'à ce qu'elle allât au sermon.

Elle aimoit véritablement M. le duc de Berry, et elle avoit aimé Mme la duchesse de Berry, et compté d'en faire comme de sa fille ; elle avoit de grands égards pour Madame, et avoit tendrement aimé Monsieur, qui l'aimoit de même et lui avoit sans cesse procuré tous les amusements et tous les plaisirs qu'il avoit pu ; et tout cela retomba sur M. le duc d'Orléans, en qui elle prenoit un véritable intérêt, indépendamment de la liaison qui se forma depuis entre elle et Mme la duchesse d'Orléans : ils savoient et s'aidoient de mille choses par elle sur le Roi et Mme de Maintenon. Elle avoit conservé un grand attachement pour Monsieur et pour Madame de Savoie, qui étinceloit, et pour son pays, même quelquefois malgré elle. Sa force et sa prudence parurent singulièrement dans tout ce qui se passa lors et depuis la rupture. Le Roi avoit l'égard d'éviter devant elle tout discours qui pût regarder la Savoie, elle tout l'art d'un silence éloquent qui par des traits rarement échappés faisoient[1] sentir qu'elle étoit toute françoise, quoique elle laissât sentir en même temps qu'elle ne pouvoit bannir de son cœur son père et son pays. On a vu combien elle étoit unie à la reine sa sœur, d'amitié, d'intérêt et de commerce.

Avec tant de grandes, de singulières et de si aimables parties, elle en eut et de princesse et de femme, non pour la fidélité et la sûreté du secret (elle en fut un puits), ni pour la circonspection sur les intérêts des autres, mais pour des ombres de tableau plus humaines. Son amitié suivoit son commerce, son amusement, son habitude, son besoin ; je n'en ai guère vu que Mme de Saint-Simon d'exceptée ; elle-même l'avouoit avec une grâce et une naïveté qui rendoit cet étrange défaut presque supportable en elle. Elle vouloit, comme on l'a dit, plaire à tout le monde ; mais elle ne se put défendre que quelques-uns ne lui plussent aussi. A son arrivée, et longtemps, elle avoit été tenue dans une grande séparation, mais dès lors approchée par de vieilles prétendues repenties, dont l'esprit romanesque étoit demeuré pour le moins galant, si la caducité de l'âge en avoit banni les plaisirs, peu à peu dans la suite plus livrée au monde, les choix de ce qui l'environna de son âge se firent pour la plupart moins pour la vertu que par la faveur. La facilité naturelle de la princesse se laissoit conformer aux personnes qui lui étoient les plus familières, et ce dont on ne sut pas profiter, elle se plaisoit autant et se trouvoit aussi à son aise et aussi amusée d'après-dînées raisonnables, mêlées de lectures et de conversations utiles, c'est-à-dire pieuses ou historiques, avec les dames âgées qui étoient auprès d'elle, que des discours plus libres et dérobés des autres, qui l'entraînoient plutôt qu'elle ne s'y livroit, retenue par sa timidité naturelle et par un reste de délicatesse. Il est pourtant vrai que l'entraînement alla bien loin, et qu'une princesse moins aimable et moins universellement aimée,

---

1. Saint-Simon a bien écrit *faisoient*, au pluriel.

pour ne pas dire adorée, se seroit trouvée dans de cruels inconvénients. Sa mort indiqua bien ces sortes de mystères, et manifesta toute la cruauté de la tyrannie que le Roi ne cessa point d'exercer sur les âmes de sa famille. Quelle fut sa surprise, quelle fut celle de la cour, lorsque, dans ces moments si terribles où on ne redoute plus que ce qui les suit, et où tout le présent disparoit, elle voulut changer de confesseur, dont elle répudia même tout l'ordre, pour recevoir les derniers sacrements !

On a vu ailleurs qu'il n'y avoit que son époux et le Roi qui fussent dans l'ignorance, que Mme de Maintenon n'y étoit pas, et qu'elle étoit extrêmement occupée qu'ils y demeurassent profondément l'un et l'autre, tandis qu'elle lui faisoit peur d'eux ; mais elle aimoit ou plutôt elle adoroit la princesse, dont les manières et les charmes lui avoient gagné le cœur ; elle en amusoit le Roi fort utilement pour elle ; elle-même s'en amusoit et, ce qui est très-véritable quoique surprenant, elle s'en appuyoit, et quelquefois se conseilloit à elle. Avec toute cette galanterie, jamais femme ne parut se soucier moins de sa figure, ni y prendre moins de précaution et de soin : sa toilette étoit faite en un moment ; le peu même qu'elle duroit n'étoit que pour la cour ; elle ne se soucioit de parure que pour les bals et les fêtes, et ce qu'elle en prenoit en tout autre temps, et le moins encore qu'il lui étoit possible, n'étoit que par complaisance pour le Roi. Avec elle s'éclipsèrent joie, plaisirs, amusements mêmes, et toutes espèces de grâces ; les ténèbres couvrirent toute la surface de la cour : elle l'animoit toute entière, elle en remplissoit tous les lieux à la fois, elle y occupoit tout, elle en pénétroit tout l'intérieur : si la cour subsista après elle, ce ne fut plus que pour languir. Jamais princesse si regrettée, jamais il n'en fut si digne de l'être ; aussi les regrets n'en ont-ils pu passer, et l'amertume involontaire et secrète en est constamment demeurée, avec un vide affreux qui n'a pu être diminué.

Le Roi et Mme de Maintenon, pénétrés de la plus vive

douleur, qui fut la seule véritable qu'il ait jamais eue en sa vie, entrèrent d'abord chez Mme de Maintenon en arrivant à Marly ; il soupa seul chez lui, dans sa chambre, fut peu dans son cabinet, avec M. le duc d'Orléans et ses enfants naturels. M. le duc de Berry, tout occupé de son affliction, qui fut véritable et grande, et plus encore de celle de Monseigneur son frère, qui fut extrême, étoit demeuré à Versailles avec Mme la duchesse de Berry, qui transportée de joie de se voir délivrée d'une plus grande et mieux aimée qu'elle, et à qui elle devoit tout, suppléa tant qu'elle put au cœur par l'esprit, et tint une assez bonne contenance. Ils allèrent le lendemain matin à Marly pour se trouver au réveil du Roi.

Monseigneur le Dauphin, malade et navré de la plus intime et de la plus amère douleur, ne sortit point de son appartement, où il ne voulut voir que Monsieur son frère, son confesseur, et le duc de Beauvillier, qui malade depuis sept ou huit jours dans sa maison de la ville, fit un effort pour sortir de son lit, pour aller admirer dans son pupille tout ce que Dieu y avoit mis de grand, qui ne parut jamais tant qu'en cette affreuse journée et en celles qui suivirent jusqu'à sa mort. Ce fut, sans s'en douter, la dernière fois qu'ils se virent en ce monde. Cheverny, d'O et Gamaches passèrent la nuit dans son appartement, mais sans le voir, que des instants.

Le samedi matin 13 février, ils le pressèrent de s'en aller à Marly, pour lui épargner l'horreur du bruit qu'il pouvoit entendre sur sa tête, où la Dauphine étoit morte. Il sortit à sept heures du matin, par une porte de derrière de son appartement, où il se jeta dans une chaise bleue qui le porta à son carrosse. Il trouva en entrant dans l'une et dans l'autre quelques courtisans plus indiscrets encore qu'éveillés, qui lui firent leur révérence, et qu'il reçut avec un air de politesse. Ces trois menins[1] vinrent dans son carrosse avec lui. Il descendit à la chapelle, en-

---

[1] Cheverny, d'O et Gamaches, nommés onze lignes plus haut.

tendit la messe, d'où il se fit porter en chaise à une fenêtre de son appartement, par où il entra. Mme de Maintenon y vint aussitôt : on peut juger quelle fut l'angoisse de cette entrevue; elle ne put y tenir longtemps, et s'en retourna. Il lui fallut essuyer princes et princesses, qui par discrétion n'y furent que des moments, même Mme la duchesse de Berry et Mme de Saint-Simon avec elle, vers qui le Dauphin se tourna avec un air expressif de leur commune douleur. Il demeura quelque temps seul avec M. le duc de Berry. Le réveil du Roi approchant, ses trois menins entrèrent, et j'hasardai[1] d'entrer avec eux. Il me montra qu'il s'en apercevoit, avec un air de douceur et d'affection qui me pénétra. Mais je fus épouvanté de son regard, également contraint, fixe, avec quelque chose de farouche, du changement de son visage, et des marques plus livides que rougeâtres que j'y remarquai en assez grand nombre et assez larges, et dont ce qui étoit dans la chambre s'aperçut comme moi. Il étoit debout, et peu d'instants après on le vint avertir que le Roi étoit éveillé. Les larmes, qu'il retenoit, lui rouloient dans les yeux. A cette nouvelle il se tourna sans rien dire, et demeura. Il n'y avoit que ses trois menins et moi, et du Chesne; les menins lui proposèrent une fois ou deux d'aller chez le Roi : il ne remua ni ne répondit. Je m'approchai, et je lui fis signe d'aller, puis je lui proposai à voix basse. Voyant qu'il demeuroit et se taisoit, j'osai lui prendre le bras, lui représenter que tôt ou tard il falloit bien qu'il vît le Roi, qu'il l'attendoit, et sûrement avec désir de le voir et de l'embrasser, qu'il y avoit plus de grâce à ne pas différer, et en le pressant de la sorte, je pris la liberté de le pousser doucement. Il me jeta un regard à percer l'âme, et partit. Je le suivis quelques pas, et m'ôtai de là pour prendre haleine. Je ne l'ai pas vu depuis. Plaise à la miséricorde de Dieu que je le voie éternellement où sa bonté sans doute l'a mis !

---

1 Voyez tome V, p. 141, et tome VI, p. 17.

Tout ce qui étoit dans Marly pour lors en très-petit nombre étoit dans le grand salon. Princes, princesses, grandes entrées étoient dans le petit, entre l'appartement du Roi et celui de Mme de Maintenon; elle dans sa chambre, qui, avertie du réveil du Roi, entra seule chez lui à travers ce petit salon, et tout ce qui y étoit, qui entra fort peu après. Le Dauphin, qui entra par les cabinets, trouva tout ce monde dans la chambre du Roi, qui dès qu'il le vit l'appela pour l'embrasser tendrement, longuement et à reprises. Ces premiers moments si touchants ne se passèrent qu'en paroles fort entrecoupées de larmes et de sanglots.

Le Roi, un peu après, regardant le Dauphin, fut effrayé des mêmes choses dont nous l'avions été dans sa chambre. Tout ce qui étoit dans celle du Roi le fut, les médecins plus que les autres. Le Roi leur ordonna de lui tâter le pouls, qu'ils trouvèrent mauvais, à ce qu'ils dirent après; pour lors ils se contentèrent de dire qu'il n'étoit pas net, et qu'il seroit fort à propos qu'il allât se mettre dans son lit. Le Roi l'embrassa encore, lui recommanda fort tendrement de se conserver, et lui ordonna de s'aller coucher : il obéit, et ne se releva plus. Il étoit assez tard dans la matinée; le Roi avoit passé une cruelle nuit, et avoit fort mal à la tête; il vit à son dîner le peu de courtisans considérables qui s'y présentèrent. L'après-dînée il alla voir le Dauphin, dont la fièvre étoit augmentée et le pouls encore plus mauvais, passa chez Mme de Maintenon, soupa seul chez lui, et fut peu dans son cabinet après, avec ce qui avoit accoutumé d'y entrer. Le Dauphin ne vit que ses menins, et des instants, les médecins, peu de suite, Monsieur son frère, assez son confesseur, un peu M. de Chevreuse, et passa sa journée en prières, et à se faire faire de saintes lectures. La liste pour Marly se fit, et les admis avertis comme il s'étoit pratiqué à la mort de Monseigneur, qui arrivèrent successivement.

Le lendemain dimanche, le Roi vécut comme il avoit fait la veille. L'inquiétude augmenta sur le Dauphin. Lui-même ne cacha pas à Boudin, en présence de du Chesne et de M. de Cheverny, qu'il ne croyoit pas en relever, et qu'à ce qu'il sentoit il ne doutoit pas que l'avis que Boudin avoit eu ne fût exécuté. Il s'en expliqua plus d'une fois de même, et toujours avec un détachement, un mépris du monde et de tout ce qu'il a de grand, une soumission et un amour de Dieu incomparables. On ne peut exprimer la consternation générale.

Le lundi 15, le Roi fut saigné, et le Dauphin ne fut pas mieux que la veille. Le Roi et Mme de Maintenon le voyoient séparément plus d'une fois le jour ; du reste personne que Monsieur son frère des moments, ses menins comme point, M. de Chevreuse quelque peu, toujours en lectures et en prières.

Le mardi 16 il se trouva plus mal : il se sentoit dévorer par un feu consumant, auquel la fièvre ne répondoit pas à l'extérieur ; mais le pouls, enfoncé et fort extraordinaire, étoit très-menaçant. Le mardi fut encore plus mauvais, mais il fut trompeur : ces marques de son visage s'étendirent sur tout le corps ; on les prit pour des marques de rougeole. On se flatta là-dessus, mais les médecins et les plus avisés de la cour n'avoient pu oublier sitôt que ces mêmes marques s'étoient montrées sur le corps de la Dauphine, ce qu'on ne sut hors de sa chambre qu'après sa mort.

Le mercredi 17, le mal augmenta considérablement. J'en savois à tout moment des nouvelles par Cheverny, et quand Boulduc pouvoit sortir des instants de la chambre, il me venoit parler. C'étoit un excellent apothicaire du Roi, qui après son père avoit toujours été et étoit encore le nôtre, avec un grand attachement, et qui en savoit pour le moins autant que les meilleurs médecins, comme nous l'avons expérimenté, et avec cela beaucoup d'esprit et d'honneur, de discrétion et de sagesse. Il ne nous cachoit rien à Mme de Saint-Simon et à moi. Il nous avoit fait entendre plus clairement ce qu'il croyoit de la Dauphine : il m'avoit parlé aussi net dès le second jour sur le Dauphin. Je n'espérois donc plus, mais il se trouve pourtant qu'on espère jusqu'au bout contre toute espérance. Le mercredi les douleurs augmentèrent, comme d'un feu dévorant plus violent encore. Le soir fort tard, le Dauphin envoya demander au Roi la permission de communier le lendemain de grand matin, sans cérémonie et sans assistants, à la messe qui se disoit dans sa chambre ; mais personne n'en sut rien ce soir-là, et on ne l'apprit que le lendemain dans la matinée. Ce même soir du mercredi j'allai assez tard chez le duc et la duchesse de Chevreuse, qui logeoient au premier pavillon, et nous au second, tous deux du côté du village de Marly. J'étois dans une désolation extrême ; à peine voyois-je le Roi une fois le jour ; je ne faisois qu'aller plusieurs fois le jour aux nouvelles, et uniquement chez M. et Mme de Chevreuse, pour ne voir que gens aussi touchés que moi et avec qui je fusse tout à fait libre. Mme de Chevreuse non plus que moi n'avoit aucune espérance ; M. de Chevreuse, toujours équanime[1], toujours espérant, toujours voyant tout en blanc, essaya de nous prouver, par ses raisonnements de physique et de médecine, qu'il y avoit plus à espérer qu'à craindre, avec une tranquillité qui m'excéda, et qui me fit fondre sur lui avec assez d'indécence, mais au soulagement de Mme de Chevreuse et de ce peu qui étoit avec eux. Je m'en revins passer une cruelle nuit.

Le jeudi matin 18 février, j'appris dès le grand matin que le Dauphin, qui avoit attendu minuit avec impatience, avoit ouï la messe bientôt après, y avoit communié, avoit passé deux heures après dans une grande communication avec Dieu, que la tête s'étoit après embarrassée, et Mme de Saint-Simon me dit ensuite qu'il avoit reçu l'extrême-onction, enfin qu'il étoit mort à huit heures et demie. Ces *Mémoires* ne sont pas faits pour y rendre compte de mes sentiments : en les lisant on ne les sentira que trop, si jamais, longtemps après moi, ils

---

1. D'une humeur toujours égale. Voyez ci-dessus, p. 157 et note 1.

paroissent, et dans quel état je pus être et Mme de Saint-Simon aussi. Je me contenterai de dire qu'à peine parûmes-nous les premiers jours un instant chacun, que je voulus tout quitter et me retirer de la cour et du monde, et que ce fut tout l'ouvrage de la sagesse, de la conduite, du pouvoir de Mme de Saint-Simon sur moi que de m'en empêcher avec bien de la peine.

Ce prince, héritier nécessaire, puis présomptif, de la couronne, naquit terrible, et sa première jeunesse fit trembler : dur et colère jusqu'aux derniers emportements, et jusque contre les choses inanimées; impétueux avec fureur, incapable de souffrir la moindre résistance, même des heures et des éléments, sans entrer en des fougues à faire craindre que tout ne se rompît dans son corps; opiniâtre à l'excès; passionné pour toute espèce de volupté, et des femmes, et ce qui est rare à la fois, avec un autre penchant tout aussi fort; il n'aimoit pas moins le vin, la bonne chère, la chasse avec fureur, la musique avec une sorte de ravissement, et le jeu encore, où il ne pouvoit supporter d'être vaincu, et où le danger avec lui étoit extrême; enfin livré à toutes les passions et transporté de tous les plaisirs; souvent farouche, naturellement porté à la cruauté; barbare en railleries et à produire les ridicules avec une justesse qui assommoit. De la hauteur des cieux il ne regardoit les hommes que comme des atomes avec qui il n'avoit aucune ressemblance quels qu'ils fussent. A peine Messieurs ses frères lui paroissoient-ils intermédiaires entre lui et le genre humain, quoique on [eût] toujours affecté de les élever tous trois ensemble dans une égalité parfaite. L'esprit, la pénétration brilloient en lui de toutes parts : jusque dans ses furies ses réponses étonnoient; ses raisonnements tendoient toujours au juste et au profond, même dans ses emportements; il se jouoit des connoissances les plus abstraites. L'étendue et la vivacité de son esprit étoient prodigieuses, et l'empêchoient de s'appliquer à une seule chose à la fois, jusqu'à l'en rendre incapable. La nécessité de le laisser dessiner en étudiant, à quoi il avoit beaucoup de goût et d'adresse, et sans quoi son étude étoit infructueuse, a peut-être beauoup nui à sa taille.

Il étoit plutôt petit que grand, le visage long et brun, le haut parfait, avec les plus beaux yeux du monde, un regard vif, touchant, frappant, admirable, assez ordinairement doux, toujours perçant, et une physionomie agréable, haute, fine, spirituelle jusqu'à inspirer de l'esprit ; le bas du visage assez pointu, et le nez long, élevé, mais point beau, n'alloit pas si bien ; des cheveux châtains si crépus et en telle quantité qu'ils bouffoient à l'excès ; les lèvres et la bouche agréables quand il ne parloit point, mais quoique ses dents ne fussent pas vilaines, le râtelier supérieur s'avançoit trop, et emboîtoit presque celui de dessous, ce qui, en parlant et en riant, faisoit un effet désagréable. Il avoit les plus belles jambes et les plus beaux pieds qu'après le Roi j'aie jamais vues [1] à personne, mais trop longues, aussi bien que ses cuisses, pour la proportion de son corps. Il sortit droit d'entre les mains des femmes. On s'aperçut de bonne heure que sa taille commençoit à tourner ; on employa aussitôt et longtemps le collier et la croix de fer, qu'il portoit tant qu'il étoit dans son appartement, même devant le monde, et on n'oublia aucun des jeux et des exercices propres à le redresser. La nature demeura la plus forte : il devint bossu, mais si particulièrement d'une épaule qu'il en fut enfin boiteux, non qu'il n'eût les cuisses et les jambes parfaitement égales, mais parce qu'à mesure que cette épaule grossit, il n'y eut plus, des deux hanches jusqu'aux deux pieds, la même distance, et au lieu d'être à plomb il pencha d'un côté. Il n'en marchoit ni moins aisément, ni moins longtemps, ni moins vite, ni moins volontiers, et il n'en aima pas moins la promenade à pied, et à monter

---

1. Saint-Simon a bien écrit *vues*, au féminin, ce qui est justifié par la suite de la phrase.

à cheval, quoique il y fût très-mal. Ce qui doit surprendre, c'est qu'avec des yeux, tant d'esprit si élevé, et parvenu à la vertu la plus extraordinaire et à la plus éminente et la plus solide piété, ce prince ne se vit jamais tel qu'il étoit pour sa taille, ou ne s'y accoutuma jamais : c'étoit une foiblesse qui mettoit en garde contre les distractions et les indiscrétions, et qui donnoit de la peine à ceux de ses gens qui, dans son habillement et dans l'arrangement de ses cheveux, masquoient ce défaut naturel le plus qu'il leur étoit possible, mais bien en garde de lui laisser sentir qu'ils aperçussent ce qui étoit si visible. Il en faut conclure qu'il n'est pas donné à l'homme d'être ici-bas exactement parfait.

Tant d'esprit, et une telle sorte d'esprit, joint à une telle vivacité, à une telle sensibilité, à de telles passions, et toutes si ardentes, n'étoit pas d'une éducation facile. Le duc de Beauvillier, qui en sentoit également les difficultés et les conséquences, s'y surpassa lui-même par son application, sa patience, la variété des remèdes. Peu aidé par les sous-gouverneurs, il se secourut de tout ce qu'il trouva sous sa main. Fénelon, Fleury, sous-précepteur, qui a donné une si belle *Histoire de l'Église*, quelques gentilshommes de la manche, Moreau, premier valet de chambre, fort audessus de son état sans se méconnoître, quelques rares valets de l'intérieur, le duc de Chevreuse seul du dehors, tous mis en œuvre, et tous en même esprit, travaillèrent chacun sous la direction du gouverneur, dont l'art, déployé dans un récit, feroit un juste ouvrage, également curieux et instructif. Mais Dieu, qui est le maître des cœurs, et dont le divin esprit souffle où il veut, fit de ce prince un ouvrage de sa droite, et, entre dix-huit et vingt ans il accomplit son œuvre. De cet abîme sortit un prince affable, doux, humain, modéré, patient, modeste, pénitent, et, autant et quelquefois au delà de ce que son état pouvoit comporter, humble et austère pour soi. Tout appliqué à ses devoirs, et les comprenant immenses, il ne pensa plus qu'à allier les devoirs de fils et de sujet avec ceux auxquels il se voyoit destiné. La brèveté[1] des jours faisoit toute sa douleur. Il mit toute sa force et sa consolation dans la prière, et ses préservatifs en de pieuses lectures. Son goût pour les sciences abstraites, sa facilité à les pénétrer lui déroba d'abord un temps qu'il reconnut bientôt devoir à l'instruction des choses de son état, et à la bienséance d'un rang destiné à régner, et à tenir en attendant une cour.

L'apprentissage de la dévotion et l'appréhension de sa foiblesse pour les plaisirs le rendirent d'abord sauvage. La vigilance sur lui-même, à qui il ne passoit rien, et à qui il croyoit devoir ne rien passer, le renferma dans son cabinet, comme dans un asile impénétrable aux occasions. Que le monde est étrange! il l'eût abhorré dans son premier état, et il fut tenté de mépriser le second. Le prince le sentit; il le supporta; il attacha avec joie cette sorte d'opprobre à la croix de son Sauveur, pour se confondre soi-même dans l'amer souvenir de son orgueil passé. Ce qui lui fut de plus pénible, il le trouva dans les traits appesantis de sa plus intime famille : le Roi, avec sa dévotion et sa régularité d'écorce, vit bientôt avec un secret dépit un prince de cet âge censurer, sans le vouloir, sa vie par la sienne, se refuser un bureau neuf pour donner aux pauvres le prix qui y étoit destiné, et le remercier modestement d'une dorure nouvelle dont on vouloit rajeunir son petit appartement; on a vu combien il fut piqué de son refus trop obstiné de se trouver à un bal de Marly le jour des Rois; véritablement ce fut la faute d'un novice; il devoit ce respect, tranchons le mot, cette charitable condescendance, au Roi son grand-père, de ne l'irriter pas par cet étrange contraste : mais au fond et en soi action bien grande, qui l'exposoit à toutes les suites du dégoût de soi qu'il donnoit au Roi, et aux propos d'une cour dont ce roi étoit l'idole, et qui tournoit en ridicule une telle singularité.

1. Telle est bien l'orthographe de Saint-Simon. Voyez tome VII, p. 422 et note 1.

Monseigneur ne lui étoit pas une épine moins aiguë, tout livré à la matière et à autrui, dont la politique, je dis longtemps avant les complots de Flandres, redoutoit déjà ce jeune prince, n'en apercevoit que l'écorce et sa rudesse, et s'en aliénoit comme d'un censeur. Mᵐᵉ la duchesse de Bourgogne, alarmée d'un époux si austère, n'oublioit rien pour lui adoucir les mœurs. Ses charmes, dont il étoit pénétré, la politique et les importunités effrénées des jeunes dames de sa suite, déguisées en cent formes diverses, l'appât des plaisirs et des parties auxquels il n'étoit rien moins qu'insensible, tout étoit déployé chaque jour. Suivoient dans l'intérieur des cabinets les remontrances de la dévote fée et les traits piquants du Roi, l'aliénation de Monseigneur grossièrement marquée, les préférences malignes de sa cour intérieure, et les siennes trop naturelles pour M. le duc de Berry, que son aîné, traité là en étranger qui pèse, voyoit chéri et attiré avec applaudissement. Il faut une âme bien forte pour soutenir de telles épreuves, et tous les jours, sans en être ébranlée; il faut être puissamment soutenu de la main invisible quand tout appui se refuse au dehors, et qu'un prince de ce rang se voit livré aux dégoûts des siens devant qui tout fléchit, et presque au mépris d'une cour qui n'étoit plus retenue, et qui avoit une secrète frayeur de se trouver un jour sous ses lois. Cependant, rentré de plus en plus en lui-même par le scrupule de déplaire au Roi, de rebuter Monseigneur, de donner aux autres de l'éloignement de la vertu, l'écorce rude et dure peu à peu s'adoucit, mais sans intéresser la solidité du tronc. Il comprit enfin ce que c'est que quitter Dieu pour Dieu, et que la pratique fidèle des devoirs propres de l'état où Dieu a mis est la piété solide qui lui est la plus agréable. Il se mit donc à s'appliquer presque uniquement aux choses qui pouvoient l'instruire au gouvernement; il se prêta plus au monde; il le fit même avec tant de grâce et un air si naturel, qu'on sentit bientôt sa raison de s'y être refusé et sa peine à ne faire que s'y prêter, et le monde, qui se plaît tant à être aimé, commença à devenir réconciliable.

Il réussit fort au gré des troupes en sa première campagne en Flandres, avec le maréchal de Boufflers. Il ne plut pas moins à la seconde, où il prit Brisach avec le maréchal de Tallart; il s'y montra partout fort librement, et fort au delà de ce que vouloit Marsin, qui lui avoit été donné pour son mentor. Il fallut lui cacher le projet de Landau pour le faire revenir à la cour, qui n'éclata qu'ensuite. Les tristes conjonctures des années suivantes ne permirent pas de le renvoyer à la tête des armées. A la fin on y crut sa présence nécessaire pour les ranimer et y rétablir la discipline perdue. Ce fut en 1708. On a vu l'horoscope que la connoissance des intérêts et des intrigues m'en fit faire au duc de Beauvillier dans les jardins de Marly, avant que la déclaration fût publique, et on en a vu l'incroyable succès, et par quels rapides degrés de mensonges, d'art, de hardiesse démesurée d'une impudence à trahir le Roi, l'État, la vérité, jusqu'alors inouïe, une infernale cabale, la mieux organisée qui fût jamais, effaça ce prince dans le royaume dont il devoit porter la couronne, et dans sa maison paternelle, jusqu'à rendre odieux et dangereux d'y dire un mot en sa faveur. Cette monstrueuse anecdote a été si bien expliquée en son lieu que je ne fais que la rappeler ici. Une épreuve si étrangement nouvelle et cruelle étoit bien dure à un prince qui voyoit tout réuni contre lui, et qui n'avoit pour soi que la vérité, suffoquée par tous les prestiges des magiciens de Pharaon : il la sentit dans tout son poids, dans toute son étendue, dans toutes ses pointes; il la soutint aussi avec toute la patience, la fermeté, et surtout avec toute la charité d'un élu qui ne voit que Dieu en tout, qui s'humilie sous sa main, qui se purifie dans le creuset que cette divine main lui présente, qui lui rend grâces de tout, qui porte la magnanimité jusqu'à ne vouloir dire ou faire que très-précisément ce qu'il se doit, à l'État, à la vérité, et qui est tellement en garde contre l'humanité qu'il demeure bien en deçà des bornes les plus justes et les plus saintes.

Tant de vertu trouva enfin sa récompense dès ce monde, et avec d'autant plus de pureté que le prince, bien loin d'y contribuer, se tint encore fort en arrière. J'ai assez expliqué tout ce qui regarde cette précieuse révolution; que je me contente ici de la montrer, et les ministres et la cour aux pieds de ce prince, devenu le dépositaire du cœur du Roi, de son autorité dans les affaires et dans les grâces, et de ses soins pour le détail du gouvernement. Ce fut alors qu'il redoubla plus que jamais d'application aux choses du gouvernement, et à s'instruire de tout ce qui pouvoit l'en rendre plus capable. Il bannit tout amusement de sciences pour partager son cabinet entre la prière, qu'il abrégea, et l'instruction, qu'il multiplia; et le dehors entre son assiduité auprès du Roi, ses soins pour Mme de Maintenon, la bienséance et son goût pour son épouse, et l'attention à tenir une cour et à s'y rendre accessible et aimable. Plus le Roi l'éleva, plus il affecta de se tenir soumis en sa main, plus il lui montra de considération et de confiance, plus il y sut répondre par le sentiment, la sagesse, les convenances[1], surtout par une modération éloignée de tout desir et de toute complaisance en soi-même, beaucoup moins de la plus légère présomption. Son secret et celui des autres fut toujours impénétrable chez lui.

Sa confiance en son confesseur n'alloit pas jusqu'aux affaires; j'en ai rapporté deux exemples mémorables sur deux très-importantes aux jésuites, qu'ils attirèrent devant le Roi, contre lesquels il fut de toutes ses forces. On ne sait si celle qu'il auroit prise en Monsieur de Cambray auroit été plus étendue; on n'en peut juger que par celle qu'il avoit en M. de Chevreuse, et plus en M. de Beauvillier qu'en qui que ce fût. On peut dire de ces deux beaux-frères qu'ils n'étoient qu'un cœur et qu'une âme, et que

---

1. Saint-Simon a écrit *conces*, en abrégé.

Monsieur de Cambray en étoit la vie et le mouvement : leur abandon pour lui étoit sans bornes, leur commerce secret étoit continuel; il étoit sans cesse consulté sur grandes et sur petites choses, publiques, politiques, domestiques; leur conscience de plus étoit entre ses mains : le prince ne l'ignoroit pas, et je me suis toujours persuadé, sans néanmoins aucune notion autre que présomption, que le prince même le consultoit par eux, et que c'étoit par eux que s'entretenoit cette amitié, cette estime, cette confiance pour lui si haute et si connue. Il pouvoit donc compter, et il comptoit sûrement aussi, parler et entendre tous les trois quand il parloit ou écoutoit l'un d'eux. Sa confiance néanmoins avoit des degrés entre les deux beaux-frères : s'il l'avoit avec abandon pour quelqu'un, c'étoit certainement pour le duc de Beauvillier; toutefois il y avoit des choses où ce duc n'entamoit pas son sentiment, par exemple beaucoup de celles de la cour de Rome, d'autres qui regardoient le cardinal de Noailles, quelques autres de goût et d'affections : c'est ce que j'ai vu de mes yeux et ouï de mes oreilles.

Je ne tenois à lui que par M. de Beauvillier, et je ne crois pas faire un acte d'humilité de dire qu'en tous sens et en tous genres j'étois sans aucune proportion avec lui. Néanmoins il a souvent concerté avec moi pour faire, ou sonder, ou parler, ou inspirer, approcher, écarter de ce prince par moi, pris ses mesures sur [ce] que je lui disois; et plus d'une fois, lui rendant compte de mes tête-à-tête avec le prince, il m'a fait répéter de surprise des choses qu'il m'avouoit sur lesquelles il ne s'étoit jamais tant ouvert avec lui, et d'autres qu'il ne lui avoit jamais dites. Il est vrai que celles-là ont été rares, mais elles ont été, et elles ont été plus d'une fois. Ce n'est pas assurément que ce prince eût en moi plus de confiance; j'en serois si honteux et pour lui et pour moi, que s'il avoit été capable d'une si lourde faute, je me garderois bien de la laisser sentir; mais je m'étends sur ce détail, qui n'a pu être aperçu que de moi, pour rendre témoignage à cette verité, que la confiance la plus entière de ce prince, et la plus fondée sur tout ce qui la peut établir et la rendre toujours durable, n'alla jamais jusqu'à l'abandon, et à une transformation qui devient trop souvent le plus grand malheur des rois, des cours, des peuples et des États mêmes.

Le discernement de ce prince n'étoit donc point asservi, mais comme l'abeille il recueilloit la plus parfaite substance des plus belles et des meilleures fleurs. Il tâchoit à connoître les hommes, à tirer d'eux les instructions et les lumières qu'il en pouvoit espérer. Il conféroit quelquefois, mais rarement, avec quelques-uns, mais à la passade, sur des matières particulières; plus rarement en secret, sur des éclaircissements qu'il jugeoit nécessaires, mais sans retour et sans habitude. Je n'ai point su, et cela ne m'auroit pas échappé, qu'il travaillât habituellement avec personne qu'avec les ministres, et le duc de Chevreuse l'étoit, et avec les prélats dont j'ai parlé sur l'affaire du cardinal de Noailles. Hors ce nombre, j'étois le seul qui eusse ses derrières libres et fréquents, soit de sa part ou de la mienne. Là il découvroit son âme, et pour le présent et pour l'avenir, avec confiance, et toutefois avec sagesse, avec retenue, avec discrétion. Il se laissoit aller sur les plans qu'il croyoit nécessaires, il se livroit sur les choses générales, il se retenoit sur les particulières, et plus encore sur les particuliers; mais comme il vouloit sur cela même tirer de moi tout ce qui pouvoit lui servir, je lui donnois adroitement lieu à des échappées, et souvent avec succès, par la confiance qu'il avoit prise en moi de plus en plus, et que je devois toute au duc de Beauvillier, et en sous-ordre au duc de Chevreuse, à qui je ne rendois pas le même compte qu'à son beau-frère, mais à qui je ne laissois de m'ouvrir fort souvent, comme lui à moi.

Un volume ne décriroit pas suffisamment ces divers tête-à-tête entre ce prince et moi. Quel amour du bien! quel dépouillement de soi-même! quelles recherches!

quels fruits! quelle pureté d'objet! oserois-je le dire? quel reflet de la Divinité! dans cette âme candide, simple, forte, qui, autant qu'il leur est donné ici-bas, en avoit conservé l'image! On y sentoit briller les traits d'une éducation également laborieuse et industrieuse, également savante, sage, chrétienne, et les réflexions d'un disciple lumineux, qui étoit né pour le commandement. Là s'éclipsoient les scrupules qui le dominoient en public. Il vouloit savoir à qui il avoit et à qui il auroit affaire; il mettoit au jeu le premier pour profiter d'un tête-à-tête sans fard et sans intérêt. Mais que le tête-à-tête avoit de vaste, et que les charmes qui s'y trouvoient étoient agités par la variété où le prince s'espaçoit, et par art, par entraînement de curiosité, et par la soif de savoir! De l'un à l'autre il promenoit son homme sur tant de matières, sur tant de choses, de gens et de faits, que qui n'auroit pas eu à la main de quoi le satisfaire en seroit sorti bien mal content de soi, et ne l'auroit pas laissé satisfait. La préparation étoit également imprévue et impossible. C'étoit dans ces impromptus que le prince cherchoit à puiser des vérités qui ne pouvoient ainsi rien emprunter d'ailleurs, et à éprouver, sur des connoissances ainsi variées, quel fond il pouvoit faire en ce genre sur le choix qu'il avoit fait.

De cette façon, son homme, qui avoit compté ordinairement sur une matière à traiter avec lui, et en avoir pour un quart d'heure, pour une demi-heure, y passoit deux heures et plus, suivant que le temps en laissoit plus ou moins de liberté au prince. Il se ramenoit toujours à la matière qu'il avoit destiné[1] de traiter en principal, mais à travers les parenthèses qu'il présentoit, et qu'il manioit en maître, et dont quelques-unes étoient assez souvent son principal objet. Là nul verbiage, nul compliment, nulles louanges[2], nulles chevilles, aucune préface, aucun conte, pas la plus légère plaisanterie : tout objet, tout

1. *Destinée*, au manuscrit.
2. Saint-Simon a écrit *nulle* au singulier, et *louanges* au pluriel

dessein, tout serré, substantiel, au fait, au but; rien sans raison, sans cause, rien par amusement et par plaisir : c'étoit là que la charité générale l'emportoit sur la charité particulière, et que ce qui étoit sur le compte de chacun se discutoit exactement; c'étoit là que les plans, les arrangements, les changements, les choix se formoient, se mûrissoient, se découvroient, souvent tout mâchés, sans le paroître, avec le duc de Beauvillier, quelquefois avec lui et le duc de Chevreuse, qui néanmoins étoient tous deux ensemble très-rarement avec lui. Quelquefois encore il y avoit de la réserve pour tous les deux ou pour l'un ou l'autre, quoique rare pour M. de Beauvillier; mais en tout et partout un inviolable secret dans toute sa profondeur.

Avec tant et de si grandes parties, ce prince si admirable ne laissoit pas de laisser voir un recoin d'homme, c'est-à-dire quelques défauts, et quelquefois même peu décents; et c'est ce qu'avec tant de solide et de grand, on avoit peine à comprendre, parce qu'on ne vouloit pas se souvenir qu'il n'avoit été que vice et que défaut, ni réfléchir sur le prodigieux changement, et ce qu'il avoit dû coûter, qui en avoit fait un prince déjà si proche de toute perfection qu'on s'étonnoit, en le voyant de près, qu'il ne l'eût pas encore atteinte jusqu'à son comble. J'ai touché ailleurs quelques-uns de ces légers défauts, qui, malgré son âge, étoient encore des enfances, qui se corrigeoient assez tous les jours pour faire sainement augurer que bientôt elles disparoîtroient* toutes. Un plus important, et que la réflexion et l'expérience auroient sûrement guéri, c'est qu'il étoit quelquefois des personnes, mais rarement, pour qui l'estime et l'amitié de goût, même assez familière, ne marchoient pas de compagnie. Ses scrupules, ses malaises, ses petitesses de dévotion diminuoient tous les jours, et tous les jours il croissoit en quelque chose; surtout il étoit bien guéri de l'opinion, de préférer pour les choix la piété à tout autre talent, c'est-à-dire de faire un ministre, un ambassadeur, un général plus par rapport à sa piété qu'à sa capacité et à son expérience; il l'étoit encore sur le crédit à donner à la piété, persuadé qu'il étoit enfin que de fort honnêtes gens, et propres à beaucoup de choses, le peuvent être sans dévotion, et doivent cependant être mis en œuvre, et du danger encore de faire des hypocrites.

Comme il avoit le sentiment fort vif, il le passoit aux autres, et ne les en aimoit et n'estimoit pas moins. Jamais homme si amoureux de l'ordre ni qui le connût mieux, ni si desireux de le rétablir en tout, d'ôter la confusion, et de mettre gens et choses en leur place; instruit au dernier point de tout ce qui doit régler cet ordre par maximes, par justice et par raison, et attentif, avant qu'il fût le maître, de rendre à l'âge, au mérite, à la naissance, au rang, la distinction propre à chacune de ces choses, et de la marquer en toutes occasions. Ses desseins allongeroient trop ces *Mémoires;* les expliquer seroit un ouvrage à part, mais un ouvrage à faire mourir de regrets. Sans entrer dans mille détails sur le comment, sur les personnes, je ne puis toutefois m'en refuser ici quelque chose en gros. L'anéantissement de la noblesse lui étoit odieux[1], et son égalité entre elle insupportable. Cette dernière nouveauté qui ne cédoit qu'aux dignités, et qui confondoit le noble avec le gentilhomme, et ceux-ci avec les seigneurs, lui paroissoit de la dernière injustice, et ce défaut de gradation une cause prochaine et destructive d'un royaume tout militaire. Il se souvenoit qu'il n'avoit dû son salut dans ses plus grands périls, sous Philippe de Valois, sous Charles V, sous Charles VII, sous Louis XII, sous François I*er*, sous ses petits-fils, sous Henri IV, qu'à cette noblesse qui se connoissoit et se tenoit dans les bornes de ses différences réciproques, qui avoit la volonté et le moyen de marcher au secours de l'État; par bandes et par provinces, sans embarras et sans confusion, parce qu'aucun n'étoit sorti de son état et ne faisoit dif-

---

1. Saint-Simon a écrit *odieuse*, au féminin.

ficulté d'obéir à plus grand que soi. Il voyoit au contraire ce secours éteint par les contraires : pas un qui n'en soit venu à prétendre l'égalité à tout autre, par conséquent plus rien d'organisé, plus de commandement et plus d'obéissance.

Quant aux moyens, il étoit touché jusqu'au plus profond du cœur de la ruine de la noblesse, des voies prises et toujours continuées pour l'y réduire et l'y tenir, l'abâtardissement que la misère et le mélange du sang, par les continuelles mésalliances nécessaires pour avoir du pain, avoit établi dans les courages et pour valeur, et pour vertu, et pour sentiments. Il étoit indigné de voir cette noblesse françoise si célèbre, si illustre, devenue un peuple presque de la même sorte que le peuple même, et seulement distingué de lui en ce que le peuple a la liberté de tout travail, de tout négoce, des armes mêmes, au lieu que la noblesse est devenue un autre peuple qui n'a d'autre choix qu'une mortelle et ruineuse oisiveté, qui par son inutilité à tout la rend à charge et méprisée, ou d'aller à la guerre se faire tuer, à travers les insultes des commis des secrétaires d'État et des secrétaires des intendants, sans que les plus grands de toute cette noblesse par leur naissance, et par les dignités, qui sans sortir de son ordre les met au-dessus d'elle, puissent éviter ce même sort d'inutilité, ni les dégoûts des maîtres de la plume lorsqu'ils servent dans les armées. Surtout il ne pouvoit se contenir contre l'injure faite aux armes, par lesquelles cette monarchie s'est fondée et maintenue, qu'un officier vétéran, souvent couvert de blessures, même lieutenant général des armées, retiré chez soi avec estime, réputation, pensions même, y soit réellement mis à la taille avec tous les autres paysans de sa paroisse, s'il n'est pas noble, par eux et comme eux, et comme je l'ai vu arriver à d'anciens capitaines chevaliers de Saint-Louis et à pension, sans remède pour les en exempter, tandis que les exemptions sont sans nombre pour les plus vils emplois de la petite robe et de la finance, même après les avoir vendus, et quelquefois héréditaires.

Ce prince ne pouvoit s'accoutumer qu'on ne pût parvenir à gouverner l'État en tout ou en partie si on n'avoit été maître des requêtes, et que ce fût entre les mains de la jeunesse de cette magistrature que toutes les provinces fussent remises, pour les gouverner en tout genre, et seuls, chacun la sienne à sa pleine et entière discrétion, avec un pouvoir infiniment plus grand, et une autorité plus libre et plus entière, sans nulle comparaison, que les gouverneurs de ces provinces en avoient jamais eu, qu'on avoit pourtant voulu si bien abattre qu'il ne leur en étoit resté que le nom et les appointements uniques; et il ne trouvoit pas moins scandaleux que le commandement de quelques provinces fût joint et quelquefois attaché à la place du chef du parlement de la même province, en absence du gouverneur et du lieutenant général en titre, laquelle étoit nécessairement continuelle, avec le même pouvoir sur les troupes qu'eux. Je ne répéterai point ce qu'il pensoit sur le pouvoir et sur l'élévation des secrétaires d'État, des autres ministres, et la forme de leur gouvernement : on l'a vu il n'y a pas longtemps, comme sur le dixième on a vu ce qu'il pensoit et sentoit sur la finance et les financiers. Le nombre immense de gens employés à lever et à percevoir les impositions ordinaires et extraordinaires, et la manière de les lever, la multitude énorme d'offices et d'officiers de justice de toute espèce, celle des procès, des chicanes, des frais, l'iniquité de la prolongation des affaires, les ruines et les cruautés qui s'y commettent étoient des objets d'une impatience qui lui inspiroit presque celle d'être en pouvoir d'y remédier.

La comparaison qu'il faisoit des pays d'états avec les autres lui avoit donné la pensée de partager le royaume en parties, autant qu'il se pourroit, égales pour la richesse, de faire administrer chacune par ses états, de les simplifier tous extrêmement pour en bannir la cohue et le désordre, et d'un extrait aussi fort simplifié de tous ces états des provinces en former quelquefois des états généraux du royaume. Je n'ose achever un grand mot, un mot d'un prince pénétré, qu'un roi est fait pour les sujets, et non les sujets pour lui, comme il ne se contraignoit pas de le dire en public, et jusque dans le salon de Marly, un mot enfin de père de la patrie, mais un mot qui hors de son règne, que Dieu n'a pas permis, seroit le plus affreux blasphème. Pour en revenir aux états généraux, ce n'étoit pas qu'il leur crût aucune sorte de pouvoir : il étoit trop instruit pour ignorer que ce corps, tout auguste que sa représentation le rende, n'est qu'un corps de plaignants, de remontrants, et quand il plaît au Roi de le lui permettre, un corps de proposants ; mais ce prince, qui se seroit plu dans le sein de sa nation rassemblée, croyoit trouver des avantages infinis d'y être informé des maux et des remèdes par des députés qui connoîtroient les premiers par expérience, et de consulter les derniers avec ceux sur qui ils devoient porter. Mais dans ces états il n'en vouloit connoître que trois, et laissoit fermement dans le troisième celui qui si nouvellement a paru vouloir s'en tirer.

A l'égard des rangs, des dignités et des charges, on a vu que les rangs étrangers, ou prétendus tels, n'étoient pas dans son goût et dans ses maximes, et ce qui en étoit pour la règle des rangs. Il n'étoit pas plus favorable aux dignités étrangères. Son dessein aussi n'étoit pas de multiplier les premières dignités du royaume. Il vouloit néanmoins favoriser la première noblesse par des distinctions ; il sentoit combien elles étoient impossibles et irritantes par naissance entre les vrais seigneurs, et il étoit choqué qu'il n'y eût ni distinction ni récompense à leur donner, que les premières et le comble de toutes : il pensoit donc, à l'exemple, mais non sur le modèle de l'Angleterre, à des dignités moindres en tout que celles de ducs, les unes héréditaires et de divers degrés, avec leurs rangs et leurs distinctions propres, les autres à vie, sur le modéle, en leur manière, des ducs non vérifiés ou à brevet. Le militaire en auroit eu aussi, dans le même dessein et par la même raison, au-dessous des maréchaux de France. L'ordre de Saint-Louis auroit été beaucoup moins commun, et celui de Saint-Michel tiré de la boue où on l'a jeté et remis en honneur, pour rendre plus réservé celui de l'ordre du Saint-Esprit. Pour les charges, il ne comprenoit pas comment le Roi avoit eu pour ses ministres la complaisance de laisser tomber les premières après les grandes de sa cour dans l'abjection où de l'une à l'autre toutes sont tombées. Le Dauphin auroit pris plaisir d'y être servi et environné par de véritables seigneurs, et il auroit illustré d'autres charges moindres, et ajouté quelques-unes de nouveau pour des personnes de qualité moins distinguées : ce tout ensemble, qui eût décoré sa cour et l'État, lui auroit fourni beaucoup plus de récompenses ; mais il n'aimoit pas les perpétuelles, que la même charge, le même gouvernement devînt comme patrimoine par l'habitude de passer toujours de père en fils. Son projet de libérer peu à peu toutes les charges de cour et de guerre, pour en ôter à toujours la vénalité, n'étoit pas favorable aux brevets de retenue ni aux survivances, qui ne laissoient rien aux jeunes gens à prétendre ni à desirer.

Quant à la guerre, il ne pouvoit goûter l'ordre du tableau, que Louvois a introduit pour son autorité particulière, pour confondre qualité, mérite et néant, et pour rendre peuple tout ce qui sert. Ce prince regardoit cette invention comme la destruction de l'émulation, par conséquent du desir de s'appliquer, d'apprendre et de faire, comme la cause de ces immenses promotions qui font des officiers généraux sans nombre, qu'on ne peut pour la plupart employer ni récompenser, et parmi lesquels on en trouve si peu qui aient de la capacité et du talent, ce qui remonte enfin jusqu'à ceux qu'il faut bien faire maréchaux de France, et entre ces derniers jusqu'aux généraux des armées, dont l'État éprouve les funestes suites, surtout depuis le commencement de ce siècle, parce que ceux qui ont précédé cet établissement n'étoient déjà plus ou hors d'état de servir.

Cette grande et sainte maxime, que les rois sont faits pour leurs peuples, et non les peuples pour les rois ni aux rois, étoit si avant imprimée en son âme qu'elle lui avoit rendu le luxe et la guerre odieuse. C'est ce qui le faisoit quelquefois expliquer trop vivement sur la dernière, emporté par une vérité trop dure pour les oreilles du monde, qui a fait quelquefois dire sinistrement qu'il n'aimoit pas la guerre. Sa justice étoit munie de ce bandeau impénétrable qui en fait toute la[1] sûreté. Il se donnoit la peine d'étudier les affaires qui se présentoient à juger devant le Roi aux conseils de finance et des dépêches; et si elles étoient grandes, il y travailloit avec les gens du métier, dont il puisoit des connoissances sans se rendre esclave de leurs opinions. Il communioit au moins tous les quinze jours, avec un recueillement et un abaissement qui frappoit, toujours en collier de l'ordre et en rabat et manteau court. Il voyoit son confesseur jésuite une ou deux fois la semaine, et quelquefois fort longtemps, ce qu'il abrégea beaucoup dans la suite, quoique il approchât plus souvent de la communion.

Sa conversation étoit aimable, tant qu'il pouvoit solide, et par goût; toujours mesurée à ceux avec qui il parloit. Il se délassoit volontiers à la promenade : c'étoit là où elles paroissoient[2] le plus. S'il s'y trouvoit quelqu'un avec qui il pût parler de sciences, c'étoit son plaisir, mais plaisir modeste, et seulement pour s'amuser et s'instruire, en dissertant quelque peu et en écoutant davantage. Mais ce qu'il y cherchoit le plus, c'étoit l'utile, des gens à faire parler sur la guerre et les places, sur la marine et le commerce, sur les pays et les cours étrangères, quelquefois sur des faits particuliers, mais publics, et sur des points d'histoire ou des guerres passées depuis longtemps.

1. Saint-Simon en se relisant, sans doute rapidement, a corrigé *la* en *sa*.
2. Tel est le texte du manuscrit.

Ces promenades, qui l'instruisoient beaucoup, lui concilioient les esprits, les cœurs, l'admiration, les plus grandes espérances. Il avoit mis à la place des spectacles, qu'il s'étoit retranchés depuis fort longtemps, un petit jeu où les plus médiocres bourses pouvoient atteindre, pour pouvoir varier et partager l'honneur de jouer avec lui, et se rendre cependant visible à tout le monde. Il fut toujours sensible au plaisir de la table et de la chasse : il se laissoit aller à la dernière avec moins de scrupule, mais il craignoit son foible pour l'autre, et il y étoit d'excellente compagnie quand il s'y laissoit aller.

Il connoissoit le Roi parfaitement, il le respectoit, et sur la fin il l'aimoit en fils, et lui faisoit une cour attentive de sujet, mais qui sentoit quel il étoit. Il cultivoit Mme de Maintenon avec les égards que leur situation demandoit. Tant que Monseigneur vécut, il lui rendoit tout ce qu'il devoit avec soin ; on y sentoit la contrainte, encore plus avec Mlle Choin, et le malaise avec tout cet intérieur de Meudon. On en a tant expliqué les causes qu'on n'y reviendra pas ici. Le prince admiroit, autant pour le moins que tout le monde, que Monseigneur, qui, tout matériel qu'il étoit, avoit beaucoup de gloire, n'avoit jamais pu s'accoutumer à Mme de Maintenon, ne la voyoit que par bienséance, et le moins encore qu'il pouvoit, et toutefois avoit aussi en Mlle Choin sa Maintenon autant que le Roi avoit la sienne, et ne lui asservissoit pas moins ses enfants que le Roi les siens à Mme de Maintenon. Il aimoit les princes ses frères avec tendresse, et son épouse avec la plus grande passion. La douleur de sa perte pénétra ses plus intimes moelles. La piété y surnagea par les plus prodigieux efforts. Le sacrifice fut entier, mais il fut sanglant. Dans cette terrible affliction, rien de bas, rien de petit, rien d'indécent. On voyoit un homme hors de soi, qui s'extorquoit une surface unie, et qui y succomboit. Les jours en furent tôt abrégés. Il fut le même dans sa maladie : il ne crut point en relever ; il en raisonnoit avec ses médecins dans cette opinion ; il ne cacha pas sur quoi elle étoit fondée : on l'a dit il n'y a pas longtemps, et tout ce qu'il sentit depuis le premier jour jusqu'au dernier l'y confirma de plus en plus. Quelle épouvantable conviction de la fin de son épouse et de la sienne! mais, grand Dieu! quel spectacle vous donnâtes en lui, et que n'est-il permis encore d'en révéler des parties également secrètes, et si sublimes qu'il n'y a que vous qui les puissiez donner et en connoître tout le prix! quelle imitation de Jésus-Christ sur la croix! on ne dit pas seulement à l'égard de la mort et des souffrances, elle s'éleva bien au-dessus; quelles tendres, mais tranquilles vues! quel surcroît de détachement! quels vifs élans d'actions de grâces d'être préservé du sceptre et du compte qu'il en faut rendre! quelle soumission, et combien parfaite! quel ardent amour de Dieu! quel perçant regard sur son néant et ses péchés! quelle magnifique idée de l'infinie miséricorde! quelle religieuse et humble crainte! quelle tempérée confiance! quelle sage paix! quelles lectures! quelles prières continuelles! quel ardent desir des derniers sacrements! quel profond recueillement! quelle invincible patience! quelle douceur, quelle constante bonté pour tout ce qui l'approchoit! quelle charité pure qui le pressoit d'aller à Dieu! La France tomba enfin sous ce dernier châtiment; Dieu lui montra un prince qu'elle ne méritoit pas. La terre n'en étoit pas digne; il étoit mûr déjà pour la bienheureuse éternité.

CHAPITRE X.

Obsèques pontificales à Rome pour le Dauphin; époque et date de leur cessation à Rome et à Paris pour les papes et pour nos rois. — Étrange pensée de l'archevêque de Reims sur le duc de Noailles; pourquoi mal avec les Noailles. — Embarras du P. la Rue, qui surprend étrangement le Roi du changement de confesseur. — Appareil funèbre chez la Dauphine; prétentions des évêques refusées; règles de ces choses. — Carreau et goupillon à qui donnés et par qui présentés. — Annonce à haute voix pour qui. — Garde par les dames, et quelles ; première garde ; comment réglée par le Roi entre les duchesses et la maison de Lorraine. — Eau bénite de peu du sang royal et du comte de Toulouse, et point d'autres. — Le corps du Dauphin porté sans cérémonie près de celui de la Dauphine. — Transport en cérémonie des deux cœurs au Val-de-Grâce. — Mgr le duc de Bretagne Dauphin ; Madame entre les soirs dans le cabinet du Roi après le souper. — M. le duc d'Orléans, seul de tous les princes, donne en cérémonie l'eau bénite au Dauphin. — Convoi des deux corps à Saint-Denis en cérémonie. — Retour du Roi à Versailles, où il voit en passant la foule des mantes et des manteaux, qui vont après chez tout le sang royal sans ordre et pour la première fois. — Privance de la duchesse de Lude. — Le Roi voit à la fois tous les ministres étrangers en manteaux ; reçoit les harangues des cours. — Extrémité des deux jeunes fils de France, qui sont nommés sans cérémonie. — Mort du petit Dauphin ; le Roi d'aujourd'hui comment sauvé. — Le corps et le cœur du petit Dauphin portés sans cérémonie près de ceux de Monsieur et de Madame la Dauphine. — M. le duc d'Anjou, aujourd'hui roi, succède au titre et au rang de Dauphin. — Douleur de M. le duc de Berry, et en Espagne. — Singularité des obsèques jusqu'à Saint-Denis. — Deuil aussi singulier que ces obsèques. — État du duc de Beauvillier et le mien. — Cassette du Dauphin qui me met en grand péril, dont l'adresse du duc de Beauvillier me sauve.

La consternation fut vraie et générale ; elle pénétra les terres et les cours étrangères. Tandis que les peuples pleuroient celui qui ne pensoit qu'à leur soulagement, et toute la France un prince qui ne vouloit régner que pour la rendre heureuse et florissante, les souverains de l'Europe pleurèrent publiquement celui qu'ils regardoient déjà comme leur exemple, et que ses vertus alloient rendre leur arbitre et le modérateur paisible et révéré des nations. Le Pape en fut si touché qu'il résolut de lui-même, et sans aucune sorte d'office, de passer par-dessus toutes les règles et les formalités de sa cour, et il en fut unanimement applaudi ; il tint exprès un consistoire, il y déplora la perte infinie que faisoit l'Église et toute la chrétienneté[1] ; il fit un éloge complet du prince qui causoit leurs justes regrets et ceux de toute l'Europe ; il y déclara enfin que passant, en faveur de ses extraordinaires

---

1. Telle est l'orthographe de Saint-Simon.

vertus et de la douleur publique, par-dessus toute coutume, il en feroit lui-même dans sa chapelle les obsèques publiques et solennelles. Il en indiqua tout de suite le jour; le sacré collége et toute la cour romaine y assista, et tous applaudirent à un honneur si insolite. Il avoit toujours été rendu réciproquement aux papes en France et à nos rois à Rome, mais non à leurs enfants, jusqu'à la mort d'Henri III.

Sixte V, qui avoit ouvert les yeux au célèbre duc de Nevers, qui l'étoit allé consulter sur la Ligue, et qui lui-même ne l'avoit favorisée que le moins qu'il avoit pu, qui loua publiquement Henri III de s'être défait du duc de Guise, devint furieux deux jours après, lorsqu'il apprit que le cardinal de Guise avoit eu le même sort : il excommunia Henri III, et quoi que ce prince pût faire dans le peu de temps que les Guises le laissèrent vivre depuis, il demeura excommunié même après sa mort, quoique, dans le court espace qu'il vécut après avoir été frappé, il eût fait tout ce qui lui fut possible pour mourir en bon chrétien, qu'il eût été réconcilié à l'Église et qu'il eût reçu tous les sacrements. Tout ce que la Reine sa veuve fit de démarches à Rome par le célèbre d'Ossat, depuis cardinal, toute l'adresse, l'éloquence, la force des raisons et des offices qu'il y employa, toute la considération personnelle que ce grand homme s'y étoit acquise, furent inutiles pour obtenir les obsèques accoutumées pour nos rois. En revanche, on cessa en France de les faire pour les papes, et réciproquement il n'y en a pas eu depuis. C'est ce qui ajouta beaucoup à celles que Clément XI, et de lui-même, voulut faire pour ce sublime Dauphin, et que tout Rome applaudit, contre ses plus opiniâtres maximes, qui la rendent si politiquement invariable pour tout ce qui est du cérémonial.

De douloureuses choses me ramènent sur mes pas. La Dauphine mourut, comme je l'ai dit, à Versailles, le vendredi 12 février, entre huit et neuf heures du soir. J'étois retiré dans ma chambre, pénétré de cette perte;

l'archevêque de Reims, qui entroit chez moi à toute heure, y arriva et me trouva seul. Il étoit affligé, comme il n'étoit personne qui pût s'en défendre ; il l'étoit de plus de la perte de la charge de dame d'atour qu'avoit la comtesse de Mailly, sa belle-sœur, avec laquelle il étoit intimement de tout temps. Il savoit par elle l'aventure de la tabatière. Le Roi ne faisoit presque que de partir, et il s'étoit trouvé dans la chambre de la pauvre princesse tout pendant que le Roi y avoit demeuré, et il y étoit longtemps auparavant. Il me conta d'entrée que le duc de Noailles, qui étoit en quartier de capitaine des gardes, y étoit venu avant le Roi, qu'il lui avoit vu un air embarrassé, le regard curieux, une décision fort nette et trop sereine, que cela ne pouvoit aller loin, un examen attentif, et quelque chose de fort composé dans toute sa personne, qu'il étoit demeuré assez longtemps, et s'en étoit allé pour y revenir fort peu après avec le Roi, où à travers son embarras, qui subsistoit, le contentement perçoit : enfin il m'en parla comme lui en attribuant tout le malheur, et me le dit nettement.

Il faut remarquer que tous ces Maillis ne pouvoient souffrir les Noailles ; la jalousie les rongeoit de la préférence qu'ils avoient sur eux chez Mme de Maintenon, et leur manie étoit de trouver fort mauvais que la comtesse de Mailly, fille de son cousin germain, n'en eût pas été traitée en parfaite égalité de fortune, comme la fille unique de son propre frère. A cette émulation, qui formoit leur haine, l'archevêque en joignoit une particulière. Avant son épiscopat, il avoit été député du second ordre à une assemblée du clergé. Il vouloit parvenir, et il s'étoit livré aux jésuites. Il arriva une affaire où il s'opposa fièrement au cardinal de Noailles, qui présidoit à l'assemblée, et qui étoit alors dans sa grande faveur. Surpris de se voir résister en face par un abbé, il voulut s'expliquer, et lui faire honnêtement entendre raison. L'abbé n'en poussa que plus vertement sa pointe, et même avec peu de mesure. Alors le cardinal, piqué, le malmena de façon que l'autre ne le lui pardonna jamais. Lui-même autrefois m'avoit conté la querelle, et souvent depuis témoigné qu'il ne l'oublieroit jamais. Je l'en fis souvenir alors, pour le rendre suspect à lui-même; mais voyant qu'il s'animoit de plus en plus à me vouloir persuader, je lui dis que personne ne le pouvoit jamais être que le duc de Noailles pût être capable d'une horreur aussi abominable, aussi peu qu'il eût aucun intérêt en la mort de la Dauphine, lui qui toute sa vie en avoit été si bien traité, qui avoit trois sœurs dames du palais, ses favorites, qui avoit tant d'intérêt en la vie de Mme de Maintenon, qui à son âge soutiendroit difficilement cette perte; enfin, outre ces raisons démonstratives, toutes celles dont je pus m'aviser. Je n'y gagnai rien : la cause du rappel du duc de Noailles commençoit à percer; il me soutint qu'il vouloit gouverner le Dauphin sans partage, à qui il ne pouvoit proposer une maîtresse, comme si en [ce] genre d'affaires, et de confiance, les ducs de Beauvillier et de Chevreuse n'eussent pas été des obstacles plus fâcheux. que la Dauphine. J'eus beau dire, l'archevêque demeura ferme sur la tabatière, dont l'événement est en effet demeuré inintelligible. Je l'exhortai du moins à condamner au plus profond silence, et le plus sans réserve, une si horrible pensée; et en effet il l'y contint; mais il est mort, plusieurs années depuis, dans sa persuasion, qui ne put me faire aucune impression. Ceux qui surent à la fin l'histoire de la boîte, en assez grand nombre, ne furent pas plus susceptibles que moi de ce soupçon, et personne ne s'avisa de jeter rien sur le duc de Noailles. Pour moi, je le crus si peu que notre liaison demeura la même. Quelque intime qu'elle ait été jusqu'à la mort du Roi, je ne sais comment il est arrivé que nous ne nous sommes jamais parlé de cette fatale tabatière.

Dans le moment que le P. la Rue sortit de chez la Dauphine, instruit de son intention, il fut au cabinet du Roi, à qui il fit dire qu'il avoit à lui parler au moment même. Le Roi le fit entrer. Il vainquit son embarras comme il put, et apprit au Roi ce qui l'amenoit. On ne peut jamais être plus frappé que le Roi le fut. Mille idées fâcheuses lui entrèrent dans la tête. J'ignore si les scrupules y trouvèrent leur place : ils devoient être grands. L'extrémité retint l'indignation, mais laissa cours au dépit. La Rue se servit avantageusement de ce qu'il n'y avoit pas un moment à perdre pour abréger une si fâcheuse conversation.

Le samedi 13, le corps de la Dauphine fut laissé dans son lit à visage découvert, ouvert le même jour à onze heures du soir, toute la Faculté présente, la dame d'honneur et la dame d'atour, et le dimanche 14 mis dans le cercueil sur une estrade[1] de trois marches, porté le lendemain lundi 15 dans son grand cabinet de même, où il y avoit des autels où les matins on disoit continuellement des messes. Quatre évêques assis, en rochet et camail, à la ruelle droite, se relevoient comme les dames, avertis par les agents du clergé. Ils prétendirent des chaises à dos, le carreau et le goupillon ; ils furent refusés des deux premiers, ils n'eurent que des sièges ployants et point de carreau : ils crièrent tant qu'ils attrapèrent le goupillon.

Pour entendre ce cérémonial, que je n'ai pas eu lieu encore d'expliquer, on ne doit avoir en présence du corps de ces princes que ce qu'on auroit devant eux vivants. On y est assis à l'église sur des ployants, et cela décide pour s'asseoir et pour l'espèce du siége ; de carreaux, personne n'en a devant eux à l'église que le sang royal, les bâtards, les ducs et duchesses, et ceux et celles qui ont le rang de prince étranger ou le tabouret de grâce. Aussi n'y a-t-il que ces personnes-là qui venant jeter de l'eau bénite en cérémonie, ou chacun à part, sous manteau, les hérauts, qui sont avec leurs cottes d'armes et leurs caducées aux coins du pied du cercueil, présentent un carreau qu'ils tiennent relevé auprès d'eux, pour faire

---

1. Saint-Simon a écrit ici *un estrade*. Trois et sept pages plus loin nous verrons le même mot employé au féminin.

leur courte prière après avoir donné l'eau bénite, et quand on se lève les hérauts ôtent le carreau. Le goupillon est présenté par les hérauts aux mêmes personnes à qui ils donnent le carreau, qui le leur rendent après avoir donné l'eau bénite. Ils présentent aussi le goupillon aux officiers de la couronne et à leurs femmes, et pour les charges uniquement aux premiers gentilshommes de la chambre du Roi qui ne seroient pas ducs, et à leurs femmes, à la dame d'honneur si elle n'étoit pas duchesse, à la dame d'atour, et au chevalier d'honneur et à sa femme, qui tous se mettent à genoux sans carreau pour faire leur courte prière. Toutes autres personnes, hommes et femmes, quelles qu'elles soient, même en mante et en manteau, prennent elles-mêmes le goupillon dans le bénitier, et l'y remettent après avoir jeté de l'eau bénite, sans que les hérauts fassent le moindre mouvement. Ils sont avertis de tous ceux et celles qui doivent avoir un carreau par la proclamation de leur nom, que l'huissier fait de la porte à fort haute voix à mesure qu'il en voit entrer, et n'en annonce aucune autre. Au sang royal, c'est l'aumônier de garde en rochet qui présente le goupillon et le reprend. Six dames en mante assises[1] vis-à-vis des évêques, qui se relèvent toutes ensemble par six autres tout le jour, averties chacune de sa garde et de son heure, de la part du Roi, par un billet du grand maître des cérémonies; de ces six dames, à chaque garde, deux duchesses ou princesses alternativement, qui trouvent deux carreaux devant leurs siéges aux deux premières places (les autres dames n'en ont point), deux dames du palais non duchesses qui s'accordent entre elles, et deux dames aux deux autres places qui soient de qualité à avoir mangé avec la princesse, c'est-à-dire avec la Reine, et à avoir entré dans son carrosse. Les femmes des maréchaux de France qui ne sont point ducs roulent[2] avec celles-ci, et ont la première des deux places. S'il y avoit d'autres officiers

---

1. Les mots *en mante* (le second au pluriel) sont répétés ici au manuscrit.
2. Voyez tome V, p. 163 et note 1.

de la couronne non ducs, il en seroit de même de leurs femmes.

Le Roi nomma lui-même les deux titrées de la première garde. Il s'étoit fait un point de politique d'entretenir les disputes entre les ducs et les princes étrangers, c'est-à-dire lorrains ; car encore qu'il ait donné le même rang à [M]M. de Bouillon et de Rohan, il n'a jamais souffert que ceux-là soient entrés en aucune compétence avec les ducs, ni avec la maison de Lorraine. Il crut donc faire merveilles de prendre les deux plus anciennes duchesses qui se trouvassent à la cour, et sous ce prétexte, la duchesse d'Elbœuf, veuve du second duc et pair et de l'aîné de la maison de Lorraine en France, et la duchesse de Sully, et de tenir ainsi sa balance égale, donnant aux ducs Mme d'Elbœuf pour duchesse, et si bien pour telle qu'il la doubloit d'une autre duchesse, aux Lorrains que l'aînée de leur maison avoit gardé la première. En conséquence pourtant, elles furent relevées par deux princesses, Mme de Lambesc et sa tante Mlle d'Armagnac, qui ne le trouvèrent pas trop bon, parce que cela marquoit que les duchesses avoient eu la première garde. Je continuerai les cérémonies de suite jusqu'au départ pour Saint-Denis, tant pour n'y plus revenir que pour d'autres raisons qui se verront dans la suite.

Le mercredi 17, Madame, accompagnée de M. le duc d'Orléans, de Mme la princesse de Conti et de ses deux filles, et de M. le comte de Toulouse, tous en mantes et en grands manteaux ainsi que leur suite, alla donner de l'eau bénite. Elle fut reçue par le chevalier d'honneur à la tête de la maison de Madame la Dauphine, au bout de la dernière pièce tendue de noir, et l'y reconduisit[1]. La dame d'honneur ne traversa point dans la même pièce en la recevant et la conduisant, et s'arrêta à la porte intérieure. Il n'y eut d'eau bénite en cérémonie que du sang royal, contre tout usage jusqu'alors.

1. Et le chevalier d'honneur l'y reconduisit.

Le vendredi matin 19, le corps de Monseigneur le Dauphin fut ouvert, un peu plus de vingt-quatre heures après sa mort, en présence de toute la Faculté, de quelques menins et du duc d'Aumont, nommé comme duc par le Roi. Son cœur fut porté tout de suite à Versailles auprès de celui de Madame la Dauphine. Ce même jour, entre cinq et six, les deux cœurs furent portés au Val-de-Grâce à Paris. Chamillart, évêque de Senlis, premier aumônier de Madame la Dauphine, ayant un pouvoir du cardinal de Janson, grand aumônier, étoit dans le premier carrosse à la droite au fond, portant les deux cœurs; Madame la Princesse au fond à sa gauche; Mme de Vendôme, sa fille, et Mlle de Conti au devant; la duchesse du Lude à une portière, le duc du Maine à l'autre. Le duc d'Aumont, comme premier gentilhomme de la chambre, suivoit à la première place du fond d'un carrosse de Monseigneur le Dauphin, accompagné de quelques menins. Suivoit le carrosse du corps de Madame la Dauphine, rempli de ses dames du palais, dont deux étoient restées à la garde du corps. Ce cortège arriva après minuit au Val-de-Grâce : tout y fut fini avant deux heures ; revint après sans cérémonie, et demeura à Paris qui voulut. Dès que ce convoi fut parti de Versailles, le corps de Monseigneur le Dauphin, porté de Marly sans cérémonie, fut placé à la droite de celui de Mme la Dauphine sur la même estrade, qui fut élargie.

Le samedi 20, le Roi manda à la duchesse de Ventadour qu'il vouloit que désormais Mgr le duc de Bretagne prît le nom et le rang de Dauphin ; et ce même soir il fit entrer Madame dans son cabinet, après son souper, avec les princes et princesses qui avoient coutume d'y entrer, jusqu'au coucher du Roi, et elle y est depuis entrée tous les soirs.

Le lundi 22[1] février, M. le duc d'Orléans alla donner l'eau bénite au corps de Monsieur le Dauphin. Il y fut reçu et conduit, comme l'avoit été Madame par le duc

---

1. Saint-Simon a écrit, par erreur, 21 pour 22.

d'Aumont, comme premier gentilhomme de la chambre, à la tête des menins, qui tour à tour gardoient le corps de Monseigneur le Dauphin.

Le mardi 23 février, les deux corps furent portés de Versailles à Saint-Denis sur un même chariot. Le Roi nomma M. le duc d'Orléans pour accompagner le corps de Monsieur le Dauphin, et quatre princesses pour celui de Madame la Dauphine, qui furent Madame la Duchesse, Mme de Vendôme, et Mlles de Conti et de la Roche-sur-Yon. A la descente des corps, le duc d'Aumont, comme premier gentilhomme de la chambre, portoit la couronne de Monseigneur le Dauphin; Dangeau, chevalier d'honneur, celle de Madame la Dauphine; Souvré, maître de la garde-robe du Roi, le collier de l'ordre du Saint-Esprit. Dans la marche, qui commença sur les six heures du soir, des aumôniers en rochet et à cheval soutenoient les coins des poêles : deux du Roi, deux de Madame la Dauphine; de son côté étoient à cheval le chevalier d'honneur et le premier écuyer. Trois carrosses précédoient. Dans le second étoit au fond M. le duc d'Orléans avec le duc d'Aumont, d'Antin sur le devant avec Souvré, comme maître de la garde-robe, Matignon à une portière, comme menin, le capitaine des gardes de M. le duc d'Orléans à l'autre; dans le troisième et le plus proche du chariot, quatre évêques en rochet et camail, un aumônier du Roi en quartier en rochet, et le curé de Versailles en étole. Trois carrosses derrière : les quatre princesses dans le premier, avec la duchesse du Lude, qui étoit un carrosse du Roi; un de Madame la Dauphine, rempli de ses dames; celui de Madame la Duchesse après, où étoient les dames d'honneur des princesses. Le convoi commença à entrer à Paris par la porte Saint-Honoré à deux heures après minuit, sortit de la porte Saint-Denis à quatre heures du matin, et arriva entre sept et huit heures du matin à Saint-Denis. Il y eut un grand ordre dans Paris, et aucun embarras.

Le samedi 27 février, le Roi revint de Marly à Versailles.

Il avoit mangé, tout ce voyage, seul dans sa chambre, matin et soir, à son très-petit couvert. Il ne voulut point de respects en forme de sa cour, comme il s'étoit pratiqué à la mort de Monseigneur; il fit dire qu'il verroit tout le monde à la fois tout en arrivant. Les princes et princesses du sang et bâtards l'attendirent dans ses cabinets; la duchesse du Lude et les dames de Madame la Dauphine, le chevalier d'honneur et les autres grands officiers à la porte de son cabinet, ensemble; les dames dans sa chambre, les hommes dans son antichambre et dans les pièces suivantes, jusqu'à la porte de l'appartement de Mme de Maintenon. Tout étoit en mantes et en manteaux longs. Le Roi arriva à quatre heures, et monta droit dans ses cabinets par son petit degré, puis traversa lentement jusque chez Mme de Maintenon, pour remarquer tout le monde. Il embrassa uniquement la duchesse du Lude, et lui dit qu'il n'étoit pas en état de lui parler, mais qu'il la verroit; une demi-heure après, Mme de Maintenon lui manda de venir chez elle avec les dames de Madame la Dauphine. Elles y virent le Roi sans mante; il parla obligeamment à toutes, et retint après la duchesse du Lude, qu'il fit asseoir, et qui fut longtemps en tiers avec lui et Mme de Maintenon. Il l'a vue beaucoup de fois depuis de la sorte, et comme plus du tout en public qu'à Marly, quand sa santé lui permettoit d'y aller ou d'être des voyages. Tout ce qui étoit là en mantes et en manteaux alla comme en procession chez tous les princes et princesses, commençant par M. et Mme la duchesse de Berry, et finissant[1] par le comte de Toulouse. Personne n'avoit été chez les princes et princesses du sang à la mort de Monseigneur. On a vu par quel manége M. du Maine obtint qu'on allât chez les bâtards. En cette occasion, on fut sans ordre, et comme moutons, chez les princes et princesses du sang. Il n'y eut que ce seul jour pour les manteaux et les mantes.

---

1. *Commençants..., finissants*, au manuscrit.

Le mardi 1er mars, le Roi vit dans son cabinet tous les ministres étrangers avant sa messe, qui étoient tous en manteau long. Le samedi 5 mars, il reçut les harangues du Parlement, de la chambre des comptes, de la cour des aides et de celle des monnoies, la parole portée par chaque premier président; celui de la cour des aides étoit malade; Graville, second président, parla. Après chaque cour, les gens du Roi de celle qui venoit d'haranguer [1] s'avancèrent et parlèrent par le premier avocat général, usage que M. Talon, mort président à mortier, établit du temps qu'il étoit avocat général du Parlement. La Ville harangua la dernière, et le discours du prévôt des marchands l'emporta sur tous. C'étoit le matin après la messe.

Le lendemain dimanche, à pareille heure, le grand conseil vint haranguer, parce qu'il ne veut point céder au Parlement, ni le Parlement encore moins à lui; et tout de suite l'Académie françoise.

Ce même jour, les deux enfants fils de France, malades depuis quelques jours, furent très-mal, avec les marques de rougeole qui avoient paru en Monsieur et Madame la Dauphine. Ils avoient été ondoyés en naissant. Le Roi manda à la duchesse de Ventadour de leur faire suppléer les cérémonies du baptême, de les faire tenir par qui elle voudroit, et de les faire nommer Louis l'un et l'autre. Elle prit ce qui se trouva de plus distingué sous sa main. Elle tint le petit Dauphin avec le comte de la Mothe; et le marquis de Prie, avec la duchesse de la Ferté, M. le duc d'Anjou, aujourd'hui roi. Le lendemain mardi, 8 mars, les médecins de la cour en appelèrent cinq de Paris. Le Roi ne laissa pas de tenir conseil de finances, d'aller tirer après son dîner, et de travailler le soir avec Voysin chez Mme de Maintenon. Les saignées et les autres remèdes qu'on employa ne purent sauver le petit Dauphin; il mourut ce même jour, un peu avant minuit. Il avoit cinq ans et quelques mois, et étoit bien fait, fort et grand pour

---

1. Saint-Simon n'aspire pas l'*h* de *haranguer*.

son âge; il donnoit de grandes espérances par l'esprit et la justesse qu'il montroit en tout; il inquiétoit aussi par une décision opiniâtre et par une hauteur extrême.

M. le duc d'Anjou tétoit encore. La duchesse de Ventadour, aidée des femmes de la chambre, s'en empara, ne le laissèrent[1] point saigner ni prendre aucun remède. La comtesse de Verue, empoisonnée à Turin et prête à mourir, avoit été sauvée par un contre-poison qu'avoit le duc de Savoie. Elle en avoit apporté en revenant. La duchesse de Ventadour lui en envoya demander, et en donna à M. le duc d'Anjou seulement, parce qu'il n'avoit pas été saigné, et que ce remède ne peut aller avec la saignée. Il fut bien mal, mais il en réchappa, et est roi aujourd'hui. Il l'a su depuis, et a toujours marqué une vraie distinction à Mme de Verue, et pour tout ce qui l'a regardée. Trois Dauphins moururent donc en moins d'un an, dont un seul enfant, et en vingt-quatre jours le père, la mère et le fils aîné. Le mercredi 9 mars, le corps du petit Dauphin fut ouvert. Dans la nuit, et sans aucune cérémonie, son cœur fut porté au Val-de-Grâce à Paris, et son corps à Saint-Denis, et placé sur la même estrade avec ceux de Monsieur et de Madame la Dauphine, ses père et mère. M. le duc d'Anjou, désormais unique, succéda au titre et au rang de Dauphin.

J'ai omis ce qui se passa au réveil du Roi à la mort de Monseigneur le Dauphin, parce que ce ne fut que la répétition parfaite de ce qui s'y passa à la mort de Madame la Dauphine, qui a été raconté. Le Roi embrassa tendrement M. le duc de Berry à plusieurs reprises, lui disant : « Je n'ai donc plus que vous. » Ce prince étoit fondu en larmes; on ne peut être plus amèrement ni plus longtemps affligé qu'il le fut. Mme la duchesse de Berry n'osa s'échapper; elle tint assez honnête contenance : au fond sa joie étoit extrême de se voir elle et son époux les premiers. L'affliction et l'horreur de ces coups redoublés furent inconcevables en Espagne.

A la mort de la Reine, de la Dauphine de Bavière, de

---

1. Il y a bien *empara* au singulier, et *laissèrent* au pluriel.

Monsieur, en un mot à toutes ces grandes obsèques, excepté à la mort de Monseigneur, à cause de la petite vérole qui l'avoit emporté, tous les fils de France, suivis de tous les princes du sang et de tous les ducs, avoient été en cérémonie, tous ensemble, donner l'eau bénite; et pareillement ensemble les filles et petites-filles de France, suivies des princesses du sang et des duchesses. Les cœurs et les corps avoient été accompagnés de princes du sang et de ducs, et pour les princesses de beaucoup de princesses, de duchesses et de princesses étrangères, et de dames de qualité en plusieurs carrosses ; et les corps avoient été gardés longtemps avant d'être portés à Saint-Denis. En celles-ci, quoique doubles, et par conséquent plus nombreuses et plus solennelles, puisqu'on devoit faire autant pour chaque corps que s'il n'y en avoit eu qu'un, et que cela doubloit tous les accompagnements, on ne fit qu'une légère image de ce qui s'étoit toujours pratiqué pour un seul, tant pour la durée de la garde avant le transport que pour l'eau bénite des deux corps à part et pour les convois des deux cœurs ensemble, et après des deux corps ensemble. Le genre de ces étranges morts en fut en gros la vraie cause, et la hâte de débarrasser le Roi à Versailles, et qu'il eut lui-même de n'avoir plus à ouïr parler de choses si douloureuses, et de n'entretenir pas l'excitation des propos, fit abréger tout et diminuer tout, et pour les cérémonies et pour le nombre des personnes qui y devoient assister. Il n'y parut ni fils de France ni prince du sang, mais le Roi ne laissa pas d'avoir soin, malgré toute sa douleur et ses poignantes inquiétudes, d'y en faire jouer le personnage à ses deux fils naturels, l'un au convoi des corps, l'autre à l'eau bénite de la Dauphine, à la suite de Madame et de M. le duc d'Orléans et de trois princesses du sang seulement.

C'est la première fois que les hommes et les femmes aient été ensemble donner l'eau bénite en cérémonie. M. le duc d'Orléans unique en retourna donner en cérémonie au Dauphin; l'autre avoit été pour la Dauphine

seule avant que le corps du Dauphin fût[1] mis auprès du
sien. C'étoit séparément à M. le duc et à Mme la duchesse
de Berry à conduire les eau bénite[2]; ils doivent être
séparément suivis de Madame et de M. le duc d'Orléans,
de Mme la duchesse d'Orléans, de tout le sang royal, des
ducs et duchesses, et depuis un temps de la maison de
Lorraine. Jusqu'alors cela s'étoit passé ainsi à la Reine,
à la Dauphine de Bavière, à Monsieur, je ne doute pas
aussi à sa première épouse. Il est vrai qu'à Monsieur,
sous prétexte de cette compétence des ducs avec la maison de Lorraine que le Roi aimoit tant, il ne voulut pas
qu'aucun d'eux y allât en cérémonie; mais leurs femmes
y furent avec les princesses du sang, à la suite de Mme la
duchesse de Bourgogne, où il se passa ce que j'en ai
raconté alors. Le cortége des deux cœurs fut mêlé, et
tout aussi court et singulier : trois princesses du sang
pour l'un, ce devoit être une fille de France avec elle, et
des duchesses avec pour l'autre, au lieu d'un fils de France,
de deux princes du sang et de quelques ducs, M. du Maine
unique. Au convoi des corps, M. le duc d'Orléans seul de
tout le sang royal, avec un mélange de charges pour
tout accompagnement dans le carrosse où il étoit, et deux
ducs, dont l'un encore étoit premier gentilhomme de la
chambre et en avoit servi en ces cérémonies, l'autre pouvoit être regardé comme menin. Pour la Dauphine, quatre
princesses du sang, sans fille ni petite-fille de France, et
sans duchesses ni Lorraines ni dames de qualité, et un
seul carrosse après le leur, pour les dames du palais. Rien
ne fut jamais si court ni si baroque, jusque-là que la
maison même de la Dauphine ni les menins ne donnèrent
point d'eau bénite en cérémonie, c'est-à-dire un premier
gentilhomme de la chambre à la tête des menins, la dame
d'honneur à la tête des dames de Madame la Dauphine,
et le chevalier d'honneur à la tête des officiers premiers et principaux de la maison. A l'égard de Mon-

---

1. Il y a au manuscrit *fut*, à l'indicatif.
2. Saint-Simon a bien écrit les *eau bénite*, au singulier.

seigneur, pour lequel il ne s'observa pas la moindre cérémonie, la petite vérole dont il mourut en fut la juste raison.

Pour comble de singularité, le Roi, qui avoit voulu à la mort de Monseigneur que les personnes qui drapent lorsqu'il drape drapassent quoique il ne portât point ce deuil, ne voulut point que personne drapât pour Monsieur et Madame la Dauphine, excepté M. le duc et Mme la duchesse de Berry. Comme leur maison drapoit à cause d'eux, cela fit une question sur Mme de Saint-Simon, qui prétendoit ne point draper, et eux desiroient qu'elle drapât, et s'appuyoient sur l'exemple des duchesses de Ventadour et de Brancas chez Madame. On y répondoit que celles-là, étant séparées de corps et de biens d'avec leurs maris, avoient leurs équipages à elles, au lieu que Mme de Saint-Simon et moi vivions et avions toujours vécu ensemble, qui est le cas que les équipages de la femme appartiennent au mari. Là-dessus grande négociation; ils prenoient cette draperie à l'honneur. M. et Mme la duchesse de Berry nous la demandèrent avec tant d'instance, par amitié, comme une chose qui les touchoit sensiblement, qu'il fallut enfin avoir cette complaisance; tellement que notre maison fut mi-partie : tout ce qui étoit à moi ou en commun sans deuil, et en noir tout ce qui étoit à Mme de Saint-Simon, ce qui étoit fort ridicule.

M. de Beauvillier étoit malade dans son lit à Versailles, et il étoit à[1] sa maison de la ville, pour être plus en repos, au bas de la rue de l'Orangerie. Il seroit difficile de comprendre l'excès de sa douleur, ni la grandeur de sa piété, de sa résignation, de son courage. Je n'ai rien vu de si difficile à décrire, de plus impossible à atteindre, de comparable à admirer. Le jour de la mort de notre Dauphin, je ne sortis qu'un instant de chez moi, où je m'étois barricadé, pour joindre le Roi à sa promenade dans les jardins, qui passa l'après-dînée à portée de mon pavillon.

---

1. On lit ici *la*, au manuscrit.

La curiosité y eut part. Le dépit de le voir presqu'à son ordinaire ne put soutenir cette promenade qu'un instant. On emportoit alors le corps du Dauphin; j'en aperçus de loin quelque chose. Je me rejetai chez moi, d'où je ne sortis presque plus du reste du voyage que pour aller passer les après-dînées auprès du duc de Beauvillier, enfermé chez lui, où il ne laissoit entrer presque personne. J'avoue que je faisois le détour entre le canal et les jardins de Versailles, pour arriver à l'hôtel de Beauvillier par la porte de l'Orangerie, qu'il joignoit, pour me dérober à la vue de ce qui paroissoit de funèbre, dont aucun devoir ne me put faire approcher. Je conviens de la foiblesse. Je n'étois soutenu ni de la piété supérieure à tout du duc de Beauvillier, ni d'une semblable à celle de Mme de Saint-Simon, qui toutefois n'en souffroient pas moins. La vérité est que j'étois au désespoir. A qui saura où j'en étois arrivé, cet état paroîtra moins étrange que d'avoir pu supporter un malheur si complet. Je l'essuyois précisément au même âge où étoit mon père quand il perdit Louis XIII; au moins en avoit-il grandement joui, et moi, *Gustavi paululum mellis, et ecce morior*[1] ! Ce n'étoit pas tout encore.

Il y avoit dans la cassette du Dauphin des mémoires qu'il m'avoit demandés. Je les avois faits en toute confiance, lui les avoit gardés de même. J'y étois donc parfaitement reconnoissable. Il y en avoit même un fort long de ma main, qui seul eût suffi pour me perdre sans espérance de retour auprès du Roi. On n'imagine point de pareilles catastrophes. Le Roi connoissoit mon écriture; il ne connoissoit pas de même ma façon de penser, mais il s'en doutoit à peu près: j'y avois donné lieu quelquefois, et de bons amis de cour y avoient suppléé de leur mieux. Ce péril ne laissoit pas de regarder assez directement le duc de Beauvillier, un peu plus en lointain le duc de Chevreuse. Le Roi, qui par ces mémoires m'auroit aussitôt

---

1. *Gustans gustavi in summitate virgæ, quæ erat in manu mea, paululum mellis, et ecce ego morior.* (Ier livre des *Rois*, chapitre XIV. verset 43.)

reconnu, y auroit en même temps découvert la plus libre et la plus entière confiance entre le Dauphin et moi, et sur des chapitres les plus importants et qui lui auroient été les moins agréables, et il ne se doutoit seulement pas que j'approchasse de son petit-fils plus que tous les autres courtisans. Il n'eût pas pu croire, intimement lié comme il me savoit de tout temps avec le duc de Beauvillier, que ce commerce intime et si secret d'affaires se fût établi sans lui entre le Dauphin et moi, et toutefois il falloit que lui-même portât au Roi la cassette de ce prince, à la mort duquel du Chesne en avoit sur-le-champ remis la clef au Roi. L'angoisse étoit donc cruelle, et il y avoit tout à parier que j'en serois perdu et chassé pour tout le règne du Roi.

Quel contraste des cieux ouverts que je voyois sans chimère, et de ces abîmes, qui tout à coup s'ouvroient sous mes pieds ! Et voilà la cour et le monde ! J'éprouvai alors le néant des plus desirables fortunes, par un sentiment intime, qui toutefois marque combien on y tient. La frayeur de l'ouverture de cette cassette n'eut presque point de prise sur moi ; il me fallut des réflexions pour y revenir de temps en temps. Les regrets de ce qui m'échappoit, plus sans comparaison qu'eux la vue de ce que perdoit la France, surtout la disparution [1] de cet incomparable Dauphin, me perçoit le cœur et suspendoit toutes les facultés de mon âme. Je ne voulus longtemps que m'enfuir, et ne revoir jamais la figure trompeuse de ce monde. Même après que je me fus résolu à y demeurer, la situation naturelle où j'étois avec M. le duc de Berry et M. le duc d'Orléans, que tant d'autres des plus grands eussent si chèrement achetée dans la perspective de l'âge du Roi et de celui du petit Dauphin, m'étoit insipide, je n'oserois dire pire, par la comparaison de ce qui n'étoit plus ; et ma douleur si peu capable de consolation et de raison, qu'elle trahit entièrement tout ce que j'avois

---

1. Voyez ci-dessus, p. 192 et note 1.

caché jusque-là avec tant de soin et de politique, et manifesta malgré moi tout ce que j'avois perdu. Mme de Saint-Simon, non moins sensible, non moins touchée, aussi peu capable de le dissimuler, mais plus sensée, plus forte, et toute à Dieu, recevoit aussi par plus de liberté d'esprit, par plus de mesure en attaches, par la plus sage prudence, de plus fortes impressions de l'inquiétude de ces papiers.

Les ducs et duchesses de Beauvillier et de Chevreuse étoient uniques dans ce secret, et les uniques aussi avec qui en consulter. M. de Beauvillier prit le parti de ne confier la cassette à personne, quoique le Roi en eût la clef, et d'attendre que sa santé lui permît de la porter lui-même, pour essayer, étant avec lui, de dérober ces papiers à sa vue parmi tous les autres, de quelque manière que ce fût. Cette mécanique étoit difficile, car il ne savoit pas même la position de ces papiers si dangereux parmi les autres dans la cassette, et cependant c'étoit la seule ressource. Une si terrible incertitude dura plus de quinze jours.

Le lundi dernier février, le Roi vit dans son cabinet, sur les cinq heures, le duc de Beauvillier pour la première fois, qui n'avoit pas [été] en état de s'y rendre plus tôt. Mon logement étoit assez près du sien, et de plein pied, donnant au milieu de la galerie de l'aile neuve, de plein pied aussi au grand appartement du Roi. Le duc à son retour entra chez moi, et nous dit, à Mme de Saint-Simon et à moi, que le Roi lui avoit ordonné de lui porter le lendemain au soir chez Mme de Maintenon la cassette du Dauphin, et nous répéta que, sans oser ni pouvoir répondre de rien, il seroit bien attentif à éviter, s'il étoit possible, que le Roi vît ce qui y étoit de moi, et nous promit de revenir le lendemain au retour de chez Mme de Maintenon nous en apprendre des nouvelles. On peut juger s'il fut attendu, et à portes bien fermées. Il arriva, et avant de s'asseoir nous fit signe de n'avoir plus d'inquiétude. Il nous conta que tout le dessus de la cassette, et assez épaissement, s'étoit heureusement trouvé rempli d'un fatras de toutes sortes de mémoires et de projets sur les finances, et de quelques autres d'intérieurs de provinces, qu'il en avoit lu exprès une quantité au Roi pour le lasser, qu'il y avoit réussi tellement qu'à la fin le Roi s'étoit contenté d'en entendre les titres, et que fatigué de ne trouver autre chose, il s'étoit persuadé que le fond n'étoit pas plus curieux, avoit dit que ce n'étoit pas la peine d'en voir davantage, et qu'il n'avoit qu'à jeter là tous ces papiers dans le feu. Le duc nous assura qu'il ne se l'étoit pas fait dire deux fois, d'autant qu'il avoit déjà avisé au fond un petit bout de mon écriture, qu'il avoit promptement couvert en prenant d'autres papiers pour en lire les titres au Roi, et qu'aussitôt qu'il lui eut lâché la parole, il rejeta confusément dans la cassette ce qu'il en avoit tiré de papiers et mis à mesure sur la table, et avoit été secouer la cassette derrière le feu entre le Roi et Mme de Maintenon, prit bien garde en la secouant que ce mémoire de ma main, qui étoit grand et épais, fût couvert d'autres, et qu'il avoit eu grand soin d'empêcher avec les pincettes qu'aucun bout ne s'écartât, et de voir tout bien brûlé avant de quitter la cheminée. Nous nous embrassâmes dans le soulagement réciproque, qui fut proportionné pour ce moment au péril que nous avions couru.

CHAPITRE XI.

Dauphine empoisonnée. — Le maréchal de Villeroy raccommodé avec le Roi, devient tout d'un coup favori. — Le Dauphin empoisonné. — Le duc du Maine et Mme de Maintenon persuadent le Roi et le monde que M. le duc d'Orléans a fait empoisonner le Dauphin et la Dauphine. — Crayon de M. le duc d'Orléans. — Éclats populaires contre M. le duc d'Orléans. — Cri général contre M. le duc d'Orléans; conduite de la cour à son égard. — Maréchal de Villeroy et autres principaux. — Embarras du duc de Noailles, qui se dit en apoplexie et s'en va à Vichy.

Les horreurs qui ne se peuvent plus différer d'être racontées glacent ma main. Je les supprimerois si la vérité si entièrement due à ce qu'on écrit, si d'autres horreurs qui ont augmenté celles des premières s'il est possible, si la publicité qui en a retenti dans toute l'Europe, si les suites les plus importantes auxquelles elles ont donné lieu, ne me forçoient de les exposer ici comme faisant une partie intégrante et des plus considérables de ce qui s'est passé sous mes yeux. La maladie de la Dauphine, subite, singulière, peu connue aux médecins, et très-rapide, avoit dans sa courte durée noirci les imaginations, déjà fort ébranlées par l'avis venu à Boudin si peu auparavant, et confirmé par celui du roi d'Espagne. La colère du Roi du changement de confesseur, qui se seroit durement fait sentir à la princesse si elle eût vécu, céda à la douleur de sa perte, peut-être mieux à celle de tout son amusement et de tout son plaisir; et la douleur voulut être éclaircie de la cause d'un si grand malheur, pour tâcher de se mettre en état d'en éviter d'autres, ou de rentrer en repos sur l'inquiétude qui le frappoit. La Faculté reçut donc de sa bouche les ordres les plus précis là-dessus.

Le rapport de l'ouverture du corps n'eut rien de consolant : nulle cause naturelle de mort, mais d'autres vers les parties intérieures de la tête, voisines de cet endroit fatal où elle avoit tant souffert. Fagon et Boudin ne doutèrent pas du poison, et le dirent nettement au Roi, en présence de Mme de Maintenon seule. Boulduc, qui m'assura en être convaincu, et le peu des autres à qui le Roi voulut parler et qui avoient assisté à l'ouverture, le confirmèrent par leur morne silence. Maréchal fut le seul qui soutint qu'il n'y avoit de marques de poison que si équivoques, qu'il avoit ouvert plusieurs corps où il s'en étoit trouvé de pareilles, et sur la mort desquels il n'y avoit jamais eu le plus léger soupçon. Il m'en parla de même, à moi à qui il ne cachoit rien, mais il ajouta que néanmoins, à ce qu'il avoit vu, il ne voudroit pas jurer du oui ou du non, mais que c'étoit assassiner le Roi et le faire mourir à petit feu que de nourrir en lui une opinion en soi désolante, et qui pour les suites et pour sa propre vie ne lui laisseroit plus aucun repos. En effet, c'est ce qu'opéra ce rapport, et pour assez longtemps. Le Roi, outré, voulut chercher à savoir d'où le coup infernal pouvoit être parti, sans pouvoir s'apaiser par tout ce que Maréchal lui put dire, et qui disputa vivement contre Fagon et Boudin, lesquels maintinrent aussi vivement leurs avis en ce premier rapport, et n'en démordirent point dans la suite. Boudin, outré d'avoir perdu sa charge et une princesse pleine de bontés pour lui, même de confiance, et ses espérances avec elle, répandit comme un forcené qu'on ne pouvoit pas douter qu'elle ne fût empoisonnée; quelques autres, qui avoient été à l'ouverture, le dirent à l'oreille à leurs amis : en moins de vingt-quatre heures la cour et Paris en furent remplis; l'indignation se joignit à la douleur de la perte d'une princesse adorée, et à l'une et à l'autre la frayeur et la curiosité, qui furent incontinent augmentées par la maladie du Dauphin.

Il faut interrompre un moment la suite de ces horreurs, pour parler d'un événement qui devint après considérable. Le maréchal de Villeroy languissoit à Paris, et souvent à Villeroy, dans la plus profonde disgrâce depuis son dernier retour de Flandres, dont on a vu le détail en son lieu. Il ne paroissoit que de loin à loin à Versailles, toujours sans y coucher, à Fontainebleau une fois ou deux au plus, où rarement il couchoit une nuit. Il n'étoit plus question pour lui de Marly. La sécheresse, le silence du Roi, l'air d'être peiné de le voir, étoit le même, mais il tenoit toujours à Mme de Maintenon. Sa haine pour Chamillart, qui leur étoit commune, avoit réchauffé entre eux l'ancienne familiarité. La compassion l'engageoit à le voir dans sa maison de la ville toutes les fois qu'il alloit à Versailles ou à Fontainebleau. Ils s'écrivoient souvent; et le goût, qui effaçoit tout en elle, joint au malaise extrême des affaires, l'engageoit même à le consulter et à en recevoir des mémoires. Ces mystères étoient pour le gros

du monde, mais ils n'échappoient pas aux plus attentifs
de la cour. J'en étois instruit depuis longtemps ; le Roi
ne les ignoroit pas. Mme de Maintenon n'auroit osé lui
cacher une conduite d'habitude qu'il auroit pu découvrir. Elle espéra trouver par là des occasions de rapprocher le maréchal, et en effet elle lui montra quelquefois
de ses mémoires, qu'elle faisoit appuyer par Voysin. Jusqu'alors néanmoins rien n'avoit réussi. La triste conjoncture pressa Mme de Maintenon pour elle-même.

Ces premiers moments du vide extrême que laissoit[1] la
Dauphine, la douleur, les affres dont elle étoit aiguisée,
rendoient[2] le Roi pesant à la sienne. Il étoit difficile à
amuser ; elle étoit elle-même si touchée, si abattue, qu'elle
ne trouvoit point de ressources en elle-même. Celle du
travail des ministres chez elle y laissoit de grands intervalles, par la longueur des soirées de cette saison, et des
journées entières quand il faisoit trop mauvais pour sortir, et que le Roi alors passoit toujours avant trois heures
chez elle, et n'en sortoit qu'à dix pour son souper. D'admettre quelqu'un dans ce particulier avec eux, n'eût pas
été chose aisée avec le Roi, ni facile à elle à choisir. A
quelque point qu'elle se vît avec lui, tout lui paroissoit dangereux. Elle songeoit bien à multiplier les repas particuliers à Marly et à Trianon, encore plus que chez elle, pour
la commodité de la promenade, et montrer plus d'objets
par le service indispensable, et à y avoir souvent des
musiques ; mais dans ce service indispensable, elle ne
trouvoit rien dans les premiers gentilshommes de la
chambre ni dans les autres grands officiers qui pouvoient suivre, mais qui ne suivoient guère là, de quoi
amuser le Roi. Le duc de Noailles, indispensable parce
qu'il étoit capitaine des gardes en quartier, n'étoit plus en
cette situation avec le Roi ni avec elle depuis son rappel
d'Espagne. Le maréchal de Villeroy lui parut le seul sur

---

1. Les mots *que laissoit* sont écrits en interligne au-dessus du mot *de* non biffé.
2. *Rendoit*, au manuscrit.

qui elle pût jeter les yeux : il avoit été élevé auprès du Roi ; il n'avoit bougé de la cour que pour aller aux armées ; il avoit été galant de profession, et le vouloit être encore ; personne plus que lui du grand monde toute sa vie ; il l'avoit presque toute passée dans la plus grande familiarité du Roi ; ils avoient cent contes de leur jeunesse et de leur temps, dont le Roi s'amusoit beaucoup ; le maréchal en avoit de toutes les sortes, il savoit ceux de la ville de tous les temps, il en savoit des femmes des frontières ; il se passionnoit de la musique, il parloit chasses ; toutes les anciennes intrigues de la cour et du monde lui étoient présentes : c'étoit une quincaillerie à fournir abondamment. Plus que tout, elle n'en avoit rien à craindre, et s'il prenoit du crédit, c'étoit un homme toujours sûr dans sa main à faire de lui tout ce qu'elle voudroit. Ces considérations la déterminèrent à faire tous ses efforts pour le raccommoder.

Le Roi étoit demeuré en garde contre Harcourt depuis ses tentatives pour entrer au conseil ; d'ailleurs ni familiarité ancienne, ni fatuité, ni vieux contes. Nul autre de ces grands officiers ne pouvoit être compté pour l'usage qu'elle desiroit. Elle tira donc sur le temps, vanta les serviteurs de jeunesse et de toute la vie, l'attachement de toute celle du maréchal de Villeroy pour lui, sa douleur de lui avoir déplu, la longueur de sa pénitence, sa désolation de ne pouvoir être auprès du Roi dans des moments si calamiteux, la douceur de se retrouver avec ceux avec qui on avoit toujours vécu, et dont on étoit sûr que le cœur n'a[1] point de part aux fautes ; en un mot, elle sut si bien dire et presser, que tout ce qui étoit à Marly pensa tomber d'étonnement d'y voir paroître le maréchal de Villeroy le matin que le Dauphin mourut, et reçu du Roi avec tout l'air d'amitié et de familiarité que la situation de son cœur et de son esprit lui purent permettre. De ce moment il ne quitta plus la cour, fut traité du Roi mieux

---

1. Saint-Simon avait d'abord écrit *avoit*.

que jamais, incontinent après admis chez Mme de Maintenon, aux musiques quand elles y recommencèrent, et lui unique, en un mot un favori du Roi et de Mme de Maintenon, dont nous verrons les grandes et trop importantes suites.

L'espèce de la maladie du Dauphin, ce qu'on sut que lui-même en avoit cru, le soin qu'il eut de faire recommander au Roi les précautions pour la conservation de sa personne, la promptitude et la manière de sa fin, comblèrent la désolation et les affres, et redoublèrent les ordres du Roi sur l'ouverture de son corps. Elle fut faite dans l'appartement du Dauphin à Versailles, comme elle a été marquée. Elle épouvanta : ses parties nobles se trouvèrent en bouillie; son cœur, présenté au duc d'Aumont pour le tenir et le mettre dans le vase, n'avoit plus de consistance; sa substance coula jusqu'à terre entre leurs mains; le sang dissous, l'odeur intolérable dans tout ce vaste appartement. Le Roi et Mme de Maintenon en attendoient le rapport avec impatience; il leur fut fait le soir même chez elle, sans aucun déguisement.

Fagon, Boudin, et quelques autres y déclarèrent le plus violent effet d'un poison très-subtil et très-violent, qui, comme un feu très-ardent, avoit consumé tout l'intérieur du corps, à la différence de la tête, qui n'avoit pas été précisément attaquée, et qui seule l'avoit été d'une manière très-sensible en la Dauphine. Maréchal, qui avoit fait l'ouverture, s'opiniâtra contre Fagon et les autres : il soutint qu'il n'y avoit aucune marque précise de poison; qu'il avoit vu des corps ouverts à peu près dans le même état, dont on n'avoit jamais eu de soupçon; que le poison qui les avoit emportés, et tué aussi le Dauphin, étoit un venin naturel de la corruption de la masse du sang, enflammé par une fièvre ardente qui paroissoit d'autant moins qu'elle étoit plus interne; que de là étoit venue la corruption qui avoit gâté toutes les parties, et qu'il ne falloit point chercher d'autre cause que celle-là, qui étoit celle de la fin très-naturelle qu'il avoit vue arriver à plusieurs personnes, quoique rarement à un degré semblable, et qui alors n'alloit que du plus au moins. Fagon répliqua, Boudin aussi, avec aigreur tous deux. Maréchal s'échauffa à son tour, et maintint fortement son avis; il le conclut par dire au Roi et à Mme de Maintenon, devant ces médecins, qu'il ne disoit que la vérité, comme il l'avoit vue et comme il la pensoit, que parler autrement c'étoit vouloir deviner, et faire en même temps tout ce qu'il falloit pour faire mener au Roi la vie la plus douloureuse, la plus méfiante et la plus remplie des plus fâcheux soupçons, les plus noirs et en même temps les plus inutiles, et que c'étoit effectivement l'empoisonner. Il se prit après à l'exhorter, pour le repos et la prolongation de sa vie, à secouer des idées terribles en elles-mêmes, fausses suivant toute son expérience et ses connoissances, et qui n'enfanteroient que les soucis et les soupçons les plus vagues, les plus poignants, les plus irrémédiables, et se fâcha fortement contre ceux qui s'efforçoient de les lui inspirer.

Il me conta ce détail ensuite, et me dit en même temps qu'outre qu'il croyoit que la mort pouvoit être naturelle, quoique véritablement il en doutât à tout ce qu'il avoit remarqué d'extraordinaire, mais qu'il avoit principalement insisté par la compassion de la situation de cœur et d'esprit où l'opinion de poison alloit jeter le Roi, et par l'indignation d'une cabale qu'il voyoit se former dans l'intérieur, dès la maladie, et surtout depuis la mort de Madame la Dauphine, pour en donner le paquet à M. le duc d'Orléans, et qu'il m'en avertissoit comme son ami et le sien ; car Maréchal qui étoit effectif, et la probité, et la vérité, et la vertu même, étoit d'ailleurs grossier, et ne savoit ni la force ni la mesure des termes, étant d'ailleurs tout à fait respectueux et parfaitement éloigné de se méconnoître.

Je ne fus pas longtemps, malgré ma clôture, à apprendre d'ailleurs ce qui commençoit à percer sur M. le duc d'Orléans. Ce bruit sourd, secret, à l'oreille, n'en demeura pas longtemps dans ces termes. La rapidité avec laquelle ¹ il remplit la cour, Paris, les provinces, les recoins les moins fréquentés, le fond des monastères les plus séparés, les solitudes les plus inutiles au monde et les plus désertes, enfin les pays étrangers et tous les peuples de l'Europe, me retraça celle avec laquelle y furent si subitement répandus ces noirs attentats de Flandres contre l'honneur de celui que le monde entier pleuroit maintenant. La cabale d'alors, si bien organisée, par qui tout ce qui lui convenoit se trouvoit répandu de toutes parts, en un instant, avec un art inconcevable, cette cabale, dis-je, avoit été frappée comme on l'a vu, et son détestable héros réduit à l'aller faire en Espagne. Mais pour frappée, quoique hors de mesure et d'espérance par tous les changements arrivés, elle n'étoit pas dissipée. M. du Maine et ceux qui restoient de la cabale, et qui continuoient de figurer comme ils pouvoient à la cour, Vaudemont, sa nièce d'Espinoy, d'autres restes de Meudon, vivoient. Ils espéroient contre toute espérance; ils se roidissoient contre la fortune si apparemment contraire. Ils en saisirent ce funeste retour, ils ressuscitèrent; et avec Mme de Maintenon à leur tête, que ne se promirent-ils point, et en effet, jusqu'où n'allèrent-ils pas?

On a vu, je ne dis pas les desseins du Dauphin à l'égard des bâtards, parce qu'ils étoient secrets, mais combien lui et son épouse avoient désapprouvé leur grandeur, jusque sous les yeux du Roi, pp. sur toutes 946 et 948 ², pour n'en pas citer d'autres. Ni l'un ni l'autre ne leur avoient paru plus favorables depuis. Le duc du Maine en espéroit si peu qu'il ne s'étoit point approché d'eux; et ni par soi ni par Mme de Maintenon même, dont sa grandeur étoit l'ouvrage, et qui avoit été le témoin affligé et embarrassé, au point où on l'a vu, de leur répugnance, ni par le Roi même, qui l'avoit si vivement sentie, et si humblement soufferte pour l'émousser, il n'avoit osé depuis

---

1. *Lequel*, pour *laquelle*, au manuscrit.
2. Pages 311 et suivantes de notre tome VII.

rien tenter auprès d'eux. Quoique en médiocre liaison avec son frère, et sur cela même, mais qui, une fois fait, avoit le même intérêt que lui de s'assurer de ne pas déchoir, et qui, bien avec le Dauphin et la Dauphine par le rapport du monde et des parties, étoit fort à portée d'eux, rien par là n'avoit été essayé là-dessus. La duchesse du Maine, plus ardente que lui sur les rangs, s'il étoit possible, ne bougeoit de Sceaux à faire la déesse, et ne daignoit pas approcher de la cour.

M. du Maine, le plus timide des hommes, quoique le plus grand ouvrier sous terre, vivoit en des transes mortelles pour toutes ses grandeurs, et il avoit trop d'esprit encore pour ne pas trembler aussi pour ses énormes établissements, peu sûrs à lui laisser, si on venoit à abattre le trône qu'il s'étoit bâti. Cependant ses enfants croissoient, le Roi vieillissoit; il pâlissoit d'effroi de la perspective que l'âge du Roi rendoit peu éloignée, et que les transes mortelles de tout son être lui rapprochoient encore plus. Il n'avoit qui que ce fût auprès du Dauphin et de la Dauphine dont il pût tirer secours dans aucun temps; il n'y voyoit aucun remède. Leur mort fut donc pour lui la plus parfaite délivrance, et dans la même mesure qu'elle fut pour toute la France le malheur le plus comblé. Quelle étoile! mais quel coup de baguette! quel subit passage des terreurs du sort d'Encelade à la ferme espérance de celui de Phaéton et de le rendre durable! Il se vivifia donc des larmes universelles; mais en maître dans les arts les plus ténébreux, je ne dirai pas les plus noirs, parce que nulle notion ne m'en est revenue, il crut qu'il lui importoit de fixer les soupçons sur quelqu'un, et c'étoit pour lui coup double et centuple d'en affubler M. le duc d'Orléans.

La convalescence de la disgrâce de ce prince auprès du Roi encore mal affermie, et la mort des princes du sang d'âge à représenter et à parler, lui avoient valu ses immenses et dernières grandeurs. En accablant ce même prince d'une si affreuse calomnie, et venant à bout de la persuader au Roi et au monde, il comptoit bien de le perdre sans retour de la façon la plus odieuse et la plus ignominieuse ; et si la même baguette qui l'avoit si heureusement défait de ce qu'il redoutoit le plus ne lui rendoit pas le même service à l'égard de M. le duc de Berry, il avoit lieu de se flatter que ce prince ne résisteroit pas à l'opinion du Roi ni à la publique, que la douleur de la mort de son frère lui feroit craindre et haïr celui qu'il en croiroit le meurtrier ; et cet obstacle rangé, les moyens ne manqueroient pas de circonvenir ce prince fait, et accessible par tant de côtés comme il étoit. Réduisant M. le duc d'Orléans dans une situation aussi cruelle, sur laquelle il se proposoit bien d'entrer avec Madame sa sœur dans ses malheurs, et de lui faire valoir par elle son assistance, c'étoit un moyen de le tenir de court, et de parvenir au mariage du prince de Dombes avec une de ses filles, sœur de Mme la duchesse de Berry, à quoi tous ses manéges avoient jusqu'alors échoué, quoique appuyés des plus passionnés desirs de Mme la duchesse d'Orléans, sans avoir pu vaincre la résistance de M. d'Orléans, ni son adresse à éluder sans refuser.

Parmi les princes du sang, tous gens d'âge à compter pour rien, le duc de Chartres, sous l'aile de père et de mère, étoit d'août 1703 et n'avoit que neuf ans ; Monsieur le Duc étoit d'août 1692, il avoit vingt ans ; le comte de Charolois de juin 1700, il n'avoit pas douze ans ; le comte de Clermont de juin 1709, il n'avoit que trois ans ; et le prince de Conti de juin 1704, qui n'avoit que huit ans. Il ne pouvoit donc avoir à compter que Monsieur le Duc, dont à vingt ans le Roi ne faisoit nul compte, et devant qui ce prince n'eût pas osé souffler, ni Madame la Duchesse non plus. Madame la Princesse, qui n'eut jamais de sens ni d'esprit que pour prier Dieu, trembloit devant sa fille, la duchesse du Maine ; elle avoit même remercié le Roi en forme de ce qu'il avoit fait pour les enfants de M. du Maine ; et son autre fille, Mme la princesse de Conti, avoit passé sa vie à Paris dans ses affaires domestiques, qui n'auroit osé approcher du Roi. Mme de Vendôme n'existoit pas, ni les filles de Madame la Duchesse, par leur âge, à l'égard du Roi. C'étoit donc un champ libre fait exprès pour M. du Maine. Quel parti n'en sut-il pas tirer!

Mme de Maintenon n'avoit des yeux que pour lui; en lui se réunissoit toute sa tendresse par la perte de sa chère Dauphine. Sa haine pour M. le duc d'Orléans étoit toujours la même; on en a vu la cause et les fruits. Son nourrisson si constamment aimé n'eut donc pas peine à lui persuader ce qui flattoit cette haine, ce qui établissoit à soi toutes ses espérances, ou à se porter à n'en douter pas et à le faire accroire [au] Roi, si eux-mêmes n'en étoient pas persuadés, et à en infatuer le monde. On ne put se méprendre à l'auteur et à la protectrice de ces horribles bruits; ni l'un ni l'autre ne s'en cachèrent dans l'intérieur : Mme de Maintenon se fâcha contre Maréchal devant le Roi; il lui échappa qu'on savoit bien d'où venoit le coup, et de nommer M. le duc d'Orléans. Le Roi y applaudit avec horreur, comme n'en doutant pas, et tous deux ne parurent pas trouver bon la liberté que prit Maréchal de se récrier contre cette accusation. M. Fagon, par ses coups de tête, approuvoit cependant cet énorme allégué; et Boudin fut assez forcené pour oser dire qu'il n'y avoit pas à douter que ce ne fût ce prince, et pour hocher la tête impudemment à la sortie que Maréchal eut le courage de lui faire. Telle fut la scène entière du rapport de l'ouverture du Dauphin. Le duc du Maine s'en expliqua nombre de fois dans l'intérieur des cabinets du Roi; et quoique ce ne fût pas sans prendre garde aux valets devant qui il parloit, il y en eut, et plus d'un, et à plus d'une reprise, qui le dirent, et par qui d'oreille en oreille cela se répandit. Bloin et les autres de l'intérieur qui lui étoient les plus affidés ne craignirent point de répandre une accusation si atroce, comme une chose dont le Roi ni Mme de Maintenon ne doutoient point, et de laquelle ils étoient convaincus eux-mêmes, avec Fagon, qui les autorisa par l'obstination de son silence, et par des gestes et des airs éloquents lorsqu'on en parloit en sa présence, et de Boudin, qui s'en fit le prédicateur également infâme et hardi, et qui tinrent le reste de la Faculté de si court qu'aucun n'osa dire un seul mot au contraire.

Cette même terreur gagna bientôt toute la cour, dès qu'elle vit tout ce qui approchoit le plus Mme de Maintenon déclamer avec d'autant plus de force que c'étoit avec un air d'horreur, de crainte, de retenue, et tout ce peu qui tenoit au duc et à la duchesse du Maine, et tout Sceaux, et jusqu'à leurs valets, en parler non-seulement à bouche ouverte, mais en criant vengeance contre M. le duc d'Orléans, et demandant si on ne la feroit point, avec un air d'indignation et de sécurité la plus effrénée : de là tout ce qui, même de plus élevé et de plus à portée de vouloir et d'espérer plaire, prit à la cour la même hardiesse et le même ton ; et ce fut la même opinion et les mêmes propos à la mode qu'en autre genre on y avoit vus si répandus et si dominants pendant la campagne de Lille contre le prince qu'on regrettoit maintenant, et avec ce même succès d'effroi qui écartoit tous contradicteurs et les réduisoit au silence. Maréchal, qui sagement ne m'avoit d'abord averti qu'à demi, voyant le commencement de cette tempête, me conta le détail de ce qui s'étoit passé chez Mme de Maintenon, en présence du Roi, que je viens de rapporter.

M. le duc d'Orléans avoit, à l'égard des deux pertes qui faisoient couler les larmes publiques, l'intérêt le plus directement contradictoire à celui du duc du Maine; et s'il avoit été un monstre vomi de l'enfer, c'eût été le grand coup pour lui de se défaire du Roi, avec lequel il ne s'étoit jamais bien remis, et s'étoit même fort gâté depuis le mariage de Mme la duchesse de Berry, pour faire régner ceux qu'on regrettoit, et se délivrer de la puissance de Mme de Maintenon, son implacable ennemie, qui ne cessoit de lui aliéner le Roi et de lui faire tout le mal qui lui étoit possible, jusqu'à lui avoir ôté, même depuis ce mariage, toute considération à la cour. Nous ne sommes pas encore au temps de faire connoître ce prince : un crayon suffira ici par rapport à son intérêt et aux horreurs d'une accusation si terriblement inventée, si cruellement répandue, persuadée et soutenue avec tant d'art, et un art si peu inférieur au crime qui lui fut imputé, et dont M. du Maine a su tirer tous les avantages qu'il en avoit attendus jusqu'au delà de ses espérances, et qui eussent mis la confusion dans l'État s'ils eussent été prodigués à un homme moins failli de cœur et de courage, et d'un mérite moins universellement décrié de tous points.

Dans tous les temps le Dauphin avoit goûté M. le duc d'Orléans. Dès sa jeunesse le duc de Chevreuse le lui avoit fait valoir, parce que le duc de Montfort, son fils aîné, étoit intimement avec M. le duc d'Orléans, et que M. de Chevreuse lui-même le voyoit assez souvent, et se plaisoit à s'entretenir avec lui d'histoire, mais surtout de science, souvent de religion, où il vouloit le ramener. L'archevêque de Cambray le voyoit aussi, et se plaisoit fort avec lui ; et réciproquement M. le duc d'Orléans l'avoit pris en amitié, et en telle estime qu'il se déclara hautement pour lui lors de sa disgrâce, et qu'il ne varia jamais depuis là-dessus. Cela lui avoit attaché tout ce petit troupeau, quoique de mœurs si différentes ; et on sait ce que ce petit troupeau pouvoit sur le Dauphin, très-particulièrement l'archevêque de Cambray, M. de Chevreuse et le duc de Beauvillier, qui n'étant qu'un avec eux ne pouvoit être différent d'eux sur M. le duc d'Orléans. Indépendamment de ces appuis, ces deux princes se rencontroient souvent chez le Roi, très-ordinairement les soirs chez la princesse de Conti, où ils se mettoient en un coin à parler sciences ; et on n'en pouvoit parler plus nettement, plus intelligiblement ni plus agréablement que faisoit M. le duc d'Orléans. C'étoit donc une liaison de tous les temps entre eux, à être bien aises de se rencontrer, et à leur aise ensemble, autant que des personnes de cette élévation et de vie aussi différente en pouvoient former. Le mariage du Dauphin et l'union de ce mariage augmenta encore la liaison.

La Dauphine étoit fort attachée à Monsieur et à Madame de Savoie. Elle trouva ici Monsieur, père de Madame de Savoie et de M. le duc d'Orléans. Elle et Monsieur, comme on l'a vu, s'aimèrent avec tendresse; et cette affection pour mère et pour grand-père retomba sur l'oncle, en qui même elle se piqua toujours de s'intéresser, jusque dans les temps où il fut le plus mal avec le Roi et Mme de Maintenon, qui le lui passoient à cause de l'étroite proximité. A son tour M. le duc d'Orléans, maltraité de Monseigneur et de toute cette pernicieuse cabale qui le gouvernoit, exactement instruit par moi en Espagne, où il étoit, de tous les attentats de la campagne de Lille, prit hautement à son retour le parti du prince opprimé, et ce fut un nouveau lien entre eux, et la Dauphine en tiers. Peu de temps après, l'affaire d'Espagne ayant réduit M. le duc d'Orléans aux termes les plus dangereux, dont Monseigneur se rendit le plus ardent promoteur, il trouva dans son fils une ferme résistance jusque dans le conseil, et dans sa belle-fille la plus vive protectrice de son oncle, quoique elle ne pût ignorer combien elle alloit directement en cela contre ce que vouloit et faisoit Mme de Maintenon. Dans les suites cette princesse la gagna pour le mariage de Mme la duchesse de Berry, et le Roi par elle. Sa liaison personnelle avec Mme la duchesse d'Orléans, déjà formée, en devint intime, et ne cessa plus, et se ressera de plus en plus avec M. le duc d'Orléans, et entre son époux et le même prince.

M. de Beauvillier, si retenu à le voir, ne l'étoit pas à entretenir une amitié qu'il croyoit si utile dans la maison royale, jusque-là que, sur les fins, il m'avertit que les propos licencieux auxquels M. le duc d'Orléans s'abandonnoit quelquefois en présence du Dauphin ne pouvoient que lui nuire et l'éloigner de lui, et de lui dire franchement d'y prendre garde, comme un avis de sa part, à qui le Dauphin s'en étoit ouvert. Je le fis, il s'en corrigea, et si bien qu'il me revint par la même voie que cette retenue réussissoit fort bien, que le Dauphin en avoit parlé avec satisfaction au duc de Beauvillier, qui me chargea de le dire à M. le duc d'Orléans, pour le soutenir et l'encourager dans cette attention. Il tenoit donc immédiatement au Dauphin par un goût de tous les temps, par l'amusement de la conversation savante, par ce qui tenoit le plus intimement au Dauphin, par une conduite sur Monsieur de Cambray écrite dans leur cœur à tous, par la proximité et la profession publique d'intérêt en lui et d'amitié de la Dauphine dans les temps les plus orageux, et réciproquement par son attachement public pour eux lors des attentats de Flandres ; il y tenoit par l'intimité de leurs épouses, par les mêmes amis et les mêmes ennemis, par le mariage de Mme la duchesse de Berry, qui fut l'ouvrage de la Dauphine, par la haine commune de Madame la Duchesse et de la cabale de Meudon, qui les vouloit tous deux anéantir, en un mot par tous les liens les plus forts et les plus de toutes les sortes qui peuvent former et serrer les unions les plus étroites et les plus intimes, sans jamais de contretemps, sans aucune lacune, et sans rien même qui pût y apporter du changement, puisque la conduite de Mme la duchesse de Berry et celle de M. le duc d'Orléans à cet égard n'y avoit pas produit le plus léger refroidissement.

Je ne fais que montrer et parcourir toutes ces choses et ces faits, pour les présenter à la fois sous les yeux, parce qu'ils se trouvent tous racontés épars en leur temps en ces *Mémoires*. Rassemblés ici, on voit que M. le duc d'Orléans avoit pour le moins autant et aussi certainement tout à gagner à la vie et au règne du Dauphin et de la Dauphine, que le duc du Maine avoit tout à en craindre et à y perdre, et ce contraste est d'une évidence à sauter aux yeux. Il avoit de plus les jésuites, qui faisoient tous une profession ouverte d'attachement pour lui, qui la lui avoient solidement marquée par les services hardis que le

P. Tellier lui avoit rendus sur le mariage de Mme la duchesse de Berry, et qui étoient payés pour cela par la protection qu'il leur donnoit, et par la feuille des nombreux bénéfices de son apanage, qui tous, à l'exception des évêchés, étoient à sa nomination.

Que l'on compare maintenant ensemble l'intérêt de M. le duc d'Orléans, dont le rang et l'état, au moins de lui et des siens, ne pouvoient être susceptibles[1] de péricliter en aucun cas possible, et sans charge ni gouvernements à lui ni à son fils, qu'on le compare à l'intérêt du duc du Maine, et qu'on cherche après l'empoisonneur. Mais ce n'est pas tout : qu'on se souvienne qu'il n'avoit pas tenu à Monseigneur de faire couper la tête à M. le duc d'Orléans, et combien il en avoit été proche; qu'on se souvienne comment Monseigneur ne cessa depuis de le traiter; et qu'en même temps on se souvienne des larmes et des sanglots cachés dans le recoin de cet arrière-cabinet où je surpris M. le duc d'Orléans la nuit de la mort de Monseigneur, de mon étonnement extrême, de la honte que j'essayai de lui en faire, et de ce qu'il m'y répondit. Quel contraste, grand Dieu! de cette douleur de la mort d'en ennemi près de devenir son maître, avec la farce que M. du Maine donna à ses intimes au fond de son cabinet, sortant de chez le Roi, qu'il venoit de laisser presque à l'agonie, livré au remède d'un paysan grossier, que M. du Maine contrefit, et la honte de Fagon, avec tant de naturel et si plaisant que les éclats de rire s'en entendirent jusque dans la galerie et y scandalisèrent les passants. C'est un fait célèbre et bien caractérisant, qui trouvera son détail en son lieu, si j'ai assez de vie pour pousser ces *Mémoires* jusqu'à la mort du Roi.

Mais une écorce funeste servit bien le duc du Maine, qu'il sut puissamment manier, et avec un art qui lui étoit singulièrement propre. M. le duc d'Orléans, marié par force, instruit de l'indignité de l'alliance par les fureurs

---

1. Saint-Simon a écrit *pouvoit* au singulier, et *susceptibles* au pluriel.

de Madame, par le cri public, jusque par la foiblesse de Monsieur, fit en même temps ce qu'on appelle son entrée dans le monde. Plus son éducation avoit été jusqu'alors resserrée, plus il chercha à s'en dédommager. Il tomba dans la débauche; il préféra les plus débordés pour ses parties; sa grandeur et sa jeunesse lui firent voir tout permis, et il se figura de réparer aux yeux du monde ce qu'il crut y avoir perdu par son mariage, en méprisant son épouse, et en se piquant de vivre avec et comme les plus effrénés. De là le desir de l'irréligion et l'extravagante vanité d'en faire une profession ouverte; de là un ennui extrême de toute autre chose que débauche éclatante; les plaisirs, ordinaires et raisonnables, insipides; l'oisiveté profonde à la cour, où il ne pouvoit traîner sa funeste compagnie, et où pourtant il falloit bien qu'il demeurât souvent; nul entregent pour s'en attirer d'autre, et dans une réciproque contrainte avec son épouse et avec tout ce qui l'approchoit, qui lui faisoit préférer la solitude; et cette solitude, il étoit trop accoutumé au bruit pour la pouvoir supporter.

Jeté par là dans la recherche des arts, il se mit à souffler[1], non pour chercher à faire de l'or, dont il se moqua toujours, mais pour s'amuser des curieuses opérations de la chimie. Il se fit un laboratoire le mieux fourni; il prit un artiste de grande réputation, qui s'appeloit Humbert, et qui n'en avoit pas moins en probité et en vertu qu'en capacité pour son métier. Il lui vit suivre et faire plusieurs opérations: il y travailla avec lui; mais tout cela très-publiquement, et il en raisonnoit avec tous ceux de la profession de la cour et de la ville, et en menoit quelquefois voir travailler Humbert et lui-même. Il s'étoit piqué autrefois d'avoir cherché à voir le diable, quoique il avouât qu'il n'y avoit pu réussir; mais épris de Mme d'Argenton, et vivant avec elle, il y trouva d'autres curiosités trop approchantes et sujettes à être plus sinistrement in-

---

1. Voyez tome VI, p. 183 et note 1.

terprétées. On consulta des verres d'eau devant lui sur le présent et sur l'avenir. J'en ai rapporté des choses assez singulières, qu'il me raconta avant d'aller en Italie, pour me contenter ici de rappeler seulement ces malencontreux passe-temps, tout éloignés qu'ils fussent de la plus légère idée même de crime. L'affaire d'Espagne, dont il n'étoit jamais bien revenu; les bruits affreux de lui et de sa fille, par lesquels on essaya de rompre le mariage de cette princesse avec M. le duc de Berry près d'être déclaré; la publicité que la rage de cette grande affaire leur donna ensuite, le trop peu de cas que l'un et l'autre en firent, et le trop peu de ménagement là-dessus; enfin jusqu'à l'horrible opinion prise sur Monsieur de la mort de sa première épouse, et que M. le duc d'Orléans étoit le fils de Monsieur; tout cela forma ce groupe épouvantable, dont ils surent fasciner le Roi et aveugler le public.

Il en fut, comme je l'ai remarqué, si rapidement abreuvé que, dès le 17 février, que M. le duc d'Orléans fut avec Madame donner l'eau bénite à la Dauphine, la foule du peuple dit tout haut toutes sortes de sottises contre lui tout le long de leur passage, que lui et Madame entendirent très-distinctement, sans oser le montrer, mais dans la peine, l'embarras et l'indignation qui se peut imaginer. Il y eut même lieu de craindre pis d'une populace excitée et crédule, lorque, le 21 février, il alla seul donner l'eau bénite au Dauphin. Aussi essuya-t-il sur son passage les insultes les plus atroces d'un peuple qui ne se contenoit pas, qui lançoit tout haut les discours les plus énormes, qui le montroit au doigt avec les épithètes les plus grossières, que personne n'arrêtoit, et qui croyoit lui faire grâce de ne se pas jeter sur lui et le mettre en pièces. Ce fut la même chose au convoi. Les chemins retentissoient de cris plus d'indignation et d'injures que de douleur. On ne laissa pas de prendre sans bruit quelques précautions dans Paris pour empêcher la fureur publique, dont les bouillons se firent craindre en divers moments. Elle s'en dédommagea par les gestes, les cris, et par tout ce qui se peut d'atroce, vomi contre M. le duc d'Orléans. Vers le Palais-Royal, devant lequel le convoi passa, le redoublement de huées, de cris, d'injures fut si violent, qu'il y eut lieu de tout craindre pendant quelques minutes.

On peut imaginer le grand usage que M. du Maine sut tirer de la folie publique, du retentissement des cafés de Paris, de l'entraînement du salon de Marly, de celui du Parlement, où le premier président lui rendit religieusement ses prémices, de tout ce qui ne tarda pas à revenir des provinces, ensuite des pays étrangers. On ne sème que pour recueillir, et la récolte passa toutes les espérances. La mort du petit Dauphin et le rapport de son ouverture fut un nouveau relais, qui ranima plus violemment la fureur et la licence, qui donna un nouveau jeu à M. du Maine, à Bloin, aux affidés de l'intérieur, à Mme de Maintenon, de les faire valoir; au Roi, d'abattement, de crainte, de haine, et d'un malaise continuel. C'est la cruelle situation où ils le vouloient, pour se le rendre plus maniable et disposer de lui plus facilement. Le maréchal de Villeroy, quoique si distingué toute sa vie par l'amitié de Monsieur et la considération de M. le duc d'Orléans, n'avoit garde de ne pas payer comptant son brillant retour à sa protectrice. Il étoit fait pour ne penser et ne croire que comme elle-même pensoit et croyoit, ou en faisoit le semblant. Il avoit été trop avant dans l'intérieur de la cour pour ignorer sa haine pour M. le duc d'Orléans et son aveuglement de mie pour le duc du Maine. Il n'étoit pas rentré par elle pour les contredire, mais pour devenir leur instrument et leur écho. Il se signala donc dans une occasion si intéressante, et qui la lui devenoit à lui-même par son ami Vaudemont, Tessé, le suivant de celui-ci, Tallart, si longtemps le sien, Mme d'Espinoy, les Rohans, ses boussoles, Harcourt, qui l'étoit d'une autre façon, mais qui, avec son esprit et son adresse, sut se mesurer dans le monde sans cesser de plaire aux calomniateurs, dont avec eux il épousa les passions.

Le duc de Noailles tenoit le loup par les oreilles. Il étoit en quartier, par conséquent il se trouvoit en des moments de privances chez le Roi et chez Mᵐᵉ de Maintenon. Plus il se sentoit mal avec eux, plus il craignoit de leur déplaire, plus il passionnoit de s'y raccrocher. Il échappoit souvent en sa présence des mots à l'un et à l'autre où il n'osoit prendre, parce qu'il ne vouloit pas se rebrouiller avec M. le duc d'Orléans. Il voiloit son silence du malaise où il étoit avec eux, mais les occasions étoient continuelles. Il y avoit longtemps à attendre jusqu'au 1ᵉʳ avril; peut-être encore que cette fatale tabatière lui pesoit, quoique bien loin hors de sa poche. Il eut une très-légère fluxion sur le visage qui ne fut accompagnée d'aucun symptôme; il la donna pour une attaque d'apoplexie. Quoique tout le monde ne cessât de le voir, et que personne ni les médecins n'en aperçussent pas le moindre soupçon, lui, au contraire de tous les apoplectiques, dont l'un des plus généraux effets de leur mal est de le nier et de n'en vouloir jamais convenir, quitta le bâton les premiers jours de mars, et s'en alla à Vichy, où il demeura longtemps en panne, et à laisser refroidir les fureurs et les propos, qui à la fin ne peuvent toujours rouler que sur la même chose. Il en revint parfaitement guéri, parce qu'il n'étoit pas parti malade; et il n'a pas été question depuis pour lui d'apoplexie ni de la moindre précaution pour la prévenir.

CHAPITRE XII.

Effiat avertit M. le duc d'Orléans, et lui donne un pernicieux conseil, qu'il se hâte d'exécuter. — Crayon d'Effiat. — Conduite que M. le duc d'Orléans devoit tenir. — M. le duc d'Orléans totalement déserté et seul au milieu de la cour; je lui reste unique; je l'empêche de faire un cruel affront à la Feuillade. — Cris et bruits contre M. le duc d'Orléans, entretenus avec grand art et toujours. — Alarme de mes amis sur ma conduite avec M. le duc d'Orléans. — Service de Maréchal à M. le duc d'Orléans. — Deux cent trente mille livres de pensions et vingt mille livres distribuées dans la maison du Dauphin et de la Dauphine. — Mort de Seignelay ; son caractère. — Maillebois maître de la garde-robe sans qu'il lui en coûte rien, et la Salle en tire le double. — Douze mille livres de pension à Goesbriant. — Survivance des gouvernements de Béarn, Bayonne, etc., au duc de Guiche. — Tallart duc vérifié. — Appartement de Monseigneur donné à M. et Mme la duchesse de Berry ; le leur aux fils du duc du Maine et au prince de Dombes la survivance du gouvernement de Languedoc. — Estain vend sa charge dans la gendarmerie ; chimère de ce corps sur l'ordre du Saint-Esprit. — Disgression sur le prétendu droit des fils de France, etc., de présenter au Roi des sujets pour être faits chevaliers de l'ordre. — Plaisante anecdote sur la promotion d'Estampes à l'ordre du Saint-Esprit.

L'enchaînement naturel de toutes ces choses m'emporte ; il faut se ramener. Depuis l'extrémité du Dauphin, je ne sortis plus de ma chambre qu'un moment pour voir le Roi, et pour aller passer les après-dînées, à Versailles dans celle du duc de Beauvillier, qui ne voyoit presque du tout personne, malade dans son lit, et pénétré de douleur au point où il l'étoit. Un soir que j'en revenois, Mme la duchesse d'Orléans me manda que M. le duc d'Orléans et elle s'ennuyoient fort de ne me point voir, et que l'un et l'autre me prioient d'y aller, parce qu'ils avoient quelque chose de pressé à me dire. Je ne les avois point vus depuis le malheur public. Quoique Maréchal m'eût parlé, je n'avois pas été assez maître de ma douleur pour aller ailleurs que voir une douleur pareille. Je ne me trouvois en état ni de parler ni encore moins de raisonner : j'avois l'esprit si peu libre, et je ne voyois de plus rien à faire sur une si atroce, mais si folle calomnie, et forgée dans le sein de la plus tendre faveur. Je priai donc M. et Mme la duchesse d'Orléans de trouver bon que je différasse à les voir au lendemain matin.

J'y allai en effet. Je trouvai Mme la duchesse d'Orléans désolée. Elle m'apprit que le marquis d'Effiat étoit venu la veille au soir de Paris les avertir des bruits affreux qui y étoient universellement répandus, de l'effet général qu'ils y faisoient; que le Roi et Mme de Maintenon étoient non-seulement persuadés par le rapport des médecins, mais qu'ils l'étoient aussi de tout ce qui se disoit contre M. le duc d'Orléans, et qui se débitoit avec tant d'emportement que d'Effiat ne le croyoit pas en sûreté, s'étoit déterminé malgré l'horreur de la chose à les venir avertir, et à presser M. le duc d'Orléans d'avoir là-dessus avec le Roi une explication qui ne pouvoit être différée, dont la plus naïve, la plus nette et la plus persuasive étoit d'insister pour que le Roi lui permît de se remettre à la Bastille, de faire arrêter Humbert et tous ceux de ses gens que le Roi jugeroit à propos, jusqu'à ce que cela fût éclairci. « Madame, m'écriai-je, eh! que prétend faire M. le duc d'Orléans? — Monsieur, me dit-elle, il est allé parler au Roi ce matin, qu'il a trouvé fort sérieux et fort froid, même fort sec, et silencieux sur les plaintes qu'il lui a faites et la justice qu'il lui a demandée. — Et la Bastille, Madame, interrompis-je, en a-t-il parlé? — Eh! vraiment oui, Monsieur, me répondit-elle, mais cela n'a pas été reçu. Il y a eu un air de dédain, qui n'a pas changé, quoique il ait fort insisté. Enfin M. le duc d'Orléans s'est rabattu à demander au moins qu'Humbert y fût mis, interrogé, et toutes les suites. Le Roi a encore refusé d'assez mauvaise grâce. Enfin, à force d'instances, il a dit qu'il ne le feroit pas arrêter, mais qu'il donneroit ordre à la Bastille de l'y recevoir s'il y alloit se remettre de lui-même. » Je m'écriai encore plus sur un si pernicieux conseil, et si brusquement exécuté.

Il faut savoir que le marquis d'Effiat étoit un homme de beaucoup d'esprit et de manége, qui n'avoit ni âme ni principe, qui vivoit dans un désordre de mœurs et d'irréligion public, également riche et avare, d'une ambition qui toujours cherchoit par où arriver, et à qui tout étoit bon pour cela, insolent au dernier point avec M. le duc d'Orléans même, qui du temps qu'avec le chevalier de Lorraine, dont il étoit l'âme damnée, il gouvernoit Monsieur, sa cour, et souvent ses affaires, à baguettes, s'étoit accoutumé à le craindre et à admirer son esprit. Avec tant de vices si opposés au goût et au caractère du Roi et de Mme de Maintenon, il en étoit bien voulu et traité avec distinction, parce qu'il avoit eu part avec le chevalier de Lorraine à réduire Monsieur au mariage de Monsieur son fils, et ce dernier par l'abbé du Bois, que par conséquent il s'étoit toujours entretenu bien avec Mme la duchesse d'Orléans, qu'il s'étoit sourdement livré et vendu à M. du Maine, et que par son ancienne intimité avec le chevalier de Lorraine, l'ami le plus intime du maréchal de Villeroy de tous les temps, il étoit devenu le sien jusqu'à s'en faire admirer. Le conseil qu'il avoit donné étoit si mauvais, pour un homme surtout d'autant d'esprit et qui connoissoit si bien le monde, qu'il me fut fort suspect.

Par cette conduite M. le duc d'Orléans se ravaloit à la condition des plus petites gens, d'un valet même d'une maison volée, au lieu de l'avoir pris sur le haut ton, et en prince de son rang, sur qui aucun soupçon ne sauroit trouver prise, qui défie avec dignité d'en pouvoir produire ni articuler le moindre appui ni l'apparence la plus légère, et qui, en faisant en public le parallèle exact et juste de son intérêt et de celui de M. du Maine, tel qu'on vient de le voir, l'auroit fait trembler avec toute sa faveur, l'auroit réduit à la défensive, et peut-être, fait comme il étoit sur le courage, l'auroit forcé à jeter l'éteignoir sur le feu qu'il avoit allumé, et obligé le Roi à le ménager et Mme de Maintenon à ne le pousser plus. C'est ce que tout d'abord il falloit faire, après avoir demandé justice au Roi avec hauteur devant tout ce qui étoit après son souper dans le cabinet, et ne l'avoir pas reçue; et sans s'engager en accusation directe, encore moins formelle, parler publiquement, assez fortement pour donner toute cette peur à M. du Maine, et le mettre dans l'embarras encore du côté du public, déjà si mal prévenu pour lui, et alors irrité des pas de géant qu'il venoit de faire; en même temps faire souvenir le Roi et ceux qui en étoient instruits, répandre, pour l'apprendre à tout le

monde, le fait qui est raconté en son lieu, de la cassette
de Mercy prise lorsque du Bourg le battit en haute Alsace,
n'oublier pas les curés, les baillifs et les officiers des
terres de Mme de Lislebonne en Franche-Comté, les uns
juridiquement exécutés, les autres en fuite; aussitôt
après cette affaire, et comme on n'étoit en nulle mesure
avec la cour de Vienne, qui s'opposoit le plus à la paix et
y traversoit le plus les mesures de celle de Londres, ne
craindre pas de rappeler la facilité de la maison d'Autriche à s'aider du poison pour se défaire de qui l'embarrasse, la mort du prince électoral de Bavière, et celle
de la reine d'Espagne, fille de Monsieur; et de là expliquer l'obscurité pourtant assez claire de la lettre du
prince Eugène à Mercy, trouvée dans sa cassette, avec
ses instructions sur l'intelligence en Franche-Comté :
« Que si, malgré toutes les mesures prises il ne réussissoit pas dans cette expédition, et qu'eux ailleurs ne
pussent réduire la France au point qu'on s'étoit proposé,
alors il faudroit en venir au grand remède; » paraphraser
bien aisément ce grand remède, et l'expliquer des morts
que l'on pleuroit, du péril extrême que le duc d'Anjou
avoit couru, et qui n'étoit pas entièrement passé, pour
forcer le Roi, par le défaut de toute sa ligne aînée, de
rappeler le roi d'Espagne et ses enfants, et d'en abandonner la monarchie à la maison d'Autriche; ajouter tout
ce qu'il convenoit pour frapper sur l'insigne scélératesse
d'oser répandre des bruits exécrables, aussi opposés à
son intérêt qu'à son honneur, quand on en trouvoit ailleurs de si conformes au crime habituel de la maison
d'Autriche, et annoncés[1] même par le prince Eugène à
Mercy, autant que de telles horreurs sont susceptibles de
l'être; appuyer là-dessus avec d'autant plus de force qu'en
effet le soupçon étoit très-bien fondé par la lettre du
prince Eugène, précédée de si peu d'années des deux
exécutions que l'on vient de citer; que cette sorte d'ac-

---

1. *Annoncé*, sans accord, au manuscrit.

cusation de la cour de Vienne soulageoit le Roi et Mme de Maintenon sur ce qu'ils avoient de plus cher, frappoit le monde, les neutres, les gens de bon sens; mais lâcher aussi des expressions obscures qui eussent donné à courir à M. du Maine sur la conformité de son intérêt, en autres vues, avec celui de la maison d'Autriche, qui auroit ouvert les yeux au monde, toujours en évitant bien de s'engager en rien de précis, et par là auroit tenu M. du Maine en effroi, en grande peine, et le Roi et Mme de Maintenon fort en mesure.

Cela eût fait un violent éclat entre lui et M. du Maine; mais cet éclat le désarmoit : un ennemi public et déclaré est bien moins à craindre que des mines chargées continuellement sous les pieds, un ennemi surtout sur un trône branlant, qui indignoit alors tout le monde, un ennemi d'aussi peu de courage, et dont tout le danger ne se trouvoit que dans les ténèbres dont il savoit s'envelopper et se faire un asile pour tout ce qu'il lui convenoit d'attenter; et le Roi, malgré son abandon de tendresse pour lui et de foiblesse pour Mme de Maintenon, n'auroit pu n'être pas en garde contre lui sur M. le duc d'Orléans, et dans un grand embarras même de l'accroître davantage après un si grand éclat. Toute son inquiétude se seroit tournée à chercher à l'apaiser entre eux, à empêcher les voies de fait. Elles n'étoient pas à craindre de M. du Maine avec personne; combien moins avec un petit-fils de France de la valeur de M. le duc d'Orléans!

Le comte de Toulouse n'aimoit ni n'estimoit son frère, et détestoit sa belle-sœur, desquels il étoit compté pour fort peu de chose. De la valeur et de l'honneur, il en avoit beaucoup : il est très-douteux que l'un lui eût permis d'employer l'autre en cette occasion pour l'amour de son frère; il ne l'est pas que le Roi lui auroit imposé à temps et efficacement, qui dans un rang si inégal, dans une affaire si odieuse, où, par qui d'où le bruit vint, son neveu étoit l'attaqué et le plus cruellement, le Roi n'eût pas souffert que le comte de Toulouse en eût fait la folie, dont les suites étoient sans fin et eussent fait le bourreau de ce qui lui restoit de vie, et plus que vraisemblablement, à la fin et après lui, l'éradication de ses bâtards, avec le feu allumé pour la succession de Monsieur le Prince, qui eût jeté les princes du sang du côté de M. le duc d'Orléans. Sa suite et sa maison étoient sans comparaison de celle des bâtards. M. le duc de Berry étoit son gendre, abandonné alors d'amour à son épouse, qui étoit toute à son père; et ce bas courtisan si avide de plaire quand il n'en coûte point de péril, et le gros du monde de même, n'eût pas pris aisément parti contre M. le duc d'Orléans dans de telles extrémités, dans la position où il étoit, et dans celle où l'âge du Roi montroit en perspective M. le duc de Berry et lui.

Voilà sans doute ce que le duc du Maine redouta, et qu'il sut parer avec adresse par le prompt usage du marquis d'Effiat et de ses salutaires avis. Mais je parlois à sa sœur, qui, en comparaison de lui, comptoit pour rien mari et enfants, et prodige d'orgueil, sans l'aimer ni l'estimer. Je n'eus donc garde de lui montrer rien de ce sur quoi je viens de m'étendre. Je me contentai de blâmer le conseil en gros par d'autres raisons dont je pus m'aviser, et plus encore une résolution si subite. Tandis que nous causions ainsi tous deux seuls, M. le duc d'Orléans entra; jamais je ne vis homme si profondément outré et abattu. Il me redit ce que je venois d'entendre qui s'étoit passé entre le Roi et lui, entre son lever et la messe, et l'ordre qu'il avoit envoyé, au retour de cette conversation, pour qu'Humbert s'allât remettre à la Bastille. Je lui témoignai, comme j'avois fait à Mme la duchesse d'Orléans, ce que je pensois là-dessus, mais foiblement, parce que la chose étoit faite, et que l'état où je le vis me fit plus de compassion qu'il ne me laissa espérer des partis vigoureux. Je leur rendis ce que j'avois appris de Maréréchal, mais en supprimant le duc du Maine, duquel je ne parlai que l'après-dînée tête à tête à M. le duc d'Orléans. Le lendemain, je sus par lui que le Roi lui avoit dit sèchement qu'il avoit changé d'avis sur Humbert; qu'il étoit inutile qu'il allât se remettre à la Bastille, et qu'il n'y seroit pas reçu; qu'ayant voulu insister, le Roi lui avoit tourné le dos et s'en étoit allé dans sa garde-robe, et lui étoit sorti du cabinet; en sorte qu'il venoit de mander ce changement à Humbert, que nous sûmes après être allé à la Bastille sur l'ordre qu'il en avoit reçu de M. le duc d'Orléans, et y avoir été refusé.

De ces jours-là du premier éclat à Marly et dans le monde, M. le duc d'Orléans fut non-seulement abandonné de tout le monde, mais il se faisoit place nette devant lui chez le Roi et dans le salon; et s'il y approchoit d'un groupe de courtisans, chacun, sans le plus léger ménagement, faisoit demi-tour à droite ou à gauche, et s'alloit rassembler à l'autre bout, sans qu'il lui fût possible d'aborder personne que par surprise, et même aussitôt après il étoit laissé seul, avec l'indécence la plus marquée. Jusqu'aux dames désertèrent un temps Mme la duchesse d'Orléans, et il y en eut qui ne la rapprochèrent plus. Après avoir si pitoyablement enfourné, il fallut laisser passer l'orage; mais l'orage étoit trop soigneusement entretenu pour passer. Il fut soutenu avec la même frayeur de son approche, la même aliénation jusqu'au dernier Marly de la vie du Roi, où ce monarque menaça ouvertement ruine, et quand les bruits foiblissòient dans Paris et dans les provinces, il s'y trouvoit des émissaires adroits et attentifs à les renouveler, et d'autres à en faire retentir l'écho à la cour; et cela dura toujours, et bien après le Roi, avec le même art. En un mot, je fus le seul, je dis exactement l'unique, qui continuai à voir M. le duc d'Orléans à mon ordinaire, et chez lui et chez le Roi, à l'y aborder, à nous asseoir tous deux en un coin du salon, où assurément nous n'avions aucun tiers à craindre, à me promener avec lui dans les jardins, et à la vue des fenêtres du Roi et de Mme de Maintenon. A Versailles je vivois dans le même commerce de tous les jours. Il lui revint que la Feuillade tenoit à Paris les propos les plus injurieux sur lui ; la furie le transporta, et j'eus toutes les peines du monde de l'empêcher de le faire insulter, et de sa part, à grands coups de bâton. C'est l'unique fois que je l'aie vu en furie, et se porter à une telle extrémité.

Cependant M. de Beauvillier, le chancelier, tous mes amis et amies, m'avertissoient sans cesse que j'allois me perdre par une conduite si opposée à l'universelle, et aux sentiments du Roi et de M{ᵐᵉ} de Maintenon pour M. le duc d'Orléans ; que ne rompre pas avec lui, par une entière cessation de le voir, étoit une chose honnête et qui se pourroit souffrir, mais que de vivre continuellement avec lui et publiquement, et dans les jardins de Marly, sous les yeux du Roi et de toute la cour, c'étoit une folie inutile à M. le duc d'Orléans, et qui ne pouvoit que déplaire à un point qu'à la fin elle me perdroit. Je tins ferme ; je trouvai que le cas d'aussi rares malheurs étoit celui non-seulement de n'abandonner pas ses amis quand on ne les croyoit pas coupables, mais celui encore de se rapprocher d'eux de plus en plus, pour son propre honneur, pour la consolation qu'on leur devoit, et qu'ils ne recevoient de personne, et pour montrer au monde l'indigation qu['on] avoit de la calomnie. On insista très-souvent ; on me fit entendre que le Roi le trouvoit mauvais, que M{ᵐᵉ} de Maintenon en étoit piquée ; on n'oublia rien pour me faire peur : je fus insensible à tout ce qu'on me put dire ; et je ne cessai pas un jour de voir M. le duc d'Orléans, et d'ordinaire deux et trois heures de suite. Cette matière reviendra bientôt ; il est temps de reprendre la suite des événements de cette année. Il faut seulement ajouter que ce fut encore Maréchal qui empêcha qu'Humbert n'entrât à la Bastille.

Le Roi, que M. le duc d'Orléans venoit de quitter quand il lui en fit la proposition pour lui-même, et refusé, au moins pour Humbert[1], entra dans sa garde-robe, où,

---

1. Nous avons reproduit exactement le texte et la ponctuation du ma-

plein de la chose, il la conta à Fagon et à Maréchal, qu'il y trouva. Maréchal, avec sa vertueuse liberté, demanda au Roi ce qu'il en avoit ordonné. Sur sa réponse, il loua la candeur et la franchise de M. le duc d'Orléans, la prudence du Roi de lui avoir refusé d'aller à la Bastille, et improuva la permission donnée pour Humbert. « Que prétendez-vous par là, Sire? lui dit-il hardiment : afficher partout la honte prétendue de votre plus proche famille? Et quel en sera le bout? de ne trouver rien, et d'en avoir la honte vous-même. Si par impossible, et je répondrois bien que non, vous trouvez ce qu'on vous fait chercher, feriez-vous couper la tête à votre neveu, qui a un fils de votre fille, et publier juridiquement son crime et son ignominie? et si vous ne trouvez rien, comme sûrement il n'y a rien à trouver, faire dire à tous ses ennemis et les vôtres que c'est qu'on n'a pas voulu trouver? Croyez-moi, Sire, cela est horrible, épargnez-le vous, révoquez la permission tout à l'heure, et ôtez-vous de la tête des horreurs, des noirceurs fausses, qui ne sont bonnes qu'à abréger vos jours et à les rendre très-misérables. » Cette vive et si prompte sortie, d'un homme que le Roi connoissoit vrai et réellement attaché à sa personne, eut son effet pour Humbert. Le Roi sur-le-champ dit qu'il avoit raison, qu'aussi ne s'étoit-il laissé aller pour Humbert que par importunité, et qu'il ne le laisseroit pas entrer à la Bastille ; et peu d'heures après, que M. le duc d'Orléans se présenta devant lui, il le lui dit et lui ordonna de mander à Humbert de ne plus songer à la Bastille. Maréchal me le conta le lendemain, et me dit que Fagon et Bloin n'avoient pas dit un seul mot; je l'embrassai de sa vertueuse bravoure, qui avoit si bien réussi, et je ne la laissai pas ignorer à M. et à Mme la duchesse d'Orléans.

Le Roi donna douze mille livres de pension à la duchesse du Lude, continua à la comtesse de Mailly les neuf mille livres qu'elle avoit, à toutes les dames du palais leurs

---

nuscrit, qui semble contenir une erreur, puisque la proposition fut d'abord acceptée pour Humbert.

six mille livres chacune, à Mme Cantin, première femme de chambre, neuf mille, et à presque toutes les autres femmes de chambre de la Dauphine les gages qu'elles avoient, neuf mille livres à Boudin, son premier médecin, et trois mille livres à Dionis, son premier chirurgien. Il donna douze mille livres de pension à Dangeau, chevalier d'honneur, autant au maréchal de Tessé, premier écuyer, conserva à tous les menins les leurs de six mille ; quatre mille livres de pension à Bayar, écuyer particulier du Dauphin ; dix mille livres à du Chesne, son premier valet de chambre ; cinq mille à Bachelier, son premier valet de garde-robe ; et neuf mille à Dodart, son premier médecin. Il en donna aussi six mille livres à la nourrice du dernier Dauphin, et mit toutes ses femmes auprès de celui qui restoit, qui en eut ainsi trente-deux. Le Fèvre, trésorier général de Madame la Dauphine, eut vingt mille livres, une fois payées, que lui avoit coûtées[1] sa charge.

Seignelay mourut fort brusquement, d'une manière de pourpre. Il étoit encore fort jeune ; et quoique fort gros, il excelloit à danser. Il s'étoit fait aimer et estimer à la guerre et à la cour, avoit apprivoisé la Salle, dont à la mort de son père, ministre et secrétaire d'État, on lui avoit acheté la survivance de sa charge de maître de la garde-robe du Roi, avec exercice en son absence, qui le regardoit comme son fils, et il étoit parvenu aux bontés du Roi fort marquées. Ce fut un vrai dommage. Il étoit gendre de la princesse de Furstemberg, dont il ne laissa qu'une fille fort riche, aujourd'hui duchesse de Luxembourg. La Salle y gagna une seconde fois sa charge, dont il fit aussitôt le marché avec Desmarets pour son fils Maillebois, aujourd'hui chevalier de l'ordre et maréchal de France, de la charge et non de la survivance, moyennant cinq cent mille livres, et le payement actuel en outre de trois années d'appointements de sa charge qui lui étoient dues, et conserva son logement et les grandes

---

1. Il y a *payé* et *coûté*, sans accord, au manuscrit.

entrées. Il n'en coûta rien à Desmarets; le Roi lui donna deux cent mille livres, et à son fils un brevet de retenue du reste. Ce ne fut pas tout : il obtint en même temps pour Goesbriant, son gendre, chevalier de l'ordre, et qui avoit un bon gouvernement, douze mille livres de pension. Peu de jours après, il donna au duc de Guiche la survivance de son père des gouvernements de basse Navarre, Béarn, Bigorre, Bayonne et Saint-Jean-Pied-de-Port, qui est un morceau de près de cent cinquante mille [livres] de rente, et où sont toutes leurs terres. En même temps il fit le maréchal de Taillart duc vérifié. De cette dernière grâce je n'en ai point su l'intrigue ni l'anecdote : peut-être fut-ce un fruit de la nouvelle faveur du maréchal de Villeroy; au moins le nouveau duc fut déclaré un jour ou deux après une fort longue audience que le Roi avoit donnée au maréchal de Villeroy, le soir, chez Mme de Maintenon. En même temps encore le Roi donna, avec une légère augmentation, l'appartement de Monseigneur, qu'occupoit le Dauphin, à M. et à Mme la duchesse de Berry, et le leur aux deux fils du duc du Maine, avec la survivance de son gouvernement de Languedoc à l'aîné. Il y avoit près de deux ans que son frère et lui avoient celles de l'artillerie et des Suisses. L'aîné alloit avoir douze ans, et le cadet ne passoit pas sept et demi.

Estaing, lieutenant général de mérite et de bonne maison, mort chevalier de l'ordre, avoit gardé jusqu'alors sa compagnie des gens d'armes-Dauphins. La gendarmerie est féconde en chimères et en prétentions. La Trousse, maréchal de camp avec la même compagnie, avoit été un des légers chevaliers de l'ordre de 1688, par la protection de Louvois, dont il étoit le parent et l'affidé; Villarceaux, brigadier avec la même charge, l'avoit été aussi en la même promotion, c'est-à-dire les chevau-légers-Dauphins, parce que Mme de Maintenon, plus que très-amie de son père, l'étoit toujours demeurée, l'avoit fait nommer dans la promotion; et lui, qui étoit vieux et fort peu de la cour, demanda et obtint que son fils fût fait chevalier de l'ordre en sa place. De là la gendarmerie prit prétention que ces charges donnoient l'ordre, parce que, le Dauphin n'ayant point de maison, ces deux charges faisoient toute la sienne. Ils vouloient ignorer que le Dauphin n'a point de maison, parce qu'il n'est qu'un avec le Roi, dont tous les officiers grands et petits le servent, et que, parce qu'il est un avec le Roi, il est censé l'être en tout, et par conséquent ne lui présente point de son chef de chevaliers de l'ordre à faire, comme les fils de France, qui ont une maison, et le premier prince du sang, qui en a une image. Ainsi d'Estaing, qui par sa naissance, son mérite et ses services, n'avoit pas besoin de ce chausse-pied pour être chevalier de l'ordre, l'avoit gardé pour cela, dans l'idée chimérique que la gendarmerie s'étoit faite sur deux exemples auxquels Monseigneur n'avoit influé en rien, et la vendit dès qu'il ne vit plus qu'un Dauphin dans la première enfance. Mais puisque l'occasion s'en présente si naturelle, il est bon de dire un mot de ces présentations à l'ordre.

Les fils de France en prétendent deux, et voudroient aller jusqu'à trois ; les filles de France au moins un ; les petits-fils de France un ; les petites-filles de France un ; le premier prince du sang un ; et maintenant les autres princes du sang n'avouent plus qu'ils n'en ont point ; et ceux qui sont en usage d'en avoir se sont avisés, depuis le ministère de Monsieur le Duc, d'en prétendre en toutes les promotions qui sont de plus de huit chevaliers, et ont trouvé la complaisance que le Roi s'est borné chaque fois à ce nombre pour ne les pas mécontenter, ou plutôt le cardinal Fleury. Ces prétentions seront bientôt examinées. Rien de cela ni qui ait le moindre trait dans les statuts de l'ordre premiers, seconds, troisièmes, qui sont les changements et les variations qu'on a expliquées ailleurs ; rien non plus dans aucun chapitre ni règlement postérieur : ainsi rien d'écrit qui puisse appuyer quoi que ce soit de cette prétention, en tout ni dans aucune de ses parties. Il faut donc en venir à l'usage.

Henri III, instituteur de l'ordre, en a fait dix promotions, et en pas une des dix on ne trouve aucun chevalier présenté à faire. Le duc d'Alençon étoit pourtant son frère, qui avoit une maison et une cour nombreuse, qui par le malheur des temps figuroit plus que n'a fait Gaston du règne de Louis XIII, et incomparablement plus que n'a fait Monsieur. Si on dit que le duc d'Alençon se moqua de l'institution de l'ordre du Saint-Esprit, qu'il ne voulut jamais le prendre, et qu'il affecta toujours de porter celui de Saint-Michel seul, pour des raisons qui ne sont pas de notre sujet, on répondra que ce qui pouvoit être bon pour lui, que l'ordre nouveau ne pouvoit honorer ni distinguer, ne l'étoit pas pour ceux qui auroient pu être présentés par lui pour l'avoir, qui en auroient été fort aises, et lui de nommer à un ordre qu'il ne vouloit pas recevoir. Mais outre ce raisonnement, le fait parle. Le duc d'Alençon n'y a jamais nommé, et il ne paroît point qu'il l'ait jamais prétendu. D'autres fils de France, il n'y en avoit point; mais la reine Marguerite étoit sœur d'Henri III, et ne fut brouillée avec lui que pour y avoir été trop bien. Le roi de Navarre, son mari, depuis successeur d'Henri III, étoit premier prince du sang. Il a été catholique longtemps, et demeurant à la cour depuis la Saint-Barthélemy. On ne voit nul vestige d'aucun chevalier de l'ordre fait à leur nomination, ni d'aucune prétention là-dessus de leur part. Ainsi nul usage en cette faveur sous Henri III, instituteur de l'ordre.

Henri IV, en six promotions qu'il a faites, est le premier qui ait pu donner lieu à l'origine de cette prétention. Ce fut par une seule chose, et qu'il n'a pas réitérée. Il faisoit élever à sa cour le prince de Condé, né posthume à Saint-Jean-d'Angely, et l'avoit ôté aux huguenots et à Ch. de la Trémoille, sa mère. Il mit auprès de lui tous domestiques de son choix, lui fit une maison; et parce qu'Henri IV n'avoit point d'enfants, et qu'il vivoit séparé de la reine Marguerite sans dessein de la reprendre, il regardoit alors le prince de Condé comme l'héritier de la couronne. Il lui avoit donné pour gouverneur M. de Chevrières, à ce qu'il me semble, quoique le dernier livre des armes, noms et qualités de l'ordre du Saint-Esprit dise que c'étoit le comte de Belin, qui avoit été gouverneur de Paris pour la Ligue avant M. de Brissac. Quoi qu'il en soit, l'un étoit Mitte, avoit passé par divers emplois, et eut un fils, aussi chevalier de l'ordre, en 1619, lieutenant général de Provence, ambassadeur à Rome et ministre d'État. L'autre étoit Faudoas, tous deux de qualité par eux-mêmes à être chevaliers de l'ordre. Ce qui marque que celui des deux qui étoit gouverneur du prince de Condé n'eut point l'ordre en cette qualité comme présenté, ou comme ils prétendent encore, nommé par lui, c'est que de cette promotion, qui fut de dix chevaliers, le duc de Ventadour fut le premier, M. de Chevrières le second, M. de Belin le troisième; or celui de Monsieur le Prince eût été le dernier, comme on l'a vu depuis; au contraire, M. de Choisy, chevalier d'honneur de la reine Marguerite, qui étoit l'Hôpital, fut le septième.

Il ne peut donc plus être question ici de la nomination de Monsieur le Prince, et quant à celle de la reine Marguerite, il n'est pas croyable que, n'en ayant point prétendu sous Henri III, elle s'en fût avisée sous Henri IV. Ce prince lui marqua toujours la plus grande considération depuis qu'elle eut donné les mains à la dissolution de leur mariage, et il n'est pas surprenant qu'il ait eu celle de faire chevalier de l'ordre son chevalier d'honneur: on ne peut donc faire aucun usage de cette promotion pour autoriser la prétention. Mais on la remonte à celle de 1595, où Cl. Gruel, seigneur de la Frette, fut le vingt-cinquième et le dernier. C'étoit véritablement un fort petit gentilhomme, et dont les emplois ne le portoient point à cette distinction. On dit qu'il étoit au comte de Soissons, et qu'en recevant le collier, venant à dire, suivant la formule: *Domine, non sum dignus,* Henri IV se mit à sourire, et répondit: « Je le sais bien, je le sais bien, mais mon cousin le comte de Soissons m'en a prié[1]. » Premièrement, René Viau, sieur de Chanlivaut, qui précéda immédiatement la Frette dans cette promotion, n'étoit pas meilleur que lui ni plus brillant en emplois. Secondement, il seroit étrange qu'Henri IV, qui s'étoit porté avec tant de partialité pour le prince de Condé dans le procès que le comte de Soissons lui intenta, eût fait un chevalier de l'ordre à sa nomination dans une promotion de vingt-cinq chevaliers, et qu'il n'en eût fait aucun à celle du prince de Condé, premier prince du sang, duquel il prenoit un soin si particulier qu'il le fit venir à sa cour pour l'élever sous ses yeux, et qu'en novembre de la même année le Parlement le vint saluer en corps à Saint-Germain, comme l'héritier de la couronne, en vertu d'une lettre de cachet qu'Henri IV en avoit expédiée au camp de la Fère. On pourroit dire qu'en janvier, que la promotion se fit, le prince de Condé n'étoit peut-être pas encore à la cour : ce ne seroit pas une raison d'omettre son droit s'il en avoit eu ; mais au moins étoit-il à la cour en janvier 1597, qu'en une promotion de vingt-deux chevaliers il n'en eut aucun, ni le comte de Soissons. Troisièmement, ce conte porte à faux : les chevaliers du Saint-Esprit n'ont jamais dit en recevant l'ordre *Domine, non sum dignus;* cette formule n'est ni dans les statuts ni dans aucun règlement : elle n'a jamais été en usage, et on n'en a ouï parler que pour faire ce conte et la réponse d'Henri IV, qui peut être plaisante, mais qui, outre qu'elle n'a pu être faite sur une formule imaginaire qui n'a jamais été prononcée, elle[2] seroit trop cruelle aussi pour être vraisemblable. De tout cela il résulte que sous Henri III ni sous Henri IV nul usage de ces nominations, et que si le comte de Soissons a fait faire la Frette chevalier de l'ordre, ç'a été faveur et grâce accordée à sa prière, et rien moins qu'un exercice et un droit qu'il n'eut et ne prétendit jamais.

Louis XIII n'a fait que deux grandes promotions, l'une

---

1. Saint-Simon a déjà raconté cette anecdote. Voyez tome V, p. 469.
2. Ce mot *elle* est bien au manuscrit.

en 1619, l'autre en 1633; le peu d'autres n'ont été que d'un chevalier à la fois. En 1619, on n'en voit aucun pour Gaston duc d'Orléans, son frère; mais le père du maréchal de Rochefort, chambellan du prince de Condé, qui des cinquante-neuf de la promotion fut le cinquante-troisième; le baron de Termes, grand écuyer de France en survivance de son frère, peut-être même en titre, car il y fut un moment, et lorsqu'il fut tué devant Clérac, en 1621, la charge de grand écuyer fut rendue à son frère, le baron de Termes, dis-je, la suivit immédiatement; Herc. de Rohan, marquis de Marigny, puis de Rochefort, frère de père et de mère du duc de Montbazon, vint après; puis le comte de la Rocheguyon; Silly qui fut ensuite duc à brevet; le marquis de Portes, vice-amiral, père de la première femme de mon père; le comte de la Rochefoucauld, qui devint après le premier duc et pair de sa maison; et le dernier marquis d'Estampes, grand maréchal des logis de la maison du Roi. Le Roi auroit-il fait un chevalier de l'ordre pour Monsieur le Prince sans en donner un à Monsieur? Mais c'étoit le temps des troubles et de l'évasion de la Reine mère du château de Blois, où elle avoit été envoyée après la mort du maréchal d'Ancre. Cela n'empêchoit pas le droit de Monsieur s'il en avoit eu, et qui auroit vu avec un juste dépit Monsieur le Prince exercer le sien tandis que le sien à lui demeuroit inutile. Il n'est donc pas possible d'admettre le marquis de Rochefort dans cette promotion, et au rang qu'il y tint, comme de la nomination du prince de Condé. En celle de 33 on ne voit en quarante-trois chevaliers aucun pour Monsieur, qui alors étoit hors du royaume, ni pour M. le prince de Condé. Jusqu'ici donc nul usage de ce prétendu droit.

Louis XIV n'a fait que deux grandes promotions, en 1661 et en 1688; toutes les autres n'ont été que par occasions particulières, de deux, trois, rarement quatre à la fois, excepté celle de tous les maréchaux de France qui ne l'étoient pas. C'est donc en ces deux grandes promotions qu'il faut mettre l'époque du premier usage de ce prétendu droit, c'est-à-dire après trois rois grands maîtres, après un grand nombre de promotions, après quatre-vingt-deux ans de l'institution de l'ordre. Il est vrai qu'en 1661, où la promotion fut de cinquante-trois chevaliers, Monsieur eut deux chevaliers, les comtes de Clère et de Vaillac, capitaine de ses gardes, qui se suivirent l'un l'autre immédiatement, et le furent de quatre autres qui fermèrent la promotion, dont le dernier fut Guitaut, premier gentilhomme de la chambre de Monsieur le Prince; mais ou Monsieur n'en eut qu'un, ou bien Madame n'en eut point. On répète que c'est le premier exemple; on va voir que Monsieur ne s'en tint pas là. En 1688, où la promotion fut de soixante-dix, M. de la Vieuville, duc à brevet et gouverneur de M. le duc de Chartres, ne le fut point sur le compte de Monsieur ni de M. le duc de Chartres, mais sur le compte du Roi, ce qui n'a jamais été mis en doute; et le marquis d'Arcy, aussi de cette promotion, qui ne fut qu'après gouverneur du même prince, n'a pu être mis sur le compte du Palais-Royal; mais Monsieur en eut deux, Madame un, et en fit passer un quatrième sur le compte de M. le duc de Chartres, comme premier prince du sang, quoique petit-fils de France, avec un rang fort supérieur à celui des princes du sang : c'étoit la promotion de promesse d'avance du mariage de M. le duc de Chartres, dont le chevalier de Lorraine avoit répondu au Roi, comme on le voit au commencement de ces *Mémoires*, qui en eut la préséance sur les ducs. Il falloit donc avoir aussi de la complaisance pour Monsieur, sans lui montrer pourquoi, et distinguer le marquis d'Effiat, le compersonnier[1] du chevalier de Lorraine dans ce marché, de la personne de M. de Chartres. Ainsi d'Effiat, quoi[que] de la naissance qu'on n'ignoroit pas, et le marquis de Châtillon furent nommés par Monsieur : d'Effiat fut le

---

1. Ce mot s'appliquait, dans son sens propre, aux gens de mainmorte qui, dans la Bourgogne, le Nivernais, etc., tenaient une terre en commun à charge d'une redevance pour laquelle tous étaient tenus solidairement.

cinquante-troisième, et Châtillon le soixante-quatrième. D'Estampes, qui prétendoit l'emporter sur Châtillon, attendit Monsieur dans sa garde-robe, caché, et quand Monsieur y fut entré, il lui dit mots nouveaux sur son affection pour Châtillon, jusqu'à oser mettre l'épée à la main et menacer Monsieur de courre sus à Châtillon partout. Monsieur, qui craignit un scandale étrange et dont les suites pouvoient être fâcheuses à son goût, fit tout ce qu'il put pour apaiser d'Estampes; voyant enfin qu'il n'en pouvoit venir à bout, et d'Estampes résolu à l'éclat le plus grand ou à être certain de l'ordre avant de sortir ou de laisser sortir Monsieur de cette garde-robe, il lui en renouvela parole, et, comme que ce fût, il l'assura qu'il le seroit, le fit nommer par M. le duc de Chartres; et c'est de ce prince que j'en tiens l'histoire. D'Estampes fut le soixante-huitième, et précéda immédiatement la Rongère, chevalier d'honneur de Madame, qu'elle nomma. Lussan le suivit immédiatement, et fut le dernier de la promotion, non pour Monsieur le Prince ni de droit, mais par la prière de Monsieur le Prince, convenu qu'il n'avoit nul droit, comme il est raconté p.   [1].

Voilà donc le premier exemple en faveur des fils et filles de France et du premier prince du sang. Il n'est pas étrange que Monsieur le Duc, premier ministre tout-puissant sous la jeunesse du Roi, qui attenta le premier à faire manger ses domestiques avec ce monarque et à les faire entrer dans ses carrosses, se soit avantagé de l'exemple de 1688 pour la promotion qu'il fit signer toute faite au Roi en 1724, et où il fourra le chien, le chat et le rat. Il profita du nom de Tavannes, et de sa charge de lieutenant général de la plus considérable partie de la Bourgogne, et qui étoit gentilhomme de sa chambre, titre nouveau pour qui n'est pas premier prince du sang, et le mit le quarante-sixième de cette promotion, disant même qu'il n'avoit pas voulu [le] mettre le dernier, comme s'il

---

1. Saint-Simon a laissé en blanc le chiffre de la page de son manuscrit à laquelle il voulait renvoyer. Voyez ci-dessus, p. 189.

eût été de sa nomination. Il admit Simiane en quarante-huitième, comme ayant parole à la nomination de feu M. le duc d'Orléans, dont il étoit premier gentilhomme de la chambre, quoique sans droit par la mort de ce prince (car cela fut dit ainsi), après force allées et venues de la part de M. le duc d'Orléans d'aujourd'hui, quoique fort mal ensemble; M. de Castries, chevalier d'honneur de Mme la duchesse d'Orléans, veuve du Régent, eut sa nomination, (et c'est l'unique d'une petite-fille de France), fut le quarante-neuvième; et Clermont Gallerande, premier écuyer de M. le duc d'Orléans, premier prince du sang, ayant sa nomination, fut le cinquantième et dernier. De ce détail, qui est exact, on peut juger de la valeur de la prétention de nommer au Roi des sujets pour les faire chevaliers de l'ordre, de celle de l'extension de cette prétention, et de celle encore toute idéale d'en prétendre en toute promotion qui passe le nombre de huit chevaliers. On jugera aussi du nombre de ces nominations, qui, en promotions peu nombreuses et redoublées, égaleroit bientôt la nomination du Roi, et rendroit l'ordre bien moins certain auprès du Roi qu'au service de ces princes.

CHAPITRE XIII.

Arras bombardé par les ennemis; l'Écluse emporté par Broglio. — Du Casse arrivé avec les galions; son extraction, sa fortune, son mérite; est fait chevalier de la Toison. — Mort et caractère du comte de Brionne. — Monterey et los Balbazès; quels; se font prêtres; raison ordinaire de cette dévotion en Espagne. — Altesse accordée en Espagne et à la princesse des Ursins et au duc de Vendôme, avec les traitements à ce dernier des deux don Juans; explication de ces traitements et de l'éclat qu'ils firent. — Le Roi à Marly, où il rétablit le jeu et la vie ordinaire avant l'enterrement du Dauphin et de la Dauphine. — Lovestein fait prince de l'Empire. — Abbé de Vassé; son caractère; refuse l'évêché du Mans. — Le roi d'Angleterre a la petite vérole à Saint-Germain; répudie son confesseur jésuite. — Mort de la princesse d'Angleterre à Saint-Germain. — Mort et caractère de Mlle d'Armentières; sa famille, sa fortune, sa maison. —

Mort de Mme de Villacerf douairière. — Courageuse opération de Mme Bouchu. — Mort, caractère et famille de la marquise d'Huxelles. — Mort et caractère du bailli de Noailles. — Le Roi nomme le P. la Rue confesseur de M. le duc de Berry, et retient le P. Martineau pour le petit Dauphin. — Mémoire publié du Dauphin sur l'affaire du cardinal de Noailles. — Service et enterrement du Dauphin et de la Dauphine à Saint-Denis; queues étranges. — Bout de l'an de Monseigneur à Saint-Denis. — Service à Notre-Dame pour le Dauphin et la Dauphine; le clergé y obtient le premier salut séparément de celui de l'autel; violet des cardinaux; le cardinal de Noailles mange avec Mme la duchesse de Berry. — Service à la Sainte-Chapelle, où le P. la Rue fait l'oraison funèbre. — Je vais passer un mois ou cinq semaines à la Ferté; causes de ce voyage. — Chalais vient d'Espagne arrêter un cordelier en Poitou; ce qu'il devient; renouvellement d'horreurs sur M. le duc d'Orléans; adresse d'Argenson à son égard. — Marquise de Gesvres demande juridiquement la cassation de son mariage pour cause d'impuissance. — Départ des généraux : Villars en Flandres, Harcourt et Besons sur le Rhin, Berwick aux Alpes, Fiennes en Catalogne. — Mariage de Bissy avec Mlle Chauvelin. — Mariage de Meuse avec Mlle de Zurlaube. — Mort, extraction, caractère de l'abbé de Sainte-Croix. — Mort, famille et caractère de Cominges, et sa dépouille. — Mort et caractère de la Fare. — Mort du président Rouillé. — Mort de l'abbé d'Uzès. — Rohan, évêque de Strasbourg, fait cardinal. — Désordres de la Loire. — Duc de Fronsac sort de la Bastille.

Il se passa deux bagatelles en Flandres dans le courant du mois de mars. Les ennemis vinrent bombarder Arras pour brûler des amas de fourrages, et ne causèrent presque aucun dommage. Le maréchal de Montesquiou apprit qu'ils avoient mis huit cents hommes dans le bourg de l'Écluse. Broglio, aujourd'hui maréchal de France et duc, eut ordre de les aller attaquer. Il rencontra en chemin un parti de trois cents chevaux, qui à sa vue se retira sous le canon du château de l'Écluse. Il força les ennemis de se retirer dans ce château, qu'il prit après avoir emporté le bourg et les retranchements, prit ou tua les huit cents hommes et les trois cents chevaux. On étoit si peu accoutumé aux aventures heureuses qu'il fut beaucoup parlé de celle-là.

Une beaucoup meilleure fut l'arrivée de du Casse à la Corogne, avec les galions très-richement chargés qu'il étoit allé chercher en Amérique. On les attendoit depuis longtemps avec autant d'impatience que de crainte des flottes ennemies dans le retour. Ce fut une grande ressource pour l'Espagne, qui en avoit un extrême besoin, un grand coup pour le commerce, qui languissoit, et où le désordre étoit près de se mettre, et un extrême chagrin pour les Anglois et Hollandois, qui la[1] guettoient depuis si longtemps avec tant de dépenses et de fatigues. Le duc de la Rochefoucauld d'aujourd'hui, né quatrième cadet, qui portoit lors le nom de Durtal, et qui étoit dans la marine, servoit sur les vaisseaux de du Casse, qui l'envoya porter au Roi cette grande nouvelle. Le roi d'Espagne en fut si aise qu'il fit du Casse chevalier de la Toison d'or, au prodigieux scandale universel. Quelque service qu'il eût rendu, ce n'étoit pas la récompense dont il dût être payé. Du Casse étoit connu pour le fils d'un petit charcutier[2] qui vendoit des jambons à Bayonne. Il étoit brave et bien fait; il se mit sur les bâtiments de Bayonne, passa en Amérique, et s'y fit flibustier. Il y acquit des richesses et une réputation qui le mit à la tête de ces aventuriers. On a vu en son lieu combien il servit utilement à l'expédition de Carthagène, et les démêlées qu'il eut avec Pointis, qui la fit. Du Casse entra dans la marine du Roi, où il ne se distingua pas moins. Il y devint lieutenant général, et auroit été maréchal de France si son âge l'eût laissé vivre et servir, mais il étoit parti de si loin qu'il étoit vieux lorsqu'il arriva. C'étoit un des meilleurs citoyens et un des meilleurs et des plus généreux hommes que j'aie connus[3], qui sans bassesse se méconnoissoit le moins, et duquel tout le monde faisoit cas lorsque son état et ses services l'eurent mis à portée de la cour et du monde.

Il mourut en ce même temps un homme de meilleure maison, mais d'un mérite qui se seroit borné aux jambons s'il fût né d'un père qui en eût vendu : ce fut le comte de

---

1. Il y a bien *la*, et non *les*, au manuscrit.
2. Saint-Simon écrit *chaircuittier*.
3. *Connu*, au manuscrit.

Brionne, accablé d'une longue suite d'apoplexie. Il étoit chevalier de l'ordre de 1688, et le premier danseur de son temps, quoique médiocrement grand et assez gros ; c'étoit un assez honnête homme, mais si court et si plat que rien n'étoit au-dessous ; on ne le voyoit jamais que dans les lieux publics de cour ; et chez lui ne voyoit personne ; sa famille n'en faisoit aucun cas, ni personne à la grande écurie. Son père, qui lui avoit fait donner autrefois ses survivances, l'avoit comme forcé, depuis deux ou trois mois, à s'en démettre, comme on l'a vu, de la charge pour son frère, de son gouvernement pour son fils. Monsieur le Grand, qui n'étoit pas tendre, disoit qu'il buvoit tout son bon vin, et trouvoit cela fort mavais ; il n'eut pas la peine d'avoir à s'en consoler.

Deux grands d'Espagne fort ditingués se firent prêtres en ce temps-ci : l'un fut le comte de Monterey, l'autre le marquis de los Balbazès. Monterey étoit second fils de don Louis de Haro y Guzman, qui succéda à l'autorité, à la faveur et à la place de premier ministre du comte-duc d'Olivarès, son oncle maternel, qui étoit grand écuyer de Philippe IV, et qui traita et signa avec le cardinal Mazarin la paix des Pyrénées et le mariage du Roi, dans l'île des Faisans, sur la rivière de Bidassoa. Le marquisat et grandesse de Monterey passa en plusieurs maisons par mariage d'héritières. La dernière étoit de la maison de Tolède, qu'épousa le marquis de Monterey dont il s'agit ici, et qui en prit le titre, et fut par elle grand d'Espagne. Il fut gentilhomme de la chambre, puis successivement vice-roi de Catalogne, gouverneur général des Pays-Bas, du conseil de guerre, conseiller d'État (ce que nous appelons ministre en France), président du conseil de Flandres, enfin disgracié et chassé sous le ministère du duc de Medina Celi, et n'eut point d'enfants.

Los Balbazès fut érigé en marquisat, en décembre 1621, pour le fameux capitaine Ambroise Spinola, de l'une des quatre premières maisons de Gênes. Un de ses fils fut cardinal ; l'autre épousa une Doria, de l'une des quatre

premières maisons de Gênes, qui étoit duchesse héritière
del Sesto, et eut la Toison. Son fils, gendre du connétable
Colonne, fut grand d'Espagne, du conseil de guerre, ambassadeur en France au mariage du Roi pour y accompagner la Reine, conseiller d'État, c'est-à-dire ministre,
et majordome-major de la Reine seconde femme de
Charles II. Son fils, gendre du VIIIe duc de Medina Celi,
fut vice-roi de Sicile; il en partit pour venir à Gênes, où
il se fit prêtre. Son fils, gendre du duc d'Albuquerque, est
grand écuyer de la princesse des Asturies, fille du roi de
Portugal, et a cinq sœurs, toutes grandement mariées.
Les priviléges du clergé sont tels en Espagne qu'un particulier qui y entre garantit sa famille de toutes recherches,
parce que le droit de partage qu'il conserve dans les biens
en rend la discussion très-difficile, et presque toujours
infructueuse : ils dérobent aussi à la justice séculière les
personnes du clergé, et rendent leurs punitions impossibles. Ces considérations, beaucoup plus que la dévotion,
ni même pour les grands seigneurs que l'ambition du
cardinalat, y font entrer ceux qui des grands emplois
tombent en disgrâce, qui mettent ainsi leurs biens à couvert et leurs personnes en sûreté.

L'Espagne avoit ses Titans, sur le modèle de ceux de
France, et qui ne gagnèrent pas moins que les nôtres à
la mort du Dauphin; ils se hâtèrent encore plus d'en profiter. La princesse des Ursins, qui d'avance se comptoit
déjà souveraine, eut impatience d'en faire sentir à
l'Espagne le poids, qui jusqu'alors lui étoit inconnu. Elle
n'osa pourtant l'hasarder[1] sans l'attache de la France, et
elle n'ignoroit pas le biais de l'obtenir, et de s'en faire
soutenir dans son inouïe entreprise contre le désespoir
général qu'elle ne pouvoit douter qu'elle n'allât exciter :
ce fut de rendre commun son intérêt avec celui du duc de
Vendôme, et d'acquérir pour une nouvelle grandeur
l'appui certain et tout-puissant de Mme de Maintenon et

---

1. Voyez tome V, p. 141, et tome VI, p. 17.

de M. du Maine. Sûre de ce côté-là, elle obtint un ordre du roi d'Espagne aux grands, et par conséquent à toute l'Espagne, de la traiter désormais d'Altesse, et le duc de Vendôme aussi, auquel on expédia une patente qui lui donnoit tous les rangs, honneurs et prérogatives dont avoient joui les deux don Juans.

Cette nouveauté fit en Espagne un éclat prodigieux, et y causa un dépit et une consternation générale, dont il faut expliquer la raison. On a vu, lorsqu'on a traité de la dignité des grands d'Espagne qu'elle va d'égal avec tous les souverains non rois, qu'elle ne cède à pas un, et que si les ducs de Savoie, comme le fameux Ch.-Emmanuel, ont eu en Espagne quelque rare et très-légère préférence sur eux, elle a été plutôt de distinction que de rang, et masquée de l'honneur de son mariage avec l'infante, qui à son tour étoit appelée à succéder à la couronne; on ne parle point de ce qui s'y passa au voyage de Charles Ier roi d'Angleterre, alors prince de Galles, parce que l'héritier présomptif de la couronne de la Grande-Bretagne est hors de toute parité. On a vu encore que, depuis la réunion des divers royaumes d'Espagne par le mariage de Ferdinand et d'Isabelle, on n'a vu jusqu'à Philippe V que deux fils d'Espagne cadets en âge d'homme : le frère de Charles V, qui y fut régent en son absence, et qui passa depuis en Allemagne, où il fut roi et empereur et fonda la branche impériale souveraine des États héréditaires d'Allemagne, et Ferdinand, fils de Philippe III, né en 1609, cardinal et archevêque de Tolède sans avoir été dans les ordres, et gouverneur des Pays-Bas, où il mourut en 1641, n'ayant pas trente-deux ans; ainsi nulle postérité et point de princes de la maison d'Espagne. De bâtards reconnus, on n'y en a vu que deux, tous deux du nom de don Juan d'Autriche, et tous deux personnages, surtout le premier, fils de Charles V, né d'une mère inconnue en 1543, célèbre par le gain de la bataille de Lépante, et qui commanda presque toujours en chef les armées de terre et de mer; il mourut sans alliance, en 1578, à trente-cinq ans ; l'autre don Juan, fils de Philippe IV, né d'une comédienne en 1629, mort sans alliance en 1679, à cinquante ans, grand prieur de Castille, dignité qui donne la grandesse et cent mille écus de rente, et général des armées d'Espagne.

Philippe IV étant mort en septembre 1665, et la reine sa veuve devenue régente pendant la minorité de Charles II, qui fut longue, don Juan fit un parti contre elle, qui après une longue lutte lui arracha toute l'autorité, que don Juan exerça toute entière, et se fit grandement compter jusqu'à sa mort. Il eut une espèce de maison, usurpa comme chef de parti une grande supériorité sur les grands, et eut l'Altesse, à quoi, outre la nécessité des temps, ils se ployèrent plus facilement à cause de l'état des bâtards, qui est particulier en Espagne, qui a conservé ce reste des mœurs et des coutumes mauresques. On a vu, lorsqu'on a parlé des grands et de l'Espagne, que les bâtards de gens non mariés héritent à peu de choses près comme les enfants légitimes, à leur défaut, et deviennent même grands d'Espagne par succession. Il y faut garder pourtant certaines formalités faciles, et qu'il n'y ait point d'obstacles de famille qui leur préfèrent les oncles, tantes ou cousins germains légitimés. Enfin cette première espèce de bâtards diffère en Espagne fort peu des enfants légitimes. Les bâtards d'un homme marié et d'une fille ne diffèrent des premiers que par plus de formalités et de restrictions ; mais ils succèdent aussi, et héritent des grandesses. Don Juan étoit de cette seconde sorte ; ainsi son droit de succession à la couronne lui facilita l'Altesse, la supériorité de rang et tout ce qu'il voulut entreprendre, et qu'il soutint par les troubles, dont il fut toujours l'âme et le chef, et par toute l'autorité et la réputation qui lui en demeurèrent[1] après. Ce fut donc sur ce modèle que Mme des Ursins voulut élever le duc de Vendôme, en faire sa cour à M. du Maine, par un exemple

---

1. *Qu'ils lui en demeurent,* au manuscrit.

pour lui en France, quoique si différente de l'Espagne sur l'état des bâtards, plaire au Roi et à Mme de Maintenon par leur endroit le plus sensible, et à l'appui de l'Altesse de M. de Vendôme faire passer la sienne, après quoi elle n'étoit pas en peine d'arrêter les autres avantages que Vendôme eût pu prétendre à l'exemple de don Juan, sous prétexte de ne pas pousser à bout le mécontement général. Il fut extrême.

On avoit perdu don Juan de vue en Espagne : il étoit mort, retiré dans une commanderie, quelques années avant sa mort ; personne ne se souvenoit de l'avoir vu, ni de son Altesse. M. de Vendôme n'étoit point bâtard de leur dernier roi ; il n'avoit aucun droit à la couronne d'Espagne : nulle parité donc avec don Juan ; et on le voyoit traité d'Altesse, lui et Mme des Ursins, précisément comme les infants actuels, parce qu'en Espagne on ne connoît d'Altesse Sérénissime ni Royale pour qui que ce soit, sans aucune exception ; et cette égalité de traitement avec le prince des Asturies et les autres infants étoit insupportable en Mme des Ursins et M. de Vendôme, et bannit volontairement beaucoup de gens de la cour et du service, pour éviter la nécessité de la leur donner. On n'en fut pas moins indigné en France, où Mme de Maintenon et M. du Maine ravis n'osèrent le marquer. Le Roi même fut très-sobre à en parler. Ils surent bien y suppléer par les réflexions utiles du fruit à en tirer.

Le Roi alla le mercredi 6 avril à Marly, où, quoique le Dauphin et la Dauphine ne fussent pas encore enterrés, il rétablit son petit jeu chez Mme de Maintenon dès le vendredi suivant, et voulut le salon à l'ordinaire, et que M. et Mme la duchesse de Berry y tinssent le lansquenet public et le brelan, et des tables de différents jeux pour toute la cour. Il ne fut pas longtemps sans dîner chez Mme de Maintenon une ou deux fois la semaine, et à y entendre de la musique avec les mêmes dames familières. Mme de Dangeau, qui en étoit une, eut la joie d'y apprendre que le comte de Lovestein, son frère, qui pendant l'occupation de la Bavière en étoit administrateur pour l'Empereur, avoit été fait prince de l'Empire. On y sut en même temps que l'abbé de Vassé refusoit l'évêché du Mans. C'étoit un grand homme de bien depuis toute sa vie, qui ne s'étoit jamais soucié que de l'être, mais qui ne laissoit pas de voir bonne compagnie, et d'en être fort considéré. Il avoit plus de soixante ans, et ne put être tenté de l'épiscopat à cet âge, quoique placé au milieu des terres de sa maison. Je n'ai pas voulu omettre ce refus, pour la rareté dont il est, et pour celle encore d'avoir choisi un homme de qualité et de ce mérite. C'étoit un phénomène pour le P. Tellier.

Le roi d'Angleterre eut la petite vérole à Saint-Germain. On lui fit recevoir les sacrements. On ne sait par quelles raisons[1] il fit comme Madame la Dauphine, et ne voulut point de son confesseur jésuite : il envoya chercher le curé de la paroisse, à qui il se confessa. La reine sa mère s'enferma avec lui, et prit toutes les précautions possibles pour séparer la princesse sa fille du mauvais air; elles furent inutiles : la petite vérole la prit; elle en mourut le septième jour, qui fut le lundi 18 avril. Ce fut une grande affliction pour la reine d'Angleterre, avec la triste perspective de sa séparation prochaine d'avec le roi son fils, par la nécessité de la paix, et de l'embarras de ce qu'il alloit devenir. Le corps de la princesse d'Angleterre fut porté sans cérémonie aux Filles Sainte-Marie de Chaillot, où la reine sa mère se retiroit souvent. La raison de la petite vérole l'empêcha de recevoir aucunes visites.

Mlle d'Armentières mourut à Paris, à plus de quatre-vingts ans. C'étoit une fille de beaucoup de mérite, d'esprit et de vertu, qui avoit été longtemps fort pauvre, qui devint après fort riche, et qui dans ces deux états eut quantité d'amis et d'amies considérables. Elle avoit été recueillie jeune et pauvre chez la duchesse d'Orval, sœur de Paloyseau,

---

1. Il y a *quelle* au singulier, *raisons* au pluriel.

chez qui elle logea la plus grande partie de sa vie, et à qui à son tour elle fut fort utile quand elle la vit tombée dans la pauvreté. Elles ne laissèrent pas de se séparer d'habitation sur la fin, comme Saint-Romain et Courtin, deux conseillers d'État fort connus par leurs ambassades, dont il a été quelquefois mention, et qui avoient toujours logé ensemble par amitié. Mlle d'Amentières laissa quatre mille livres de pension à la duchesse d'Orval, l'usufruit de son bien à la duchesse du Lude, son amie intime de tout temps, et le fonds à M. d'Armentières, son plus proche parent et l'aîné de sa maison. Sa mère n'étoit rien; son père parut peu, quoique gouverneur de Saint-Quentin et avec un régiment; mais le père de celui-là, aussi gouverneur de Saint-Quentin, fut lieutenant général, député de la noblesse pour le bailliage de Vermandois aux derniers états de Blois en 1588, ambassadeur vers les archiducs en Flandres, chevalier du Saint-Esprit en 1597, et chevalier d'honneur de la reine Marie de Médicis. Il eut la terre d'Armentières de sa femme, qui étoit Jouvenel avec le sobriquet de des Ursins et héritière; et le père de celui-là étoit ce vicomte d'Auchy, capitaine des gardes du corps de Charles IX, qui garda le roi de Navare à Vincennes, qui y acquit son amitié, et que les *Mémoires* de Castelnau appellent froid et sage, et l'un des plus hommes de bien de son temps.

Mlle d'Armentières n'avoit qu'un frère, dont la mère étoit Pinart, héritière de grandes terres, entre autres de Louvois, et dont le père étoit ce vicomte de Comblesy, fils du secrétaire d'État, qui trahit Henri IV et rendit à la Ligue Château-Thierry, dont il étoit gouverneur, et qui étoit alors une place importante. Son petit-fils par sa fille dissipa tout dans une vie obscure et inconnue, épousa une gueuse des rues, dont il n'eut point d'enfants, et mourut en 1604. Les restes ne laissèrent pas d'être encore bons; Mlle d'Armentières les recueillit, paya, s'arrangea et devint riche dans sa vieillesse, dont elle sut faire un bon et honnête usage. Elle et le père de celui à qui elle laissa le fonds de ses biens étoient enfants des issus de germains: La branche de celui-là, distinguée par le nom de Saint-Remy, étoit depuis longtemps dans l'indigence. Le père de ceux qui se relevèrent, et qui ont figuré pendant la régence de M. le duc d'Orléans, devint l'aîné de sa maison en 1690, par la mort de tout ce qu'il en restoit d'aînés de toutes les branches, et n'en fut pas plus à son aise. Il avoit épousé la fille de Daguesseau, maître des comptes, dont il eut la petite terre de Puyseux, près de Beaumont vers Beauvais[1]; et ce maître des comptes, fort nouveau alors, est le grand-père de Daguesseau, chancelier de France avec diverses fortunes depuis le 2 février 1717, et l'est encore depuis vingt-six ans. Saint-Remy mourut en 1712, à soixante-dix-neuf ans, et sa femme en 1721, ayant eu la joie de voir la fortune de son neveu, mais sans être jamais sortis de leur village ni l'un ni l'autre, où leur maison ressembloit fort à une hutte, et où ils avoient peine à subsister. Ils eurent trois fils : l'aîné porta le nom d'Armentières ; le second fut envoyé sans sou ni maille page du grand maître à Malte ; le troisième porta le nom de Conflans, qui est celui de leur maison. Les deux aînés naquirent avec beaucoup d'esprit et d'envie de faire. Ils se roidirent contre la fortune, et, malgré leur pauvreté, ils trouvèrent le moyen de lire, de s'instruire et de s'orner l'esprit de sciences et d'histoire, aidés tous deux d'une fort belle mémoire, et assez avisés pour vivre tous trois dans la plus grande union. Conflans et Armentières servirent.

Conflans, qui n'avoit pas le sens commun, perdit sa jeunesse dans une citadelle, où il fut enfermé près de vingt ans, pour s'être battu contre le fils unique de Pertuis, mort gouverneur de Courtray, après avoir été capitaine des gardes de M. de Turenne, et fort estimé. Le chevalier de Conflans, revenu de ses caravanes, se battit en Angoumois, près de Ruffec, avec un gentilhomme

---

1. On lit ici en interligne les mots *leur est venue*.

nommé Ponthieu, à coups de pistolet, et en perdit le bras droit. Armentières se trouva dans un régiment employé à la Rochelle, où le maréchal de Chamilly commandoit. La maréchale, qui avoit beaucoup d'esprit, et qui étoit et la piété et la vertu même, trouva de l'esprit et du savoir à d'Armentières. Ravie de rencontrer quelqu'un à qui parler, elle s'en accommoda, mit le chevalier dans leurs milices, les aida de tout ce qu'elle put; de retour les hivers à Paris, les y fit venir, les vanta, les produisit chez elle à la meilleure compagnie, qui y étoit toujours, et les mit ainsi dans le monde; eux en surent profiter, et se faire connoître ailleurs.

Je ne sais comment Armentières fit connoissance, puis amitié, avec Mme d'Argenton. M. le duc d'Orléans y soupoit tous les soirs quand il étoit à Paris; ses sociétés y étoient assez étranges, et quoique chez sa maîtresse, il ne laissoit pas d'être difficile à amuser. L'esprit fort orné d'Armentières, et sa religion à peu près de la trempe de celle de M. le duc d'Orléans, firent juger à Mme d'Argenton qu'il lui seroit d'usage à amuser M. le duc d'Orléans. Elle lui en parla comme de son ami, dont il s'accommoderoit; elle [le] lui présenta: il fut de tous les soupers, et M. le duc d'Orléans le goûta. Cela dura du temps, pendant lequel Armentières, qui cherchoit à s'accrocher, fit des connoissances au Palais-Royal, s'introduisit chez Mme de Jussac, dans les temps qu'elle venoit à Paris.

Cette Mme de Jussac, étant fille, avoit été demoiselle de la première femme de mon père, qui la donna par confiance à sa fille, lorsqu'elle la maria au duc de Brissac, et elle ne l'a jamais oublié. Elle passa de là à Mme de Montespan, où elle vit le grand monde et la plus fine compagnie. C'étoit une personne bien faite, de bonne mine, qui n'avoit pas été sans beauté, mais qui avec de l'esprit avoit encore plus de vertu et de sagesse, et qui avec une grande douceur et beaucoup de circonspection se fit généralement aimer et estimer. La confiance qu'on prit en elle lui fit donner le soin de l'éducation de Mlle de Blois.

Elle y fut continuée après la retraite de Mme de Montespan, et le Roi l'y attacha de nouveau, sans titre, lorsqu'il maria Mlle de Blois à M. le duc d'Orléans, qu'elle suivoit même au défaut de ses deux dames. Elle avoit épousé, chez Mme de Montespan, Jussac, qui étoit à M. du Maine sur le pied nouveau de premier gentilhomme de sa chambre, qui fut tué au combat de Leuse, et qui lui laissa un fils, tué aussi depuis dans la gendarmerie, tout jeune, et deux filles. Mme d'Orléans l'aima toujours tendrement. Sans rien perdre de l'attachement le plus marqué pour Mme de Montespan jusqu'à sa mort, ni de sa confiance, elle sut s'attirer celle du Roi et de Mme de Maintenon sur ce qui regardoit Mme la duchesse d'Orléans, beaucoup d'amis et de considération dans le monde.

Elle avoit marié sa fille aînée à Chaumont, colonel d'infanterie, dont le nom étoit d'Ambly, qui fut tué brigadier, sans enfants. Armentières, qui tenoit M. le duc d'Orléans par Mme d'Argenton, crut ne pouvoir mieux faire que de s'assurer aussi Mme la duchesse d'Orléans, à cause de la cour et du service. Il songea donc à épouser la seconde fille de Mme de Jussac, fort jolie, et qui, avec moins d'esprit que sa mère, mais un esprit de sagesse et de conduite, lui ressembloit dans tous les points. Il tourna si bien qu'en 1709, tout au commencement de l'année, le mariage se fit, par le concours fort rare de l'épouse et de la maîtresse. Il en eut une charge de chambellan de M. le duc d'Orléans, qu'il lui paya, et un régiment d'infanterie, avec des pensions. Il avoit déjà produit ses frères, et il attrapa bientôt après une charge de chambellan pour l'aîné, qui, au commencement de cette année-ci, épousa la fille aînée de Mme de Jussac, veuve de Chaumont. Dans la suite ils furent l'un après l'autre premiers gentilshommes de la chambre de M. le duc d'Orléans, un peu avant et pendant la régence, et après leur mort à tous deux, le chevalier leur frère leur succéda, qui, à la recommandation de M. le duc d'Orléans, eut la commanderie de Pézenas avec une autre. Mme de Conflans fut gouvernante des deux dernières filles de M. le duc d'Orléans, se ruina au jeu, devint aveugle, éleva son fils de façon qu'il ne fut qu'un garnement, et qu'il passa enfin en Espagne. Mme d'Armentières fut dame de Mme la duchesse de Berry, et de Mme la duchesse d'Orléans ensuite, fit sagement une bonne maison, se fit aimer et estimer, éleva bien son fils, qui épousa la fille unique d'Aubigny, ce fameux écuyer de Mme des Ursins, dont j'ai parlé plus d'une fois, à qui il avoit laissé beaucoup de biens et ce superbe lieu de Chanteloup, destiné par sa maîtresse à tenir sa cour lorsqu'elle seroit souveraine. Ce dernier Armentières est maréchal de camp, et, avec peu d'esprit, songe fort à pousser sa fortune. Le chevalier de Conflans, demeuré premier gentilhomme de la chambre de M. le duc d'Orléans après la mort du Régent son père, lui fut donné par Mme la duchesse d'Orléans pour être son mentor.

Avec plus d'éducation et moins de naturel rustre, il en eût été fort capable, mais un plus capable que lui n'y auroit pas réussi. Il eut de forte prises avec le bâtard du feu Régent et de Mme d'Argenton, pour des droits qu'il prétendoit comme grand prieur de France, qui furent poussés loin, et qui ne réussirent ni à l'un ni à l'autre. Tous deux répandirent des factums. M. le duc d'Orléans à la fin les fit taire, et les remit en quelque bienséance, en sorte que le bailli de Conflans résolut de ne se mêler plus de ce qui regarderoit le grand prieur. Il ne se tint pas parole à lui-même : il fut à un chapitre au Temple ; le grand prieur y présidoit ; le bailli de Conflans se prit de bec contre lui ; de part et d'autre la dispute s'échauffa, au point que l'un vint aux reproches, l'autre aux invectives, jusqu'à insulter à sa bâtardise avec les plus gros mots. Le chapitre en fut rompu, et l'éclat en fut si grand dans le monde, que le grand prieur, appelé par Conflans, neveu du bailli, et en sa place parce qu'il étoit manchot, se battit avec lui et fut dangereusement blessé. De cette affaire, le bailli de Conflans fut congédié doucement par M. le duc d'Orléans, et perdit beaucoup de la considération qu'il avoit acquise dans le monde, qui se choqua du peu d'égard, et encore pour des choses de Malte que d'autres auroient plus décemment défendues, à la reconnoissance que lui et les siens devoient de toute leur fortune au père et à la mère du grand prieur. Il se retira chez Mme d'Armentières, sa belle-sœur, en même temps extrêmement du grand monde, et y vit dans la dévotion. Ces Conflans se prétendent issus de mâles en mâles de la maison de Brienne, si connue par son antiquité, ses grands fiefs, ses grandes alliances, ses grands emplois, ses connétables, ses chambriers, et par des rois de Jérusalem et des empereurs de Constantinople; et ils sont donnés comme tels dans la généalogie de cette maison donnée parmi celles des connétables par les continuateurs de du Fourny et du P. Anselme.

Mme de Villacerf, veuve de Villacerf qui avoit eu les bâtiments, et été si bien avec le Roi, et mère du premier maître d'hôtel de la Dauphine qu'on venoit de perdre, mourut fort vieille d'une saignée qui lui fut faite pour quelques légers accès de fièvre, où on lui coupa le tendon.

Mme Bouchu, veuve du conseiller d'État et mère de la comtesse de Tessé, fut plus heureuse. Elle cachoit un cancer depuis longtemps, dont une seule femme de chambre avoit la confidence. Avec le même secret elle mit ordre à ses affaires, soupa en compagnie, se fit abattre le sein le lendemain de grand matin, et ne le laissa apprendre à sa famille ni à personne que quelques heures après l'opération : elle guérit parfaitement. Après tant de courage et de sagesse, il ne ¹ pas longues années après, épouser le duc de Châtillon, cul-de-jatte, pour la rage

---

1. Il y a ici une lacune de quelques mots. Les mots *il ne* finissent une page du manuscrit ; les mots *pas longues années après* commencent la page suivante.

d'être duchesse, pour ses grands biens, et longtemps après mourir d'une fluxion de poitrine, pour avoir voulu aller jouir de son tabouret à Versailles par le grand froid.

La marquise d'Huxelles, mère du maréchal, mourut en ce même temps à quatre-vingt-cinq ou six ans, avec la tête entière et la santé parfaite jusqu'alors. Elle étoit fille du président le Bailleul, surintendant des finances; son père, son frère, son neveu et son petit-neveu, tous présidents à mortier; et veuve en premières noces du frère aîné de Nangis, père du maréchal de Nangis, dont elle a touché soixante-dix ans durant six mille livres de douaire. C'étoit une femme de beaucoup d'esprit, qui avoit eu de la beauté et de la galanterie, qui savoit et qui avoit été du grand monde toute sa vie, mais point de la cour. Elle étoit impérieuse, et s'étoit acquis un droit d'autorité. Des gens d'esprit et de lettres et des vieillards de l'ancienne cour s'assembloient chez elle, où elle soutenoit une sorte de tribunal fort décisif. Elle conserva des amis et de la considération jusqu'au bout. Son fils, qu'elle traita toujours avec hauteur, ne fut jamais trop bien avec elle, et ne la voyoit guère.

Le bailli de Noailles mourut aussi à Paris, à l'archevêché, où le cardinal son frère l'avoit retiré depuis quelque temps, que ses affaires se trouvoient fort délabrées. Il avoit deux belles commanderies, et il étoit ambassadeur de Malte. C'étoit un très-bon homme et honnête homme, tout uni, qui avoit été fort libertin toute sa vie, et qui à la fin pensoit à son salut.

Le P. Tellier jugea que le P. la Rue avoit besoin de quelque marque de considération après ce qui lui étoit arrivé à la mort de la Dauphine. Le Roi le nomma donc confesseur de M. le duc de Berry, et déclara qu'il réservoit pour le petit Dauphin le P. Martineau, qui l'étoit de celui dont la perte affligeoit toute l'Europe. En même temps ces Pères, accoutumés à tirer parti de tout, firent grand bruit d'un mémoire trouvé dans les papiers du

Dauphin sur l'affaire du cardinal de Noailles, qui ne lui étoit rien moins que favorable. Ils l'envoyèrent à Rome et le firent imprimer. Ce mémoire au moins ne fut pas trouvé dans sa cassette, à ce qu'on a pu voir plus haut; il put l'être d'ailleurs : c'est ce qui ne peut se discuter avec exactitude. Je puis hardiment protester de la mienne sur les sentiments de ce prince, que j'ai rapportés, et sur ce qui s'est passé de lui à moi, et encore si peu de jours avant la mort de Madame la Dauphine, et c'est-à-dire avant la sienne. Ce mémoire, s'il est tel qu'on l'a publié, a pu être des commencements de l'affaire, dans l'esprit de Monsieur de Cambray et dans les préjugés des ducs de Chevreuse et de Beauvillier. Il a pu jeter sur le papier le pour en attendant le contre ; on a donné ce pour, et si le contre s'est trouvé il a été bien supprimé. Ce qui me fait en juger ainsi est la différence entière de ce mémoire avec les sentiments dans lesquels je ne puis douter que ce prince ne soit mort, et qu'il étoit très-incapable de me vouloir tromper ni personne en me mentant sans aucune raison ni besoin, et voulant se servir de moi dans cette même affaire, où il auroit été étrangement peu d'accord avec soi-même, ce qui étoit radicalement opposé à son caractère. La cabale ennemie du cardinal de Noailles ne laissa pas de triompher, armée de ce grand nom; mais ce triomphe, bâti sur un fondement si peu solide par le tissu même de l'écrit tel qu'ils le publièrent, ne fut pas de longue durée : il tomba bientôt de lui-même; mais c'en fut toujours assez pour éblouir et pour gagner du temps.

On fit à Saint-Denis, le lundi 18 avril, le service et l'enterrement des deux Dauphins et de la Dauphine, épouse et mère. M. le duc d'Orléans et M. le comte de Charolois y furent les princes du deuil. Il fut singulier qu'il n'y en eût pas un troisième. Le Roi, qui avoit envoyé le comte de Toulouse à l'eau bénite, et le duc du Maine au convoi, comme princes du sang, trouva apparemment trop fort d'y en faire figurer un d'eux à Saint-Denis. Il y eut pourtant trois princesses du deuil, parce que la cérémonie étoit double, pour prince et pour princesse : Mme la duchesse de Berry, menée par Coettenfao, son chevalier d'honneur, sa queue portée par le comte de Roucy, Biron et Montendre; Madame la Duchesse, menée par le comte d'Uzès, sa queue fort inégalement portée par Montpipeaux, qui étoit Rochechouart, et l'Aigle, fils de sa dame d'honneur; Mlle de Bourbon, menée par Blansac, sa queue portée par Montboissier et d'Angennes. Les princes ne les menèrent point, à cause de l'inégalité du nombre; cela devoit être ainsi; mais M. le duc de Berry se résolut à y aller, et fut ainsi le premier prince du deuil. Néanmoins on ne changea rien, et les princes ne menèrent point les princesses. Le duc de Beauvillier eut le courage d'y porter la queue de M. le duc de Berry, assisté du marquis de Béthune, son premier gentilhomme de la chambre, et de Sainte-Maure, son premier écuyer. Je ne sais plus les deux autres queues. Quatre menins pour le dais du Dauphin, quatre autres pour celui de la Dauphine; à celle de Bavière c'étoient quatre chevaliers de l'ordre, en pointe avec le collier, MM. de Beuvron, Lavardin, la Salle et la Vauguyon. Dangeau, chevalier d'honneur de l'une et de l'autre à leur mort, avec un maréchal de France premier écuyer, eut le même dégoût à toutes les deux. Le maréchal de Bellefonds, premier écuyer, porta la couronne au lieu de lui, et Montchevreuil le manteau à la royale, au lieu du maréchal, à la mort de la Dauphine de Bavière. A celle-ci le maréchal de Tessé, premier écuyer, porta la couronne au lieu de Dangeau, et d'O le manteau en la place du maréchal. Tout se fit avec les cérémonies et l'assistance accoutumée.

On fut assez content de l'oraison funèbre prononcée par Maboul, évêque d'Aleth. Monsieur de Metz, premier aumônier, officia. La cérémonie commença sur les onze heures. Comme elle est fort longue, on s'avisa de mettre sur la crédence un grand vase rempli de vinaigre, en cas que quelqu'un se trouvât mal. Monsieur de Metz, ayant pris la première ablution et voyant au volume des petites burettes qu'il restoit peu de vin pour la seconde, en demanda davantage. On prit donc ce grand vase sur la crédence, pensant que ce fût du vin, et Monsieur de Metz, qui se voulut fortifier, dit, en lavant ses doigts sur le calice, de verser tout plein. Il l'avala d'un trait, et ne s'aperçut qu'à la fin qu'il avoit avalé du vinaigre. Sa grimace et sa plainte fit un peu rire autour de lui, et lui-même conta après son aventure, dont il fut très-mécontent. J'allai voir le lendemain M. de Beauvillier, dont la santé souffrit de cette cruelle cérémonie. Je lui dis en l'embrassant : *Vous venez donc d'enterrer la France ?* Il en convint avec moi. Hélas ! s'il étoit au monde, combien plus en seroit-il persuadé aujourd'hui. Achevons tout d'un trait ce terrible calice en intervertissant peu les temps. La présence des corps dans le chœur de Saint-Denis avoit fait différer l'anniversaire de Monseigneur. Monsieur de Metz y officia le jeudi 21 avril, avec l'assistance accoutumée, où se trouvèrent M. le duc de Berry, M. le duc d'Orléans, MM. les comte de Charolois et prince de Conti ; le Roi y fit aller aussi le duc du Maine et le comte de Toulouse.

Le mardi 10 mai, le service se fit à Notre-Dame pour Monsieur et Madame la Dauphine. M. le duc de Berry, M. le duc d'Orléans et M. le comte de Charolois furent les trois princes du deuil ; Mme la duchesse de Berry, Mlle de Bourbon et Mlle de Charolois furent les princesses. Là comme à Saint-Denis ce devoient être Madame et Mme la duchesse d'Orléans, parce que le deuil doit être du même rang que de ceux dont on fait le deuil, ou du plus approchant quand le même est impossible. Mais jusqu'aux princesses du sang en usent comme pour une garde de fatigue, et le Roi ne s'en soucioit pas. La queue de M. le duc de Berry fut étrangement portée par Sainte-Maure, son premier écuyer, Pons, maître de sa garde-robe, et, ce qui surprit fort, par la Haye, très-mince gentilhomme, qui de page du Roi étoit devenu son écuyer particulier, et qui, depuis qu'il eut une maison, commanda son équipage de chasse, chose même dont on fut d'autant plus scandalisé que ce fut l'ouvrage de M{{me}} la duchesse de Berry. M. le duc d'Orléans eut la sienne portée par d'Estampes, capitaine de ses gardes, et par le jeune Bréauté, maître de sa garde-robe, qui mourut bientôt après sans alliance. M. de Charolois lui fut égalé, comme il l'avoit été à Saint-Denis, et les princesses du sang de même, qui ne doivent avoir qu'un porte-queue. Jaucourt, gouverneur de M. de Charolois, et un gentilhomme à lui portèrent la sienne. Les princes ne menèrent point les princesses, non plus qu'ils avoient fait à Saint-Denis; M{{me}} la duchesse de Berry la fut par Coettenfao et le chevalier d'Hautefort, son chevalier d'honneur et son premier écuyer, et sa queue portée par le comte de Roucy, Biron et Montendre, les mêmes qu'à Saint-Denis; M{{lle}} de Bourbon, menée par Blansac, eut sa queue fort inégalement portée par le comte de Roye, fils de Roucy et neveu de Blansac, et par l'Aigle, fils de la dame d'honneur de Madame la Duchesse, sa mère; M{{lle}} de Charolois, menée par le comte d'Uzès, eut sa queue portée par Châteaurenaud et d'Angennes. Le clergé gagna d'être salué séparément de l'autel, et immédiatement après, et immédiatement avant le catafalque, qui reçut deux saluts à cause des deux corps. M{{lles}} de Bourbon n'eurent qu'un salut ensemble, comme étant de même rang. Le P. Gaillard fit une belle oraison funèbre. Le cardinal de Noailles officia. Sa personne seule étoit en ornements violets, parce que les cardinaux n'en portent jamais de noirs : précision d'orgueil qui monte jusqu'à l'autel. Il donna un superbe dîner aux princes et aux princesses du deuil et aux principales dames. M. et M{{me}} la duchesse de Berry le firent mettre à table. En retournant à Versailles, M. le duc de Berry alla voir Monsieur le Duc à l'hôtel de Condé, qui n'étoit pas encore en état de sortir de sa chambre. La chambre des comptes fit faire, le mardi 24 mai, un grand service à la Sainte-Chapelle, pour Monsieur et Madame la

Dauphine. Le P. la Rue y fit l'oraison funèbre, qui fut assez belle. On fut étonné qu'il s'en fût chargé après ce qui lui étoit arrivé à la mort de cette princesse ; indépendamment de cet événement, la fonction n'étoit guère celle d'un confesseur.

Retournons maintenant sur nos pas, c'est-à-dire à ce voyage de Marly, où les plaisirs recommencèrent, comme je l'ai dit, avant que l'enterrement de la France fût fait à Saint-Denis. On a vu p. 1251[1] l'inquiétude de mes amis sur ma conduite unique avec M. le duc d'Orléans. Elle ne fit que s'augmenter. Je ne pus me rendre à leurs avis, que je pris longtemps pour des foiblesses de cour. A la fin leur concert, sans avoir pu se concerter pour la plupart, me fit faire des réflexions, sans toutefois mépriser moins les menaces de la colère du Roi et du dépit de Mme de Maintenon, que je ne pus croire telle qu'ils m'en vouloient persuader, parce que je ne pouvois comprendre que moi de plus ou de moins avec M. le duc d'Orléans, que tout homme et de toute espèce fuyoit sans ménagement et avec l'indécence la plus marquée, pusse le rendre ou moins abandonné ou moins coupable aux yeux de tout le monde. C'étoit pourtant ce dernier point qui faisoit mon crime, et la peine où étoient les ducs de Beauvillier et de Chevreuse, le chancelier et mes autres amis et amies. J'ai déjà dit que mon extrême douleur de la perte du Dauphin avoit éclaté ; elle éclatoit encore par ma retraite et ma tristesse : elle m'avoit trahi. On se douta, et à la fin on démêla en gros la grandeur de ma perte ; on hasarda de m'en parler en me faisant compliment, car j'en reçus peu à peu, malgré moi, d'une infinité de gens qui la plupart vinrent chez moi, où j'étois porte close le plus que je pouvois, et qui, me rencontrant, me disoient qu'ils y étoient venus pour me témoigner la part qu'ils prenoient à la grande perte que j'avois faite. J'avois beau détourner, écarter, répondre enfin avec la brèveté[2] d'un

---

1. Ci-dessus, p. 273.
2. Voyez ci-dessus, p. 212 et note 1.

homme qui glisse et qui ne veut point entendre, je ne persuadai pour[1] personne, et il demeura pour constant à la cour, et d'une manière publique, que j'avois lieu d'être fort affligé, comme un homme qui a perdu la plus grande et la plus certaine fortune.

Cette idée, qui en peu de temps devint générale, et qui est de celles qu'on ne fortifie jamais mieux que lorsqu'on entreprend de les combattre, ne cadroit pas en moi avec celle qui ne l'étoit pas moins devenue, du prétendu crime de M. le duc d'Orléans, que le duc du Maine répandoit de tout son art, et que Mme de Maintenon soutenoit de toute sa haine, de toutes ses affections, de toute sa puissance. J'étois trop connu pour qu'on pût imaginer que quelque considération ni quelque nécessité que ce pût être vînt jamais à bout de me ployer à voir celui que je soupçonnerois d'un forfait si exécrable, combien moins de vivre avec lui tous les jours en intimité, et de braver par cette conduite, dont la singularité m'étoit pour le moins inutile, le cri public, appuyé de toute la faveur et de toute l'autorité qui réduisoient le prince, que je voyois sans cesse, à la solitude la plus entière et la plus humiliante au milieu du monde et de la cour, et dans le sein de sa plus proche famille. J'étois aussi trop avant avec le prince que tous les cœurs pleuroient, avec tout ce qui l'environnoit de plus intime, et d'autre part avec celui que de si puissantes raisons d'intérêt et de haine vouloient résolûment écraser de ce crime, pour qu'il fût possible que je ne me doutasse de rien à son égard, pour peu qu'il y eût quelque apparence, même légère, de soupçon, ce qui étoit manifestement détruit par ma conduite avec lui, que ne détruisoit point celle du peu d'autres intimes entours du Dauphin, qui, n'ayant nulle habitude avec M. le duc d'Orléans, ne changeoient rien en cette occasion à leur conduite avec lui.

M. de Beauvillier, comme je l'ai remarqué, avoit dans

---

1. Ce mot *pour* est bien au manuscrit.

tous les temps évité de le voir, et M. de Chevreuse ne le voyoit que de loin à loin, et toujours à des heures particulières. C'étoit donc le contraste que ma conduite faisoit avec l'opinion régnante et dominante, et la brèche qu'elle pouvoit lui faire chez tous les gens indifférents, raisonnables et raisonnants, qui choquoit directement l'intérêt si cher de M. du Maine, et la volonté si déployée de Mme de Maintenon. C'est ce que mes amis voyoient clairement; c'est ce qu'ils me faisoient sentir tant qu'ils pouvoient; c'est ce que je fus quelque temps à ne vouloir pas croire; c'est ce que j'aperçus enfin très-distinctement, et que je méprisai aussi parfaitement. Ce n'est pas que j'ignorasse le danger de me les attirer, et que je ne visse le Roi derrière eux en croupe, et tout à leur disposition; mais je ne crus pas que mon intime liaison avec M. le duc d'Orléans dût, par frayeur et par bassesse, leur servir d'un nouveau poids pour l'accabler par mon changement de conduite. J'étois plus qu'en tout abri de lui être associé dans les clameurs élevées contre lui; je n'avois donc à craindre que des querelles d'Allemand, pour m'éloigner et me perdre sous d'autres prétextes, et je me résolus à en courir les risques, en évitant avec soin et sagesse toute prise sur moi. Je fus plusieurs fois averti que le Roi étoit mécontent, tantôt de m'avoir vu de ses fenêtres dans les jardins avec son neveu, tantôt que Mme de Maintenon étoit surprise de ce que seul en toute la cour j'osois l'aborder et le voir. Elle-même et M. du Maine, qui se cachoit sous ses ailes, étoient bien aises de me faire revenir ces choses, pour m'inquiéter et pour me faire changer à l'égard de M. le duc d'Orléans, et cela dura entre les deux voyages de Marly, et augmenta fort durant le second, qui est celui dont je parle, et pendant lequel se fit l'enterrement à Saint-Denis, parce que l'éclat des cris et des insultes du peuple au convoi et les échos du monde et de la cour redoublèrent, et que Marly est fait de façon qu'on me voyoit à découvert tous les jours avec M. le duc d'Orléans. Tant fut procédé enfin que, quelque temps après l'enterrement et sur la fin du voyage de Marly, M. de Beauvillier me pressa d'aller à la Ferté, même avant le retour à Versailles, et de laisser de loin conjurer l'orage qu'il voyoit se former contre moi.

Je résistai quelques jours, mais il vint un matin trouver Mme de Saint-Simon pendant que j'étois à la messe du Roi, à qui il dit qu'il savoit très-précisément que Mme de Maintenon alloit éclater contre moi, et que, sans en alléguer nulle cause, j'allois être chassé, si de moi-même je ne me retirois pour un temps. Tout de suite il se chargea de m'avertir du train que les choses prendroient à mon égard, et de m'avertir de revenir dès qu'il y verroit sûreté. Il pria en même temps Mme de Saint-Simon de penser à une sorte de langage de chiffre, pourtant sans chiffre, dont elle se pût servir pour me faire entendre ce qu'il lui diroit de me mander pendant mon absence, et la conjura que cela fût fait dans la journée, pour me faire partir le lendemain comme ayant à la Ferté une affaire pressée qui m'y demandoit, et que lui se chargeoit de le dire au Roi, et de lui faire trouver bon que je n'achevasse pas les quatre ou cinq jours qui restoient à demeurer à Marly. Je le trouvai encore en rentrant chez moi. L'alarme bien plus vive où je le vis me fit moins d'impression que ses manières de parler absolues et déterminées, et l'air d'autorité avec lequel il s'expliqua : rien n'étoit moins de son caractère, et depuis des années rien de si nouveau avec moi. Le secret d'autrui étoit chez lui impénétrable : son ton et son expression me firent sentir ce qu'il ne disoit pas, et pris exprès[1] pour, sous un conseil si vif, si pressé, si fort impératif, me montrer un ordre qu'il n'avoit pas la liberté d'avouer. Mme de Saint-Simon et moi ne vîmes pas lieu à une plus longue défense. J'employai le reste du jour à répandre doucement la prétendue nécessité de mon voyage, à faire ma cour à l'ordinaire, à voir M. et Mme la duchesse d'Orléans,

---

1. Et qu'ils étaient pris exprès.

et à me disposer à partir, comme je fis le lendemain matin. Je ne vis jamais si promptement changer un visage très-austère en un très-serein que fit celui du duc sitôt que j'eus lâché la parole de partir. Jamais il ne m'en a dit davantage là-dessus, et je suis toujours demeuré persuadé que le Roi ou Mme de Maintenon me l'avoient envoyé, et lui avoient dit que je serois chassé si, suivant son conseil, je ne me chassois pas de bonne grâce. Mon départ ni mon absence ne fit aucun bruit; personne n'y soupçonna rien. Je fus soigneusement instruit, mais toujours en énigme de conseil, de l'état où j'étois pour demeurer où revenir. J'ignorai de même ce qui fit mon retour, qui me fut mandé de même. Mon absence fut d'un mois ou cinq semaines, et j'arrivai droit à la cour, où je vécus avec M. le duc d'Orléans tout comme j'avois fait auparavant.

Il n'étoit pas au bout de ses malheurs. C'étoit trop que de s'être rendu par un trop bon mot deux toutes-puissantes fées implacables[1]. Chalais, l'homme à tout faire de la princesse des Ursins, fut dépêché par elle pour un voyage si mystérieux que l'obscurité n'en a jamais été éclaircie. Il fut dix-huit jours en chemin, inconnu, cachant son nom, et passa à deux lieues de Chalais, où étoient son père et sa mère, sans leur donner signe de vie, quoique fort bien avec eux. Il rôda secrétement en Poitou, et enfin y arrêta un cordelier de moyen âge dans le couvent de Bressuire, qui s'écria : « Ah ! je suis perdu ! » dès qu'il se vit arrêté. Chalais le conduisit dans les prisons de Poitiers, d'où il dépêcha à Madrid un officier de dragons qu'il en avoit mené avec lui, et qui connoissoit ce cordelier, dont on n'a jamais su le nom, mais bien qu'il étoit effectivement cordelier, revenant de plusieurs lieux d'Italie et d'Allemagne, et même de Vienne. Chalais poussa à Paris, vint à Marly chez Torcy, le 27 avril, un mercredi que le Roi avoit pris médecine. Torcy le mena l'après-dînée

---

1. Voyez tome VI, p. 44 et 45.

dans le cabinet du Roi, avec lequel il fut une demi-heure,
ce qui retarda d'autant le conseil d'État, et Chalais s'en
alla aussitôt à Paris. Tant d'apparat n'étoit pas fait pour
n'en pas tirer parti, et Chalais n'avoit pas été prostitué
au métier de prévôt après un misérable moine sans en
espérer un grand fruit. Tout fut incontinent après rempli
des bruits les plus affreux contre M. le duc d'Orléans, qui
par ce moine, qui toutefois étoit bien loin lors de la mort
de nos princes, les avoit empoisonnés, et en prétendoit
bien empoisonner d'autres. En un instant Paris retentit
de ces horreurs; la cour y applaudit; les provinces en
furent inondées, et tôt après les pays étrangers, avec une
rapidité incroyable, et qui montroit à découvert la préparation du complot, et une publicité qui pénétra jusques
aux autres. Mme des Ursins ne fut pas moins bien servie
en Espagne là-dessus que M. du Maine et Mme de Maintenon en France. Ce fut un redoublement de rage affreux.
On fit venir le cordelier pieds et poings liés à la Bastille,
où il fut livré uniquement à d'Argenson.

Ce lieutenant de police rendoit compte au Roi directement de beaucoup de choses, au désespoir de Pontchartrain, qui ayant Paris et la cour dans son département de
secrétaire d'État, crevoit très-inutilement de dépit de se
voir passer par le bec des plumes secrètes et importantes,
qui faisoient de son subalterne une espèce de ministre
plus craint, plus compté, plus considéré que lui, et qui
s'y conduisit toujours de façon à s'acquérir des amis en
grand nombre, et des plus grands, et à se faire fort peu
d'ennemis, et encore dans un ordre obscur ou infime.
M. le duc d'Orléans laissa tomber cette pluie à verse,
faute de pouvoir l'arrêter. Elle ne put augmenter la désertion générale : il s'accoutumoit à sa solitude, et
comme il n'avoit jamais ouï parler de ce moine, il n'en
eut pas aussi la plus légère inquiétude. Mais d'Argenson,
qui l'interrogea plusieurs fois, et qui en rendoit directement compte au Roi, fut assez adroit pour faire sa cour
à M. le duc d'Orléans de ce qu'il ne trouvoit rien qui le

regardât, et des services qu'il.lui rendoit là-dessus auprès du Roi. Il vit en habile homme la folie d'un déchaînement destitué de tout fondement, dont l'emportement ne pouvoit empêcher M. le duc d'Orléans d'être un prince très-principal en France pendant une minorité que l'âge du Roi laissoit voir d'assez près, et il sut profiter du mystère que lui offrit son ministère pour se mettre bien avec lui de plus en plus, car il l'avoit soigneusement, quoique secrètement, ménagé de tout temps, et cette conduite, comme on le verra en son temps, lui valut une grande fortune.

Ce cordelier demeura près de trois mois à la Bastille, sans parler à qui que ce soit qu'à d'Argenson, après quoi Chalais, prévôt de Mme des Ursins, le remena lui-même de Paris en Ségovie, où il fut enfermé dans une tour tout au haut du château, d'où il avoit la plus belle vue du monde, de l'élévation à pic des tours de Notre-Dame de Paris, du côté où il étoit. Il y étoit encore plein de santé, et ne parlant à personne, dix ans après, lorsque j'allai voir ce beau château. J'y appris qu'il juroit horriblement contre la maison d'Autriche et les ministres de la cour de Vienne, avec des emportements furieux de ce qu'ils le laissoient pourrir là, qu'il ne lisoit que des romans qu'il demandoit à celui qui avoit soin de lui, et qu'il vivoit là avec tout le scandale que quatre murailles le peuvent permettre à un scélérat. On prétendit qu'il avoit fait son marché pour empoisonner le roi d'Espagne et les infants. Ses fureurs contre Vienne sembleroient favoriser cette opinion. Elle a prévalu dans les esprits les plus sages delà et deçà les Pyrénées ; mais le mystère de toute cette affaire étant demeuré mystère, je me garderai d'en porter un jugement qui ne pourroit être certain, ni même indiquer de fondement. Ce malheureux est mort longtemps depuis mon retour d'Espagne, et dans sa même prison. Chalais fit sans doute sa cour aux deux fées de s'être chargé d'une fonction si pénible et si peu décente à un homme de sa qualité ; si elle servit, comme elles le prétendirent sans doute, à donner plus de poids au mystère et à leurs exécrables interprétations, ce voyage ne réussit pas dans le monde, quoique si emmusclé par elles, à celui qui s'étoit ravalé à leur servir de prévôt.

Il arrive assez souvent que les événements les plus tristes sont suivis de quelque farce imprévue, qui divertit le public lorsqu'il y pense le moins. La maison du duc de Tresmes en fournit une, qui fit un étrange éclat et qui amusa beaucoup le monde. Il avoit marié son fils aîné à Mlle Mascrani, comme je l'ai marqué en son temps. C'étoit la fille unique d'un maître des requêtes qui avoit des biens immenses, qui n'avoit plus ni père ni mère, qui étoit sous la tutelle de l'abbé Mascrani, frère de son père lorsqu'elle se maria, et dont les Caumartins, frères de sa mère et amis intimes du duc de Tresmes de tout temps, avoient fait le mariage. Elle n'étoit plus enfant lorsqu'il se fit. Avec ses richesses, elle crut qu'elle alloit être heureuse : elle ignoroit que ce n'étoit pas le sort des femmes des Poitiers. Mme de Revel, veuve sans enfants, et sœur peu riche du duc de Tresmes, vint loger chez lui pour gouverner sa belle-fille, qui ne se trouva pas facile à l'être, ni la tante bien propre à cet emploi. Des mésaises on en vint aux humeurs, puis aux plaintes, après aux querelles et aux procédés, enfin aux expédients. La jeune femme avoit plus d'esprit que les Gesvres ; elle sut mettre toute sa famille dans ses intérêts, jusqu'aux Caumartins, qui s'en brouillèrent enfin avec les Gesvres. Elle s'enfuit chez la vieille Vertamont, sa grand'mère maternelle, qui l'avoit élevée et qui en étoit idolâtre, et de cet asile fit signifier une demande de cassation de son mariage, pour cause d'impuissance. Les factums de part et d'autre mouchèrent[1]. On peut juger ce qu'une telle matière fournit, et quelle source d'ordures et de plaisanteries. L'affaire se plaida à l'officialité. Le marquis de Gesvres prétendit n'être point impuissant, et comme c'étoit chose de fait,

---

1. Voyez tome I, p. 177 et note 1.

il fut ordonné qu'il seroit visité par des chirurgiens, et elle par des matrones, nommés par l'officialité, pour y faire leur rapport, et tous deux en effet furent visités. Il seroit difficile de rendre les scènes que cette affaire produisit. Les gens connus et même distingués alloient s'en divertir aux audiences; on y retenoit les places dès le grand matin, on s'y portoit; et de là des récits qui faisoient toutes les conversations. Les pauvres Gesvres en pensèrent mourir de dépit et de honte, et se repentirent bien de s'être engagés en un pareil combat. Il dura longtemps, et toujours avec de nouveaux ridicules, et ne finit qu'avec la vie de la marquise de Gesvres. On se persuadoit malignement qu'elle n'avoit pas tout le tort, et son mari en a confirmé la pensée en ne songeant pas à se remarier depuis plus de trente ans. Il y a suppléé par son frère, qui a des enfants de la fille aînée du maréchal de Montmorency.

Les généraux partirent chacun pour l'armée qu'ils devoient commander, et les officiers généraux et particuliers qui y devoient servir : Villars pour la Flandre, Harcourt et Besons pour le Rhin, Berwick pour le Dauphiné et les Alpes; et Fiennes, lieutenant général, remplaça en Catalogne le duc de Noailles, qu'on ne songea pas à faire servir.

Bissy, fils du lieutenant général et petit-fils d'un de ces légers chevaliers de l'ordre de M. de Louvois en 1688, épousa la fille de Chauvelin, conseiller d'État. Il vit bientôt après son oncle dans une éclatante fortune, et longues années après toute puissance et les sceaux entre les mains du frère de sa femme, qui finit comme Icare; et de ces deux fortunes si proches de Bissy il n'en attrapa rien.

Meuse, de la maison de Choiseul, épousa la fille de Zurlaube, tué lieutenant général et distingué, et de la sœur de Sainte-Maure.

L'abbé de Sainte-Croix mourut à plus de quatre-vingt-dix ans. Il avoit six abbayes, un prieuré, un petit gouvernement, les chiens du Roi pour le chevreuil. Il étoit fils du célèbre Molé, premier président et garde des sceaux, et n'avoit jamais été que maître des requêtes, ni songé qu'à chasser et à se divertir de toutes les façons, jusqu'à sa mort, dans une santé parfaite. Il venoit de temps en temps faire sa cour au Roi, qui toujours lui parloit et le distinguoit, en considération des grands services de son père, que le Roi n'a jamais oubliés, et qui ont toujours et solidement porté sur tous ceux de ce nom.

Deux hommes d'une grosseur énorme, de beaucoup d'esprit, d'assez de lettres, d'honneur et de valeur, tous deux fort du grand monde, et tous deux plus que fort libertins, moururent en ce même temps, et laissèrent quelques vides dans la bonne compagnie : Cominges fut l'un, la Fare l'autre. Cominges étoit fils et neveu parternel de Guitaut et de Cominges, tous deux gouverneurs de Saumur, tous deux capitaines des gardes de la Reine mère, tous deux chevaliers de l'ordre en 1661, tous deux très-affidés du gouvernement, tous deux employés aux exécutions de confiance les plus délicates. Guitaut mourut subitement au Louvre, à quatre-vingt-deux ans, en 1663, sans avoir été marié. Cominges, son neveu, son survivancier, et père de celui dont il s'agit ici, fut un homme important toute sa vie. Il fut envoyé en 1646 vers Monsieur le Prince, en Flandres, chargé d'arrêter et de conduire à Sedan, en août 1648, le fameux conseiller Broussel, l'année suivante d'arrêter les officiers suspects du régiment de la Reine, et la même année de faire passer par les armes, 1er et 8 juin, Chambret et d'autres officiers de Bordeaux. Lui et son oncle arrêtèrent au Palais-Royal les princes de Condé et de Conti et le duc de Longueville, 18 janvier 1650. Il arrêta aussi du Dognon, connu, depuis qu'il se fût[1] fait faire maréchal de France pour rendre Brouage, sous le nom de maréchal Foucault. Cominges prit, l'année 1650, en avril, Saumur sur du Mont, qui

---

1. Ce verbe est bien au subjonctif.

s'en étoit saisi pour Monsieur le Prince, et commanda en 1652 et 1653 en Italie, en l'absence du comte d'Harcourt, et en Catalogne. Il alla depuis ambassadeur en Portugal et en Angleterre, et mourut en mars 1670, à cinquante-sept ans.

Il avoit épousé la fille d'Amalby, conseiller au parlement de Bordeaux. Sa mère valoit encore moins, comme toutes celles de ces Cominges, hors une ou deux. Ils portoient en plein le nom et les armes de Cominges, se prétendoient être descendus des comtes de ce nom. Ils n'en ont pourtant jamais pu en aucun temps prouver aucune filiation ni jonction, et on ne sait quels ils étoient avant 1440. Cominges son fils ne servit guère que volontaire, et toujours aide de camp du Roi, qui, malgré ses mœurs et son peu d'assiduité, ne le voyoit jamais sans lui parler et le traiter avec distinction et familiarité, à cause de la Reine mère. Les courtisans, pendant les campagnes du Roi, appelèrent par plaisanterie les bombes et les mortiers du plus gros calibre des Cominges, et si bien que ce nom leur est demeuré dans l'artillerie. Cominges trouvoit cette plaisanterie très-mauvaise, et ne s'y accoutuma jamais. Il étoit fort grand et de très-bonne mine. Il passoit pour avoir secrètement épousé Mlle Dorée, qui avoit été fille d'honneur de Madame la Duchesse, qui depuis qu'elle ne l'étoit plus, logeoit chez sa sœur, femme de Tambonneau, président en la chambre des comptes et longtemps ambassadeur en Suisse, fils de la vieille Tambonneau, si fort du grand monde, et de laquelle j'ai parlé.

Cominges n'avoit qu'un frère, qui étoit un fort honnête garçon, qui avoit servi sur mer et sur terre, qui avoit de l'esprit, qui s'attacha fort d'amitié au comte de Toulouse. Il avoit été fort du grand monde, et bienvoulu partout. Il se retira les dernières années de sa vie, qu'il passa dans une grande piété. Il étoit chevalier de Malte, et avoit une commanderie et une abbaye. Leur sœur, vieille fille de beaucoup d'esprit aussi, de vertu et assez du monde, voulut faire une fin, comme les cochers : elle épousa la Traisne, premier président du parlement de Bordeaux, qui étoit un très-digne magistrat, fort ami de mon père, dont elle fut la seconde femme, et n'en eut point d'enfants. Le gouvernement de Saumur fut donné à d'Aubigny, neveu de l'archevêque de Rouen, ce cousin prétendu de Mme de Maintenon, quoique tout jeune et ce gouvernement fort gros et indépendant de celui de la province. Cominges l'avoit eu à la mort de son père.

La Fare fut l'autre démesuré en grosseur. Il étoit capitaine des gardes de M. le duc d'Orléans, après l'avoir été de Monsieur, et croyoit avec raison avoir fait une grande fortune. Qu'auroit-il dit s'il avoit vu celle de ses enfants : l'un avec la Toison et le Saint-Esprit, l'autre très-indigne évêque-duc de Laon ? Il avoit trop d'esprit pour n'en avoir pas été honteux. La Fare étoit un homme que tout le monde aimoit, excepté M. de Louvois, dont les manières lui avoient fait quitter le service. Aussi souhaitoit-il plaisamment qu'il fût obligé de digérer pour lui. Il étoit grand gourmand ; et au sortir d'une grande maladie, il se creva de morue, et en mourut d'indigestion [1]. Il faisoit d'assez jolis vers, mais jamais en vers ni en prose rien contre personne. Il dormoit partout les dernières années de sa vie ; ce qui surprenoit, c'est qu'il se réveilloit net, et continuoit le propos où il le trouvoit, comme s'il n'eût pas dormi.

Rouillé, président en la chambre des comptes, des ambassades duquel j'ai parlé plusieurs fois, où il avoit toujours fort bien fait, fut trouvé mort dans son lit, à Paris, par ses valets, allant l'éveiller le matin du 30 mai. Il s'étoit couché en bonne santé, ayant soupé chez la princesse d'Espinoy. C'étoit un homme sec et sobre autant que son frère le conseiller d'État étoit gourmand, ivrogne et débauché, et aussi sage que l'autre l'étoit peu.

---

1. *D'ingestion*, au manuscrit.

Le duc d'Uzès perdit aussi l'abbé d'Uzès, son frère, chanoine de Strasbourg.

Le dimanche 29 mai, il arriva un courrier de Rome, avec la nouvelle d'une promotion d'onze cardinaux que le Pape venoit de faire : c'étoit celle des couronnes, dans laquelle le cardinal de Rohan fut compris. Ce fut le plus beau cardinal du sacré collège; aussi étoit-il le fils de l'amour. Mais sa mère n'en eut pas la joie, peut-être en eut-elle la douleur où elle étoit. C'est de quoi il ne nous appartient pas de juger.

Le débordement de la Loire désola encore cette année l'Orléanois et la Touraine, noya beaucoup de gens et de bestiaux, et entraîna quantité de maisons. C'étoient les fruits du crédit qu'avoit eu la Feuillade du temps de Chamillart, comme je l'ai remarqué en son temps.

Le duc de Richelieu, qui avoit fait mettre le duc de Fronsac, son fils, à la Bastille, il y avoit quelque temps, paya ses dettes et l'en fit sortir, le croyant bien corrigé.

CHAPITRE XIV.

La reine d'Espagne accouche d'un prince; l'Empereur couronné roi d'Hongrie à Presbourg. — Mort du duc de Vendôme. — Éclaircissement sur la sépulture du duc de Vendôme. — Dames du palais en Espagne. — Mort, fin et dernier bon mot d'Harlay, ci-devant premier président. — Singularité du Roi sur ses ministres. — Course d'un gros parti ennemi en Champagne. — Trêve publiée entre la France et l'Angleterre. — Porto-Ercole pris par les ennemis. — La Badie rend le Quesnoy; est mis à la Bastille. — Broglio défait dix-huit cents chevaux. — Emo ne peut raccommoder la république de Venise avec le Roi. — Voyage de Fontainebleau par Petit-Bourg. — Rohan, évêque de Strasbourg, fait cardinal, en reçoit la calotte et le bonnet. — Mme la grande-duchesse en apoplexie. — Siége de Landrecies par le prince Eugène. — Combat de Denain. — Montesquiou prend Marchiennes. — Prince Eugène lève le siége de Landrecies. — Villars prend Douay. — Nos lignes de Weissembourg inutilement canonnées. — Cantons catholiques, battus par les cantons protestants, font la paix. — Cassart prend, rase, pille et brûle Santiago au cap Vert. —

Échange du marquis de Villena et de Cellamare avec Stanhope et Carpenter. — Mort du fils aîné du duc de la Rocheguyon. — Mort de l'abbé Tallemant. — Mort du frère du maréchal de Villars et du fils unique de du Bourg; leur caractère. — Albemarle, pris à Denain, renvoyé sur sa parole. — Mort, conduite, fortune, famille de M. de Soubise. — Injure espagnole qui ne se pardonne jamais. — Mort du marquis de Saint-Simon. — Mort de Mme de la Fayette — Mort de Cassini, grand astronome. — Mort, caractère et savoir de Refuge. — Mort de Mme Herval. — Abbé Servien chassé, et pourquoi; son caractère et sa fin. — Désordres des loups en Orléanois.

On eut nouvelle que la reine d'Espagne étoit accouchée le 6 juin d'un prince à Madrid, qu'on nomma don Philippe, et que le 22 mai l'Empereur avoit été couronné roi d'Hongrie à Presbourg avec grande magnificence.

Vendôme triomphoit en Espagne, non des ennemis de cette couronne, mais des Espagnols et de nos malheurs. A son âge et à celui de ceux que nous pleurions, il se comptoit expatrié pour le reste de sa vie. Leur mort le rendit aux plus flatteuses espérances d'en revenir jouir à notre cour, et d'y redevenir un personnage qui y feroit de nouveau bien compter avec lui. L'Altesse avoit été un fruit aussi prompt que délicieux d'une si surprenante délivrance; l'assimilation aux don Juans en fut un autre coup sur coup qui acheva de l'enivrer des larmes de la France, où, porté sur ce nouveau piédestal[1], il projetoit de venir faire le prince du sang en plein par le titre d'en avoir désespéré l'Espagne. Sa paresse, sa liberté de vie, ses débauches avoient prolongé son séjour sur la frontière, où il se trouvoit plus commodément pour satisfaire à tous ses goûts qu'à Madrid, où, bien qu'il ne se contraignît guère, il ne pouvoit éviter quelque sorte de contrainte de représentation et de paroître à la cour. Il y arriva pour y recevoir les profusions intéressées de la toute-puissance de la princesse des Ursins; mais, comme je l'ai remarqué, son dessein se bornoit à l'Altesse commune et au leurre plutôt qu'à l'effet bien établi des traite-

---

1. Ici encore Saint-Simon écrit *pied d'estail*.

ments des deux don Juans qu'elle lui avoit fait donner. Elle se hâta donc de faire expédier avec lui ce qui pour le militaire demandoit nécessairement sa présence, et de le renvoyer promptement à la frontière. Lui-même, comblé des distinctions où il n'avoit osé prétendre, embarrassé de la solitude où le laissoit l'extrême dépit des grands et des seigneurs de leur subite humiliation à son égard, et rappelé dans ses quartiers par sa paresse et ses infâmes délices, il s'en retourna volontiers très-promptement. Il n'y avoit rien à y faire. Les Autrichiens, étonnés et affoiblis du départ des Anglois, se trouvoient bien éloignés de l'offensive; et Vendôme, nageant dans les charmes de son nouveau sort, ne pensoit qu'à en jouir dans une oisiveté profonde, sous prétexte que tout n'étoit pas prêt pour commencer les opérations.

Pour être plus en liberté, il se sépara des officiers généraux et s'alla établir avec deux ou trois de ses plus familiers et ses valets, qui faisoient partout sa compagnie la plus chérie, à Vignarez, petit bourg presque abandonné et loin de tout, au bord de la mer, dans le royaume de Valence, pour y manger du poisson tout son soûl. Il tint parole et s'y donna de tout au cœur joie près d'un mois. Il se trouva incommodé, on crut aisément qu'il ne lui falloit que de la diète; mais le mal augmenta si promptement et d'une façon si bizarre, après avoir semblé assez longtemps n'être rien, que ceux qui étoient auprès de lui, en petit nombre, ne doutèrent pas du poison et envoyèrent aux secours de tous côtés; mais le mal ne les voulut pas attendre; il redoubla précipitamment avec des symptômes étranges. Il ne put signer un testament qu'on lui présenta, ni une lettre au roi par laquelle il lui demandoit le retour de son frère à la cour. Tout ce qui étoit autour de lui s'enfuit et l'abandonna, tellement qu'il demeura entre les mains de trois ou quatre des plus bas valets, tandis que les autres pilloient tout et faisoient leur main et s'en alloient. Il passa ainsi les deux ou trois derniers jours de sa vie sans prêtre, sans qu'il eût été question seulement d'en parler, sans autre secours que d'un seul chirurgien. Les trois ou quatre valets demeurés auprès de lui, le voyant à la dernière extrémité, se saisirent du peu de choses qui restoient autour de lui, et, faute de mieux, lui tirèrent sa couverture et ses matelas de dessous lui. Il leur cria pitoyablement de ne le laisser pas mourir au moins à nu sur sa paillasse, et je ne sais s'il l'obtint. Ainsi mourut, le vendredi 10 juin, le plus superbe des hommes, et pour n'en rien dire davantage après avoir été obligé de parler si souvent de lui, le plus heureux jusqu'à ses derniers jours. Il avoit cinquante-huit ans, sans qu'une faveur si prodigieuse et si aveugle ait pu faire qu'un héros de cabale d'un capitaine qui a été un très-mauvais général, d'un sujet qui s'est montré le plus pernicieux, et d'un homme dont les vices ont fait en tout genre la honte de l'humanité. Sa mort rendit la vie et la joie à toute l'Espagne.

Aguilar, l'ami du duc de Noailles, revenu d'exil pour servir sous lui, fut fort accusé de l'avoir empoisonné, et se mit aussi peu en peine de s'en défendre comme on s'y mit peu de faire aucune recherche. La princesse des Ursins, qui pour sa grandeur particulière avoit si bien su profiter de sa vie, ne profita pas moins de sa mort. Elle sentit sa délivrance d'un nouveau don Juan à la tête des armées d'Espagne, qui n'y étoit plus en refuge et en asile souple par nécessité sous sa main, et qui au contraire, délivré de tout ce qui l'y avoit relégué, recouvroit en plein toutes ses anciennes forces en France, d'où il tireroit toute sorte de protection et d'autorité. Elle ne se choqua donc point de la joie qui éclata sans contrainte, ni des discours les plus libres de la cour, de la ville, de l'armée, de toute l'Espagne; ni par conséquent le roi et la reine, qui n'en firent aucun semblant. Mais pour soutenir ce qu'elle avoit fait, et faire à bon marché sa cour à M. du Maine, à Mme de Maintenon, au Roi même, elle fit ordonner que le corps de ce monstre, hideux de grandeur et de fortune seroit porté à l'Escurial. C'étoit combler la mesure des plus grands traitements. Il n'étoit point mort en bataille, et de plus on ne voit aucun particulier enterré à l'Escurial, comme il y en a plusieurs à Saint-Denis. Cet honneur fut donc déféré à ceux qui venoient d'être donnés à sa naissance. C'est aussi ce qui enfla M. du Maine jusqu'à ne pouvoir s'en contenir. Mais en attendant que je parle du voyage que j'ai fait à l'Escurial, si j'ai assez de vie pour pousser ces *Mémoires* jusqu'à la mort de M. le duc d'Orléans, il faut expliquer ici cette illustre sépulture.

Le panthéon est le lieu où il n'entre que les corps des rois et des reines qui ont eu postérité. Un autre lieu séparé, non de plein pied, mais proche, fait en bibliothèque, est celui où sont rangés les corps des reines qui n'ont point eu de postérité, et des infants. Un troisième lieu, qui est comme l'antichambre de ce dernier, s'appelle proprement le pourrissoir, quoique ce dernier en porte aussi improprement le nom. Il n'y paroît que les quatre murailles blanches avec une longue table nue au milieu. Ces murs sont fort épais; on y fait des creux où on met un corps dans chacun, qu'on muraille par-dessus, en sorte qu'il n'en paroît rien. Quand on juge qu'il y a assez longtemps pour que tout soit assez consommé et ne puisse plus exhaler d'odeur, on rouvre la muraille, on en tire le corps, on le met dans un cercueil qui en laisse voir quelque chose par les pieds. Ce cercueil est couvert d'une étoffe riche, et on le porte dans la pièce voisine. Le corps du duc de Vendôme étoit encore depuis neuf ans dans cette muraille lorsque j'entrai dans ce lieu, où on me montra l'endroit où il étoit, qui étoit uni comme tout le reste des quatre murs et sans aucune marque. Je m'informai doucement aux moines chargés de me conduire et de me faire les honneurs dans combien il seroit transporté dans l'autre pièce. Ils ne répondirent qu'en évitant de satisfaire cette curiosité, en laissant échapper un air d'indignation, et ne se contraignirent pas de me laisser entendre qu'on ne songeoit point à ce transport, et que, puisqu'on avoit tant fait que de l'emmurailler, il y pourroit demeurer. Je ne sais ce que M. du Maine fit du testament non signé qui lui fut envoyé et dont il fit son affaire, mais il ne put obtenir du Roi aucune démonstration en faveur de M. de Vendôme, ni le retour du grand prieur, qui demeura à Lyon jusqu'à la mort du Roi; mais le Roi prit le deuil quelques jours en noir. Mme de Vendôme recueillit les grands avantages qui lui avoient été faits par son contrat de mariage, dont Anet et Dreux ont passé d'elle à Mme du Maine, et les autres terres réparties de même aux autres héritiers de la duchesse de Vendôme après elle; mais le Roi reprit aussitôt Vendôme et ce qui se trouva de réversible à la couronne. Le grand prieur ne prétendit rien et n'eut rien aussi, comme exclu de tout héritage par ses vœux de l'ordre de Malte. On paya les créanciers peu à peu, et les valets devinrent ce qu'ils purent. Il n'est pas encore temps de parler de ce que devint Alberoni. Ce fut à peu près en ce temps-ci que la Reine, n'ayant plus de filles ni de menines, prit des dames du palais à peu près comme celles de Madame la Dauphine et de la Reine.

Harlay, ci-devant premier président, dont j'ai eu tant d'occasions de parler, mourut à Paris fort peu de temps après. Je n'ai plus à le faire connoître. J'ajouterai seulement l'humiliation où fut réduit ce superbe cynique. Il loua une maison dont la muraille du jardin étoit mitoyenne de celui des Jacobins du faubourg Saint-Germain, mais dans la rue de l'Université, qui n'étoit point à eux comme celles de la rue Saint-Dominique et de la rue du Bac, où pour les mieux louer ils donnent des portes dans leur jardin, et ces mendiants en tirent cinquante mille livres de rente. Harlay, accoutumé à l'autorité, leur demanda une porte dans leur jardin. Il fut refusé. Il insista, leur fit parler et ne réussit pas mieux. Cependant on leur fit entendre qu'encore que ce magistrat naguère si puissant ne pût plus rien par lui-même, il avoit un fils et un cousin conseillers d'État, auxquels ils ne pouvoient se promettre de n'avoir jamais affaire, et qui, sans se soucier de la personne, pourroient bien par orgueil leur faire sentir leur mécontentement. L'argument d'intérêt est le meilleur avec les moines. Ceux-ci se ravisèrent. Le prieur, accompagné de quelques notables du couvent, alla faire excuse à Harlay et lui dire qu'il étoit le maître de faire percer la porte. Harlay, toujours lui-même, les regarda de travers, répondit qu'il s'étoit ravisé et qu'il s'en passeroit. Les moines, fort en peine du refus, insistèrent ; il les interrompit et leur dit : « Voyez-vous, mes Pères, je suis petit-fils d'Achilles du Harlay, premier président du Parlement, qui a si bien servi l'État et les rois, et qui, pour soutenir la cause publique, fut traîné à la Bastille, où il pensa être pendu par ces scélérats de ligueurs ; il ne me convient donc pas d'entrer ni d'aller prier Dieu chez des gens de la robe de votre Jacques Clément ; » et tout de suite leur tourna le dos, et les laissa confondus. Ce fut son dernier trait. Il tomba dans l'ennui et dans la misère des visites ; et comme il conservoit toujours toutes ses mêmes manières de gravité empesée, de compliments, de fausse humilité, de discours recherchés, d'orgueil le plus incommode, il désoloit tous ceux qu'il alloit voir, et il alloit jusque chez des gens qui s'étoient souvent morfondus dans ses antichambres. Peu à peu des apoplexies légères, mais fréquentes, lui embarrassèrent la langue en sorte qu'on avoit grand'peine à l'entendre, et lui beaucoup à marcher[1]. En cet état il ne cessoit point de visiter, et ne s'apercevoit point qu'il trouvoit beaucoup de portes fermées. Il mourut enfin, dans cette misère et dans le mépris, au grand soulagement du peu qui par proximité le voyoient, surtout de son fils et de son domestique.

Une bagatelle ne doit pas être oubliée ici, qui montrera combien le Roi croyoit et avoit soin de tenir[2] ses ministres de court. Le comte d'Uzès, qui, depuis les funestes

---

1. Il y a bien *marcher*, et non *parler*, au manuscrit.
2. Croyait devoir tenir et avait soin de tenir.

obsèques dont j'ai parlé et où je l'ai nommé, étoit allé en Espagne, s'étoit arrêté à Madrid sur la mort de M. de Vendôme, sous lequel il devoit servir. A peine y fut-il huit jours, que le roi d'Espagne le renvoya au Roi avec une lettre, par laquelle il lui demandoit un général pour commander ses armées. De quatre généraux françois qu'il lui nommoit, il n'y en eut point de nommé, parce que le roi d'Espagne se ravisa bientôt et n'en voulut plus. Le comte d'Uzès arriva chez Torcy le 21 juin, à Marly, qui le mena au Roi, lequel, après qu'ils furent sortis de son cabinet, passa chez Mme de Maintenon, et y travailla avec Voysin et Desmarets ensemble, chose assez rare qu'il y travaillât avec deux en même temps. Pendant ce travail, il arriva à Torcy un courrier d'Angleterre, attendu avec impatience; Torcy en alla porter les dépêches au Roi. Voysin et Desmarets sortirent, et attendirent avec les courtisans que Torcy sortît à son tour. Cependant ils étoient ministres l'un et l'autre. Torcy très-sûrement rendit compte de ces mêmes dépêches, le lendemain matin, au conseil d'État, en leur présence, et apparemment les lut entières, puisqu'elles étoient importantes; Voysin et Desmarets y en dirent leur avis, comme le duc de Beauvillier, le chancelier, et Torcy même; peut-être, et il y a toute apparence, qu'étant rentrés avec le Roi, comme ils firent, dès que Torcy fut sorti, le Roi lui-même leur dit ce qu'il venoit d'apprendre. Mais ils n'en quittèrent pas moins la place à Torcy; le Roi ne les retint point, et le courtisan, répandu dans les salons, fut témoin de cette cérémonie.

Le 17 juillet la trêve fut publiée en Flandres entre la France et l'Angleterre, à la tête des troupes des deux couronnes. Un mois auparavant, le prince Eugène avoit envoyé près de deux mille chevaux faire une course en Champagne, qui pensèrent prendre l'archevêque de Reims, qui faisoit ses visites. Ils brûlèrent un faubourg de Vervins, passèrent près de Sainte-Menehould, firent beaucoup de désordres en Champagne et autour de Metz, passèrent la Meuse à Saint-Mihiel, la Moselle auprès du Pont-à-Mousson, emmenèrent grand nombre d'otages, et se retirèrent à Traherbach, sans que Saint-Frémont ni Coigny, détachés après, chacun de leur côté, eussent pu les joindre.

Zumzungen, général de l'Empereur, se rendit maître de Porto-Ercole après une belle défense du gouverneur.

Le prince Eugène ouvrit la tranchée devant le Quesnoy, la nuit du 20 au 21 juin, malgré l'inaction déclarée des Anglois, qui précéda la trêve avec eux. Jarnac en apporta la capitulation au Roi le 8 juillet à Marly. La Badie, qui y commandoit, s'étant rendu prisonnier de guerre avec sa garnison, fut fort chargé de s'être mal défendu par le maréchal de Villars et par toute l'armée; il obtint la permission du prince Eugène de venir se justifier à la cour, mais en arrivant à Paris il fut mis à la Bastille. Broglio cependant défit dix-huit cents chevaux des ennemis, presque tous tués ou pris. Ces bagatelles soutenoient.

Emo, sage, grand[1], étoit à Paris depuis quelques mois, envoyé sans caractère par la république de Venise, pour tâcher d'accommoder la brouillerie causée par le choix du cardinal Ottoboni, Vénitien, pour être protecteur de France à Rome, et l'acceptation qu'il en avoit faite contre la loi de sa patrie. Mais l'affaire n'étoit pas encore mûre, et il s'en retourna sans avoir rien obtenu.

Le Roi partit le mercredi, 13 juillet, de Marly après le conseil d'État, s'arrêta un peu à Versailles, alla coucher à Petit-Bourg et le lendemain à Fontainebleau. Il y donna, le 20 du même mois, au cardinal de Rohan la calotte rouge, qu'il avoit reçue la veille de Rome, et qu'il lui vint présenter, et cinq jours après le bonnet que le camérier Bianchini lui avoit apporté. Quelques jours auparavant, Mme la grande-duchesse étoit tombée en apoplexie au Palais-Royal, où elle fut obligée de demeurer assez

---

1. Ces trois premiers mots de l'alinéa sont écrits sans ponctuation et commencent par des majuscules.

longtemps. M. et Mme la duchesse d'Orléans l'y laissèrent lorsqu'elle fut hors de danger, et allèrent à Fontainebleau.

Le prince Eugène assiégea Landrecies. Le Roi, piqué des avantages qu'il ne laissoit pas de prendre quoique destitué du secours des Anglois, vouloit en profiter, et trouvoit fort mauvais que Villars laissât assiéger et prendre les places de la dernière frontière sans donner bataille pour l'empêcher. Villars en avoit des ordres réitérés. Il mandoit force gasconnades, il en publioit, mais il tâtonnoit, et reculoit toujours, et il manqua plus d'une occasion de prêter le collet au prince Eugène, dont quelques-unes furent si visibles, et même d'une apparence si avantageuse, que toute l'armée en murmura publiquement. Il cherchoit, disoit-il, les moyens de faire lever le siège de Landrecies, et le Roi attendoit tous les jours des courriers de Flandres avec la dernière impatience. Montesquiou vit jour à donner un combat avec avantage. Il étoit fort connu du Roi, pour avoir été longtemps major du régiment des gardes, inspecteur puis directeur d'infanterie, et beaucoup plus par ses intimes liaisons avec les principaux valets de l'intérieur. Il dépêcha secrètement un courrier au Roi avec un plan de son dessein, en lui marquant qu'il étoit sûr que Villars ne l'approuveroit pas, et en représentant la nécessité de profiter des conjonctures. La réponse fut prompte. Il eut ordre de suivre et d'exécuter son projet, même malgré Villars, mais de faire cela par rapport à lui avec adresse. L'extrême mépris que le prince Eugène avoit conçu du maréchal de Villars lui fit commettre une lourde faute, qui fut de s'éloigner de Marchiennes, et même de Denain où étoient ses magasins principaux, pour subsister plus commodément derrière l'Escaillon qui se jette dans l'Escaut près de Denain, qu'il avoit retranché, et y avoit laissé dix-huit bataillons et quelque cavalerie. Sur ces nouvelles, le maréchal de Montesquiou pressa Villars d'y marcher.

Dans la marche, Montesquiou s'avança avec une tête,

quatre lieutenants généraux et quatre maréchaux de camp, et envoya Broglio, depuis maréchal de France, avec la réserve qu'il commandoit, enlever cinq cents chariots de pain pour l'armée ennemie, ce qu'il exécuta fort bien et avant l'attaque de Denain. Montesquiou avec cette tête de l'armée arriva devant Denain à tire-d'aile, fit promptement sa disposition, et attaqua tout de suite les retranchements. Villars marchoit doucement avec le gros de l'armée, déjà fâché d'en voir une partie en avant avec Montesquiou sans son ordre, et qui le fut bien davantage quand il entendit le bruit du feu qui se commençoit. Il lui dépêcha ordre sur ordre d'arrêter, de ne point attaquer, de l'attendre, le tout sans se hâter le moins du monde, parce qu'il ne vouloit point de combat. Son confrère lui renvoya ses aides de camp, lui manda que le vin étoit tiré et qu'il falloit le boire, et poussa si bien ses attaques qu'il emporta les retranchements, entra dans Denain, s'y rendit le maître, et de toute l'artillerie et des magasins, tua beaucoup de monde, en fit noyer quantité en tâchant de se sauver, entre lesquels se trouva le comte de Dohna qui y commandoit, et se mit en posture de s'y bien maintenir s'il prenoit envie au prince Eugène de l'y attaquer, qui arrivoit avec son armée par l'autre côté de la rivière, qui fut témoin de l'expédition, qui recueillit les fuyards, et qui s'arrêta, parce qu'il ne crut pas pouvoir attaquer Denain emporté, avec succès.

Tingry cependant, depuis maréchal de Montmorency, averti d'avance par Montesquiou, étoit sorti de Valenciennes, et avoit si bien défendu un pont qui étoit le plus court chemin du prince Eugène pour tomber sur le maréchal de Montesquiou, qu'il l'empêcha d'y passer, et qu'il le força à prendre le grand tour par l'autre côté de la rivière, par où je viens de dire, et qu'il arriva trop tard. Villars, arrivant avec le reste de l'armée comme tout étoit fait, enfonça son chapeau et dit merveilles aux tués et aux ennemis delà l'eau qui se retiroient, et dépêcha Nangis au Roi, qui avoit été l'un des quatre maréchaux de camp de l'attaque, que Voysin mena au Roi le mardi 26 juillet, à huit heures du matin, et qui eut force louanges et douze mille livres pour sa course. Les ennemis y perdirent extrêmement, et le maréchal de Montesquiou fort peu. Le fils unique du maréchal de Tourville y fut tué à la tête de son régiment, dont ce fut grand dommage, et laissa sa sœur héritière qui épousa depuis M. de Brassac et fut dame de Madame la duchesse de Berry quand on lui en donna.

Villars, fort étourdi d'une action faite malgré lui, s'en vouloit tenir là; mais Montesquiou, sûr du Roi, se moqua de lui, détacha le soir même du combat, qui étoit le dimanche 24 juillet, Broglio avec douze bataillons sur Marchiennes, où étoit le reste et la plus grande partie des magasins des ennemis, et le suivit en personne avec dix-huit autres bataillons et quelque cavalerie, sans que Villars osât s'y opposer formellement, après ce qui venoit d'arriver. Il prit Saint-Amand en passant, où il y avoit huit cents hommes, et l'abbaye d'Hannon, où il y en avoit deux cents. Villars, aide-major du régiment des gardes et aide-major général de l'armée, arriva le dernier juillet à Fontainebleau avec force drapeaux, par qui on apprit qu'un fils d'Overkerke avoit été tué à Denain, qui étoit officier général fort estimé parmi les Hollandois. Le lundi 1er août, Artagnan arriva à une heure après midi à Fontainebleau, de la part du maréchal de Montesquiou, son oncle, avec la nouvelle qu'il avoit pris Marchiennes et tout ce qui s'y étoit trouvé prisonniers de guerre. Il y avoit dans la place six bataillons, un détachement de cinq cents hommes de la garnison de Douay, et le régiment de cavalerie entier de Waldec, qui alloit joindre l'armée du prince Eugène, et qui n'en put sortir avant d'y être enfermé; soixante pièces de canon; et, outre ce qu'il y avoit de munitions de guerre et de bouche en magasins, cent cinquante bélandres [1] qui en étoient chargées sur la

---

1. Voyez tome VIII, p. 59, note 1, et p. 440 et note 1.

rivière, six desquelles avoient chacune deux cents milliers de poudre, le tout sans avoir presque perdu personne à ce siége. Un fils du maréchal de Tessé avoit été fort blessé à Denain à la tête du régiment de Champagne, et le marquis de Meuse à la tête du sien.

Montesquiou eut dans l'armée et à la cour tout l'honneur de ces deux heureuses actions, qui levèrent, pour ainsi dire, le sort dont nous étions si misérablement enchantés, qui parurent avec raison un prodige de la Providence, et qui mirent fin à tous nos malheurs. Montesquiou eut le sens d'être sage et modeste, de laisser faire le matamore à Villars qui se fit moquer de soi, de respecter la protection ouverte de Mme de Maintenon, et de se contenter de la gloire, à laquelle personne ne se méprit. Ce fut à Fontainebleau un débordement de joie, dont le Roi fut si flatté qu'il en remercia les courtisans pour la première fois de sa vie. Le prince Eugène, manquant de pain et de toutes choses, leva aussitôt après le siège de Landrecies, et une désertion effroyable se mit dans ses troupes.

Le Roi envoya ordre en même temps de faire le siége de Douay. Le samedi 10 septembre, Aubigny, ce prétendu cousin de Mme de Maintenon qui venoit d'avoir le gouvernement de Saumur, et qui étoit brigadier et colonel du régiment royal, arriva à Fontainebleau, et fut mené par Voysin dans le cabinet du Roi après son souper. Il lui apprit que Vieux-Pont ayant emporté les demi-lunes le 7, la chamade avoit été battue le 8, et la garnison se rendit prisonnière de guerre. Albergotti qui commandoit au siége fit entrer huit bataillons dans la place avec Vieux-Pont pour y commander, et permit aux officiers d'emmener leurs équipages. La descente du fossé n'avoit pas encore été faite. Aubigny eut douze mille livres pour sa course. Le prince Eugène se tenoit toujours près de Mons avec une armée hors d'état de rien faire, et celle du Roi alla faire le siége du Quesnoy. Mais il faut retourner sur nos pas. Il y avoit du temps que le fort de Scarpe s'étoit rendu, la garnison de quatre cents hommes prisonniers de guerre. Saint-Pierre en apporta la nouvelle au Roi.

Le duc de Wurtemberg, général de l'armée de l'Empereur sur le Rhin, avoit eu ordre d'attaquer nos lignes de Weissembourg ; il s'en approcha, les canonna deux jours durant sans y faire aucun mal, y perdit assez de monde, et se retira, après quoi on brûla leurs batteries. Ce fut tout l'exploit qu'il y eut de part et d'autre en Allemagne.

Il y eut du bruit en Suisse entre les cantons catholiques et protestants. Ils prirent les armes; les derniers furent victorieux. Quoique la guerre fût fort courte, il en coûta cher aux cantons catholiques. La paix entre eux fut signée à Arrau.

Cassart, avec une escadre armée à Toulon, prit dans la principale île du cap Vert le fort et la ville de Santiago aux Portugais, où il y avoit douze mille hommes en état de porter les armes, et on n'en avoit débarqué que mille. Le gouverneur s'étoit rendu à condition qu'en payant soixante mille piastres, la ville ni les forts ne seroient point endommagés. Cependant le gouverneur, l'évêque et les principaux habitants se sauvèrent dans les montagnes. Cette fuite irrita Cassart. Il en prit prétexte de prendre quatre cents nègres et deux vaisseaux qui se trouvèrent à la rade, d'emporter les principales marchandises de la ville, puis de la piller et brûler.

Enfin le marquis de Villena, connu quelquefois sous le nom de duc d'Escalone, et le prince de Cellamare, prisonniers de guerre, furent échangés : le premier contre Stanhope, pris, comme je l'ai rapporté en son lieu, à Brihuega; l'autre contre le général Carpenter. J'aurai tant à parler dans la suite de tous les deux, pendant la régence de M. le duc d'Orléans et lors de mon ambassade extraordinaire en Espagne, si j'ai assez de vie pour conduire ces *Mémoires* à leur terme, que j'ai voulu marquer leur échange ici. Incontinent après, le roi d'Espagne donna à

Villena la charge de son majordome-major qu'il lui gardoit depuis longtemps. J'ajouterai en passant que c'étoit en tout genre un des premiers et des plus grands seigneurs d'Espagne, et orné de toutes sortes de vertus.

Le duc de la Rocheguyon perdit son fils aîné, de la petite vérole, chez l'archevêque de Cambray, où on l'avoit transporté. Ce fut le troisième aîné de suite que cette maladie lui emporta. Il lui restoit trois garçons, l'aîné desquels étoit comblé d'abbayes. Le second étoit M. de Durtal, qu'on a vu il n'y a pas longtemps revenir des Indes avec du Casse, et apporter ici la nouvelle de l'arrivée des galions, à qui le Roi donna le régiment de son frère, et qui est aujourd'hui duc de la Rochefoucauld, et le chevalier de la Rochefoucauld, qui avoit dès l'enfance la commanderie de Pezenas. Cette mort causa un grand trouble dans la famille.

L'abbé Tallemant mourut en même temps, assez vieux, regretté de tous les gens de lettres, et même d'assez de gens de considération dans l'Église, et d'autres du grand monde.

Le maréchal de Villars perdit son frère de maladie, qui servoit de lieutenant général dans son armée, et étoit gouverneur de Gravelines. C'étoit un fort honnête homme et modeste, qui rougissoit souvent des incartades du maréchal. Il étoit chef d'escadre, fort estimé. Son frère, prenant le grand vol, l'avoit fait passer du service de la marine à celui de terre, où, bien qu'assez novice, il étoit devenu bon officier, et fort aimé et personnellement considéré. Quelque temps après, le comte du Bourg, depuis maréchal de France, perdit son fils unique, brigadier de cavalerie, et mestre de camp du régiment royal. Il avoit acquis de la réputation, et ne laissa point d'enfants. Ce fut une grande douleur pour son père.

Albemarle, lieutenant général dans les troupes ennemies, et fils du favori du roi Guillaume, avoit été pris à Denain. Le prince de Rohan fit grande connoissance avec lui, et le fit loger à Paris dans la superbe maison que son père avoit achetée. Il y eut le choix d'aller demeurer à Chartres ou à Orléans, à lui et à cinq ou six prisonniers de considération venus avec lui, mais il faisoit grand'instance d'avoir la permission d'aller sur sa parole dans une de ses terres en Gueldres. Il n'eut point celle de paroître à la cour. Le cardinal de Rohan, retourné à Fontainebleau pour le serment que les cardinaux prêtent pour leurs bénéfices, obtint, pour lui et pour les autres prisonniers qui étoient avec lui, la liberté de s'en aller chez eux sur leur parole, et le Roi fit au cardinal la galanterie de vouloir que ce fût lui qui leur en mandât la première nouvelle. L'état de son père le rappela promptement à Paris.

M. de Soubise ne jouit pas longtemps du plaisir de voir son fils revêtu de la pourpre romaine. Il mourut à Paris le 24 août, à plus de quatre-vingt-un ans, prince avec quatre cent mille livres de rente, étant né gentilhomme avec quatre mille livres de rente, comme il lui est échappé quelquefois de lâcher cette parole à quelques amis particuliers dans le transport de sa prodigieuse fortune. Elle fut le fruit d'une prudence que peu de gens voudroient imiter, du mépris qu'il fit des préjugés qui ont acquis le plus de force, de la leçon qu'il reçut de l'exemple de M. de Montespan, et de la préférence qu'il donna sur un affront obscur et demi-caché à la plus énorme fortune que lui valut la beauté de sa seconde femme, son concert secret avec elle, l'art merveilleux par lequel elle sut se conserver le premier crédit après que les temps de l'acquérir furent passés, et la conduite de l'un et de l'autre toute dressée à ce but, dont j'ai assez parlé en divers endroits de ces *Mémoires*, p. 149 jusqu'à 156[1], et des immenses biens, établissements et grandeurs qu'elle leur valut et par quels degrés, pour n'avoir à ajouter ici que quelque éclaircissement sur M. de Soubise, qui étoit le plus beau gendarme

---

1. Pages 61 et suivantes de notre tome II.

et un des hommes le mieux fait[1] de son temps de corps et de visage jusque dans sa dernière vieillesse, et qui se soucia le moins d'encourir la plus mortelle injure qu'un Espagnol puisse dire à un autre, qui jusque dans la lie du peuple ne se pardonne jamais.

Je me souviens qu'étant à Madrid, le marquis de Saint-Simon, qui apprenoit l'espagnol, se fâcha par la ville contre un de mes cochers, et, voulant dire autre chose, l'appela   [2]. A l'instant le cocher arrêta, descendit de son siége, jeta son fouet au nez du jeune homme dans le carrosse, et s'en alla sans qu'il fût possible de l'engager à continuer de mener. On fut quatre ou cinq jours à lui faire entendre que c'étoit méprise, et faute de savoir la langue ni ce que ce mot signifioit; et ce ne fut qu'à force de l'en persuader qu'on parvint à l'apaiser. Je pense bien aussi que M. de Soubise, qui se trouvoit si bien de mériter ce nom, n'eût pas souffert qu'on l'en eût appelé, car il étoit fort brave homme et bon lieutenant général.

Il étoit fils du second duc de Montbazon et de sa seconde femme; lequel étoit frère cadet du premier duc de Montbazon, propre neveu paternel du marquis de Marigny, depuis comte de Rochefort, chevalier du Saint-Esprit en 1619 parmi les gentilshommes, et le cinquante-quatrième de cette promotion qui fut en tout de cinquante-huit, frère de père de la connétable de Luynes, si fameuse depuis sous le nom de duchesse de Chevreuse par son second mariage, et de ce prince de Guémené qui eut tant d'esprit, et qui ne fut duc et pair qu'en 1654 par la mort de leur père; par conséquent, fils de cette belle Mme de Montbazon, et beau-frère de cette princesse de Guémené qui attrapa le tabouret par l'adresse que j'ai racontée p. 153[3]; toutes deux si considérées parmi les frondeurs, et dont la beauté et l'intérêt a tant causé de cabales, les a tant fait figurer dans la minorité de Louis XIV, et tant

1. Saint-Simon a bien écrit *fait*, au singulier.
2. Le mot est resté en blanc au manuscrit.
3. Pages 75-77 de notre tome II.

gouverner[1] les premiers personnages d'alors. Cette belle
duchesse de Montbazon, mère de M. de Soubise, étoit
Avaugour des bâtards de Bretagne, qui ont aussi été
connus sous les noms de Goello et de Vertus, et la mère
de cette Avaugour étoit Foucquet de la Varenne, fille de
ce fameux la Varenne, qui de fouille-au-pot, puis cuisinier, après porte-manteau d'Henri IV, et Mercure de ses
plaisirs, se mêla d'affaires jusqu'à devenir considérable,
à avoir procuré le rétablissement des jésuites en France,
et avoir partagé la Flèche avec eux, qui durent ce beau et
riche collége à sa protection; qui devint puissamment
riche, qui se retira à la Flèche après la mort d'Henri IV,
qui fut follement frappé, volant une pie, de l'entendre dire,
crier et répéter : « maquereau », d'un arbre où elle s'étoit
relaissée, sans qu'on pût jamais lui persuader que c'étoit
quelque pie privée, échappée d'un village où elle avoit
appris à parler[2]. Il prit cela pour un miracle pareil à celui
de l'âne de Balaam, que c'étoit le reproche de sa vie et
des péchés qui lui avoient valu sa fortune. Il quitta la
chasse, se mit au lit; la fièvre lui prit, et il en mourut en
deux ou trois jours. C'est ce quartier si honteux et si
proche qui fit l'embarras pour Strasbourg, dont Mme de
Soubise sortit par l'adresse et l'autorité que j'ai racontée,
en faisant passer cette la Varenne, dont le nom est Foucquet, non du surintendant Foucquet, pour être la Varenne, d'une très-bonne maison d'Anjou, éteinte lors
depuis plus d'un siècle. M. de Soubise étoit frère de père
et de mère de la seconde femme du duc de Luynes, qui
épousa la sœur de sa mère, dont il eut le comte d'Albert,
Mme de Verue, et nombre d'autres enfants. Il étoit oncle
propre du duc de Montbazon, mort fou et enfermé à Liége
en 1699, et du chevalier de Rohan décapité à Paris devant
la Bastille, 27 novembre 1674; enfin grand-oncle du
prince de Guémené et du prince de Montauban, lequel
prince de Guémené étoit père de celui d'aujourd'hui,

---

1. *Gouverné*, au manuscrit.
2. Saint-Simon a déjà raconté cette anecdote (tome I, p. 491 et 492).

gendre du prince de Rohan fils de M. de Soubise, de l'archevêque de Reims, et de plusieurs autres enfants. On n'osa hasarder, à la mort de M. de Soubise, ce qu'il avoit osé à celle de sa femme, de la faire porter droit à la Merci, sous prétexte que cette église étoit vis-à-vis de sa porte, où il la fit enterrer. Son corps fut porté à la paroisse comme tous, et de là à la Merci tant qu'ils voulurent. Le cardinal de Noailles avoit mis ordre à ce que cette entreprise et surprise ne fût pas réitérée.

Je perdis en même temps le marquis de Saint-Simon, aîné de la maison. Son père et son frère avoient mangé obscurément plus de quarante mille livres de rente, sans sortir de chez eux. Ce cadet s'étoit mis, faute de mieux, dans le régiment des gardes, où par ancienneté il étoit devenu capitaine et brigadier, fort aimé et estimé. Il avoit dîné avec moi à Fontainebleau quatre ou cinq jours auparavant. Je présentai son fils tout jeune au Roi, qui n'étoit pas encore dans le service; le Roi sur-le-champ lui donna une lieutenance aux gardes.

Mme de la Fayette mourut assez jeune d'une longue apoplexie, fille unique fort riche de Marillac, doyen du conseil. Elle ne laissa que la duchesse de la Trémoille, sa fille unique. Mme de la Fayette, si connue par son esprit, étoit belle-mère de celle-ci.

Cassini, le plus habile mathématicien et le plus grand astronome de son siècle, mourut à l'Observatoire de Paris, à quatre-vingt-six ans avec la tête et la santé entière. M. Colbert, qui vouloit relever en France les sciences et les arts, et qui avoit fait bâtir l'Observatoire, attira par de grosses pensions plusieurs savants étrangers. Celui-ci florissoit à Bologne[1] sa patrie; il avoit déjà rendu son nom célèbre par de grandes découvertes, lorsque M. Colbert le fit venir avec sa famille; il les augmenta depuis beaucoup, et fort utilement pour la navigation. Il demeura à l'Observatoire toute sa vie, qu'il gouverna. Son fils y

---

1. Saint-Simon écrit *Boulogne*.

remplit sa place avec presque autant de réputation en France et dans les pays étrangers, où ils furent l'un et l'autre agrégés aux plus célèbres académies. Ce rare savoir fut également rehaussé en l'un et en l'autre par leur modestie et leur probité. Ce P. Cassini, capucin prédicateur du Pape, que Clément XI (Albani) fit cardinal en cette année, étoit du même nom, et parent éloigné de ces illustres astronomes.

Refuge mourut en même temps : c'étoit un très-honnête homme et très-vertueux, avec de l'esprit, parfaitement modeste, d'une grande valeur, avec de la capacité à la guerre. Il étoit ancien lieutenant général, gouverneur de Charlemont, et commandoit à Metz. C'étoit le plus savant homme de l'Europe en toutes sortes de généalogies, et de tous les pays, depuis les têtes couronnées jusqu'aux simples particuliers, avec une mémoire qui ne se méprenoit jamais sur les noms, les degrés ni les branches, sur aucune date, sur les alliances, ni sur ce que chacun étoit devenu. Il étoit fort réservé là-dessus, mais sincère quand il faisoit tant que de parler. Il se peut dire que sa mémoire épouvantoit. Un courrier, qu'il reçut à Metz d'un de ces seigneurs allemands du Rhin, en pensa tomber à la renverse en lui rendant son paquet de la part de son maître. « J'ai bien l'honneur de le connoître, » lui dit Refuge, et tout de suite lui en détailla toute la généalogie. Il étoit honorable, mais sobre et fort distrait. Ses valets quelquefois en abusoient, et lui portoient tout de suite des sept ou huit verres de vin qu'il ne demandoit point et qu'il avaloit sans y penser. Il se grisoit de la sorte; et quand cela étoit passé, il ne comprenoit pas comment cela lui étoit arrivé. Il étoit vieux, et laissa une fille mariée au fils unique du comte du Luc, et un fils unique non marié, aussi vertueux que lui, aussi brave, et qui sert d'officier général avec réputation, mais qui, avec la même modestie, n'est pas si généalogiste.

Il ne faut pas omettre la mort de Mme Herval, quoique personne purement de la ville. On a rarement vu ensemble tant de vertu, de sagesse, de piété également soutenue toute sa vie, dans la plus simple modestie, avec une si parfaite et si durable beauté. Elle étoit sœur de Bretonvillier, lieutenant de Roi de Paris, qui venoit de mourir subitement, et veuve d'Herval, fort enrichi sous M. Foucquet, depuis intendant des finances, fort dans le grand monde, et le plus gros joueur de son temps. Elle n'avoit point d'enfants ; c'étoit une femme qui avec du monde, de l'esprit et de la politesse, s'étoit toujours fort retirée, qui avoit refusé de grands mariages pour sa beauté, sa vertu, et ses biens dont elle faisoit de grandes aumônes, et qui depuis longtemps s'étoit mise dans un couvent où elle voyoit à peine sa plus proche famille.

L'abbé Servien fut chassé de Paris, et envoyé je ne me souviens plus où. Il étoit frère de Sablé et de la feue duchesse de Sully, tous enfants du surintendant des finances. Rien de si obscur ni de si débordé que la vie de ces deux frères, tous deux d'exellente compagnie et de beaucoup d'esprit. L'abbé étoit à l'Opéra, où on chantoit au prologue un refrain de louange excessive du Roi, qui se répéta plusieurs fois. L'abbé, impatienté de tant de servitude, retourna le refrain fort plaisamment à contresens, et se mit à le chanter tout haut d'un air fort ridicule, qui fit applaudir et rire à imposer silence au spectacle. L'exil ne dura pas ; il y fit le malade, et le mépris que faute de mieux on voulut montrer aida fort à la liberté de son retour. Il ne paroissoit jamais à la cour, et peu à Paris, en compagnies honnêtes. Ses goûts ne l'étoient pas, quoique l'esprit fût orné et naturellement plaisant, de la fine et naturelle plaisanterie, sans jamais avoir l'air d'y prétendre. Il mourut comme il avoit vécu, d'une misérable façon, chez un danseur de l'Opéra où il fut surpris. Il est pourtant vrai qu'avec cette vie il disoit exactement son bréviaire, ainsi que le cardinal de Bouillon.

Il y eut en ce temps-ci un débordement de loups qui firent de grands désordres dans l'Orléanois ; l'équipage du Roi pour le loup y fut envoyé, et les peuples furent autorisés à prendre des armes et à faire quantité de grandes battues.

CHAPITRE XV.

Renonciations exigées par les alliés en la meilleure et plus authentique et sûre forme pour empêcher à jamais la réunion sur la même tête des monarchies de France et d'Espagne; mesures sur ces formes. — Formes des renonciations traitées entre les ducs de Chevreuse, de Beauvillier et moi, puis avec le duc de Noailles, qui s'offre à en faire un mémoire, et qui le fait faire, et enfin le donne pour sien. — Intérêt de M. le duc de Berry et de M. le duc d'Orléans à la solidité des renonciations et de leurs formes, qui n'ont que moi pour conseil là-dessus. — Sentiments de M. le duc de Berry à l'égard du duc de Beauvillier. — Aux instances du duc de Beauvillier, je fais un mémoire sur les formes à donner aux renonciations; le voir parmi les pièces[1]. — Division de sentiment sur un point des formes entre le duc de Noailles et moi; sa conduite là-dessus. — Le duc de Noailles gagne à son avis le duc de Chevreuse; danger de sa manière de raisonner. — Le duc de Chevreuse nous propose d'en passer par l'avis du duc de Beauvillier, qui nous assemble chez le duc de Chevreuse. — Le duc de Chevreuse, moi après, exposons à la compagnie nos différentes raisons. — Le duc de Beauvillier se déclare de mon avis et malmène fort le duc de Chevreuse, qui se rend, et le duc de Noailles aussi.

La paix se trouvoit à peu près arrêtée entre la France et l'Angleterre qui se faisoit fort d'y faire passer ses alliés. J'ai déjà averti plus d'une fois que je passois le détail de ce grand événement sous silence, parce qu'il se trouvera de main de maître dans les pièces, depuis le voyage de Torcy à la Haye inclusivement, jusqu'à la signature de la paix à Utrecht. Torcy lui-même en a fait toute la relation qu'il m'a communiquée, et c'en est la copie fidèle qu'on verra dans les pièces. Je n'ai donc à ajouter à ce morceau si curieux de l'histoire de nos jours que ce qui n'a pu être dans cette importante relation, parce que, ne faisant pas partie de la négociation, Torcy n'a pas été en état de

1. Voyez tome I, p. 420, note 1.

l'écrire, quoique ayant un rapport direct à l'affaire de la paix, qu'il n'a pas ignoré[1], comme on le verra. Nos malheurs domestiques et redoublés firent naître une difficulté qui accrocha la paix déjà réglée à Londres, et qui la retarda beaucoup. La reine Anne et son conseil furent arrêtés par la considération du droit du roi d'Espagne de succéder à la couronne de France, si l'auguste et précieux filet qui seul l'en excluoit venoit à se rompre, et de ce qu'il n'étoit pas possible à l'Angleterre, ni à aucune autre des puissances en guerre, de consentir à voir sur une même tête les deux premières couronnes de l'Europe. La difficulté fut donc proposée; le Roi n'étoit pas en état de ne s'y pas rendre; il fallut donc travailler à la lever d'une manière si solide que le cas ne pût jamais arriver, et que toutes les puissances pussent être là-dessus en entière sûreté. Elles étoient justement alarmées de l'exemple récent du succès des renonciations du Roi, si solennellement faites par le traité des Pyrénées et par celui de son mariage conclu en même temps par les deux premiers ministres de France et d'Espagne, assemblés en personne et qui les avoient signés en public après vingt-quatre conférences tenues ensemble aux frontières des deux royaumes, dans l'île des Faisans, sur la rivière de Bidassoa, jurés ensuite par les deux rois en personne, en présence l'un de l'autre et en public, à leur entrevue dans la même île, en accomplissant le mariage.

Le testament de Philippe V ne leur étoit pas une réponse. On n'avoit pas oublié les écrits que le Roi fit publier, quatre ou cinq ans après la paix des Pyrénées, lorsqu'à la mort du roi d'Espagne il se saisit d'une grande partie des Pays-Bas espagnols et de la Franche-Comté, sous prétexte des droits de la Reine; et le traité de partage, auquel l'Empereur, seul de toute l'Europe, avoit refusé de consentir, étoit une autre raison bien forte pour faire tout craindre là-dessus. Une troisième n'étoit pas oubliée:

---

1. *Ignoré* s'accorde avec *rapport*.

les mêmes renonciations avoient été faites par le traité du mariage de Louis XIII, et néanmoins peu de temps après que Philippe V fut arrivé en Espagne, il y fit reconnoître et rétablir, au préjudice de ces mêmes renonciations, le droit à la couronne d'Espagne de M. le duc d'Orléans, tiré par lui de la Reine sa grand'mère, épouse de Louis XIII. En effet, c'en étoit trop pour ne pas engager toute l'Europe à prendre ses précautions, et à s'assurer d'une manière solide. Mais c'étoit là où consistoit l'embarras; les traités, les renonciations, les serments, parurent une foible ressource après ces exemples. On chercha donc quelque chose de plus fort; on ne le put trouver dans la chose même parce qu'il n'y en a point de plus sacrées parmi les hommes que celles-là auxquelles on ne croyoit pas pouvoir se fier; il fallut donc se tourner du côté des formes pour suppléer par la plus grande solennité qu'on y pourroit donner.

On fut longtemps là-dessus, et bien que le Roi offrit tout ce qu'on lui pourroit demander pour rassurer l'Europe contre le danger de voir jamais les deux couronnes sur la même tête, il ne vouloit rien accorder en effet, non pour réserver aux siens une porte de derrière, mais par l'entêtement de son autorité, à laquelle il croyoit que toute forme donnoit atteinte, puisqu'on en desiroit pour appuyer cette même autorité et y ajouter une solidité entière. Il étoit blessé là-dessus dans sa partie la plus sensible, absolu sans réplique comme il s'étoit rendu, et ayant éteint et absorbé jusqu'aux dernières traces, jusqu'aux idées, jusqu'au souvenir de toute autre autorité, de tout autre pouvoir en France qu'émané de lui seul. Les Anglois, peu accoutumés chez eux à de pareilles maximes, et qui vouloient leur sûreté et celle de leurs alliés à qui, quand ils l'auroient voulu, ils n'auroient pas persuadé de passer légèrement ce grand article, insistèrent, et proposèrent les états généraux du royaume pour y déclarer et y faire accepter les renonciations. Ils disoient avec raison qu'il ne suffisoit pas à la vérité de la chose, ni par conséquent à la sûreté de l'Europe, que le roi d'Espagne renonçât au royaume de France, si le royaume de France ne renonçoit aussi à lui et à sa postérité en acceptant et ratifiant sa renonciation, et que cette formalité étoit nécessaire pour rompre en même temps le double lien qui attachoit la branche d'Espagne à la France, comme la France l'étoit aussi à la branche d'Espagne.

Les Anglois, accoutumés à leurs parlements, qui sont en effet leurs états généraux, croyoient aux nôtres la même autorité. Ils en ignoroient la nature, et la mesurant à celle des leurs, ils en vouloient appuyer et consolider les renonciations par une autorité, dans leur idée, légale, la plus grande qui pût être réclamée, et qui appuyât le plus solidement l'autorité du Roi. Lui montrer se défier de la foiblesse de la sienne, il est inexprimable l'effet de ce doute dans l'âme d'un prince presque déifié à ses propres yeux, et dans l'usage intérieur et constant du plus illimité despotisme. Lui faire apercevoir qu'on croyoit trouver dans ses sujets une autorité confirmative de la sienne, c'étoit un attentat au premier chef, le plus sensible, qu'une couronne ne pouvoit couvrir. On fit entendre aux Anglois la foiblesse et l'inutilité du secours d'autorité qu'ils demandoient. On leur expliqua la nature et l'impuissance de nos états généraux, et ils comprirent enfin combien leur concours seroit vain quand même il seroit accordé.

On leur disoit vrai, mais on se gardoit bien en même temps de leur enseigner où résidoit par nature, par droit, et par exemple, ce qu'ils cherchoient sans pouvoir le trouver, ou peut-être sans le vouloir, à cause de Philippe de Valois et de la loi salique. Quoi qu'il en soit, on fut longtemps à battre l'eau : la France à dire qu'un traité des renonciations, une déclaration du Roi expresse et confirmative, enregistrée au Parlement, suffisoit; les Anglois à répliquer par l'événement des renonciations, traités, contrats de mariage de Louis XIII et de Louis XIV;

et cependant la paix, toute convenue avec les Anglois, et fort au-dessus de nos espérances, demeuroit accrochée. Les renonciations étoient consenties en France et en Espagne, où il n'y avoit point de difficulté pour la forme, comme il sera expliqué en son lieu ; mais tout étoit arrêté sur celles de France. C'est ce qui fit dépêcher de Londres Bolingbroke à Fontainebleau, dont tout le personnel, voyage, jusqu'à la réception et les moindres particularités, sont si bien expliquées dans les pièces, que je m'abstiendrai d'en rien dire ici.

Dès la naissance de la difficulté, elle avoit été traitée entre les ducs de Chevreuse, de Beauvillier et moi. Le duc d'Humières y fut admis quelque temps après en quatrième, et le duc de Noailles, qui les cultivoit avec grand soin depuis que je l'avois raccommodé avec eux, avoit si bien fait qu'ils voulurent bien qu'il entrât en cinquième dans cette grande affaire. Il se piquoit de lecture, de bibliothèque, de commerce de gens instruits à fond dans notre histoire, et de l'être fort lui-même ; et pour en dire la vérité, il étoit quelquefois difficile de n'être pas souvent ébloui de son esprit, de son débit et de sa vaste superficie. Mais dans ces cinq personnes il n'y avoit que M. de Chevreuse de véritablement instruit. M. de Beauvillier ne s'étoit jamais adonné à fond à cette étude, et il y avoit longues années qu'il n'avoit pas même le temps de lire par le nombre de ses fonctions. M. d'Humières s'en piquoit encore moins ; et M. de Noailles, qui écorchoit la superficie de tout, n'avoit jamais pu rien approfondir en aucun genre. Je n'aurai pas la hardiesse ni la fatuité de me nommer ; je me soumets très-sincèrement au jugement qu'[on] en voudra porter en examinant ce qui s'en trouvera dans les pièces. Toutefois nous tombâmes aisément d'accord sur ce que [je] représentai, qui fut approuvé et appuyé par le duc de Chevreuse. Mais il fallut après entrer dans le détail, et ce fut un travail qui ne convenoit pas au peu de loisir du duc de Chevreuse, qui, comme on l'a vu, ministre en effet sans le paroître, étoit tout occupé des affaires d'État; M. de Beauvillier en son genre, et M. d'Humières au sien, s'en pouvoient encore moins charger; je me trouvai les reins trop foibles; tellement que le duc de Noailles s'offrit de lui-même de faire un mémoire qui embrassât toute la matière, et qui expliquât toute la forme, par preuves et par raisons, de consolider les renonciations au gré des Anglois, d'une manière ferme, stable et légale; et il promit aux ducs de Chevreuse et de Beauvillier, en notre présence, qu'il seroit fait, et en état de le donner à eux et à nous avant le départ de la cour pour Fontainebleau, pour l'examiner et le lire après entre nous cinq ensemble.

Ce fut dans cet intervalle que le duc de Charost fut admis en sixième par MM. de Chevreuse et de Beauvillier, et ce fut le dernier qu'on y reçut. Il y avoit encore du temps jusqu'au voyage. De fois à autre je demandois au duc de Noailles des nouvelles de son travail, les autres lui en parloient aussi; il nous assuroit toujours qu'il avançoit et qu'il tiendroit parole. Restoit pourtant la plus grande difficulté : c'étoit d'amener le Roi à consentir à ces formes; et MM. de Chevreuse et de Beauvillier, dont ce devoit être l'ouvrage particulier, par leur familiarité et surtout par leur caractère de ses ministres, en étoient fort en peine. Mais, persuadés qu'il n'y en avoit point d'autres qui pussent opérer validité et sûreté, que celles-là étoient les seules, qu'elles ne seroient même employées que par l'expresse volonté du Roi, ils se flattèrent [qu'il] pourroit se laisser persuader que par là son autorité seroit à couvert, et que, pressé à l'excès comme il l'étoit de la nécessité de la paix et de la fermeté des Anglois à ne passer pas outre sans être pleinement satisfaits sur la stabilité légale des renonciations, il pourroit à la fin se résoudre, en faveur d'un si grand bien que ses forces épuisées ne lui permettoient plus de différer, et à des conditions si disproportionnées de toutes les précédentes, dont les affres étoient encore si présentes à son esprit.

Dans cet état des choses, j'étois en presse avec M. le duc

de Berry et M. le duc d'Orléans. Celui-ci me croyoit
instruit des formes nécessaires pour la validité des renonciations, et il en avoit aisément persuadé l'autre. L'un,
isolé et fui depuis le paquet des poisons, n'avoit que moi
à qui parler et à qui consulter. Indépendamment de l'état
où M. du Maine et Mme de Maintenon l'avoient réduit avec
la cour et le monde, il n'avoit personne avec qui traiter
une matière si délicate; et M. le duc de Berry, timide à
l'excès, sous le joug dur et jaloux du Roi, avoit encore
moins à qui parler là-dessus. Il n'avoit pas pour M. de
Beauvillier l'ouverture et la confiance de son incomparable frère. Il avoit toujours présente une éducation qui
lui avoit paru dure par son peu de goût pour l'étude; par
la sévérité avec laquelle il étoit contenu dans le respect
pour son aîné, avec lequel, sans préjudice de la plus
tendre et de la plus réciproque amitié, il étoit enclin à
s'échapper; et par le sérieux d'un gouverneur toujours en
garde, et qui, dans la crainte de ce qui pouvoit arriver
un jour, étoit particulièrement occupé de le tenir bas,
pour qu'il s'accoutumât à se tenir dans les bornes de la
dépendance à l'égard d'un frère destiné à devenir son roi.
Il ne voyoit pas en même temps tout ce que le gouverneur
faisoit auprès de ce frère pour entretenir l'égalité entre
eux, lui faire sentir celle que la nature y avoit mise
jusqu'à ce que l'aînesse eût à user de son droit, et alors
même la bienséance, la douceur, la solidité de repos et de
sûreté à vivre avec son cadet en père, en frère, en ami
tout à la fois. Il n'y avoit pas assez longtemps que M. le
duc de Berry étoit sorti d'entre ses mains pour voir cette
conduite telle qu'elle étoit, et telle qu'elle devoit être considérée. Meudon, par où il avoit commencé à respirer
quelque air de liberté, n'étoit pas une cour propre à lui
donner là-dessus des idées raisonnables; aussi peu les
jeunes dames de la cour de sa délicieuse belle-sœur avec
qui il avoit passé ses moments les plus libres; et Mme la
duchesse de Berry, telle qu'on a pu la voir en quelques
endroits de ces *Mémoires*, n'étoit bonne qu'à l'écarter de

plus en plus du duc de Beauvillier. Dans cette situation de ces deux princes, j'étois le seul qu'ils pussent et voulussent consulter.

La confiance de M. le duc d'Orléans en moi, communiquée par lui à M. le duc de Berry, étoit aidée de la commodité à son égard de ma position, par la place que le Roi avoit forcé Mme de Saint-Simon de prendre auprès de Mme la duchesse de Berry. Tous deux avoient le plus grand intérêt à ne pas renoncer à la couronne d'Espagne d'une manière solide et sans retour par les lois du pays, sans que toutes les précautions fussent également prises pour leur assurer la couronne de France par une renonciation aussi solide et aussi sans retour du roi d'Espagne et de sa postérité ; et c'étoit là sur quoi ils me consultoient. J'avois temporisé avec eux aisément, sous prétexte de la difficulté de la matière qu'il falloit approfondir, discuter, étudier à fond ; mais à la fin ils me pressèrent, pressés eux-mêmes par les nouvelles d'Angleterre.

J'avois eu occasion trop souvent, dans des temps d'oisiveté et de loisir, de causer et de raisonner d'histoire avec M. le duc d'Orléans, pour qu'il me pût croire absolument neuf sur ces matières. Il ne le laissa pas ignorer à M. le duc de Berry, et tous deux se mirent à me presser vivement. Je ne laissai pas de tergiverser encore, mais lorsque je vis que nous étions d'accord, les cinq que j'ai nommés, sur la forme à proposer, et qu'il ne s'agissoit plus que du mémoire dont le duc de Noailles s'étoit chargé, je ne crus pas devoir amuser plus longtemps deux princes si fort intéressés, qui prenoient en moi toute confiance là-dessus, et qui n'avoient personne autre en qui la pouvoir prendre. J'expliquai donc ce que je pensois là-dessus à M. le duc d'Orléans, qui étoit fort instruit lui-même de notre histoire ; et la discussion de cette importante matière dura plusieurs conversations longues entre lui et moi. Je voyois peu M. le duc de Berry et comme point en particulier, et comme il étoit peu instruit il auroit fallu plus de temps avec lui. Je ne voulus rien qui pût être remarqué ; ainsi M. le duc d'Orléans, bien persuadé de la solidité unique de ce que je lui proposai, se chargea d'en informer M. le duc de Berry, qu'il persuada parce qu'il l'étoit lui-même. Je ne voulus point que M. le duc de Berry m'en parlât, parce que ce n'auroit pu être qu'en particulier, ni Mme la duchesse de Berry par la même raison, et, comme je l'ai dit ailleurs, que je ne voyois plus que très-rarement, et un moment en public. M. le duc d'Orléans et Mme de Saint-Simon étoient des canaux qui y suppléoient aisément, et par qui je sus aussi combien ils étoient contents, et persuadés qu'il n'y avoit aucun autre moyen solide que celui que j'avois proposé à M. le duc d'Orléans.

Ces choses en étoient là aux approches du voyage de Fontainebleau, et M. le duc de Noailles n'avoit pas encore achevé son mémoire. Il s'excusa sur l'importance de la matière et le nombre de choses qu'il falloit examiner, puis choisir et ranger ; mais il nous assura toujours qu'il seroit en état de nous montrer le mémoire dans les premiers jours que le Roi seroit à Fontainebleau, où nous allions tous en même temps que lui, à deux ou trois jours près. Les délais se prolongèrent, et nous découvrîmes qu'il avoit des gens obscurs cachés tout au haut de son logement, dans la galerie de Diane, qui donne sur le jardin, qu'il faisoit travailler, dont il refondoit continuellement l'ouvrage, qui par là ne finissoit jamais. La découverte ne lui fut point cachée ; il ne put si bien la dissimuler que la chose ne demeurât comme avouée, dont il demeura fort embarrassé.

M. de Beauvillier, extrêmement pressé par les instances des Anglois, ne voulut plus s'attendre au duc de Noailles. Il me pria de faire le mémoire. Je m'en défendis par beaucoup de raisons, et en effet, je n'avois apporté à Fontainebleau que peu de livres, et aucun qui pût me servir à un travail auquel je n'avois aucun lieu de m'attendre. J'eus beau dire et alléguer les meilleures excuses, il fallut céder à l'autorité qu'il avoit sur moi. Je me mis donc à travailler dans un lieu où je n'avois aucun secours, et où je n'avois pas la liberté de le faire. Il falloit être assidu aux heures de cour que j'avois accoutumé de prendre, manger en compagnie; et Fontainebleau étoit le lieu du monde où on se rassembloit, et où on s'invitoit le plus à dîner et à souper. J'avois encore à faire face au monde et à mes sociétés ordinaires, parce qu'il ne falloit pas laisser soupçonner que je fusse occupé à rien de sérieux. Mon travail étoit donc fort interrompu, qui est la chose du monde la plus nuisible à bien faire, surtout en telles matières. J'avois souvent recours aux nuits.

Je ne sais pourquoi alors j'étois épié plus qu'à l'ordinaire, quoique je le fusse toujours. Mme de Saint-Simon ne put venir à Fontainebleau cette année, à cause des suites d'une rougeole. Nous nous écrivions tous les jours; et quoique nous ne nous mandassions jamais que des riens par la poste, nous ne reçûmes pas une seule lettre, moi d'elle, elle de moi, par la poste, que très-visiblement décachetées[1]. C'est ce qui me fit tenir encore plus soigneusement sur mes gardes pour éviter de paroître retiré, et ce qui rendit mon travail plus coupé et plus difficile. M. de Beauvillier logeoit dans la galerie de Diane, vis-à-vis du duc de Noailles, et ces deux logements leur appartenoient de tout temps. J'étois à l'autre bout du château, au-dessus d'une partie de l'appartement de la Reine mère, et j'avois des fenêtres qui donnoient sur la cour du Cheval-Blanc, et de l'autre côté sur la cour des Fontaines. Tous les soirs M. de Beauvillier traversoit tout cet espace, seul, sans laquais ni flambeau, ni personne avec lui, montoit mon degré assez court à tâtons, et pendant le souper du Roi me faisoit lui lire ce que j'avois écrit depuis la veille. Il étoit environ une heure avec moi, et s'en retournoit seul comme il étoit venu. Le duc de Noailles, seul de nous cinq, ignoroit que je travaillasse; et le duc de Beauvillier fut le seul qui vît ce que je faisois avant

---

1. Il y a bien *décachetées*, au pluriel.

qu'il fût achevé. Il en fut content, et il le dit aux trois autres. Cependant le duc de Noailles faisoit suer ses inconnus dans son grenier; et il en sortit enfin un assez court mémoire, comme le mien étoit tout près de s'achever.

Je ne ferai point ici d'analyse de l'un ni de l'autre; mais je dirai d'autant plus franchement que celui du duc de Noailles étoit, à la diction près, fort médiocre, pour en parler modestement, et qu'il n'y avoit de lui que la seule diction. Le sien et le mien convenoient pour le principal et l'essentiel. Le mien se trouve dans les pièces. Je l'avois intitulé : *Mémoire succinct sur les formes*, etc. L'abondance de la matière et la nécessité des preuves m'emportèrent tellement que, de succinct que je comptois qu'il seroit, je fis un gros ouvrage. La longueur dont en seroit même l'extrait m'empêche d'en rien insérer ici, mais il faut le voir dans les pièces, pour entendre la dispute dont je vais parler et dont l'explication seroit ici trop longue. Ainsi je suppose que je la vais raconter à qui a lu le *Mémoire*, prétendu *succinct, sur les formes*, etc., qui est dans les pièces.

Le duc de Noailles et moi, raisonnant sur la matière, nous aperçûmes bientôt tous deux qu'il y avoit un point sur lequel nous n'étions pas d'accord. J'estimois qu'on ne pouvoit employer que les ducs-pairs, et même vérifiés, et aussi les officiers de la couronne. Le duc de Noailles croyoit, ou vouloit croire, qu'il y falloit joindre les gouverneurs de province et les chevaliers de l'ordre, en faveur de la noblesse, auprès de laquelle je n'ai que trop reconnu depuis qu'il s'en vouloit dès lors faire un mérite.

Nous disputâmes. Je lui objectai l'impuissance, par lui-même avouée, des états généraux, par conséquent celle[1] de toute la noblesse, qui n'en est que le second des trois ordres qui les forment, encore plus d'un extrait aussi peu

---

1. *Celui*, au manuscrit.

nombreux de ce second ordre. Je lui représentai que les ducs et les officiers de la couronne étoient eux-mêmes de ce même second ordre, quoique, par leurs fiefs et leurs offices, nécessairement capables de ce qui passoit le pouvoir des états généraux, qui n'avoient que celui de porter au Roi les représentations et les supplications des provinces qui les députoient, et les remèdes aux besoins et aux maux que les provinces les avoient chargés de présenter au Roi pour être examinés. Je lui fis remarquer le peu de poids personnel que ceux qu'il vouloit admettre, quand bien même ils seroient admissibles, ajouteroient, non qu'ils dussent être exclus, s'ils pouvoient ne le pas être, mais qui, n'étant pas de nature admissible, ne laissoient rien à regretter, et qu'il se trompoit grandement, s'il croyoit flatter la noblesse par l'admission qu'il prétendoit, puisqu'elle ne le pourroit être qu'autant qu'elle seroit elle-même admise, non en la personne de ceux qui le seroient comme nés par leur état de gouverneurs de province et de chevaliers de l'ordre, mais seulement en celles de ceux qu'il lui seroit permis à elle-même de choisir et de députer. J'ajoutai que le premier des trois ordres, qui étoit le clergé, voudroit dès lors ne se pas contenter des pairs ecclésiastiques, puisque la noblesse ne se contenteroit pas des ducs et des officiers de la couronne, quoique de son même ordre; que, par une suite nécessaire le tiers ordre, surtout les parlements, auroient la même prétention, avec d'autant plus d'apparence qu'à la différence des deux premiers ordres il ne s'y trouvoit du leur personne d'admis que le seul chancelier, qui même n'en étoit comme plus par son office de la couronne; que cela retomberoit donc dans les états généraux, c'est-à-dire dans ce qui n'avoit nulle autorité, et dans ce qui se trouvoit impraticable. A ces raisons nulle réponse de M. de Noailles que la convenance d'honorer les gouverneurs de province et les chevaliers de l'ordre; et moi de répondre qu'il ne s'agissoit, en chose de cette qualité, ni de convenance, ni de complaisance, mais de la stabilité immuable par sa légalité d'un acte à faire pour assurer le repos du royaume, l'état des princes de la maison royale sur la succession à la couronne, la foi des puissances avec qui la paix ne se pouvoit conclure qu'en assurant pour toujours la tranquillité de l'Europe, ce qui ne se pouvoit qu'en se restreignant, pour la loi à faire, à ceux qui en avoient le pouvoir, et en se gardant de la rendre nulle en y admettant comme législateurs ceux qui n'avoient rien qui les pût rendre tels.

Beaucoup d'esprit, de discours et de paroles éloquentes servirent à M. de Noailles à la place de réponses et de raisons. Il convint qu'on s'en pouvoit tenir à mon avis; et néanmoins il voulut, deux jours après, m'en reparler encore. Voyant qu'il ne réussissoit pas en raisons, il prit le parti de tenter l'autorité. Il alla parler au duc de Chevreuse sans m'en dire mot. Il espéra de le gagner par son bien-dire, et que, l'ayant pour lui, le duc de Beauvillier seroit emporté, après quoi la chose demeureroit décidée. En effet, il persuada M. de Chevreuse, qui, avec tout son savoir, n'avoit pas présentes des choses depuis si longtemps oubliées, parce qu'on n'avoit pas eu besoin d'y avoir recours. M. de Chevreuse m'en parla; et ce fut ce qui m'apprit que M. de Noailles l'avoit informé de notre dispute, dont pourtant il n'avoit osé lui demander de me faire un secret.

M. de Chevreuse, avec tout le savoir, toutes les lumières, toute la candeur que peut avoir un homme, étoit sujet à raisonner de travers. Son esprit, toujours géomètre, l'égaroit par règle, dès qu'il partoit d'un principe faux; et comme il avoit une facilité extrême et beaucoup de grâce naturelle à s'exprimer, il éblouissoit et emportoit, lors même qu'il s'égaroit le plus, après s'être ébloui lui-même, et persuadé qu'il avoit raison. C'est ce qui lui arriva dans la conduite particulière de ses affaires domestiques, qu'il crut sans cesse augmenter, puis raccommoder, et qu'il détruisit géométriquement par règles, par démonstrations, qui le menèrent à une ruine tellement radicale qu'il seroit mort de faim sans le gouvernement de Guyenne, et Mme de Chevreuse après lui, à qui il ne resta rien que les trente mille livres de pension que le Roi mit pour elle sur les appointements de ce gouvernement. En autres affaires on l'a vu, en leur lieu, être pour M. de Luxembourg, pour d'Antin, pour les prétentions les plus chimériques, se bercer soi-même de l'ancienneté de Chevreuse du cardinal de Lorraine, et de sa succession à la dignité de Chaulnes, et cela à force de faux raisonnements entés l'un sur l'autre, toujours à la manière des géomètres, et de la meilleure foi du monde. C'est donc ce qui lui arriva sur cette affaire. Nous disputâmes, nous ne nous persuadâmes point; il fut néanmoins question de nous fixer tous à l'une ou à l'autre opinion, pour marcher après en conséquence. Le duc de Noailles n'insista plus avec moi, comptant sur M. de Beauvillier par avoir gagné M. de Chevreuse. De mon côté je ne recherchai pas une dispute inutile, mais je crus devoir rendre compte aux trois autres de cette division d'avis. Quelque grande que fût la liaison des ducs de Charost et d'Humières avec le duc de Noailles, depuis l'alliance du premier par le mariage de sa fille unique avec le duc de Gramont, et de Charost depuis surtout qu'il étoit capitaine des gardes, je n'eus pas de peine à les avoir de mon côté. Le duc de Noailles se consola aisément de n'avoir pas persuadé deux hommes qu'il ne regardoit pas comme pouvant emporter la balance; et il avoit raison de croire que nous nous rendrions tous trois à l'autorité, si le duc de Beauvillier, comme il n'en doutoit pas, étoit emporté par le duc de Chevreuse.

Ce dernier me proposa donc que la chose fût discutée en sa présence, et que, de quelque côté qu'il se rangeât, tous y acquiesçassent. J'y consentis avec plaisir, et je répondis pour MM. de Charost et d'Humières. Le duc de Noailles, qui comptoit l'emporter par là, accepta pareillement. J'avois déjà parlé à M. de Beauvillier de cette dispute, mais légèrement; M. de Chevreuse aussi. M. de

Beauvillier, qui alors se trouvoit fort occupé des affaires, ne vouloit point perdre inutilement son temps, et nous avoit dit à l'un et à l'autre qu'il falloit nous assembler, et là décider et convenir sur les raisons de part et d'autre ; et ç'avoit été là-dessus que M. de Chevreuse nous avoit proposé séparément, au duc de Noailles et à moi, d'en passer par l'avis dont seroit M. de Beauvillier. Le duc de Noailles me parla après de cette proposition de M. de Chevreuse. Lui et moi nous la fîmes aux ducs de Charost et d'Humières, qui en convinrent aisément. L'affaire pressoit, et les Anglois vouloient savoir à quoi s'en tenir. Ainsi M. de Beauvillier, comme le plus occupé, ne tarda pas à nous donner l'après-dînée qu'il se prévoyoit la plus libre, et voulut que nous nous assemblassions dans la petite chambre de l'appartement du duc de Chevreuse, qui étoit de plein pied à la cour des Fontaines, du côté le plus proche de la chapelle, sous une partie de l'appartement de la Reine mère. Nous arrivâmes tous presque en même temps.

M. de Beauvillier ne voulut pas qu'on dît un mot de ce qui nous assembloit que tous ne fussent arrivés. Alors il pria la compagnie d'entrer en matière. C'étoit à qui vouloit inclure à ouvrir pour en proposer les raisons, et à qui vouloit exclure à les réfuter, qui par conséquent ne pouvoient parler qu'après les autres. Ainsi, après un petit mot en gros de ce qui nous assembloit, M. de Beauvillier regarda les ducs de Chevreuse et de Noailles, et les pria d'exposer ce qu'ils avoient à dire. Il y eut entre eux un court combat de civilité à qui prendroit la parole. M. de Chevreuse la vouloit laisser à M. de Noailles, de qui venoit l'avis qu'il avoit embrassé. M. de Noailles, par déférence à l'âge et à l'ancienneté, aux lumières, et encore plus à l'effet qu'il en attendoit sur le duc de Beauvillier, voulut absolument lui laisser la parole. M. de Chevreuse la prit donc ; et, pour ne pas allonger ce récit, je dirai tout court que je ne vis jamais soutenir une mauvaise cause avec tant de grâce, d'esprit, d'éloquence et d'élégance ; et, si tout manquoit dans les raisons, la perfection du débit, et de tout le secours que peut donner l'esprit et le savoir, y fut entière.

Entre nous trois de même avis, je dirai franchement que ce fut à moi à répondre; j'étois l'ancien, j'avois fait le mémoire, c'étoit mon avis qui étoit devenu celui des deux autres. Je pris donc la parole à mon tour, et je commençai par l'embarras et la honte où j'étois de me voir forcé à soutenir une opinion contraire à celle du duc de Chevreuse, à qui j'épargnai d'autant moins les louanges, les déférences et les respects, que j'étois mieux résolu à ne le pas épargner sur les raisons. Je dis aussi un petit mot léger de politesse à M. de Noailles, après quoi j'entrai en matière. Je la possédois assez pour me posséder moi-même. Le ton, les expressions, tout fut mesuré et modeste; mais les raisons, les réponses, les réfutations furent décochées avec la dernière force, et par-ci par-là respects et compliments courts à M. de Chevreuse, et rien au duc de Noailles. Je n'oubliai pas, entre autres raisons, de leur faire remarquer que les gouverneurs de province et les chevaliers de l'ordre, desquels le Roi se faisoit accompagner en son lit de justice, n'y étoient placés que sur le banc des baillis, c'est-à-dire derrière les conseillers du Parlement, du côté des fenêtres; qu'ils y étoient sans voix, même consultative, c'est-à-dire absolument sans parole; et qu'ils y demeuroient toujours découverts. Ce contraste avec les simples conseillers du Parlement de places et de voix fut exposé avec étendue ainsi que celui d'un simple lit de justice, où il ne s'agit que d'enregistrement d'édits et de déclarations du Roi tout au plus, et bien rarement encore de quelque interprétation ou de légère législation sur des points de droit ou de coutume qui se prennent en divers sens dans les divers tribunaux, avec une législation de l'importance de celle-ci, qui ne regardoit rien moins que la succession à la couronne, et un ordre à y établir inconnu depuis tant de siècles, contraire à la pratique de tant de siècles constante et continuelle, et qui, au préjudice de toutes les lois des États et des familles particulières, excluoit de la couronne toute une branche aînée et bien reconnue telle, en faveur des cadettes.

Quoique je me restreignisse le plus qu'il me fut possible, l'importance de la matière, et plus encore la nécessité de démêler, de rendre palpables et de répondre aux sophismes, aux inductions et aux entortillements où le duc de Chevreuse excelloit, et qu'il savoit masquer d'une apparence de simplicité et de justesse par la netteté, la facilité et la grâce naturelles de son élocution, me rendirent plus long que je n'aurois voulu. Le silence fut entier pendant nos deux discours, et l'application des assistants extrême. M. de Beauvillier surtout n'en perdit pas un mot. Quand j'eus fini, M. de Noailles voulut dire quelque chose : ce ne fut rien qui méritât réponse. M. de Chevreuse reprit la parole, mais en légère répétition de ce qu'il avoit déjà dit. M. de Beauvillier ne le laissa pas aller loin, il l'interrompit, lui dit qu'on avoit déjà entendu ce qu'il répétoit, et lui demanda s'il avoit quelque chose de nouveau à dire. M. de Chevreuse convint qu'il n'avoit point de raisons nouvelles. M. de Noailles, sans attendre de question, témoigna par un geste de salut qu'il n'en avoit point non plus.

Le duc de Beauvillier regarda les ducs de Charost et d'Humières, comme pour leur demander leur avis, qui dirent en deux mots qu'ils étoient du mien plus que jamais. Alors je vis un prodige qui me combla d'embarras, et qui, en effet, me couvrit de confusion. M. de Beauvillier reprit en très-peu de mots le précis de la chose et de la diversité des deux avis; puis tout d'un coup cet homme si mesuré, si sage, si modeste, si accoutumé à n'être qu'un en sentiment et en tout avec le duc de Chevreuse, et à lui déférer, se changea en un autre homme. Il rougit, et parut avoir peine à se contenir. Il dit qu'il ne comprenoit pas comment on pouvoit penser comme M. de Chevreuse sur ce qui nous divisoit, en expliqua les raisons courtement, mais sans rien oublier d'essentiel, dévoila les sophismes avec une justesse et une précision extrême; et de là (et c'est le prodige, et où la honte m'accabla) il tomba sur M. de Chevreuse comme un faucon; et le traita comme un régent fait un jeune écolier qui apporte un thème plein des plus gros solécismes et les lui fait tous remarquer en le réprimandant. Je ne m'étendrai pas davantage sur un discours si animé et dans lequel rien ne fut oublié. La conclusion fut à mon avis. M. de Chevreuse petit comme l'écolier devant son maître, embarrassé, confus, mais sans altération, acquiesça tout court. M. de Noailles, étourdi à ne savoir où il en étoit, demeura muet.

En se levant, M. de Beauvillier nous regarda tous pour confirmer le jugement, en disant : « Messieurs, voilà donc que tout est convenu entre nous, et qu'il passe à l'avis de M. de Saint-Simon, » d'un air plus approchant de son air ordinaire. MM. de Chevreuse et de Noailles répondirent qu'ils s'y rendoient; et ce mot ne fut pas plus tôt dit que je sortis sans dire mot à personne, et gagnai ma chambre dans le dernier étonnement, non de ce que mon avis avoit prévalu, mais de la manière dont la chose s'étoit passée. Peu de temps après que je fus dans ma chambre, les ducs de Charost et d'Humières y vinrent pleins du même étonnement, et assez aises de la longue et forte bourrade. Pour moi, à l'occasion de qui elle s'étoit faite, j'en étois peiné au dernier point. Le duc de Noailles, à qui M. de Beauvillier ne s'étoit jamais adressé en tout son discours, mais lui avoit laissé voir auparavant que ce mémoire donné comme de lui, et qu'il avoit fait tant faire et refaire, lui paroissoit pitoyable, fut outré d'avoir été si fortement battu en la personne de M. de Chevreuse, ce qu'avec tout son art il ne put nous bien cacher. Pour M. de Chevreuse, que j'évitai un jour ou deux, il n'y parut jamais, et il demeura toujours le même avec M. de Beauvillier et avec moi, avec une douceur, une simplicité, une vérité, un naturel vraiment respectable.

CHAPITRE XVI.

Conférences sur les formes des renonciations entre le duc du Beauvillier et moi ; différence essentielle de validité entre celle du roi d'Espagne et celle des ducs de Berry et d'Orléans. — Le Roi non susceptible d'aucune autre forme que d'un enregistrement ordinaire ; peine extrême du duc de Beauvillier là-dessus et sur ce que je lui représente. — Le duc de Beauvillier de plus en plus en peine ; je lui propose une façon inouïe d'en sortir. — Je m'anéantis au duc de Beauvillier. — Puissants moyens des ducs de Berry et d'Orléans d'appuyer les justes formes valides en leur faveur. — Je ramène les ducs de Berry et d'Orléans à laisser le Roi régler sans nulle résistance la forme des renonciations. — Caractère, état et friponnerie de Nancré ; il ne tient pas à lui et à Torcy de me faire une affaire cruelle auprès du Roi sur les renonciations. — Ducs d'Hamilton et d'Aumont ambassadeurs en France et en Angleterre ; grand traitement de ce dernier, qui avant son départ est fait seul chevalier de l'ordre. — Extraction et mort du duc d'Hamilton. — Duc de Shrewsbury ambassadeur en France. — Bailli de la Vieuville ambassadeur de Malte, au lieu du feu bailli de Noailles. — Course de l'électeur de Bavière à Fontainebleau. — Retour du Roi par Petit-Bourg à Versailles. — Départ de la duchesse d'Albe pour l'Espagne ; abbé de Castillon ; quel ; il l'épouse, et sa fortune. — La Salle ; son extraction, son caractère, sa fortune, son mariage. — Quelques anciennes et courtes anecdotes.

Ce fut après à MM. de Chevreuse et de Beauvillier, mais à celui-ci surtout, à voir comment ils s'y prendroient pour oser faire au Roi une proposition qu'il trouveroit si choquante[1] cette autorité dont il étoit idolâtre, à la déification de laquelle il avoit employé tout son règne. Ils m'ont laissé ignorer ce qui se passa là-dessus ; et je n'ai pas cru devoir crocheter des amis si respectables, et qui d'ailleurs avoient en moi la plus parfaite confiance. Soit qu'au fait et au prendre ils n'aient osé faire la proposition après avoir bien tâté et reconnu le terrain[2], qui est ce que le secret à mon égard m'a fait soupçonner, soit

---

1. Il y a bien *choquante*, au manuscrit.
2. *Terrain* corrige *pavé*.

qu'ils aient été repoussés sans espérance, vers la fin de Fontainebleau, M. de Beauvillier me déclara que le Roi n'entreroit jamais dans ces formes, et qu'il ne vouloit ouïr parler que d'un simple enregistrement des renonciations au Parlement et tout au plus d'y appeler les deux princes intéressés et les pairs ; encore n'en voudroit-il pas répondre.

Je lui dis qu'en cela comme en tout le Roi étoit le maître, mais que cela n'auroit nulle validité ; que les alliés seroient bien simples s'ils s'en contentoient, et les deux princes intéressés encore plus, à qui cela coupoit la gorge. Ce terme l'effraya, et je m'expliquai. Je lui dis donc que ces renonciations étoient doubles et réciproques ; qu'en Espagne la forme de toute espèce de législation étoit certaine et reconnue ; que cette même forme servoit encore pour la reconnoissance d'un roi et de son héritier, pour son inauguration, pour les serments à lui faire, en un mot, pour tout ce qu'il y avoit de plus grand et de plus auguste à traiter ; que cette forme étoient[1] les états généraux connus sous le nom de *las cortes*, où les grands, les prélats, la noblesse, les conseils, les tribunaux et les députés des villes se trouvoient, où le Roi présidoit, et où tout ce qui passoit étoit immuable ; que c'étoit là où les renonciations de M. le duc de Berry et de M. le duc d'Orléans passeroient et seroient admises et enregistrées en loi, sans retour pour eux et leur postérité, outre que le pouvoir des rois d'Espagne, peu ou point astreint aux formes, les pouvoit exclure de la succession, comme le simple testament de Charles II avoit appelé Philippe V à ses couronnes ; qu'il est clair par là qu'il ne manqueroit rien à l'exclusion de M. le duc de Berry et de M. le duc d'Orléans de la succession d'Espagne, pour avoir toute la légalité et la certitude qui la pouvoit opérer, tandis que celle du roi d'Espagne et de sa postérité à la couronne de France ne recevroit pas le moindre degré de validité. Je

---

1. Ce verbe est bien au pluriel.

lui retraçai les raisons qui l'avoient persuadé de la nécessité des formes que j'avois proposées, et qui avoient été si approuvées de lui chez le duc de Chevreuse, lequel étoit aussi du même avis, à cette petite augmentation près que le duc de Noailles avoit imaginée, et que lui avoit si fort rejetée; que de tout cela il résulteroit que les deux princes et leur postérité demeureroient exclus sans retour de toute prétention à la couronne d'Espagne, tandis que le roi d'Espagne et la sienne demeureroient dans tous leurs droits sur celle de France, parce que sa renonciation, faite de bonne foi de sa part, se trouveroit destituée de celle de la nation françoise à lui et aux siens, et par conséquent ne seroit qu'un vain leurre qui ne pouvoit jamais acquérir aucun droit aux ducs de Berry et d'Orléans, au préjudice de la branche d'Anjou aînée de la leur. La conversation fut longue; M. de Beauvillier demeura persuadé, mais sans espérance du côté du Roi.

Le lendemain nous nous revîmes. Il me représenta la nécessité pressante de la paix, les instances continuelles des Anglois sur les renonciations, l'impossibilité de vaincre le Roi sur un article qui lui étoit aussi sensible que celui de son autorité unique; que l'enregistrement des traités de paix étant en usage, et n'allant non à confirmer son autorité par une autre, mais simplement à la promulguer, il consentiroit par cette raison à l'enregistrement des renonciations comme d'une partie intégrante du traité de paix; qu'on auroit même peine à lui faire goûter qu'il se fît séparément de l'enregistrement du traité même, c'est-à-dire qu'il se fît deux enregistrements au lieu d'un seul du traité; et qu'il prévoyoit une extrême difficulté à y faire appeler, non les deux princes, parce qu'il s'agissoit d'eux, et d'autoriser leur renonciation de leur présence, et que les Anglois ne s'en contenteroient pas autrement, mais d'y faire appeler les pairs, par cette délicatesse extrême d'autorité qui l'effaroucheroit en lui proposant une chose non usitée aux enregis-

trements des traités, et qui le hérisseroit par le soupçon
d'une autorité confirmative de la sienne. M. de Beauvillier ajouta qu'en différant on ne persuaderoit pas le Roi
davantage sur les formes effectivement nécessaires; que
cependant tout étoit à craindre pour la paix du chagrin
extrême d'Heinsius et de son parti, qui gouvernoit les
Provinces-Unies, qui ne vouloient point la paix, et du
désespoir de la maison d'Autriche et de tout ce qui avoit
épousé ses intérêts, qui faisoient l'impossible pour accrocher et rompre; que, par toutes ces considérations si
pressantes dans lesquelles il me conjuroit d'entrer, il me
conjuroit en même temps d'y faire entrer les deux princes,
et de leur persuader de se rendre à l'absolue nécessité.
Je répondis que c'étoit à eux, que la chose regardoit, à
prendre leur parti d'eux-mêmes, non à moi à me servir
ou plutôt à abuser de leur confiance, dans l'affaire la plus
grande et la plus principale qui pût les regarder et toute
leur postérité; que je leur avois démontré quelles étoient
les formes de renonciations du roi d'Espagne à la couronne de France, auxquelles seules ils se pussent fier de
validité et de stabilité; que je ne pouvois leur tenir un
autre langage; que tout ce que je pouvois étoit de regretter qu'ils n'eussent pas en main un autre conseil que
le mien sur une affaire si capitale, qui pourroit leur proposer mieux; mais que mes foibles lumières ne me montrant de sûr que les formes dont il s'agissoit, je ne pouvois
leur en dissimuler toute la nécessité.

Le duc de Beauvillier revint à l'impossibilité à l'égard
du Roi; moi, que ce n'étoit pas mon affaire, mais celle des
deux princes; et que si ils faisoient instruire les Anglois,
qu'ils les persuadassent, comme il étoit facile et certain,
eux-mêmes ne trouveroient de sûreté que dans les formes
proposées, et pour la sûreté de l'Europe et de la paix tiendroient ferme, et obligeroient enfin le Roi à les contenter,
tant par la nécessité pressante de la paix que pour ne
laisser pas persuader l'Europe que, par cette feinte de
délicatesse d'autorité, il se vouloit moquer de toute l'Eu-

rope, et en particulier des Anglois, à qui il devoit une paix si inespérée et si nécessaire, et les éblouir d'un enregistrement vain qui laissoit la branche d'Anjou dans tous ses droits, et en état, si le cas en arrivoit, de porter à la fois les deux couronnes de France et d'Espagne, après tant de sang répandu pour l'empêcher. Ce propos, vrai et solide, effraya étrangement le duc de Beauvillier; il me dit tout ce qu'il put; moi de me taire. Nous nous séparâmes de la sorte.

Comme je m'habillois le lendemain matin, il m'envoya prier d'aller chez lui. Il me dit qu'il n'avoit point pu dormir de la nuit dans le détroit où je l'avois laissé. Il m'exhorta de nouveau, je demeurai ferme, et la conversation ne finit que par l'heure du conseil. En nous quittant, il me pria qu'il pût m'entretenir encore le lendemain chez lui à la même heure. J'étois dans une vraie angoisse de résister ainsi, pour la première fois, à un homme que je regardois comme mon père et mon oracle depuis toute ma vie, et pour lequel mon estime intime, la tendresse de mon cœur, l'admiration de mon esprit, et la reconnoissance de tout ce qu'il avoit fait pour me porter au plus haut point auprès du Dauphin, n'avoit fait qu'accroître la plus entière déférence pour lui. Je le trouvai dans un état encore plus peiné que je ne l'avois laissé la veille. Il reprit ses mêmes raisons. Tandis qu'il parloit je me parlois à moi-même, et je résolus enfin de sortir du déchirement où je me trouvois.

Tout à coup je l'interrompis, et le regardant avec feu : « C'est battre l'eau, Monsieur, lui dis-je, que répéter toujours les mêmes choses; épargnez-vous-en la peine, parce que je vous déclare que jamais elles ne me persuaderont; mais prenez une autre voie. Vous êtes un ancien ministre d'État et un très-homme de bien, et je ne dirai guère en avouant que je suis bien loin au-dessous de proportion avec vous sur ces deux points. Toute ma vie je vous ai regardé comme mon père, parce que vous avez bien voulu m'en servir, et mon respect et ma confiance vous ont aussi toujours rendu mon oracle. Je veux vous en donner la plus insigne marque, et la preuve la plus unique qui se puisse en donner à un homme, et que je ne donnerois sans exception quelconque à nul autre homme sur la terre, en quelque chose que ce fût. Tenez, Monsieur, finissons ; quittez tout raisonnement, parce qu'encore une fois, vous ne me persuaderez jamais ; mais prenez la voie de l'autorité, et sans nulle sorte de raisonnement, dites-moi crûment et nettement en deux mots : « Je veux que « vous fassiez telle chose ». Je ne répliquerai pas un seul mot ; et contre mon sens, contre ma conviction la plus intime, contre tout l'ouvrage que j'ai bâti et qui est pleinement achevé, j'obéirai comme un enfant, et je n'oublierai rien pour détruire tout ce que j'ai édifié et persuadé, sans cesser un instant de l'être tout autant que je le fus jamais, et je mettrai tout ce qui est en moi pour ramener les deux princes à tout ce que vous voudrez me prescrire ; mais rien sans un *je le veux*, et *je l'exige*. Vous en savez plus que moi de bien loin en affaires, vous êtes encore plus s'il se peut au-dessus de moi en piété et en lumières, je me reposerai dessus et vous sacrifierai mes sentiments les plus chers et ma conviction la plus intime. »

J'avois pendant ce discours les yeux fichés sur les siens ; ils se mouillèrent de larmes. Jamais je ne vis homme si concentré ni si touché. Il se jeta à mon cou, et parlant à peine : « Non, me dit-il, c'en est trop, cela n'est pas juste, je n'y puis consentir. — Toutefois, repris-je, ce qui est en débat entre vous et moi ne peut finir que par là. N'espérez rien du raisonnement, mais comptez sur tout par l'autorité. » Mille choses tendres et d'un homme touché jusqu'au plus profond du cœur, succédèrent de sa part à cette nouvelle reprise de déclaration ; et finalement il me dit qu'il prendroit cette journée pour y bien penser, et me dire le lendemain, à même heure, en même lieu, à quoi il seroit arrêté. Je retournai donc à ce rendez-vous. Il commença par tout ce qu'il est possible à l'amitié d'exprimer, et à l'humilité d'un si grand homme de bien, qui étoit effrayé de la grandeur de mon sacrifice, et qui en sentoit toute l'étendue. Il me dit qu'il n'avoit pensé à autre chose la veille, et toute la nuit qu'il n'avoit pu dormir; qu'il ne savoit comment se résoudre de prendre sur soi ce que je lui proposois, et d'abuser de ma déférence à un point aussi inouï; et de là voulut revenir à raisonner. Je l'interrompis : « Je m'en vais, lui dis-je, Monsieur, » en faisant un mouvement comme pour me lever; « de raisonnement je n'en écoute plus; c'est votre décision que j'attends : ou laissez-moi dans ma liberté avec les deux princes, ou prononcez en deux mots avec autorité; et ôtez-vous bien de l'esprit que ceci puisse avoir une autre issue. » Il fut quelques moments sans répondre, et moi en silence. Ses yeux se baignèrent encore. Il se jeta à moi sans rien dire, tout retiré en lui-même. Puis me regardant avec tendresse : « Puisqu'il n'y a donc point d'autre voie, et que vous le voulez absolument, » me dit-il, mais avec un air de modestie, même de honte qui ne se peut décrire, « il faut bien que je prenne l'unique parti que vous me laissez, quelque peine qu'il me fasse. J'exige donc de vous que vous tâchiez à détruire ce que vous avez fait, non qu'il ne soit bon, mais parce que le Roi n'y passera jamais, et qu'il nous faut finir la paix, et que vous rameniez les deux princes à se contenter de l'enregistrement en leur présence et en celle des pairs. — Vous le voulez, Monsieur, repris-je, vous serez obéi. De ma part je n'y oublierai rien; je vous rendrai compte de temps en temps de ce que j'aurai fait en conséquence. Demeurons-en là fermement, et surtout plus de raisonnements inutiles. » Il m'embrassa encore tendrement, me dit tout ce qui me pouvoit exprimer l'effet que son cœur et son esprit ressentoient d'un si extraordinaire abandon de déférence, et combien il en demeureroit pénétré toute sa vie. Cette conversation fut la plus courte de beaucoup, et nous nous séparâmes.

La besogne que j'entreprenois étoit fort étrange : j'avois

soufflé le chaud, j'avois parlé raison, règle, lois, droits, justice, intérêt le plus palpable, et j'avois pleinement persuadé et affermi ; il n'y avoit plus qu'[à] en faire usage avec les Anglois, qui ne pouvoient goûter un sceau aussi informe et aussi superficiel, pour des renonciations si importantes à toute l'Europe et à eux-mêmes, qu'un simple enregistrement usité pour tous les traités, et qui n'en avoit rendu aucun plus stable. Ils alléguoient sans cesse le violement des renonciations de la Reine, aussitôt après la mort du roi Philippe IV son père, qui avoit coûté à l'Espagne un si grand démembrement des Pays-Bas et toute la Franche-Comté, quoique ces renonciations eussent été enregistrées au Parlement dans le traité des Pyrénées, que le roi en personne les eût jurées, et signées, face à face du Roi son beau-père, en présence de leurs deux premiers ministres et des deux cours, qui en furent acteurs et témoins dans l'île des Faisans ou de la Conférence. On ne pouvoit disconvenir que cette solennité n'eût toute une autre force que le simple enregistrement du traité au Parlement, ni que celui des renonciations à part qu'il s'agissoit de faire ; et néanmoins on ne pouvoit disconvenir non plus de l'irruption subite du Roi en Flandres et en Franche-Comté, aussitôt après la mort du Roi son beau-père, pour se mettre en possession des droits de la Reine, dont il fit publier des écrits, nonobstant la renonciation.

Les Anglois eux-mêmes avoient vu, par le traité de partage dont leur roi Guillaume III avoit été le principal promoteur, ce qu'on pensoit en France des renonciations de la Reine, lorsqu'il ne s'agissoit plus comme autrefois de simples droits à prétendre sur le Roi son frère, malgré l'universalité de ses renonciations, mais de la succession à la monarchie entière ; et toute l'Europe, à l'exception de l'Empereur, avoit regardé ce traité de partage comme fort avantageux, en ce que la France s'y contentoit d'une portion de la monarchie d'Espagne, qu'elle croyoit pouvoir prétendre entière nonobstant les renonciations. Elle y étoit revenue par le testament inespéré de Charles II, et par le vœu de toute la nation espagnole ; et il s'agissoit au moins d'empêcher d'une manière solide, à laquelle ces exemples rendoient les Anglois et leurs alliés d'autant plus délicats et circonspects, qu'un même prince françois ne pût en aucun cas posséder les deux monarchies, et dominer l'Europe par une si formidable puissance. Les Anglois n'avoient pas oublié par quelle forme de jugement Philippe de Valois avoit emporté la couronne de France, en vertu de la loi salique, sur leur roi Édouard III, bien plus proche par sa mère, fille de Philippe le Bel, et sœur des rois Louis X le Hutin, Philippe V le Long, et Charles IV le Bel, morts sans postérité masculine, lesquels étoient cousins germains de Philippe de Valois, fils des deux frères. Les Anglois n'avoient pu oublier qu'Édouard III reconnut si bien le pouvoir des juges et la validité du jugement qu'il ne songea pas à contester, qu'il rendit personnellement hommage à Philippe de Valois, 6 juin 1329 [1], dans l'église d'Amiens, pour ce qu'il tenoit de la couronne de France, et que ce ne fut qu'au bout de quelque temps qu'il s'avisa de vouloir revenir par les armes contre le droit qu'il avoit reconnu, excité par les pratiques du fameux Robert d'Artois outré d'avoir été juridiquement débouté du comté-pairie d'Artois, dans la dignité et possession duquel sa tante paternelle Mahaut avoit été maintenue, et déshonoré de plus par la preuve de faux, et le jugement en conséquence de quatre pièces qu'il avoit fait fabriquer et produire, ce qui le jeta entre les bras d'Édouard III, pour se venger de sa mauvaise fortune contre son roi et sa patrie. Il n'en falloit pas tant avec des gens aussi accoutumés et attachés que le sont les Anglois aux formes légales et juridiques, pour les porter à demander toutes celles qui uniquement pouvoient valider solidement des renonciations si importantes à eux et à toute l'Europe, et dont

---

1. 1629, au manuscrit.

leurs alliés se reposoient sur eux et sur leur propre intérêt, dans un traité dont ils s'étoient enfin rendus les maîtres.

Eux instruits et bien persuadés, c'étoit à M. le duc de Berry et à M. le duc d'Orléans à les laisser faire, à ne se montrer en rien, à laisser au Roi les soupçons qu'il auroit voulu prendre, mais à se bien garder de tout ce qui auroit pu lui en donner lieu à leur égard; en tout cas, en évitant bien attentivement toutes preuves possibles, l'un son petit-fils, l'autre son neveu, se consoler des reproches sans preuves et des humeurs, par la solidité avec laquelle ils s'assuroient une réciproque validité de leurs renonciations et de celles du roi d'Espagne, puisque le Roi n'auroit eu en ce cas d'autre choix que celui de souffrir les formes que les Anglois auroient exigées, ou de rompre la paix, auquel cas il n'y auroit point de renonciations, et de continuer une guerre que toutefois il ne lui étoit plus possible de soutenir.

Toutes ces choses m'étoient bien présentes, je les avois bien inculquées aux deux princes, et ils étoient bien persuadés. Défaire ce même ouvrage étoit une triste entreprise. Persuader contre sa propre conviction est un étrange embarras. Il fallut pourtant travailler en conformité de ce que le poids immense de M. de Beauvillier sur moi m'avoit fait lui promettre. Le récit en détail en seroit long et ennuyeux; je me contenterai de dire que je commençai par éloigner, et empêcher après, toute instruction et tout concert des Anglois. Je revins auprès des deux princes à des réflexions de prudence et de timidité sur le danger que le Roi pût découvrir ce commerce, et qu'il se prît à eux de la roideur des Anglois, et de leurs propositions de formes, qui, selon ses délicates et si sensibles préventions, attaqueroient aux yeux de toute l'Europe son autorité si chérie, et lui feroient recevoir l'affront de souffrir que celle de ses sujets la confirmât, et y parût nécessaire. Je les pressai sur le désespoir où le Roi se trouveroit d'acheter la paix à ce prix, ou de continuer une guerre qu'il savoit si précisément ne pouvoir soutenir, et dont le poids l'avoit forcé aux conditions les plus honteuses et les plus dommageables, qu'il avoit même vu mépriser, et de laquelle il sortoit par le moyen de l'Angleterre, sans qu'il fût plus question de lui en imposer que d'honnêtes. J'avois affaire à deux princes fort différents, mais tout semblables pour l'excès de la timidité. M. le duc de Berry, tenu de très-court depuis son enfance, étoit accoutumé à dépendre du Roi jusque pour les choses les plus ordinaires et les plus indifférentes, et à trembler sous son moindre sérieux. M. le duc d'Orléans ne le craignoit guère moins. Il étoit de plus si battu de l'oiseau par les diverses aventures de sa vie, qu'il étoit tout aussi éloigné que M. le duc de Berry de s'exposer à sa colère. Ce furent les armes dont je me servis contre moi-même, et pour les ramener à ce que je voulus, en ruinant ce que j'avois édifié.

C'étoit à quoi j'étois occupé, lorsque, tout à la fin du voyage de Fontainebleau, je fus averti de la chose du monde que pour lors je méritois le moins. Nancré y avoit fait quelques tours; il avoit écumé[1] quelques mots de fins de conversations, interrompues par son arrivée deux ou trois fois, entre M. le duc d'Orléans et moi. Il avoit eu, comme je l'ai dit en son lieu, la charge de capitaine de ses Suisses, par Mme d'Argenton, sur Saint-Pierre, pour qui Mme la duchesse d'Orléans la vouloit alors, qui de pique le fit depuis son premier écuyer, contre le gré de M. le duc d'Orléans; et cela avoit fait de grandes brouilleries. Nancré étoit un bourgeois de Paris qui s'appeloit Dreux, de même famille que le gendre de Chamillart; mais son père avoit servi, il étoit devenu officier général avec estime et gouverneur de   [2]. Il avoit épousé en secondes noces une fille de la Bazinière, dont j'ai parlé ailleurs, et qui étoit sœur de la mère du premier président de Mesmes qui vivoit intimement avec eux. Nancré

---

1. Voyez tome VI, p. 38, note 1.
2. Le nom est en blanc dans le manuscrit.

avoit beaucoup d'esprit. Il s'étoit lassé de l'emploi de lieutenant-colonel de je ne sais plus quel régiment, où il étoit parvenu par ancienneté. Il trouva cette porte pour en sortir. Il vivoit dans la liaison la plus étroite avec sa belle-mère, vieille beauté riche et fort du grand monde de Paris. Elle alla loger avec lui au Palais-Royal, et elle y tint le dé. Lui se fourra tant qu'il put dans le monde. Il avoit ce qu'il falloit pour en être goûté, et la probité ne l'arrêtoit sur rien. Il vouloit cheminer et être de quelque chose; les moyens ne lui coûtoient pas. Il s'étoit fourré chez M. de Torcy. Il y chercha commission de parler à M. le duc d'Orléans sur les renonciations. Chagrin de n'en pas avoir l'honneur auprès de Torcy, il alla lui dire que c'étoit moi qui, entêté de pairie, lui tournois la tête sur les formes, et arrêtois la paix.

Torcy, avec qui je n'avois pas la plus légère habitude et qui étoit ami de beaucoup de gens avec qui je ne frayois pas, alla rendre au Roi ce que Nancré lui avoit rapporté. Le Roi en colère en parla à M. le duc de Berry, et lui cita ses auteurs. J'en fus incontinent averti par M. le duc de Berry même. Cela m'engagea à le prier de trouver bon que je ne le visse plus du tout pour ôter au Roi tout prétexte, et que notre commerce se continuât par Mme de Saint-Simon et M. le duc d'Orléans, par qui il avoit toujours passé, en sorte même que je n'avois vu que peu et rarement M. le duc de Berry en particulier. Je ne pouvois en user de même sans éclat avec M. le duc d'Orléans, ainsi je me résolus à ce qui pourroit en arriver. Je me plaignis amèrement à lui de la scélératesse de Nancré, qui s'enfuit à Paris aussitôt, et ne reparut de longtemps. Le Roi néanmoins ne me fit semblant de rien; et comme en effet je parvins à ramener les deux princes à se contenter de l'enregistrement fait en présence des pairs, cette friponnerie de Nancré et ce mauvais office de Torcy n'eurent aucune suite. Je le laissai tomber et ne crus pas devoir dire ni faire dire au Roi quoi que ce soit là-dessus.

Quelque dépit et quelques obstacles que les alliés apportassent à la paix, les choses étoient tellement avancées avec l'Angleterre, que le duc d'Aumont fut nommé pour y aller en ambassade, sur ce que le duc d'Hamilton fut déclaré ambassadeur en France. M. d'Aumont étoit alors fort en liaison avec le duc de Noailles et moi, et j'aurai lieu d'en parler dans les suites. Il eut vingt-quatre mille écus d'appointements par an, vingt-quatre mille livres pour dédommagement de la perte du change, et cinquante-quatre mille livres pour ses équipages et pour trois mois d'avance. Il eut de plus cinq cent mille livres de brevet de retenue sur sa charge de premier gentilhomme de la chambre, et fut chevalier de l'ordre, seul et extraordinairement à une messe basse avant son départ. C'est le dernier que le Roi ait fait.

Le duc d'Hamilton étoit un assez jeune seigneur, fort du parti de la Reine et considéré. Il étoit Douglas. Anne Hamilton, fille aînée du dernier Jacq. marquis d'Hamilton, avoit épousé Guill. Douglas, comte de Selkirk. Le marquis d'Hamilton fut fait duc et chevalier de la Jarretière par Charles Ier, et après diverses fortunes eut la tête coupée peu de jours après cet infortuné monarque. Charles II, son fils, après son rétablissement, fit duc d'Hamilton ce comte de Selkirk, gendre du dernier duc d'Hamilton, qui n'avoit point laissé de garçons; et ce nouveau duc d'Hamilton eut avec la dignité presque tous les biens de son beau-père qui lui furent restitués, dont il prit le nom et les armes. C'est le grand-père ou le bisaïeul de celui dont il s'agit ici. Le parti contraire à la Reine, outré de n'avoir pu empêcher la paix, se rabattit faute de mieux à lui faire toutes les sortes de dépit qu'il put. Hamilton avoit gagné un procès depuis peu en plein Parlement contre Milord Mohun, du parti contraire. Ce parti le piqua tant qu'il put, et le força presque malgré lui à se battre avec Hamilton. Mohun fut tué sur la place, mais Macartnay, qui lui servoit de second, enfila sur-le-champ le duc d'Hamilton par derrière, et s'enfuit. La Reine, qui sentit d'où le coup partoit, en fut également affligée et offensée, et nomma à l'ambassade de France le duc de Shrewsbury, chevalier de la Jarretière, l'un de ses plus confidents ministres, aîné de la maison Talbot.

Le bailli de la Vieuville, beau-frère de la dame d'atour de M*me* la duchesse de Berry, succéda au feu bailli de Noailles à l'ambassade de Malte, et y fit tout fort noblement.

L'électeur de Bavière fit une légère apparition à Fontainebleau. Il y vint de Petit-Bourg, vit le Roi un quart d'heure dans son cabinet, dit en sortant à d'Antin qu'il partoit beaucoup plus content qu'il ne l'avoit espéré en venant, et s'en retourna à Petit-Bourg.

Quinze jours après, c'est-à-dire le mercredi 14 septembre, le Roi, après le conseil d'État, alla coucher à Petit-Bourg, et le lendemain à Versailles, où peu de jours après la duchesse d'Albe prit congé de lui chez M*me* de Maintenon. Elle partit peu de jours après, sans avoir laissé un sou de dettes de leur longue et magnifique ambassade, en des temps très-malheureux. Elle emmena avec elle un petit abbé de Castillon qui n'avoit pas de chausses, et qui n'avoit de ressource que les lieux et les heures publiques, où il ennuyoit même beaucoup de sa présence, qui étoit aussi assez vilaine. Il étoit Gonzague, mais arrière-cadet, et il cherchoit ici fortune depuis quelques années. Je ne sais comment il fit connoissance avec la duchesse d'Albe; mais fort peu après être arrivés en Espagne, il quitta le petit collet, et elle l'épousa. Il parvint en cette considération, peu après, à la grandesse et à la clef de gentilhomme de la chambre. Ils n'ont point eu d'enfants. Elle venoit de mourir lorsque j'arrivai en Espagne, où je le vis sans meubles, avec un châlit[1], et un capucin, qui en vouloit prendre l'habit. La douleur ne fut pas de durée; il s'étoit déjà remarié, lorsque j'en partis, à une beauté fille du prince de Santo-Buono Caraccioli, chose infiniment rare en Espagne.

---

1. *Châlit,* bois de lit.

La Salle, qu'on a vu p. 1252[1] avoir vendu pour la seconde fois sa charge de maître de la garde-robe, par un hasard unique, s'ennuya de son oisiveté. C'étoit un fort honnête homme, qui avoit du sens, et qui ne manquoit pas d'esprit, bien fait et de fort bonne mine, qui, pour le petit-fils d'un vendeur de sabots dans la forêt de Senonches, avoit fait une grande fortune, n'en étoit pas encore content, et se rendoit peu de justice. Un ancien bailli de la Ferté que j'y ai vu longtemps, et qui a survécu mon père de beaucoup d'années, nous en mit au fait pour l'extraction. J'étois à la Ferté avec ma mère lorsque mon père, mandé pour le chapitre, nous envoya la liste de la promotion de 1688. Ce bailli se trouva à la réception des lettres et à la lecture de la liste. Au nom de la Salle, il demanda qui il étoit, et, sur la réponse, se mit à rire et dit que cela ne se pouvoit pas, et enfin ajouta qu'étant jeune il avoit connu son grand-père qui vendoit des sabots en gros après en avoir fait dans sa jeunesse. Il nous dit qu'étant devenu à son aise sur ses vieux jours, il avoit acquis une petite terre qui n'a jamais valu mille écus de rente, et sans aucune étendue, dans la lisière de la forêt de Senonches, qui s'appelle la Sale[2]. J'y ai passé plusieurs fois; ils y ont fait un petit castel de carte, proportionné à la valeur de ce petit bien. Le fils du sabotier voulut aller à la guerre, il s'y distingua; il parvint par son ancienneté à la tête des gens d'armes de la garde.

Caillebot avoit quitté ce nom, et s'appeloit la Salle; il vivoit dans un temps où on se battoit beaucoup; il étoit fort sur la hanche, et passa pour un brave à quatre poils qu'il ne falloit pas choquer. Ce fut par ces bravades que le cardinal Mazarin, qui en avoit aisément peur, et qui vouloit aussi s'en attacher partout, le poussa dans les gens d'armes, que Miossens commandoit, si connu depuis sous le nom de maréchal d'Albret, et si compté à la cour et dans le monde. La Salle sut si bien lui faire sa cour et se

---

1. Ci-dessus, p. 275.
2. Saint-Simon a bien écrit ici *Sale*, avec une seule *l*.

faire passer d'ailleurs pour un brave important, qu'il eut la compagnie quand le maréchal d'Albret la quitta en 1666. Il poussa son fils dans cette compagnie quoique jeune, car il étoit de 1646 ; il se trouva de la valeur et de l'honneur, et il monta assez vite. M. de Soubise étoit dans la même compagnie ; il y étoit entré pauvre gentilhomme, et fort éloigné d'imaginer de devenir prince et fort riche ; la beauté de sa seconde femme et la bonté du Roi firent ce miracle. Il étoit en son plus doux mouvement lorsque la Salle mourut et laissa la compagnie des gens d'armes vacante en 1672. M. de Soubise l'obtint, mais le fils de son prédécesseur l'y importuna. Il pensa toujours de loin pour fonder des établissements avec son grand secours domestique. Il voulut ranger de bonne heure tout obstacle à pouvoir assurer sa charge à sa famille. La Salle servoit bien, ne vouloit point quitter, et il avoit la fantaisie d'espérer de succéder à M. de Soubise. Cette folie fit sa fortune ; il y en avoit au crédit où étoit Mme de Soubise ; d'ailleurs cette espérance auroit pu être fondée sur l'âge de M. de Soubise qui avoit quinze ans plus que lui, et sur les hasards de la guerre. La conjoncture heureuse qui se présenta fit l'affaire de tous les deux.

Il y avoit plusieurs années que Vardes étoit chassé pour avoir eu une part principale dans l'affaire qui perdit la comtesse de Soissons et le comte de Guiche, et qui touchoit le Roi si fort immédiatement. Vardes étoit un favori qui par sa trahison attira sur soi plus de colère ; il fut envoyé à Aigues-Mortes, dont il étoit gouverneur, avec défense d'en sortir et d'y voir personne, et ordre de se défaire de sa charge de capitaine des Cent-Suisses de la garde. C'est le même qui se battit avec mon père. Il étoit chevalier de l'ordre, de la promotion de 1661, et si gâté de la fortune, que j'ai ouï dire aux contemporains qu'il regarda pour la première fois son cordon bleu avec quelque complaisance en chemin de son exil. On espère toujours. Vardes se flatta du pardon après un châtiment de quelques années, et il s'obstina à garder sa charge pour ne se pas trouver dépouillé à son retour. A la fin on lui fit si bien entendre que son espèce de prison ne finiroit que par sa démission, qu'il se résolut à ce calice. M. de Louvois, ennemi terrible et implacable, mais également bon ami et bon parent, fut bientôt averti ; il fit parler à Vardes par Tilladet, son cousin germain, qu'il avoit déjà fait maître de la garde-robe, et Vardes, dans la nécessité de vendre, crut se faire un protecteur de Louvois. Mme de Soubise, instruite de la première main, saisit la charge de maître de la garde-robe que Tilladet alloit vendre, pour se défaire de la Salle, et s'en délivrer par une fortune si fort au-dessus de lui. Vouloir et pouvoir fut pour elle la même chose. Ainsi la Salle quitta les gens d'armes et le service militaire pour celui de la cour et de la personne du Roi, en 1678. Ce service étoit d'une assiduité extrême : lever, coucher, changement d'habit pour la chasse ou la promenade tous les jours, en y allant et au retour, et cela de deux années l'une tout de suite, avec un prince qui vouloit une entière régularité. Celle de la Salle la fut, et plut fort au Roi, mais elle devint continuelle pendant bien des années que Lyonne, fils du secrétaire d'État, fut son camarade, qui ne mettoit jamais le pied à la cour, et que les services importants de feu son père, et la considération des Estrées, dont le duc neveu du cardinal avoit épousé sa sœur, faisoit passer au Roi, jusqu'à ce qu'enfin il vendit à Souvré, fils de feu M. de Louvois.

Une vie si coupée et si nécessairement occupée de riens, déplaisoit souvent à la Salle. Il étoit fort glorieux et entêté de son mérite, et quoique j'eusse peu d'habitude avec lui, et en général c'étoit un homme chagrin, particulier, sauvage, avec qui on n'en avoit guère, je lui ai ouï regretter les gens d'armes, et sa charge qui l'avoit tiré du service, disoit-il, malgré lui, et l'avoit empêché d'être maréchal de France. Désœuvré, par n'avoir plus de fonctions et n'avoir jamais eu beaucoup de commerce, il s'en étoit allé auprès de Dreux, dans une petite terre appelée Montpinçon, dont la maison étoit au bord de la rivière d'Eure, dont les jardins étoient souvent inondés. Il l'accommoda pour habiter et pour s'amuser; il s'y ennuya, il s'alla promener en basse Normandie chez des gens de sa connoissance. Il trouva dans une de ses visites une fille de vingt ans, jolie et bien faite, avec sa mère, qui étoit du voisinage, et qui s'appeloit Mlle de Bénouville. Il les vit le soir qu'il y arriva, et y dîna le lendemain avec elle[1]. Quelqu'un à table demanda à la mère si elle ne songeoit point à la marier. Elle répondit qu'elle y pensoit bien, mais que cela n'étoit pas facile quand on n'avoit rien à donner. De propos en propos elle dit que ce qu'elle voudroit trouver, ce seroit quelque homme âgé qui ne songeât point au bien, mais à se donner une compagnie et une femme qui eût soin de lui et qui en fût toute occupée; que sa fille avoit la raison de penser de même et d'aimer mieux un mariage comme celui-là, qui la mettroit à son aise, que d'épouser un jeune homme. La conversation changea; la Salle ne parut pas y prendre la moindre part, mais il y fit ses réflexions. Elles ne furent pas longues. Dans la fin de la journée il s'informa au maître de la maison de ce que c'étoit que M., Mme et Mlle de Bénouville; ce qu'il en apprit ne lui déplut pas, et la demoiselle lui avoit donné dans les yeux. Il crut bannir l'ennui de sa vie en l'épousant, et tout de suite pria celui à qui il s'en informoit d'en faire la proposition à la fille et à la mère. Toutes deux, le lendemain matin, crurent rêver, et eurent peine à se persuader que la chose fût sérieuse. Le cordon bleu du vieux galant qui la demandoit sans dot quelconque, uniquement à condition de demeurer à Montpinçon sans jamais aller à Paris, leur parut[2] les cieux ouverts. Elles envoyèrent bien vite chercher le père, et dans le jour tout fut d'accord et réglé. La Salle partit là-dessus pour le venir dire au Roi, et s'en retourna tout aussitôt en Normandie où le mariage se fit. Il a été

1. Il y a bien *elle*, au singulier.
2. Saint-Simon a écrit *parurent*, au pluriel.

très-heureux, et cette jeune femme a vécu avec lui à merveilles; vertu, complaisance, soin d'attirer du monde, et pourtant avec économie. Ils se firent aimer et considérer chez eux. La Salle avoit soixante-six ans. Il lui tint parole sur Paris, mais lui-même ne faisoit que deux ou trois apparitions par an à Versailles, et encore moins à Paris. Ils ont eu un fils, qui est dans le service, et marié.

CHAPITRE XVII.

Le Roi à Rambouillet. — Mort de Ribeire, conseiller d'État; sa place donnée à la Bourdonnaye, son gendre. — Mort de Godolphin. — Le Quesnoy rendu à discrétion; Bouchain, la garnison prisonnière; Valory et Varenne gouverneurs; Châtillon brigadier, depuis duc et pair et gouverneur de Monseigneur le Dauphin. — Perte de la Quenoque. — Les campagnes finies; retour des généraux d'armée à la cour; Montesquiou demeure à commander en Flandres. — Princesse des Ursins aux eaux de Bagnères; Chalais l'y va trouver; pompe de cette dame. — Survivance du gouvernement de Lyon, etc., au duc de Villeroy, et les lieutenances à ses fils. — Villars gouverneur de Provence; Saillant gouverneur de Metz; Tessé général des galères; les frères Broglio gouverneurs de Gravelines et du Mont-Dauphin. — Dangeau donne à son fils son gouvernement de Touraine. — Comte de Toulouse et d'Antin achètent leurs maisons à Paris. — Quatre cent mille francs d'augmentation de pension à M. le duc de Berry; il entre au conseil de dépêches. — La musique du Roi à la messe de Mme la duchesse de Berry. — Hammer à la cour; merveilleusement reçu; quel cet Anglois; duchesses, etc., conservent leur nom et leur rang en se remariant au-dessous de leur premier mari, en Angleterre. — Marlborough se retire en Allemagne; quelle y étoit sa principauté de l'Empire. — Renonciation du roi d'Espagne à la couronne de France en pleins cortès[1]; lettre tendre qu'il écrit là-dessus à M. le duc de Berry. — Mort de l'abbé d'Armagnac. — Mort du duc de Chevreuse; anecdotes sur sa famille, sur lui, sur la duchesse sa femme. — Mort du duc Mazarin; anecdotes sur lui, sur sa famille, sur leur fortune. — Mort de la duchesse de Charost. — Mort du duc de Sully. — Berwick en Roussillon, etc. — Chamillart revoit le Roi. — Plénipotentiaires d'Espagne. — Besons joué par Mme la duchesse de Berry. — Mme de Pompadour gouver-

1. Saint-Simon fait *cortès* du masculin.

nante des enfants de M. le duc de Berry. — La Mouchy et son mariage. — Mariage de Meuse avec Mlle de Zurlaube. — Musiques et scènes de comédies chez Mme de Maintenon ; le maréchal de Villeroy y est admis ; desseins sur lui. — Gouvernement de Guyenne donné au comte d'Eu. — Conduite des ducs de la Rochefoucauld dans leur famille ; état de cette famille. — Desir, jalousie, vains efforts des ducs de la Rochefoucauld pour le rang de prince étranger. — Duc de la Rochefoucauld obtient la distraction du duché de la Rocheguyon, avec la dignité pour son second petit-fils et sa postérité, au préjudice de l'aîné ; ce cadet duc par démission de son père. — Nouveaux efforts inutiles sur l'abbé de la Rochefoucauld, qui, moyennant un bref, prend l'épée, et va mourir à Bude.

Le Roi alla les premiers jours d'octobre passer une semaine chez M. le comte de Toulouse à Rambouillet, avec un très-court accompagnement. Excepté sa propre table, M. le comte de Toulouse fit et magnifiquement la dépense de tout le reste. Le Roi y fit une chose contre sa coutume. Ce fut de permettre à la Bourdonnaye d'y venir lui parler, et de lui donner la place de conseiller d'État, vacante par la mort de Ribeire, son beau-père, car il évitoit toujours ces espèces de successions dans les familles. Le beau-père étoit d'une grande réputation et parfaitement intègre ; le gendre s'en étoit acquis dans les grandes intendances.

Ce fut aussi où on apprit la mort de Godolphin, naguère grand trésorier d'Angleterre, espèce de premier ministre, et le chef du parti whig dont le fils avoit épousé la fille du duc de Marlborough, chez qui il mourut de la taille, à la campagne, et ces deux hommes ne furent jamais qu'un. Ce fut un grand soulagement pour la Reine et pour son nouveau ministère, un grand abattement pour le parti qui lui étoit opposé, et le dernier coup du revers de la fortune pour le duc de Marlborough.

Le Roi y reçut aussi la nouvelle de la prise du Quesnoy par M. de Châtillon, qui a fait depuis une si grande fortune et si peu espérée, que Voysin, son beau-père, lui amena à son travail. La place se rendit à discrétion. Ils étoient encore onze à douze cents hommes sous les armes, et il s'y trouva un grand amas d'artillerie et de muni-

tions. Châtillon fut fait brigadier pour la nouvelle, et
Valory eut le gouvernement de la place dont il avoit conduit les travaux du siége. Aussitôt après, le maréchal de
Villars fit le siége de Bouchain, qui se rendit peu de jours
après, la garnison prisonnière de guerre. Villars envoya
la nouvelle par le comte de Choiseul, son beau-frère, et la
garnison à Reims, avec le gouverneur, parce que c'étoit
lui qui avoit fait, cette même campagne, une course en
Champagne qui avoit fort effrayé ce pays. Le gouvernement de Bouchain fut rendu à Varenne qui l'avoit auparavant. Cette conquête fut une consolation de la perte de
la Quenoque, qui venoit d'être surpris par un partisan
d'Ostende à l'ouverture des portes, qui s'étoit faite par
l'aide-major, sans découverte ni la moindre précaution.
Ainsi finit la guerre cette année. Les armées d'Allemagne
et de Savoie venoient de [se] séparer, et les maréchaux
d'Harcourt et de Berwick arrivèrent à la cour incontinent
après, et en même temps le maréchal de Villars; Montesquiou demeura à commander en Flandres.

Mme des Ursins fit en ce même temps un voyage à
Bagnères pour une enflure de genou, escortée par un
détachement des gardes du corps du roi d'Espagne, en
avant-goût de la souveraineté dont elle se flattoit. Chalais
l'y alla trouver de Paris. Son retour à Madrid ne fut pas
moins pompeux.

En ce même temps-ci le Roi fit plusieurs grâces. Le
maréchal de Villeroy eut pour le duc de Villeroy la survivance de son gouvernement; la lieutenance générale qu'il
en avoit, pour le marquis de Villeroy son petit-fils, et la
lieutenance de Roi de celui-ci à son frère. Le maréchal de
Villars obtint le gouvernement de Provence; celui de Metz
qu'il avoit fut donné à Saillant; la charge de général des
galères au maréchal de Tessé, absent, et qui ne l'avoit
pas demandée [1], avec le pareil brevet de retenue de M. de
Vendôme et les appointements échus depuis sa mort. Le

---

1. *Demandé*, sans accord, au manuscrit.

gouvernement du Mont-Dauphin et celui de Gravelines aux deux Broglio, l'un gendre de Voysin, l'autre qui a fait une si grande fortune, et Dangeau eut permission de céder à son fils le gouvernement de Touraine en en retenant l'autorité et les appointements. La Vrillière, assez mal dans ses affaires, vendit sa magnifique maison, vis-à-vis la place des Victoires au comte de Toulouse, et d'Antin en acheta une autre fort belle à peu près dans le même quartier, qui avoit été bâtie pour Chamillart. On ne laissa pas d'être surpris que ces deux hommes qui tenoient de si près au Roi, l'un par ce qu'il lui étoit, l'autre par sa charge, et plus encore par sa faveur, et courtisan au suprême, fissent ces acquisitions dans Paris. Peu de temps après, le Roi suppléa à la modicité de l'apanage de M. le duc de Berry par une pension de quatre cent mille francs, et ordonna à sa musique de se trouver tous les jours à la messe de Mme la duchesse de Berry, comme à la sienne, qui fut une très-sensible distinction pour elle et pour M. le duc de Berry. Il en reçut une plus touchante par l'entrée au conseil des dépêches qui étoit le chemin des autres conseils.

Il parut à la cour un personnage singulier qui y fut reçu avec des empressements et des distinctions surprenantes. Le Roi l'en combla, les minstres s'y surpassèrent, tout ce qui étoit le plus marqué à la cour se piqua de le festoyer. C'étoit un Anglois d'un peu plus de trente ans, de bonne mine et parfaitement bien fait, qui s'appeloit le chevalier Hammer, et qui étoit fort riche. Il avoit épousé aussi la fille unique et héritière de Milord Harrington, secrétaire d'État, veuve du duc de Grafton, qui s'en étoit éprise, et qui conserva de droit son nom et son rang de duchesse de Grafton, comme il se pratique toujours en Angleterre en faveur des duchesses, marquises et comtesses qui étant veuves se remarient inégalement. Hammer passoit pour avoir beaucoup d'esprit et de crédit dans la chambre des communes. Il étoit fort attaché au gouvernement d'alors, et fort bien avec la Reine qui l'avoit tenu toute la campagne auprès du duc d'Ormond pour être un peu son conseil. De Flandres il vint ici; il y demeura un mois ou six semaines, également couru et recherché, et s'en alla d'ici en Angleterre pour l'ouverture du Parlement. Je n'ai point su alors ce qu'il étoit venu faire, ni même s'il étoit chargé de quelque chose, comme l'accueil qu'il y reçut porte à le croire, et j'ai oublié à m'en informer depuis. On n'en a guère ouï parler dans la suite. Il faut qu'il n'ait fait ni figure ni fortune sous ce règne en Angleterre, et qu'il ne se soit pas accroché au suivant. Il ne trouva plus le duc de Marlborough, qui venoit enfin d'en sortir avec permission et de passer à Ostende avec très-peu de suite. Son dessein étoit de se retirer en Allemagne, où il étoit prince de l'Empire ou plutôt de l'empereur Léopold, qui lui avoit donné le titre de prince de Mindelen, sans la principauté, mais de l'argent pour acheter des terres en Souabe, auxquelles on devoit donner le titre et le nom de Mindelen; mais il avoit gardé l'argent et n'avoit point acquis de terres.

Il arriva un courrier d'Espagne avec la copie de l'acte de la renonciation du roi d'Espagne, passée le 5 novembre en pleins cortès[1], en présence de l'ambassadeur d'Angleterre. Ce courrier apporta aussi un projet pour celle de M. le duc de Berry, et une lettre de la main du roi d'Espagne à ce prince, la plus tendre, la plus forte, la plus précise, pour lui témoigner sa sincérité dans cet acte qui l'avançoit en sa place à la succession à la couronne de France, et avec quelle joie son amitié pour lui le lui avoit fait faire. Lui et M. le duc d'Orléans me la montrèrent, parce que je demandai à la voir. Elle me parut si importante, que je leur recommandai beaucoup de la conserver soigneusement, comme une pièce tout à fait importante pour eux; ils ne s'en étoient seulement pas avisés. Ils me l'avouèrent, et trouvèrent que j'avois grande raison.

Plusieurs personnes considérables moururent dans la fin de cette année. L'abbé d'Armagnac étant allé voir sa

---

1. Voyez ci-dessus, p. 373 et note 1.

sœur à Monaco y mourut de la petite vérole : il avoit trente ans, de bonnes mœurs, deux grosses abbayes en attendant mieux, et Monsieur le Grand comptoit qu'il auroit pour lui la nomination du Portugal au chapeau, que son frère avoit autrefois perdue par l'avarice de Mme d'Armagnac qui fit l'éclat étrange qui l'ôta de toutes sortes de portées.

La mort de M. de Chevreuse qui arriva à Paris le samedi 5 novembre, entre sept et huit heures du matin, me donne occasion de m'étendre sur un personnage qui a tant, toujours et si singulièrement figuré, et avec qui j'ai vécu tant d'années dans la plus intime confiance d'affaires, et dans la plus libre privance d'amitié et de société. Quoique j'en aie rapporté diverses choses en plusieurs occasions, il en reste bien plus encore que la longueur m'empêchera de dire, quoique il y eût en toutes à s'amuser, et peut-être plus encore à profiter. Né avec beaucoup d'esprit naturel, d'agrément dans l'esprit, de goût pour l'application et de facilité pour le travail et pour toutes sortes de sciences, une justesse d'expression sans recherche et qui couloit de source, une abondance de pensées, une aisance à les rendre et à expliquer les choses les plus abstraites ou les plus embarrassées avec la dernière netteté, et la précision la plus exacte, il reçut la plus parfaite éducation des plus grands maîtres en ce genre, qui y mirent toute leur affection et tous leurs rares talents.

Le duc de Luynes, son père, qui n'avoit ni moins d'esprit[1] ni moins de facilité et de justesse à parler et à écrire, ni moins d'application et de savoir, s'étoit lié par le voisinage de Dampierre avec les solitaires de Port-Royal des Champs, et après la mort de sa première femme, mère du duc de Chevreuse, s'y étoit retiré avec eux ; il avoit pris part à leur pénitence et à quelques-uns de leurs ouvrages, et il les pria de prendre soin de l'in-

---

1. Les mots *n'avoit ni moins d'esprit* sont noyés dans une tache d'encre et illisibles. Nous les prenons dans les éditions antérieures à la nôtre.

struction de son fils, qui, né le 7 octobre 1646, n'avoit que sept ans à la mort de sa mère, qui fut enterrée à Port-Royal des Champs. Ces Messieurs y mirent tous leurs soins par attachement pour le père, et par celui que leur donna pour leur élève le fonds de douceur, de sagesse et de talents qu'ils y trouvèrent à cultiver. La retraite du duc de Luynes à Port-Royal des Champs dura plusieurs années. Sa mère, si fameuse dans toutes les grandes cabales et les partis de son temps, sous le nom de son second mari le duc de Chevreuse, mort sans postérité en 1657, elle en 1679, suivant le siècle par son âge, étoit très-peinée de voir son fils comme enterré. M. de Chevreuse, dernier fils du duc de Guise, tué aux derniers états de Blois en 1588, avoit toujours vécu avec elle dans la plus grande union, et comme elle avoit toujours passionnément aimé le duc de Luynes, qui logea toujours avec eux, M. de Chevreuse l'aima de même, et leur fit à tous deux tous les avantages qu'il put. Il donna même au duc de Luynes sa charge de grand fauconnier, et son gouvernement d'Auvergne que M. de Luynes ne garda pas longtemps. Sa famille ne souffroit guère moins que Mme de Chevreuse d'une retraite qui rendoit ses talents inutiles pour le monde. Ils s'adressèrent à mon père, qui étoit son ami intime. Il fut plus heureux qu'eux dans ses remontrances : M. de Luynes sortit de Port-Royal, mais il en conserva l'affection et la piété. Il retourna loger avec sa mère, où toute sa piété ne put le défendre de l'amour pour sa propre tante.

Mme de Chevreuse étoit fille du second duc de Montbazon, frère du premier et d'une Lenoncourt, et sœur de père et de mère du prince de Guéméné, depuis troisième duc de Montbazon, si connu par son esprit, père du quatrième duc de Montbazon, mort fou et enfermé à Liége, et du chevalier de Rohan, décapité à Paris devant la Bastille, pour crime de lèse-majesté, en 1674, le 17 janvier. Le père de Mme de Chevreuse épousa en secondes noces une Avaugour ou Vertus, des bâtards de Bretagne, de laquelle il eut M. de Soubise, dont la mort a été rapportée il n'y a pas longtemps, et deux filles dont l'aînée fut abbesse de la Trinité de Caen, puis de Malnoue, et mourut en 1682, et c'est la cadette dont il s'agit ici. Elle avoit quarante ans juste moins que sa sœur la duchesse de Chevreuse, qui étoit de 1600, et elle de 1640. Elles avoient perdu leur père commun en 1654, et sa mère à elle en 1657. Mme de Chevreuse l'avoit élevée, et pris soin d'elle comme de sa fille. Elle eut envie d'être religieuse, et elle entra même au noviciat. Le duc de Luynes, éperdûment amoureux, oublia tout ce qu'il avoit appris au Port-Royal sur les passions, et songea encore moins à tout ce que ces saints et savants solitaires auroient pu lui dire sur une novice, et sœur de sa mère. Mme de Chevreuse, qui craignoit toujours son retour dans la retraite dont on avoit eu tant de peine à le tirer, eut tant de peur que le désespoir de ne pouvoir obtenir l'objet de sa passion ne le précipitât de nouveau dans la solitude, qu'elle pressa sa sœur de quitter le voile blanc, et qu'avec de l'argent, qui fait tout à Rome, elle eut dispense pour ce mariage, qu'elle fit en 1661, et qui fut fort heureux. Mme de Luynes étoit également belle et vertueuse. Elle eut deux fils et cinq filles, et mourut fort saintement à la fin de 1684, six ans avant le duc de Luynes, qui se remaria encore une fois.

M. de Chevreuse, qui étoit assez grand, bien fait et d'une figure noble et agréable, n'avoit guère de bien. Il en eut d'immenses de la fille aînée et bien-aimée de M. Colbert, qu'il épousa en 1667. Outre la dot et les présents les plus continuels et les plus considérables, il tira de la considération de ce mariage l'érection nouvelle de Chevreuse en duché vérifié en sa faveur, la substitution des biens du duc de Chaulnes, cousin germain paternel de son père, sa charge de capitaine des chevau-légers de la garde, et finalement le gouvernement de Guyenne. Mme de Chevreuse étoit une brune, très-aimable femme, grande et très-bien faite, que le Roi fit incontinent dame du palais de la Reine. Elle sut plaire à l'un et à l'autre, être très-bien avec les maîtresses, mieux encore avec Mᵐᵉ de Maintenon, souvent, malgré elle, de tous les particuliers du Roi, qui s'y trouvoit mal à son aise sans elle, et tout cela sans beaucoup d'esprit, avec une franchise et une droiture singulière, et une vertu admirable qui ne se démentit en aucun temps. J'ai parlé ailleurs de l'union de ce mariage ; de celle qui fit un seul cœur et une même âme des duchesses de Chevreuse et de Beauvillier sœurs et des deux ducs beaux-frères ; du voyage d'Italie et d'Allemagne de M. de Chevreuse, et du rang dont il y jouit ; de la part qu'ils eurent tous deux à l'orage du quiétisme, qui les pensa perdre, et qui leur rendit pour toujours Mᵐᵉ de Maintenon ennemie ; de leur abandon à la fameuse Guyon et à l'archevêque de Cambray, dont rien ne les put déprendre ; du ministère effectif mais secret du duc de Chevreuse jusqu'à sa mort, et de beaucoup d'autres choses, surtout sur Mᵍʳ le duc de Bourgogne, M. le duc d'Orléans et M. le prince de Conti ; et on peut voir à la page 382 le danger où il fut de perdre sa charge[1].

J'ai eu lieu aussi, en plusieurs endroits, de parler du caractère de son esprit, de sa dangereuse manière de raisonner, de la droiture de son cœur, et avec quelle effective candeur il se persuadoit quelquefois des choses absurdes et les vouloit persuader aux autres, dont j'ai marqué plusieurs exemples, mais toujours avec cette douceur et cette politesse insinuante qui ne l'abandonna jamais, et qui étoit si sincèrement éloignée de tout ce qui pouvoit sentir domination ni même supériorité en aucun genre. Les raisonnements détournés, l'abondance de vues, une rapide mais naturelle escalade d'inductions dont il ne reconnoissoit pas l'erreur, étoient tout à fait de son génie et de son usage. Il les mettoit si nettement en jour et en force avec tant d'adresse, qu'on étoit perdu si on ne l'arrêtoit dès le commencement, parce qu'aus-

---

1. Pages 389 et 390 de notre tome III.

sitôt qu'on lui avoit passé deux ou trois propositions qui paroissoient simples, et qu'il faisoit résulter l'une de l'autre, il menoit son homme battant[1] jusqu'au bout, lequel en sentoit le faux qui éblouissoit, et qui pourtant n'y trouvoit point de jointure à y opposer un mot. Amoureux par nature des voies obliques en matière de raisonnement, mais toujours de la meilleure foi du monde, il se déprit pourtant assez tard de la doctrine de Port-Royal jusqu'à un certain point, car il savoit ajuster des mixtions étranges, sans en quitter l'estime, le goût, l'éloignement secret mais ferme des jésuites, surtout les mœurs, la droiture, l'amour du vrai, les vertus, la piété. C'est ce même goût des raisonnements peu naturels qui le livra avec un abandon qui dura autant que sa vie aux prestiges de la Guyon et aux fleurs de Monsieur de Cambray : c'est encore ce qui perdit ses affaires et sa santé, et ce qui très[2]-certainement l'eût entêté plus que personne, mais sans aucun intérêt, du système de Law, s'il avoit vécu jusque-là.

Dampierre, dont il fit un lieu charmant, séduit par le goût et les secours de M. Colbert, qui lui manqua au milieu de l'entreprise, commença à l'incommoder. Sa déférence pour son père le ruina, par l'établissement de toutes ses sœurs du second lit dont il répondit, et les avantages quoique légers auxquels il consentit pour ses frères aussi du second lit, et qui ne pouvoient rien prétendre sans cette bonté. Il essuya des banqueroutes des marchands de ses bois; il avoit tous ceux de Chevreuse et de la forêt de Saint-Léger et d'autres contigus. Il imagina de paver un chemin qui déblayât facilement ces bois, mais il ne s'en trouva pas plus avancé quand ce pavé fut achevé. Il se tourna ensuite à former un canal qui pût flotter à bois perdu jusqu'à la Seine. Il en fit bien les deux tiers, et vit après qu'il n'y passeroit jamais un muid d'eau. Les acquisitions, les dédommagements, les

---

1. On peut hésiter, en lisant le manuscrit, entre *battant* et *bastant*.
2. Saint-Simon a écrit deux fois *très*, probablement sans intention.

frais furent immenses; il se trouva accablé d'affaires et de dettes et obligé à la fin à vendre la forêt de Saint-Léger et beaucoup de terres et d'autres bois au comte de Toulouse, qui en décupla sa terre de Rambouillet, mais qui firent presque de Dampierre une maison sans dépendances. Il fit aussi et refit, à diverses reprises, des échanges avec Saint-Cyr, et c'est ce qui fit transporter le titre et l'ancienneté de Chevreuse sur Montfort-l'Amaury; en un mot, il étoit presque sans ressource lorsque le gouvernement de Guyenne lui tomba de Dieu et grâce, sans qu'il y eût pensé, comme on l'a vu en son temps. Sa santé, il la conduisit de même. Il avoit eu la goutte dès l'âge de dix-neuf ans, sans l'avoir jamais méritée, mais elle lui venoit de race. L'exemple de son père lui fit peur; il ne l'avoit pas méritée davantage, et il en étoit accablé, et dans la suite ses frères le furent encore davantage. Il se réduisit donc à un régime qui lui réussit pour la goutte qu'il n'eut que rare et foible, et pour le préserver de maladies, mais qu'il outra et qui le tua. M. de Vendôme, qui avoit quelquefois mangé avec lui à Marly, dans les premiers temps que le Roi aimoit qu'on allât à la table du grand maître, disoit plaisamment au Roi que M. de Chevreuse s'empoisonnoit d'eau de chicorée pendant tout un repas, pour avoir le plaisir de boire à la fin une rasade de vin avec du sucre et de la muscade. En effet, c'étoit sa pratique. En affaires et en santé, le mieux chez lui étoit le plus grand ennemi du bien.

Jamais homme ne posséda son âme en paix comme celui-là; comme dit le psaume, il la portoit dans ses mains[1]. Le désordre de ses affaires, la disgrâce de l'orage du quiétisme qui fut au moment de le renverser, la perte de ses enfants, celle de ce parfait Dauphin, nul événement ne put l'émouvoir ni le tirer de ses occupations et de sa situation ordinaire, avec un cœur bon et tendre toutefois. Il offroit tout à Dieu, qu'il ne perdoit jamais de vue; et

---

1. *Psaume* CXVIII, verset 109.

dans cette même vue, il dirigeoit sa vie et toute la suite de ses actions. Jusqu'avec ses valets il étoit doux, modeste, poli; en liberté dans un intérieur d'amis et de famille intime, il étoit gai et d'excellente compagnie, sans rien de contraint pour lui ni pour les autres, dont il aimoit l'amusement et le plaisir; mais si particulier par le mépris intime du monde, et le goût et l'habitude du cabinet, qu'il n'étoit presque pas possible de l'en tirer, et que le gros de la cour ignoroit qu'il eût une table également délicate et abondante. Il n'y arrivoit jamais que vers l'entremets. Il se hâtoit d'y manger quelque pourpoint[1] de lapin, quelque grillade, enfin ce qui avoit le moins de suc, et au fruit quelques sucreries qu'il croyoit bonnes à l'estomac, avec un morceau de pain pesé dont on avoit ôté la mie. Il vouloit manger en sorte qu'il pût travailler en sortant de table avec la même facilité qu'avant de s'y mettre; et en effet il rentroit bientôt après dans son cabinet. Le soir, peu avant minuit, il mangeoit quelque œuf ou quelque poisson à l'eau ou à l'huile, même les jours gras. Il faisoit tout tard et assez lentement. Il ne connoissoit pour son usage particulier ni les heures ni les temps, et il lui arrivoit souvent là-dessus des aventures qui faisoient notre divertissement dans l'intime particulier, et sur lesquelles M. de Beauvillier ne l'épargnoit pas, malgré toute sa déférence dans le courant ordinaire de la vie.

Les chevaux de M. de Chevreuse étoient souvent attelés douze et quinze heures de suite. Une fois que cela arriva à Vaucresson, d'où il vouloit aller dîner à Dampierre, le cocher, puis le postillon, se lassèrent de les garder; c'étoit en été. Sur les six heures du soir, les chevaux ennuyés à leur tour,[2] on entendit un fracas qui ébranla tout. Chacun accourut; on trouva le carrosse brisé, la grand'porte fracassée, les grilles des jardins qui fermoient les côtés de la cour enfoncées, les barrières en pièces, enfin un désordre qu'on fut longtemps à réparer. M. de Chevreuse,

---

1. Le *pourpoint*, la partie de devant, d'un lapin, d'un lièvre.
2. On lit ici *et* au manuscrit.

que ce vacarme n'avoit pu distraire un instant, fut tout étonné quand il l'apprit, et M. de Beauvillier se divertit longtemps à le lui reprocher et à lui en demander les frais. Une autre aventure, à laquelle M. de Chevreuse ne tenoit point, lui arriva encore à Vaucresson, et le mettoit dans un embarras véritable, mais plaisant à voir, toutes les fois qu'on la lui remettoit. Sur les dix heures du matin on lui annonça un M. Sconin, qui avoit été son intendant, qui s'étoit mis à choses à lui plus utiles, où M. de Chevreuse le protégeoit. Il lui fit dire de faire un tour de jardin, et de revenir dans une demi-heure. Il continua ce qu'il faisoit, et oublia parfaitement son homme. Sur les sept heures du soir, on le lui annonce encore : « Dans un moment, » répond-il sans s'émouvoir. Un quart d'heure après, il appelle, et le fait entrer. « Ah ! mon pauvre Sconin, lui dit-il, je vous fais bien des excuses de vous avoir fait perdre votre journée.—Point du tout, Monseigneur, lui répond Sconin ; comme j'ai l'honneur de vous connoître il y a bien des années, j'ai compris ce matin que la demi-heure pourroit être longue, j'ai été à Paris, j'y ait fait, avant et après dîner, quelques affaires que j'avois, et j'en arrive. » M. de Chevreuse demeura confondu. Sconin ne s'en tut pas, ni les gens même de M. de Chevreuse. M. de Beauvillier s'en divertit, et quelque accoutumé que M. de Chevreuse fût à ces badinages, il ne résistoit point à voir remettre ce conte-là sur le tapis. J'ai rapporté ces deux-là dont je me suis plutôt souvenu que de cent autres de même nature, sur lesquels on ne finiroit point, mais que j'ai voulu écrire ici parce qu'ils caractérisent.

Le chancelier disoit de ces deux beaux-frères qu'ils n'étoient, comme en effet, qu'un cœur et qu'une âme ; que ce que l'un pensoit, l'autre le pensoit de même tout aussitôt, mais que, pour l'exécution, M. de Beauvillier avoit un bon ange qui le préservoit d'agir en rien comme M. de Chevreuse, quelque conformément à lui qu'il pensât toujours. Le fait étoit exactement vrai. On le verra lorsqu'il sera question de M. de Beauvillier; et il est inconcevable que deux hommes si opposés en actions communes, mais continuelles, aient passé leur vie ensemble, sans se quitter, dans la plus intime et la plus indissoluble union, et jamais interrompue un seul instant. Ils vivoient dans les mêmes lieux, logeoient ensemble à Marly, et fort proches à Versailles, mangeoient continuellement ensemble, et il n'y avoit jour qu'ils ne se vissent deux, trois et quatre fois : en un mot, cette union étoit telle, que l'intimité de l'un, même l'admission à une société particulière, ne pouvoit être avec l'un qu'elle ne fût en même temps avec l'autre, et pareillement avec leurs épouses.

M. de Chevreuse écrivoit aisément, agréablement et admirablement bien, et laconiquement pour le style et pour la main, et ce dernier est aussi rare. Il étoit, non pas aimé, mais adoré dans sa famille et dans son domestique, et toujours affable, gracieux, obligeant. A qui ne le connoissoit pas familièrement, il avoit un extérieur droit, fiché, composé, propre, qui tiroit sur le pédant, et qui, avec ce qu'il n'étoit point du tout répandu, éloignoit. Pendant le Fontainebleau de cette année, lui et Mme de Chevreuse me proposèrent une promenade à Courance. J'allai chez lui, et comme j'entrois dans sa chambre dans la dernière familiarité, je l'y surpris devant une armoire qui prenoit à la dérobée un verre de quinquina; il rougit et me demanda en grâce de n'en rien dire. Je le lui promis, mais je lui représentai qu'il se tuoit avec du quinquina sans manger. Il m'avoua, à force de le presser, qu'il s'étoit mis à cet usage depuis plusieurs mois pour son estomac, et je voyois et savois qu'il diminuoit encore sa nourriture. Je lui dis sur cela tout ce que je pus, et je lui prédis qu'il se perceroit l'estomac. Le pis étoit qu'il s'étoit mis à tendre peu à peu à la diète de Cornaro, qui avoit été fort bonne à ce Vénitien, mais qui en avoit tué beaucoup d'autres, M. de Lyonne entre autres, le célèbre ministre d'État. Cela n'alla pas loin ; il tomba malade à

Paris, il souffrit d'extrêmes douleurs avec une patience et une résignation incroyables, reçut les sacrements avec la plus ardente piété, et mourut paisible et tranquille dans ses douleurs, et à soi comme en pleine santé, au milieu de sa famille. On l'ouvrit, et on lui trouva l'estomac percé.

Si M. de Chevreuse avoit, comme on l'a vu ailleurs, essayé d'alléger ses chaînes ne les pouvant rompre, d'allonger ses séjours de Dampierre aux dépens des voyages de Marly, pour y vivre à Dieu et à lui-même avec plus de loisir et de liberté ; et si, après divers reproches du Roi qu'il couloit en douceur sans se détourner de son but, il avoit fallu que le Roi lui eût enfin parlé en ami qui le vouloit sous sa main, à la suite de ses affaires, et en maître qui vouloit être obéi et servi, Mme de Chevreuse n'étoit pas plus éblouie des distinctions des particuliers, où le Roi la vouloit toujours. Le bel âge, la figure, la danse, l'air et le jeu de la table l'avoient initiée dans tout aussitôt après son mariage ; et avec une droiture et une franchise qui à la cour lui étoient uniques, elle avoit su plaire en même temps à la Reine, au Roi, à ses maîtresses, non-seulement sans bassesse, mais sans courir après. Sa vertu et sa piété, qui fut aussi vraie qu'elle dans tous les temps de sa vie, fut une autre source de faveur, lorsque le Roi et Mme de Maintenon se furent piqués d'une dévotion qui fit de cette femme le prodige qu'on a vu si longtemps, sans presque pouvoir le croire. Malgré la haine que, depuis l'affaire du quiétisme, elle avoit prise et conservée pour MM. de Chevreuse et de Beauvillier, quoique auparavant elle eût toujours bien plus goûté ce dernier que son beau-frère, elle n'avoit pu s'empêcher d'aimer toujours Mme de Chevreuse ; et depuis qu'elle eut perdu toute espérance de les culbuter, elle n'avoit pas moins d'empressement que le Roi de l'attirer dans leurs parties particulières. Mme de Chevreuse, qui n'étoit pas moins détachée que son mari, ni moins desireuse que lui de vivre pour Dieu et pour elle-même, profita d'une fort longue infirmité pour se séquestrer, sous prétexte qu'elle ne pouvoit plus mettre de corps[1], sans quoi, en robe ou en robe de chambre, les dames ne pouvoient se présenter nulle part devant le Roi. Lassé de son absence, il fit pour la rappeler dans ses particuliers ce qu'il n'a jamais fait pour aucun[2] autre. Il voulut qu'elle revînt à Marly avec dispense de tout ce qui étoit public, et que là, et à Versailles, elle vînt les soirs le voir chez Mme de Maintenon sans corps, et tout comme elle voudroit, pour sa commodité, à leurs dîners particuliers et à toutes leurs parties familières. Il lui donna, comme on l'a dit, trente mille livres de pension sur les appointements du gouvernement de Guyenne. Fort peu en avoient de vingt mille, et pas une seule dame de plus forte.

Sa douleur, qui fut telle qu'on la peut imaginer, mais qui comme elle fut courageuse et toute en Dieu, lui fut une raison légitime de séparation, mais qu'il fallut pourtant interrompre par des invitations réitérées, non pour des parties, mais pour voir le Roi en particulier. Après son deuil elle tira de longue, mais elle ne put éviter les parties et les particuliers. La mort du Roi rompit ses chaînes; elle se donna pour morte; elle s'affranchit de tous devoirs du monde; elle vécut à l'hôtel de Luynes et à Dampierre dans sa famille, avec un cercle fort étroit de parents qui ne se pouvoient exclure, et d'amis très-particuliers. Elle dormoit extrêmement peu, passoit une longue matinée en prières et en bonnes œuvres, rassembloit sa famille aux repas, qui étoient toujours exquis sans être fort grands, toujours surprise des devoirs que le monde ne cessa jamais de lui rendre, quoique elle n'en rendît aucun. C'étoit un patriarche dans sa famille, qui en faisoit les délices, l'union, la paix, et qui rappeloit la vie des premiers patriarches. Jamais femme si justement adorée des siens, ni si respectée du monde jusqu'à la fin de sa vie, qui passa quatre-vingts ans, en pleine santé

---

1. Voyez tome VII, p. 5 et note 1.
2. Il y a bien *aucun*, au masculin.

de corps et d'esprit, et qui fut trop courte pour ses amis et pour sa famille. Après elle on sentit ce qu'on avoit prévu. Cette famille, si unie et si rassemblée autour d'elle, fut bientôt séparée. Elle mourut dans l'été de 1732, dans la vénération publique, aussi saintement et aussi courageusement qu'elle avoit vu mourir M. de Chevreuse, parmi les larmes les plus amères de tous les siens.

Le duc Mazarin mourut dans ses terres, où il s'étoit retiré depuis plus de trente ans. Il en avoit plus de quatrevingts, et ce ne fut une perte pour personne, tant le travers d'esprit, porté à un certain point, pervertit les plus excellentes choses. J'ai ouï dire aux contemporains qu'on ne pouvoit pas avoir plus d'esprit ni plus agréable; qu'il étoit de la meilleure compagnie et fort instruit; magnifique, du goût à tout, de la valeur; dans l'intime familiarité du Roi, qui n'a jamais pu cesser de l'aimer et de lui en donner des marques, quoi qu'il ait fait pour être plus qu'oublié; gracieux, affable et poli dans le commerce; extraordinairement riche par lui-même; fils du maréchal de la Meilleraye, un des hommes du plus grand mérite, de la plus constante faveur, et le plus compté de son temps, à qui il succéda au gouvernement de Bretagne, de Nantes, de Brest, du Port-Louis, de Saint-Malo, et dans la charge de grand maître de l'artillerie lors absolue. Son père résista tant qu'il put à la volonté du cardinal Mazarin, son ami intime, qui choisit son fils comme le plus riche parti qu'il connût pour en faire son héritier en lui donnant son nom et sa nièce. Le maréchal, qui avoit de la vertu, disoit que ces biens lui faisoient peur, et que leur immensité accableroit et feroit[1] périr sa famille; à la fin il fallut céder.

Dans un procès que M. Mazarin eut avec son fils à la mort de sa femme, il fut prouvé en pleine grand'chambre qu'elle lui avoit apporté vingt-huit millions. Il eut en outre le gouvernement d'Alsace, de Brisach, de Béfort, et

---

1. *Accableroient et feroient*, au manuscrit.

le grand bailliage d'Haguenau qui seul étoit de trente mille livres de rente. Le Roi le mit dans tous ses conseils, lui donna les entrées des premiers gentilshommes de la chambre, et le distingua en tout. J'oublie le gouvernement de Vincennes. Il étoit lieutenant général dès 1654, et avoit beau jeu à devenir maréchal de France et général d'armée. La piété, toujours si utile et si propre à faire valoir les bons talents, empoisonna tous ceux qu'il tenoit de la nature et de la fortune, par le travers de son esprit. Il fit courir le monde à sa femme avec le dernier scandale; il devint ridicule au monde, insupportable au Roi par les visions que [il] fut lui raconter qu'il avoit sur la vie qu'il menoit avec ses maîtresses. Il se retira dans ses terres, où il devint la proie des moines et des béats, qui profitèrent de ses foiblesses et puisèrent dans ses millions. Il mutila les plus belles statues, barbouilla les plus rares tableaux, fit des loteries de son domestique, en sorte que le cuisinier devint son intendant et son frotteur secrétaire. Le sort marquoit selon lui la volonté de Dieu. Le feu prit au château de Mazarin où il étoit. Chacun accourut pour l'éteindre, lui à chasser ces coquins qui attentoient à s'opposer au bon plaisir de Dieu.

Sa joie étoit qu'on lui fît des procès, parce [qu']en perdant il cessoit de posséder un bien qui ne lui appartenoit pas; s'il gagnoit, il conservoit ce qui lui avoit été demandé en sûreté de conscience. Il désoloit les officiers de ses terres par les détails où il entroit, et les absurdités qu'il leur vouloit faire faire. Il défendit dans toutes aux filles et femmes de traire les vaches, pour éloigner d'elles les mauvaises pensées que cela pouvoit leur donner. On ne finiroit point sur toutes ses folies. Il voulut faire arracher des dents de devant à ses filles parce qu'elles étoient belles, de peur qu'elles y prissent trop de complaisance. Il ne faisoit qu'aller de terres en terres; et il promena pendant quelques années le corps de Mme Mazarin, qu'il avoit fait apporter d'Angleterre, partout où il alloit. Il vint à bout, de la sorte, de la plupart de tant de millions, et ne conserva que le gouvernement d'Alsace et deux ou trois gouvernements particuliers. C'étoit un assez grand et gros homme, de bonne mine, qui marquoit de l'esprit, à ce qu'il me parut une fois que je le vis chez mon père, lorsqu'il fut chevalier de l'ordre, en 1688. Depuis sa retraite dans ses terres, il ne fit plus que trois ou quatre apparitions de quelques jours à Paris et à la cour, où le Roi le recevoit toujours avec un air d'amitié et de distinction marquée. Il faut maintenant ajouter un mot de curiosité sur un homme et une fortune aussi extraordinaires.

Son nom étoit la Porte. On prétend qu'il leur est venu de ce que leur auteur étoit portier d'un conseiller au Parlement, dont le fils devint un très-célèbre avocat à Paris, lequel très-certainement étoit le grand-père du maréchal de la Meilleraye. Cet avocat la Porte étoit avocat de l'ordre de Malte, et le servit si utilement que l'ordre, en reconnoissance, reçut de grâce son second fils, qui devint un homme d'un mérite distingué, et commandeur de la Magdelaine, près de Parthenay. Ce la Porte, qui s'étoit fort enrichi, étoit aussi avocat de M. de Richelieu. Il acquit quelque bien dans son voisinage, et s'affectionna tellement à sa famille, que, voyant qu'après avoir mangé tout son bien[1] et laissé sa maison ruinée, il prit un fils qu'il avoit laissé pour son gendre, qui, avec ce secours, se releva, et mourut en 1590 à quarante-deux ans, chevalier du Saint-Esprit, capitaine des gardes du corps et prévôt de l'hôtel, qui est ce que mal à propos on nomme grand prévôt de France. Sa femme étoit morte dès 1580. Ce furent le père et la mère du cardinal de Richelieu, et d'autres enfants dont il ne s'agit pas ici. L'avocat la Porte survécut son gendre et sa fille. Il avoit chez lui un clerc qui avoit sa confiance, qu'il avoit fait recevoir avocat, et qui s'appeloit Bouthillier. En mourant il lui laissa a pratique; et lui recommanda ses petits-enfants de Ri-

---

1. Reproduction textuelle du manuscrit. Le sens est : *voyant que M. de Richelieu avait mangé tout son bien*, etc.

chelieu qui n'avoient plus de parents. Bouthillier en prit soin comme de ses propres enfants, et c'est d'où est venue la fortune des Bouthilliers.

Barbin, qui a tant fait parler de lui sous la régence de Marie de Médicis, étoit un petit procureur du Roi, de Melun, homme d'esprit et d'intrigue. Henri IV étoit souvent à Fontainebleau; il mouroit d'envie de se fourrer dans quelque chose, mais étoit trop petit compagnon pour pénétrer chez les ministres. A ce défaut il se mit à faire sa cour à Léonora Galigaï, femme de Concini depuis maréchal d'Ancre, laquelle étoit venue d'Italie avec la Reine, étoit sa première femme de chambre, et pouvoit dès lors tout sur elle. Il courtisa Léonora par de petits présents de fruits, l'attira par des collations à sa petite maison près de Melun, et s'insinua si bien dans son esprit qu'il devint dans la suite son principal confident. Elle devint dame d'atour de la Reine, son mari marquis d'Ancre, et, après la mort d'Henri IV, tous deux devinrent les maîtres de la Reine et de l'État. Au commencement de 1616, la cour étant à Tours, il se fit un grand changement dans le ministère. Le chancelier de Sillery, Villeroy et le président Jeannin, qu'on appeloit les barbons, furent chassés, et avec eux Puysieux, secrétaire d'État, fils du chancelier et petit-gendre de Villeroy. Du Vair, premier président du parlement de Provence, eut les sceaux, Mangot fut secrétaire d'État, et Barbin mis en la place de Jeannin, sous le titre de contrôleur général des finances. Étant encore petit procureur du Roi de Melun, il avoit fait amitié avec l'avocat Bouthillier, et logeoit chez lui quand il alloit à Paris. Il y vit souvent Monsieur de Luçon, qui fit habitude avec lui, et à qui il plut tant qu'il le fit connoître à Léonora, ce qui fut le fondement de l'amitié et de la confiance que Marie de Médicis prit en lui, et qui le conduisit à une si haute fortune. Il étoit aussi bon parent et ami qu'ennemi sans mesure et sans bornes. Il n'oublia pas la mémoire de son grand-père maternel, l'avocat la Porte, et il trouva dans son oncle maternel et dans son cousin germain la Porte un mérite qu'il put élever. L'oncle devint commandeur de Braque, bailli de la Morée, ambassadeur de sa religion en France, grand prieur de France, gouverneur d'Angers et du Havre de Grâce, lieutenant général au gouvernement d'Aunis et des îles de Ré et d'Oléron, et un des hommes d'alors avec lequel il fallût[1] le plus compter pour les grâces, et souvent pour les affaires. Il avoit de la capacité, mais trop de hauteur dans ses manières. Il mourut à la fin de 1644; ainsi il jouit de toute la fortune de son neveu.

Son autre neveu la Porte, qui s'appeloit le marquis de la Meilleraye, fut un homme de grand sens dans le cabinet, de grande valeur et de grande capacité à la guerre, tellement que lui et le commandeur furent fort utiles au cardinal de Richelieu. La Meilleraye étoit homme d'honneur et de vertu, doux, affable, poli, obligeant, à ce que j'ai ouï dire à mon père, dont il étoit ami particulier, et n'avoit pas la rudesse et la hauteur de son oncle. Il eut le gouvernement de Bretagne, Nantes, Port-Louis, et fut chevalier de l'ordre en 1633, fit la charge de grand maître de l'artillerie par commission après le maréchal d'Effiat son beau-père, l'eut après en titre, lorsqu'en 1634 le célèbre duc de Sully, après la mort de son fils, consentit enfin à en donner la démission pour un bâton de maréchal de France, et M. de la Meilleraye reçut de la main même de Louis XIII le bâton de maréchal de France sur la brèche de Hesdin, qu'il venoit de prendre d'assaut. Il mourut en 1664, fort goutteux, à soixante-deux ans. Il ne laissa qu'un fils de sa première femme, et n'eut point d'enfants de la seconde, fille du duc de Brissac. Le maréchal de la Meilleraye et son fils furent tous deux séparément faits ducs et pairs parmi les quatorze que le Roi érigea, et qu'il enregistra, et reçut en son lit de justice de décembre 1663.

La duchesse de Charost mourut en même temps, à

---

1. Ce verbe est bien au subjonctif.

cinquante et un ans, après plus de dix ans de maladie, sans avoir pu être remuée de son lit, voir aucune lumière, ouïr le moindre bruit, entendre ou dire plus de deux mots de suite, et encore rarement, ni changer de linge plus de deux ou trois fois l'an, et toujours à l'extrême-onction après cette fatigue. Les soins et la persévérance des attentions du duc de Charost dans cet état furent également louables et inconcevables; et elle les sentoit, car elle conserva sa tête entière jusqu'à la fin avec une patience, une vertu, une piété, qui ne se démentirent pas un instant, et qui augmentèrent toujours. Le duc de Charost avoit épousé en 1680, étant fort jeune, la fille du prince d'Espinoy et de la sœur de son père, qui avoit valu, comme on l'a vu ailleurs, le tabouret de grâce à son mari. Mme de Charost mourut trois ans après, et laissa deux fils. Charost se remaria en 1692 à cette femme-ci, qui étoit Lamet et héritière. Le marquis de Baule, son père, tué lieutenant général à Neerwinden, avoit le gouvernement de Dourlens, qui passa à Charost et au fils unique qu'il eut de cette femme. Il l'avoit perdu depuis un an, âgé de seize ans, et le gouvernement lui revint; et pour le dire tout de suite, le duc de Sully fut trouvé mort dans son lit par ses valets tout à la fin de l'année, à quarante-huit ans, qui entroient dans sa chambre pour l'éveiller. Il y avoit longtemps qu'il en étoit menacé, et qu'il s'endormoit partout et à toute heure. C'eût été un honnête homme et de mise s'il n'eût point été si étrangement et si obscurément débauché. Il se ruina avec des gueuses. Il étoit gendre et beau-frère des ducs de Coislin, et n'eut point d'enfants. Il avoit peu servi et paroissoit peu à la cour. Le chevalier de Sully son frère hérita de sa dignité, et eut les bagatelles qu'il avoit du Roi. C'étoit les gouvernements de Gien et de Mantes, et une petite lieutenance de Roi de Normandie. Tout cela ensemble de huit mille livres de rente, mais cela convenoit à leurs terres.

Le Roi fit partir le duc de Berwick le 28 novembre, et

marcher en Roussillon quarante bataillons et quarante escadrons, pour faire lever le blocus que Staremberg faisoit de Girone, où le marquis de Brancas, longtemps depuis maréchal de France, etc., commandoit et n'avoit plus de vivres dans la place que pour jusqu'à la fin de décembre. Deux jours auparavant il avoit vu pour la première fois Chamillart dans son cabinet, depuis sa disgrâce. Bloin l'amena par les derrières au retour du Roi de Marly. Il lui fit mille amitiés, et lui permit de le voir de temps en temps. Il est plaisant à dire que le Roi le desiroit depuis longtemps, et qu'il l'avoit mandé plus d'une fois à Chamillart, qui fut extrêmement sensible à ce zeste de retour qui ne fut pas du goût de Mme de Maintenon. L'audience ne fut guère qu'un quart d'heure, mais seul. Il sortit par les derrières, ne se montra qu'à peu de gens, et s'en retourna aussitôt à Paris, où il avoit toujours grande et bonne compagnie de la cour et de la ville. J'y soupois presque tous les soirs dans le peu que j'allois à Paris.

Des trois plénipotentiaires venus d'Espagne pour aller à Utrecht, il n'y eut que le duc d'Ossone qui demeura à Paris, en attendant de pouvoir être admis au congrès. Bergheyck retourna en Espagne, et Monteleon passa en Angleterre avec le caractère d'ambassadeur. C'est le même qu'[on] a vu Vaudemont donner pour évangéliste à Tessé lorsqu'il alla négocier en Italie, puis à Rome.

Mme la duchesse de Berry étoit grosse depuis plusieurs mois. Il fut question d'une gouvernante. Elle en usa là-dessus comme elle avoit fait pour la charge de premier écuyer de M. le duc de Berry. Besons étoit pauvre et vieux, cette place étoit utile, il desiroit de plus de laisser après lui sa femme en situation de pouvoir protéger sa famille ; il nous en parla à Mme de Saint-Simon et à moi, qui le rendit de sa part à Mme la duchesse de Berry. Elle parut ravie de la vanité d'avoir la femme d'un officier de la couronne, et qui devoit son bâton à M. le duc d'Orléans, quoique d'ailleurs il l'eût bien mérité. Elle ne laissa rien à dire à tout ce qui pouvoit prouver la convenance de ce choix, elle combla Besons, et le pressa fort de parler au Roi. La vérité est que, tandis qu'elle se montroit si empressée d'avoir la maréchale de Besons, d'Antin et Sainte-Maure l'avoient tonnelée[1] pour leur cousine de Pompadour qui cherchoit à toutes restes[2] à s'accrocher quelque part. Rien ne convenoit moins à Mme la duchesse de Berry, à la conduite qu'elle avoit, et à la situation où elle s'étoit mise, qu'une précieuse du premier ordre, affolée de la cour jusqu'à avoir marié sa fille unique au fils de Dangeau pour s'y fourrer sans y avoir été de sa vie, toute sous leur coupe, et dans la main de Mme de Maintenon par Mme de Dangeau, par sa sœur à elle la duchesse d'Elbeuf, et par être filles de Mme de Navailles, et petites-filles de Mme de Neuillant, qui avoit pris chez elle Mme de Maintenon arrivant des Iles, laquelle se piquoit de quelque souvenir.

Pompadour, de son chef, ne convenoit pas davantage. On pouvoit dire ce contraste de lui que c'étoit un sot de beaucoup d'esprit et aussi entêté de la cour que sa femme, où il ne tenoit plus à rien depuis que la place de menin qu'il avoit eue de Dangeau par le mariage de sa fille, et celle de dame du palais que sa fille avoit eue de Mme de Dangeau, n'existoient plus par la mort des Dauphins et de la Dauphine. Il étoit frère de la mère de Chalais, et par là lié tant qu'il put à la princesse des Ursins. Cela étoit directement opposé à M. le duc d'Orléans et à Madame sa fille, et c'étoit avec ce qui le leur étoit le plus dans la cour qu'ils cherchoient à s'appuyer. D'Antin, courtisan jusque dans les moelles, ne songea qu'à son fait, dans l'espérance de plaire à Mme de Dangeau, et par ce service à Mme de Maintenon, qu'elle lui feroit valoir ; et Mme la duchesse de Berry en fut la dupe de plus d'une façon. Besons, de plus en plus pressé par elle, alla parler au Roi,

1. Voyez tome IV, p. 443, note 2.
2. Voyez tome VIII, p. 197 et note 1.

qui fut bien étonné de se voir demander une chose accordée à un autre. Le maréchal ne le fut pas moins quand il entendit le Roi lui répondre que Mme la duchesse de Berry s'étoit moquée de lui, qu'elle et M. le duc de Berry lui avoient demandé la place pour Mme de Pompadour, à qui il avoit trouvé bon qu'ils la donnassent, comme il l'auroit trouvée tout aussi bien remplie par la maréchale de Besons s'ils la lui avoient proposée. Besons fut outré d'être joué de la sorte, et si gratuitement, et ne le laissa pas ignorer à Mme la duchesse de Berry, qui se trouva confondue. Mme de Saint-Simon, pour sa vade[1], lui dit son avis du procédé, et la mit après au fait de ce qu'elle avoit si bien choisi. Elle ignoroit, non l'alliance de Dangeau qui ne le pouvoit pas être, mais celle de Chalais, le fait de Mme de Neuillant, et le caractère des personnes. Elle fut outrée, mais il n'étoit plus temps. Quatre ou cinq jours après, Mme de Pompadour fut déclarée. Mme de Saint-Simon fit donner la place de sous-gouvernante à Mme de Vaudreuil qui étoit une femme d'un vrai mérite. Cela étoit fort au-dessous d'elle. Son mari étoit de bon lieu, et gouverneur général de Canada; mais elle avoit peu de bien, beaucoup d'enfants à placer, puis à pousser, qui se sont depuis avancés par leur mérite, et avec beaucoup d'affaires qui l'avoient fait revenir de Québec.

Mme la duchesse de Berry avoit auprès d'elle une petite favorite du bas étage, bien faite, jolie, d'esprit, qui avoit été élevée auprès d'elle. Elle étoit fille de Forcadel, commis aux parties casuelles, et d'une mère femme de chambre principale de Mme la duchesse de Berry, qui étoit fille de   [2], premier chirurgien de feu Monsieur. Elle l'avoit gardée depuis son mariage, et cherchoit à la marier. Elle trouva Mouchy, homme de qualité, avancé en âge et dans le service, franc bœuf d'ailleurs à en embâter. Il étoit

---

1. Terme de jeu, pris au figuré dans le sens de *pour son compte, pour son intérêt*.
2. Le nom est en blanc dans le manuscrit.

parent des Estrées, et cette parenté ne leur faisoit pas déshonneur. Ils en firent leur cour à Mme la duchesse de Berry; le mariage fut bâclé en un moment. Elle vouloit y être et s'en amuser, et elle ne savoit où le faire. Elle pria tant et si bien Mme de Saint-Simon qu'elle en eut la complaisance. Le festin très-nombreux, le coucher, le dîner du lendemain se fit dans notre appartement, et nous n'eûmes que vingt-quatre heures pour les donner. Ils ne laissèrent pas d'être magnifiques. Comme il étoit tout près de la tribune et de plein pied, Mme la duchesse de Berry en eut tout l'amusement qu'elle s'en étoit proposé. Cette Mouchy fut une étrange poulette, comme on le verra en son temps.

Le marquis de Meuse, de la maison de Choiseul, qui avoit un régiment, épousa en même temps chez la duchesse d'Antin une fille de feu Zurlaube, lieutenant général et, bien que Suisse, homme de qualité, et de la sœur de Sainte-Maure.

L'ennui gagnoit le Roi chez Mme de Maintenon, dans les intervalles de travail avec ses ministres. Le vide qu'y laissoit la mort de la Dauphine ne se pouvoit remplir par les amusements de ce très-petit nombre de dames qui étoient quelquefois admises. Les musiques, qui y devenoient fréquentes, par cela même languissoient. On s'avisa de les réveiller par quelques scènes détachées des comédies de Molière, et de les faire jouer par des musiciens du Roi vêtus en comédiens. Mme de Maintenon, qui avoit fait revenir le maréchal de Villeroy sur l'eau pour amuser le Roi par les vieux contes de leur jeunesse, l'introduisit seul aux privances de ces petites ressources, pour les animer de quelque babil. C'étoit un homme de tout temps dans sa main, et qui lui devoit son retour. Il étoit propre à hasarder certaines choses qui n'étoient pas de la sphère des ministres, qu'elle vouloit qui lui revinssent après par le Roi pour la sonder; s'il y avoit lieu, les appuyer, et les pousser d'autant plus délicatement et sûrement qu'elles sembleroient moins venir d'elle. La mort des princes du sang, qui n'en avoit[1] laissé que d'enfants, celles des Dauphins et de la Dauphine, le pis que néant où la plus noire et fine politique avoit réduit M. le duc d'Orléans, et le tremblement inné de M. le duc de Berry sous le Roi soigneusement entretenu, ouvroient un vaste champ à l'ambition démesurée de M. du Maine et à l'affolement pour lui de sa toute-puissante gouvernante. Le maréchal de Villeroy étoit un vil courtisan et rien de plus; nul instrument ne leur étoit plus propre; Mme de Maintenon ne songea donc plus qu'à le mettre à toute portée de s'en pouvoir servir.

Peu de jours après, le Roi déclara, allant à la messe, qu'il avoit donné le gouvernement de Guyenne au comte d'Eu. Ainsi les deux fils du duc du Maine, revêtus déjà des survivances de Languedoc, des Suisses et de l'artillerie, se trouvèrent passablement pourvus. Le maréchal de Villeroy n'y influa point, que je pense; il ne pouvoit encore en être là. Quelque accoutumée que fût la cour à des accroissements gigantesques de ces bâtardeaux, elle ne laissa pas d'être également surprise et consternée de cette énorme augmentation, et de le laisser apercevoir à travers ses flatteries, dont M. du Maine fut assez embarrassé. Une autre surprise bien plus grande suivit celle-ci de fort près et termina cette année.

Les ducs de la Rochefoucauld s'étoient accoutumés depuis longtemps à ne vouloir chez eux qu'un successeur pour recueillir tous les biens et toute la fortune du père, à ne marier ni filles ni cadets, qu'ils comptoient pour rien, et à les jeter à Malte et dans l'Église; le premier duc de la Rochefoucauld fit son second et son quatrième fils prêtres. L'aîné mourut évêque de Lectoure, l'autre se contenta d'abbayes, le second fut chevalier de Malte. De six filles qu'il eut, quatre furent abbesses, la dernière religieuse. La troisième, plus coriace que les autres, voulut absolument un mari. On ne lui vouloit rien donner. Mme de

---

1. Il y a bien *avoit*, au singulier.

Puysieux, qui a depuis été si en faveur auprès de la Reine mère pendant sa régence, languissoit dans la disgrâce et l'exil où étoit mort le chancelier de Sillery, son beau-père, et qui avoit fait perdre à son mari sa charge de secrétaire d'État et sa fortune. Elle étoit Valencey, glorieuse à l'excès, et faite, comme on le vit depuis, pour le monde et pour l'intrigue. L'alliance l'éblouit avec raison ; elle tint lieu de dot. Cette raison courba l'orgueil des la Rochefoucauld ; le duc donna sa fille à Sillery. Tous deux sont morts longues années depuis à Liancourt, ruinés, et Mme de Sillery, qui n'avoit rien eu, y a passé la plupart de sa vie défrayée, pour se servir d'un terme honnête, par son frère et par son neveu.

Le second duc de la Rochefoucauld, qui a tant figuré dans les troubles contre Louis XIV, et si connu par son esprit, eut cinq fils et trois filles. Des quatre cadets, trois furent chevaliers de Malte et le dernier prêtre, fort mal appelé, et tous quatre avec force abbayes. Les trois filles moururent sibylles dans un coin de l'hôtel de la Rochefoucauld, où on les avoit reléguées, ayant à peine de quoi vivre, et toutes trois dans un âge très-avancé.

Le troisième duc de la Rochefoucauld, le favori du Roi, et que nous verrons bientôt mourir, n'eut que deux fils : l'aîné qui fut fait duc V de la Rocheguyon, en épousant la fille aînée de Louvois ; et le marquis de Liancourt qui ne s'est point marié. Du père et de ses deux fils on en a souvent parlé.

Le duc de la Rocheguyon ne fut pas si discret que son père : il eut huit garçons et deux filles. Le second ne vécut que dix ans ; l'aîné et le troisième moururent en entrant dans le monde ; le quatrième fut chargé des abbayes de ses oncles et grands-oncles à mesure qu'elles vaquèrent ; le cinquième mourut aussi à dix ans ; le sixième fut jeté sur mer sous le nom de comte de Durtal. C'est lui qui fut du voyage des galions que ramena du Casse, que ce général envoya porter au Roi la nouvelle de leur arrivée, et qui est aujourd'hui cinquième duc de la Rochefoucauld.

Le septième mourut encore à neuf ou dix ans. Le huitième et dernier fut chevalier de Malte, et eut, tout enfant, la commanderie magistrale de Pézenas à la recommandation du Roi. L'aînée des deux filles mourut Fille de Sainte-Marie ; la cadette tint bon jusqu'à vingt-cinq ans, et fut enfin mariée, en 1725, au duc d'Uzès d'aujourd'hui, qui voulut bien se contenter de peu de chose. Ce tableau expliqué, voici ce qui arriva :

M. de la Rocheguyon ne se trouva plus que trois fils. L'aîné avoit vingt-cinq ans alors et plus de soixante mille livres de rente en bénéfices, le comte de Durtal, et le commandeur. Cela se trouvoit fort mal arrangé. Pour bien faire, il eût fallu que Durtal eût été l'aîné, c'est ce que voulurent les père et mère. L'abbé n'avoit jamais voulu ouïr parler d'entrer dans les ordres. Tant qu'il avoit eu des aînés ç'avoit été son affaire, mais l'étant devenu, cela devint l'affaire de ses parents. Ils le pressèrent de s'engager, ils lui détachèrent dévots, docteurs, prélats ; on ne put le déprendre de l'expectative sûre des dignités et des biens qui alors le regardoient uniquement. Il en vouloit jouir quand ils viendroient à lui échoir. Il n'avoit eu de vocation à l'état qu'on lui avoit fait embrasser que celle des cadets de cette maison.

Outre le desir d'accumuler toujours tout sur la même tête, une autre raison puissante y tenoit MM. de la Rochefoucauld attachés. Le père de celui-ci n'avoit jamais pu digérer le rang de prince donné à MM. de Bouillon. Il se croyoit d'aussi bonne maison qu'eux, et il n'avoit pas tort ; il croyoit aussi l'avoir aussi bien mérité, et par les mêmes voies. Il ne se trompoit pas encore, et ces voies n'étoient pas étrangères à sa maison. Mais il ne put parier[1] de mérite à la guerre ni dans le cabinet avec MM. de Bouillon et de Turenne. Quoique plus galant qu'eux, et d'un esprit plus propre aux manéges des ruelles et aux essais des beaux esprits, il ne put atteindre à la considé-

---

1. Voyez tome V, p. 124 et note 1.

ration de leurs alliances, à leur autorité dans les partis, à leur réputation fondée sur les choses qu'ils avoient ourdies et exécutées, à l'opinion que le cardinal Mazarin en conçut, et à l'espérance d'amitié, de conseil, de protection qu'il se figura de trouver en eux en se les attachant, comme il fit par tout ce qu'il leur prodigua. Ce ver rongeur de princerie passa du père au fils. Il espéra ce rang d'une faveur constante qui obtint sans cesse tout ce qu'il voulut ; mais ce rang, qu'il demanda souvent à un maître qui étoit son ami, il ne put jamais l'arracher, quelques efforts qu'il ait faits ; et ce dépit ajouta encore à la disgrâce des puînés et des filles de la maison, qu'on ne vouloit ni établir ni montrer à la cour. Ce fut donc une chose bien dure, à des gens si absolus dans leur famille, de trouver une résistance invincible dans leur aîné d'entrer dans les ordres et de renoncer à son aînesse.

A bout d'espérance de ce côté-là, ils prirent une autre route. Ils lui proposèrent de quitter le petit collet, puisque c'étoit un état qu'il ne vouloit pas suivre. Mais à ce petit collet tenoient soixante mille livres de rente. Il avoit vu tous ses frères constamment traités comme de petits garçons, et manquer à tout âge du plus nécessaire. La douceur, l'onction, la tendresse n'étoient pas le foible de leurs parents. L'extrême épargne l'étoit davantage. Il ne crut donc pas se livrer à leur merci en quittant ses bénéfices. Il tergiversa, il essuya prières, menaces, conseils. Poussé enfin au pied du mur, il déclara qu'il demeureroit abbé et aîné, pour faire en temps et lieu ce qui lui conviendroit davantage ; qu'il étoit trop jeune pour n'avoir point d'état, et trop vieux pour se faire mousquetaire puis capitaine en attendant un régiment. Rien n'étoit plus sensé, mais ce n'étoit pas le compte de sa famille. On en vint aux gros mots, on lui chassa des domestiques principaux auxquels il prenoit le plus de confiance, on lui détacha toutes les personnes qu'on crut qui lui feroient plus d'impression. Il écouta tout, il souffrit tout avec toute la douceur, la patience et le respect possible, sans laisser échapper une plainte ni une parole qu'on pût reprendre, mais sans pouvoir être ébranlé. La famille, rugissant et ne sachant plus que faire, eut recours au dernier remède.

M. de la Rochefoucauld, aveugle et retiré au Chenil, se fit mener dans le cabinet du Roi, à qui il raconta avec sa véhémence ordinaire, malgré son âge, l'état déplorable où sa famille alloit être réduite par l'opiniâtreté de son petit-fils qui vouloit manger à deux râteliers. Il cria, il pleura, il se désespéra, il se dit bien misérable de survivre à la perte de sa maison. Cette perte étoit imaginaire avec trois petits-fils, tous trois jeunes et en état d'avoir des enfants. Mais marier des cadets et les voir sans rang vis-à-vis ceux des Bouillons, étoit l'enclouure qui faisoit faire tant de vacarmes. Ils vouloient de plus, en habiles gens, profiter de leur prétendu malheur pour tirer du Roi une grâce inouïe et qui n'avoit jamais été imaginée que pour les bâtards du Roi par l'édit de 1711, qui sous d'autres prétextes n'avoit été fait que pour eux, et qui de plus abroge même rétroactivement les duchés femelles. Cet édit, par une de ses plus énormes nouveautés, permet aux bâtards du Roi revêtus de plusieurs duchés, qui toujours vont[1] à l'aîné des fils, d'en donner à leurs cadets, et de les faire ainsi ducs et pairs, par une exception à eux particulière et privativement à tous autres. M. de la Rochefoucauld ramassa donc toutes les forces qu'il put tirer de son ancienne et constante faveur, de son ascendant sur le Roi, de son âge, de son aveuglement, du désespoir où il étoit, et de la désolation de sa maison. Il redoubla ses cris, ses pleurs, ses furies; et il étourdit si bien le Roi que, moitié compassion de ce vieillard qu'il avoit si longtemps aimé, moitié desir de finir une scène si importune, il lui accorda ce qu'il lui demanda, contre toutes les lois et les règles, contre les termes de l'érection et de l'enregistrement de tous les duchés, et de celui de la Rocheguyon comme de

---

[1] Saint-Simon a répété ici le mot *toujours*.

tous les autres, contre l'orgueil d'assimiler quelqu'un à ses bâtards; et il permit au duc de la Rocheguyon de céder ce duché vérifié à M. de Durtal, son second fils, et de faire de ce cadet tige nouvelle de ducs de la Rocheguyon, de la même ancienneté de l'érection faite pour le père, en en dépouillant son aîné et sa postérité qui y étoit uniquement et distinctement appelé. L'étonnement de la cour, pour ne rien dire de plus, surpassa encore la joie de MM. de la Rochefoucauld père et fils. Ce dernier se démit, dès que les patentes furent faites, de la terre et de la dignité de la Rocheguyon, en faveur du comte de Durtal, qui prit aussitôt le nom et le rang de duc de la Rocheguyon. Ce fut par donation entre-vifs, pour la terre, dont le père retint les revenus qui sont de quatre-vingts mille livres de rente, avec un superbe château, et les plus beaux droits du monde, au bord de la Seine et près de Paris. L'abbé, qui se voyoit si étrangement frustré, espéra bien y revenir en d'autres temps, et les ducs postérieurs aussi.

L'affaire consommée, M. de la Rochefoucauld se fit encore conduire dans le cabinet du Roi. Il y recommença ses plaintes et ses douleurs, et il obtint encore que le Roi parleroit à son petit-fils qu'il n'avoit jamais vu, pour l'engager à opter. L'abbé fut donc obligé de venir trouver le Roi, dont il ne douta pas d'être maltraité. Il y fut heureusement trompé : le Roi lui parla avec une bonté de père, et l'abbé lui répondit avec tant de respect, de sagesse et de raison qu'il le désarma. Tout tenoit au revenu, et à l'indépendance d'en toucher suffisamment. Le Roi le sentit et n'ignoroit pas à qui il avoit affaire. Ses parents, ainsi sans ressource, se tournèrent d'un autre côté. Ils vouloient avant tout demeurer maîtres de leur bourse, et l'abbé de ses bénéfices pour n'être pas à leur discrétion. Pour accommoder l'un et l'autre, ils imaginèrent un bref du Pape qui permît à l'abbé d'aller à la guerre en conservant ses bénéfices. Ils le lui proposèrent; il n'osa pas y résister, parce que toute la difficulté sur laquelle il s'étoit tenu jusqu'alors étoit par là levée. De ces brefs, il y en avoit mille exemples, même parmi les simples particuliers. Fourbin, capitaine des mousquetaires gris avant Maupertuis, en avoit un, et il étoit mort abbé et lieutenant général des armées du Roi ; et plusieurs autres comme lui. Rome ne fit aucune difficulté. Le pauvre abbé de la Rochefoucauld prit donc l'épée. La guerre d'Hongrie fit partir les enfants de M. du Maine et plusieurs autres. L'abbé y alla ; mais en arrivant à Bude, la petite vérole le prit en 1717, à trente ans, et en délivra son père, et son frère duc à ses dépens. Ce qui est arrivé depuis dans cette famille n'a pas donné lieu de croire que Dieu ait béni ces arrangements.

CHAPITRE XVIII.

1713. — Victoire de Steinbok sur les Danois, qui brûle Altona. — La Porte secourt le roi de Suède d'argent, et change à son gré son ministère. — Ragotzi en France. — Disgression sur sa manière d'y être ; son extraction, sa famille, sa fortune et de ses proches, de Serini[1] et Tekeli ; son traitement ; son caractère. — Trente mille livres de pension à Mlle d'Armagnac. — Trois mille livres de pension rendue[2] à Mlle de Chausseraye ; trois mille livres de pension à Mme de Vaugué. — Girone délivré et ravitaillé ; Berwick de retour à la cour ; Bockley brigadier ; Brancas chevalier de la Toison d'or et ambassadeur en Espagne. — Amusements multipliés chez Mme de Maintenon. — Matignon cède à son fils ses charges de Normandie. — Mariage de Maillebois avec une fille d'Alègre. — Mariage de Châteaurenaud avec une fille de la maréchale de Noailles. — Mariage de M. d'Isenghien avec Mlle de Rhodes. — Arias, Polignac, Odescalchi, Sala, expectorés cardinaux ; quels les trois étrangers ; pourquoi *in petto* ; pourquoi expectorés. — Polignac, seul rappelé d'Utrecht, arrive et reçoit de la main du Roi sa calotte rouge. — Jacques III[3], sous le nom de chevalier de Saint-Georges, se retire pour toujours de France par la paix, et va en Lorraine. — Foiblesse du Roi pour les cardinaux, qui leur marque une place à la chapelle pour le sermon. — Adoucissements sur les preuves pour entrer dans le chapitre de

---

1. Nous trouverons plus loin l'orthographe *Serin*.
2. Il y a bien *rendue*, au singulier.
3. Saint-Simon a écrit *Jacques II*, pour *Jacques III*.

Strasbourg, et ses causes; bévue à l'égard des ducs. — Mort de la marquise de Mailly et sa conduite dans sa famille; mort de l'évêque de Lavaur, son fils. — Mort de Brissac, ci-devant major des gardes du corps; sa fortune, son caractère. — Plaisant tour de Brissac aux dames dévotes de la cour.

La cour, dans les premiers jours de cette année, apprit la victoire de Steinbok sur les Danois, dans le pays de Meckelbourg, qui fut complète. Ce comte, à la tête de ce qu'il étoit resté de troupes suédoises depuis la défaite du Roi son maître à Pultawa, s'étoit toujours soutenu, et battit enfin complétement une armée fort supérieure à la sienne. Il marcha ensuite à Altona, à qui il demanda six cent mille [livres] de contribution. Cette ville, qui est considérable mais sans fortifications, est vis-à-vis de Hambourg, l'Elbe entre-deux. Elle eut l'imprudence de refuser de payer; aussitôt après les Suédois y mirent le feu. Il y eut trois mille maisons brûlées, et tout ce qui peut accompagner ces sortes de malheurs. Cette ville est au roi de Danemark, dont le territoire serre de fort près Hambourg, des deux côtés de l'Elbe, et tient toujours cette ville impériale dans une grande jalousie et dans la crainte de ses prétentions. Steinbok eut cinq mille prisonniers et quantité d'officiers. Après l'exécution d'Altona, il alla tirer de grandes contributions du Holstein danois. Le roi de Suède reçut beaucoup d'argent en ce même temps de Constantinople, où il fit faire tous les changements dans le ministère que ce prince desira.

Ragotzi, échappé de son étroite prison de Neustadt à force d'argent et d'adresse, avoit gagné la Pologne, s'étoit enfin embarqué à Dantzick, et arriva à Rouen. Il avoit pris le titre de prince de Transylvanie, reconnu du pays, du Turc, et de tous les mécontents hongrois, qui le vouloient faire roi de Hongrie[1], lorsque le prodigieux succès de la bataille d'Hochstedt changea toute la face des affaires. La France l'avoit aussi reconnu et stipendié. Des

---

1. Il y a bien ici *de Hongrie*, et quatorze lignes plus loin *d'Hongrie*, au manuscrit.

Alleurs avoit été longtemps auprès de lui, et à la fin y avoit pris caractère public d'envoyé du Roi, d'où il étoit passé à l'ambassade de Constantinople. Ragotzi, qui n'avoit de ressource qu'en France, comprit bien que son titre y seroit embarrassant et l'excluroit de tout; il prit donc le parti de l'incognito, ne voulut et ne prétendit rien, et prit le nom de comte de Saroz. M. de Luxembourg, qui étoit à Rouen, le reçut sans honneurs, mais avec les civilités les plus distinguées, le logea, le défraya et lui prêta sa maison à Paris, où il vint peu de jours après. En dernier lieu il venoit d'Angleterre, où il étoit peu resté. Ce chef si chéri des mécontents d'Hongrie mérite bien une petite disgression.

Son trisaïeul, Sigismond Ragotzi, fut élu prince de Transylvanie après la mort du fameux Botskay en 1606. C'étoit un homme sans ambition, tranquille et paisible, également bien avec le Grand Seigneur Achmet et l'empereur Mathias. Il ne se soucioit point de la principauté, et dès l'an 1608 il la céda à Gabriel Bathori, que ses cruautés firent chasser par Bethlem Gabor, qui devint prince de Transylvanie.

Georges Ragotzi fut fait prince de l'Empire, et fut élu prince de Transylvanie, en 1631, par la protection de la maison d'Autriche. Il épousa la fille d'Étienne, frère de Bethlem Gabor, prince de Transylvanie; en secondes noces, Suz. Lorantzi, dont il eut Sigismond duc de Mongatz, qui n'eut point d'enfants d'Henriette, fille de Frédéric V, électeur palatin. Du premier lit vint autre[1]

Georges prince Ragotzi, prince de Transylvanie après son père, mort en 1648. Ce second Georges fut fort mal mené des Turcs, et mourut à Waradin, en juin 1660, des blessures qu'il avoit reçues un mois auparavant, en un combat qu'il perdit contre eux à Plansenberg, près d'Hermanstadt, où il fit des prodiges de valeur. Il avoit épousé Sophie, héritière de la maison Bathori, dont il laissa :

1. Nous mettons ici à la ligne pour nous conformer au manuscrit.

Frédéric prince Ragotzi, qui passa toute sa vie particulier. Il épousa Hélène Esdrin, fille de Pierre comte de Serin, vice-roi ou ban de Croatie, qui fut un des principaux chefs de la révolte qui commença en 1665 contre l'Empereur. Les Hongrois se plaignoient des garnisons allemandes et de l'infraction de leurs priviléges. Serin, au lieu d'exécuter les ordres de l'Empereur pour les fortifications des places frontières, ne songea qu'à les traverser. Il leva des troupes en 1666 avec le comte Nadasti, président du conseil souverain d'Hongrie, sous prétexte de s'opposer aux Turcs. Leur dessein étoit de se défaire de l'empereur Léopold à son passage près de Puttendorf, place de Nadasti, allant avec douze gentilshommes seulement et Lobkowitz, grand maître de sa maison, au-devant de l'infante d'Espagne, qu'il alloit épouser. Le commandant de l'embuscade devoit l'envelopper et le poignarder; mais elle ne fut placée qu'après qu'il fut passé. Ce grand coup manqué, et Serin irrité du refus du gouvernement de Carlstadt, qui l'auroit rendu tout à fait maître de la Croatie, il résolut de soustraire la Hongrie à l'Empereur. Il gagna le comte Frangipani, dont il avoit épousé la sœur, le comte de Tattenbach et son propre gendre le prince Ragotzi, qui est père de celui qui donne lieu à cette disgression. Tout ceci se passa en 1669.

Ces chefs sentirent qu'ils ne pouvoient se passer des Turcs; ils leur firent des propositions. Le Grand Seigneur voulut des places de sûreté en Hongrie pour leur donner des troupes; ils firent ce qu'ils purent pour lui en livrer. Cependant, soit que le Grand Seigneur, peu porté à la guerre, en révélât le secret, soit qu'il eût été découvert par un Grec nommé Panagiotti, qui servoit d'interprète au résident de l'Empereur à Constantinople, l'Empereur sut tout ce qui s'y étoit passé. En 1670 il envoya le général-major Spanckaw avec six mille [hommes] en Croatie, où Serin, trop foible pour résister, implora la clémence de l'Empereur, et lui envoya son fils unique pour otage de sa fidélité future. Cela n'empêcha point Spanckaw d'assiéger Schackthom, où Serin et Frangipani, son beau-frère, s'étoient retirés, et de s'en rendre maître, où il prit la comtesse Serin, sœur de Frangipani. Les deux beaux-frères s'étoient évadés par une porte secrète; ils se retirèrent dans un château du comte Keri qu'ils comptoient leur ami, mais qui se saisit d'eux, et les fit conduire à Vienne, où ils furent mis en prison. Serin y éprouva le sort ordinaire des grands criminels malheureux. Frangipani, pour avoir grâce et obtenir ses charges, n'oublia rien pour le perdre. Ragotzi même livra toutes les lettres qu'il avoit reçues de lui. Le capitaine Tcholnitz, qui étoit de leur secret, et qui s'en repentit, porta à l'Empereur une lettre que Serin lui avoit donnée pour Frangipani dès avant leur emprisonnement, depuis lequel Nagiferentz fut arrêté : c'étoit le secrétaire de la ligue. On trouva chez lui les pièces de la conjuration, les divers traités, et cinq cassettes pleines de lettres, d'instructions, d'actes, qu'on envoya à Vienne. Nadasti avoit déjà été arrêté. Le procès fut juridiquement instruit; les plus grands seigneurs furent nommés juges; les prisonniers, qui avoient été transférés à Neustadt, y eurent la tête coupée publiquement le 30 avril 1671. La comtesse Serin, sœur de Frangipani, l'eut deux ans après, 18 novembre 1673. Leur fils unique perdit le nom et les armes de sa famille; on lui donna le nom de Gadé, et on le renferma pour toute sa vie dans le château de Rattemberg. L'irruption de l'électeur de Bavière dans le Tyrol le fit transférer en 1703 à Gratz, en Styrie, où il mourut, la même année, de maladie. Sa sœur unique, veuve Ragotzi en 1681, et mère de notre Ragotzi, étoit ainsi devenue puissante héritière.

Le fameux Tekeli avoit eu envie de l'épouser lorsqu'elle étoit fille. Le comte Étienne, son père, étoit fort puissant en Hongrie, et y jouissoit de trois cent mille livres de rente. Les ministres de l'Empereur furent accusés de l'avoir injustement enveloppé dans l'affaire du comte Serin, pour s'emparer de ses grands biens. Après l'éxécution du comte Serin et des autres chefs, le général Sporck alla assiéger les places de Tekeli, qui, ne se trouvant pas en état de leur résister, les amusa, et fit évader cependant son fils unique Émeric Tekeli, travesti en paysan, avec deux gentilshommes déguisés de même, qui le conduisirent heureusement en Pologne. Son père ne survécut guère. Ses biens furent confisqués. Il avoit trois filles qui furent menées à Vienne ; elles s'y firent catholiques : l'Empereur en prit soin. Deux épousèrent les princes Fr. et Paul Estherhazy, ce dernier étoit palatin d'Hongrie ; l'autre le baron Letho.

Émeric, leur frère, qui se rendit depuis si fameux, vint de Pologne, où il s'étoit retiré d'abord, en Transylvanie. Il s'y rendit si agréable au prince Abaffi, par son esprit et sa valeur, qu'il le mit à la tête de son conseil et de ses troupes, et l'envoya au secours des mécontents de Hongrie, dont il fut fait généralissime en 1678, quoiqu'il n'eût encore que vingt ans. Il se rendit si redoutable par ses conquêtes et ses progrès, que l'Empereur le fit rechercher d'accommodement, dont on ne put convenir. Il le fut encore en 1680 pendant une trêve de deux mois. Il offrit de se faire catholique pour épouser la fille du comte Serin, veuve du prince Ragotzi, mère de celui qu'on vient de voir arriver à Paris. L'Empereur n'y put consentir, dans la crainte de le rendre trop puissant par les grands biens de cette dame, et qu'elle ne voulût venger la mort de son père. Les états d'Hongrie furent assemblés par l'Empereur pour traiter ; mais Tekeli, irrité du refus de ce grand mariage, déclara qu'il ne pouvoit rien faire sans les Turcs. Tandis que l'Empereur envoya le baron de Kaunitz à Constantinople, Tekeli recommença les hostilités avec succès, qui s'augmentèrent par les secours qu'il reçut de la Porte. Il fut encore question d'accommodement ; il se rompit et se renoua.

Le Grand Seigneur, ayant appris que Tekeli pensoit sérieusement à rentrer sous l'obéissance de l'Empereur, lui envoya offrir l'assurance de la principauté de Transylvanie après Abaffi. Lui et les autres chefs promirent quatre-vingt mille écus de tribut annuel, au nom de la Hongrie, si les Turcs les vouloient assister puissamment. Cela n'empêcha pas Tekeli de convenir, en octobre 1681, d'une suspension d'armes qui devoit finir au dernier juin 1682, avec l'Empereur, qui en avoit besoin pour faire couronner l'Impératrice reine de Hongrie. Tekeli, qui devoit agir incontinent après, alla cependant prendre des mesures avec le bacha de Bude, qui le reçut superbement, et à tel point qu'on prétendit qu'il l'avoit revêtu de la couronne et des autres ornements royaux de Hongrie, en présence de plusieurs autres bachas. Le secrétaire de Tekeli étoit cependant à Vienne pour obtenir la permission d'épouser la comtesse Serin. Il la dut à l'opinion qu'on eut à Vienne qu'il étoit en état de le faire malgré le refus, et au desir extrême de le gagner. De Bude il alla donc au château de Montgatz, qui étoit à la comtesse et sa résidence ordinaire, où leur mariage fut incontinent célébré avec grande magnificence. Il y fit entrer de ses troupes et dans toutes les autres places de sa nouvelle épouse, se joignit aux Turcs au commencement d'août 1682, porta la terreur partout, et fit frapper des médailles sur lesquelles il prit le titre de prince de Hongrie. Il y eut encore des propositions d'accommodement à la diète de Cassovie, qui n'eurent aucun effet.

Tekeli, voyant approcher les Turcs, répandit un manifeste qui ouvrit aux mécontents les portes de la plupart des villes. Le siége de Vienne fut formé par les Turcs, que le fameux J. Sobieski, roi de Pologne, fit lever par la victoire complète qu'il remporta. Il s'entremit ensuite de l'accommodement des mécontents, mais inutilement par la hauteur de la cour de Vienne. Tekeli, apprenant que ces pourparlers le rendoient suspect à la Porte, alla à Constantinople, eut l'adresse de pénétrer jusqu'au Grand Seigneur, lui dit qu'il lui apportoit sa tête. Cette hardiesse, soutenue de ce qu'il sut dire, lui réussit si bien,

que le Grand Seigneur l'assura de sa protection et de ses
secours. Il fut depuis constamment attaché à la Porte, et
à la tête des mécontents. Cette même année elle le fit
prince de Transylvanie par la mort d'Abaffi. Il y défit
entièrement le général Heusler, et le prit prisonnier. Il continua depuis divers exploits, jusqu'à ce que, brouillé avec
les Transylvains, et accablé de goutte, il se retira à Constantinople. Il y fut reçu et traité en grand prince, avec
de grands revenus, et divers palais du Grand Seigneur
pour sa demeure. Il mourut dans ce brillant état le
13 septembre 1705, n'ayant pas encore cinquante ans,
et catholique. Son épouse étoit morte le 10 février 1703.
Revenons maintenant à son fils du premier lit, le prince
Ragotzi. Elle n'eut point d'enfants de ce fameux comte
Tekeli.

Léopold-Fr. prince Ragotzi, avoit apporté en naissant
plus qu'il ne falloit pour être suspect à la cour de Vienne.
Ses liaisons et ses droits ne le rendirent pas innocent. Il
fut arrêté en avril 1701, et conduit à Neustadt, accusé
d'avoir tenté de soulever la Hongrie. Il vendit tout ce qu'il
put avoir à Neustadt, gagna avec cinq cents ducats d'or
Leheman, capitaine au régiment de Castelli, qui lui fournit un habit de dragon, se familiarisa avec ses gardes,
officiers et soldats, les régala, les enivra, se sauva dans
un faubourg, le 7 novembre de la même année 1701, où il
trouva trois chevaux qu'on lui tenoit tous prêts, et gagna
Raab et la Pologne, d'où il alla joindre le comte Berzini, l'un des chefs des mécontents d'Hongrie. On détacha
tout ce qu'on put après lui dès qu'on s'aperçut de son
évasion. On afficha dans Vienne des placards de proscription, où sa tête fut mise à prix. Sa femme, qui étoit à
Vienne, fut enfermée dans un couvent. On exécuta à
mort le capitaine qui avoit fourni l'habit de dragon, et
tous ceux qu'on crut avoir favorisé sa fuite. En avril 1703,
il fut condamné à Vienne d'avoir la tête coupée. Sa femme
eut permission en 1705 de se retirer en Bohême. Elle y
fut arrêtée en 1707, mais elle trouva bientôt après moyen

de se sauver en Saxe, d'où elle se retira à Dantzick. Ses deux fils furent mis à la garde du maître d'hôtel de l'évêque de Raab. En 1704 Ragotzi fut proclamé prince de Transylvanie. Il le fut de nouveau en 1707. On a vu en divers endroits de ces *Mémoires* plusieurs de ses exploits, et qu'il fit trembler l'Empereur dans Vienne, dont la campagne fut plus d'une fois ravagée, et le feu des villages vu des fenêtres du palais. La malheureuse bataille d'Hochstedt arrêta tous ses progrès; les mécontents se dissipèrent. Leurs chefs pour la plupart firent leur accommodement l'un après l'autre. Lui, qui n'y pouvoit espérer ni honneur ni sûreté, se retira en Pologne, et vint en France, qui lui avoit fourni des[1] subsides, et tenu un ministre près de lui avec caractère public.

Il avoit épousé, en septembre 1694, Ch.-Amélie, fille de Ch. landgrave de Hesse-Rhinfels Wanfried, et d'Alex.-Jul. comtesse de Linange. Ce landgrave étoit frère puîné du landgrave Guill. de Hesse-Rhinfels, mari d'une sœur de Mᵐᵉ de Dangeau, et père du landgrave de Hesse-Rhinfels, dont trois filles ont épousé : le roi de Sardaigne, Monsieur le Duc dont elle a laissé M. le prince de Condé, et le jeune prince de Carignan d'aujourd'hui. Ragotzi étoit donc gendre du beau-frère de Mᵐᵉ de Dangeau. Elle étoit toute Allemande et fort attachée à sa parenté. Cette alliance de Ragotzi étoit fort proche, quoique sans parenté effective, mais elle fit sur elle la même impression. Elle étoit favorite de Mᵐᵉ de Maintenon, fort bien avec le Roi, et de toutes leurs parties, et particulières. Dangeau, répandu de toute sa vie dans le plus grand monde et dans la meilleure compagnie de la cour, en étoit enivré. Il se miroit dans tout ce à quoi il étoit parvenu. Il nageoit dans la grandeur de la proche parenté de sa femme. Tous deux firent leur propre chose de Ragotzi, qui ne connoissoit personne ici, et qui eut le bon esprit de se jeter à eux. Ils le conduisirent très-bien. Non-seulement

---

1. *De*, au manuscrit.

il ne prétendit rien, mais il n'affecta quoi que ce soit; et par là il se concilia tout le monde en le mettant à son aise avec lui, et soi avec tous. On lui en sut gré dans un pays si fort en prise aux prétentions, et il en reçut cent fois plus de considération et de distinction.

Dangeau, qui tenoit chez lui une grande et bonne table, et qui vivoit avec le plus distingué et le plus choisi, mit peu à peu, mais promptement, Ragotzi dans la bonne compagnie. Il prit avec elle, et bientôt il fut de toutes les parties, et de tout avec tout ce qu'il y avoit de meilleur à la cour, et sans mélange. Mme de Dangeau lui gagna entièrement Mme de Maintenon, et par elle M. du Maine. Le goût à la mode de la chasse, avec quelque soin, lui familiarisa M. le comte de Toulouse jusqu'à devenir peu à peu son ami particulier. Il vint ainsi à bout de faire de ces deux frères son conseil pour sa conduite auprès du Roi, et les canaux pour tout ce qu'il en put desirer de privances, et de ces sortes de distinctions de familiarité personnelle et de distinctions d'égards qui sont indépendantes de rang. Avec ces secours, et qui ne tardèrent pas, il fut de toutes les chasses, de toutes les parties, de tous les voyages de Marly, mais demandant comme les autres courtisans, ne sortit presque point de la cour, y voyoit le Roi assidûment, mais sans contrainte aux heures publiques, et très-rarement sans que le Roi cherchât à lui parler, et seul dans son cabinet dès qu'il en desiroit des audiences, mais sur quoi il étoit fort discret.

Ragotzi étoit d'une très-haute taille, sans rien de trop, bien fournie sans être gros, très-proportionné et fort bien fait, l'air fort, robuste et très-noble jusqu'à être imposant sans rien de rude; le visage assez agréable, et toute la physionomie tartare. C'étoit un homme sage, modeste, mesuré, de fort peu d'esprit; mais tout tourné au bon et au sensé; d'une grande politesse, mais assez distinguée selon les personnes; d'une grande aisance avec tout le monde, et en même temps, ce qui est rare ensemble, avec beaucoup de dignité sans nulle chose dans ses manières qui sentît le glorieux. Il ne parloit pas beaucoup, fournissoit pourtant à la conversation, et rendoit très-bien ce qu'il avoit vu sans jamais parler de soi. Un fort honnête homme, droit, vrai, extrêmement brave, fort craignant Dieu, sans le montrer, sans le cacher aussi, avec beaucoup de simplicité. En secret il donnoit beaucoup aux pauvres, des temps considérables à la prière, eut bientôt une nombreuse maison qu'il tint pour les mœurs, la dépense et l'exactitude du payement dans la dernière règle, et tout cela avec douceur. C'étoit un très-bon homme, et fort aimable, et commode pour le commerce, mais après l'avoir vu de près on demeuroit dans l'étonnement qu'il eût été chef d'un grand parti, et qu'il eût fait tant de bruit dans le monde. En arrivant à Versailles il descendit chez Dangeau, où se trouva le baron de Breteuil, introducteur des ambassadeurs, qui devoit le mener chez le Roi. Breteuil se retira sans entrer dans le cabinet, où Torcy étoit et demeura seul en tiers. Il vit Madame ensuite sans y être mené, et dîna chez Torcy, qui le traita magnifiquement. Il ne vit aucun prince ni princesse du sang en cérémonie. Il ne les fréquenta que selon [que] la familiarité s'en présenta. Madame la Duchesse fut celle avec qui il en eut davantage, un peu aussi avec Mme la princesse de Conti. Le Roi lui donna six cent mille [livres] sur l'hôtel de ville, et lui paya d'ailleurs six mille livres par mois et l'Espagne trente mille livres par an. Cela lui fit autour de cent mille livres de rente. Sa maison étoit à Paris uniquement pour son domestique, lui toujours à la cour, sans y donner jamais à manger. Le Roi lui faisoit toujours meubler un bel appartement à Fontainebleau. Il portoit la Toison que le roi d'Espagne lui avoit envoyée lorsqu'il étoit encore à la tête des mécontents.

L'orgueil de Monsieur le Grand ne put supporter longtemps la distinction unique d'une pension de trente mille livres donnée à la duchesse de Chevreuse. Il se fit porter chez le Roi, car il ne pouvoit presque plus se soutenir depuis longtemps, par l'accablement de la goutte, et là, en diminutif de M. de la Rochefoucauld, il se mit à parler de ses maux, de sa fin prochaine, de l'état de ses affaires, de la façon la plus touchante, qu'il finit par demander une grâce sans l'expliquer, avec toute l'instance possible. Le Roi, de longue main accoutumé à ne lui refuser rien, lui demanda ce qu'il vouloit. Alors il étala le mérite de Mlle d'Armagnac, sa tendresse pour elle, et sa désolation de se voir sur le point de la laisser sans pain. Avec ses prosopopées, il eut pour elle une pension de trente mille livres.

Mlle de Chausseraye rattrapa en même temps une pension de mille écus, qu'elle avoit perdue moyennant une grosse affaire de finance, que le Roi lui avoit permis de faire. Elle prétendit n'en avoir rien tiré, et raccrocha sa pension. On peut voir p. 915 [1] quelle étoit cette maîtresse poulette, de laquelle il sera encore parlé. Le maréchal de Villars obtint aussi une pareille pension pour sa sœur, Mme de Vaugué, dont il avoit fait la duègne et l'Argus de sa femme. Il la logeoit et la nourrissoit pour cela ; mais d'ailleurs il ne donnoit pas un sou à elle ni à ses enfants qui mouroient de faim. C'étoient de petits gentilshommes tout au plus, de Dauphiné, et des plus minces, dont on n'avoit jamais ouï parler.

Bockley, frère de la duchesse de Berwick, apporta au Roi, le 12 janvier, la nouvelle de la retraite de Staremberg, le 3 au soir, vers Ostalric, qui avoit levé le blocus de Girone, voyant arriver le duc de Berwick avec ses troupes. Berwick envoya aussitôt relever la garnison, et tout le pays s'empressa d'y porter toutes sortes de vivres. On y mit aussi force munitions et des vivres pour un an. Berwick observa les ennemis jusqu'à ce que tout fût entré dans Girone, et qu'ils fussent retirés à demeure ; il revint aussitôt après à la cour, où il fut parfaitement bien reçu. Brancas en eut la Toison, et fort peu après nommé ambassadeur en Espagne, où on l'envoya sans le laisser revenir à Paris. Bockley en fut brigadier.

---

1. Pages 222-224 de notre tome VII.

Les parties particulières devinrent de plus en plus fréquentes chez Mme de Maintenon. Dîners, musiques, scènes de comédies, actes d'opéra, loteries toutes en billets noirs; mêmes dîners à Marly, quelquefois à Trianon, et toujours le même très-petit nombre et les mêmes dames, toujours le maréchal de Villeroy aux musiques et aux pièces; très-rarement M. le comte de Toulouse qui aimoit la musique, presque jamais M. du Maine, et nul autre homme sans aucune exception, que des moments le capitaine des gardes en quartier, quand il venoit dire au Roi que son souper étoit servi, et que la musique n'étoit pas achevée.

Matignon obtint la permission de se démettre en faveur de son fils de ses charges de Normandie, en retenant le commandement et les appointements toute sa vie. C'étoit un masque en usage depuis quelque temps pour suppléer aux survivances en les déguisant si grossièrement ainsi.

D'Alègre, mort longtemps depuis maréchal de France, point du tout corrigé de l'alliance des ministres par toutes les indignités qu'il avoit essuyées de celle de Barbezieux, maria sa fille à Maillebois, avec sa lieutenance générale de Languedoc de vingt mille livres de rente. Le Roi donna deux cent mille livres, Desmarets peu de chose : la noce fut magnifique à Paris.

La maréchale de Noailles avoit encore une fille à marier, fort laide, qui commençoit à monter en graine, et que pour cette raison ils appeloient la douairière. Elle obtint, pour la marier au fils du maréchal de Châteaurenaud, bien plus jeune qu'elle, la lieutenance générale de Bretagne qu'avoit le maréchal, et lui donna d'ailleurs fort peu de chose. Châteaurenaud étoit fort riche, et n'avoit que ce fils qu'il mit ainsi dans une grande alliance dont il avoit grand besoin.

M. d'Isenghien épousa peu après Mlle de Rhodes, malgré Mme de Rhodes. La fille étoit en âge, et ses parents la soutinrent. Elle étoit riche, et je crois la dernière Pot, qui étoit une bonne, illustre et très-ancienne maison. Quelque temps après, Vieuxpont, officier général, veuf d'une fille de la princesse de Montauban et de Rannes, son premier mari, tué colonel général des dragons, épousa une fille de Beringhen, premier écuyer.

Le Pape avoit réservé quatre chapeaux *in petto* dans la promotion qu'il avoit faite en 1712, pour les couronnes : il les déclara au commencement de cette année. Ce furent don Manuel Arias, archevêque de Séville, l'abbé de Polignac, Benoît Sala, bénédictin, évêque de Barcelone, et Benoît Erba, archevêque de Milan, à qui son oncle don Livio Odescalchi, neveu d'Innocent XI, qui n'avoit plus personne de son nom, l'avoit fait prendre avec l'assurance d'une partie de ses grands biens, et qui s'appela le cardinal Odescalchi. Arias, avancé dans l'ordre de Malte, et avec le caractère public de sa religion auprès du feu roi d'Espagne, étoit une des meilleures têtes et un des plus vertueux hommes d'Espagne. Il étoit entré dans les conseils, et il eut une part principale au testament. Il fut après gouverneur du conseil de Castille; et lorsque Mme des Ursins se sentit en force d'écarter tous ceux qui avoient le plus contribué à faire appeler Philippe V à la couronne et qui avoient le plus de part au gouvernement, elle éloigna celui-ci par l'archevêché de Séville, et la nomination du roi d'Espagne au cardinalat. Je ne fais que rappeler ces choses, parce que j'ai parlé d'Arias avec étendue à l'occasion et au temps du testament de Charles II.

L'archiduc, reconnu par force à Rome, comme on l'a vu du temps que le marquis de Prié et le maréchal de Tessé y étoient ambassadeurs, s'opposoit à ce que Philippe V eût un chapeau. Il avoit nommé Sala comme roi d'Espagne, et avoit employé les menaces pour s'assurer de son chapeau. La nonciature étoit fermée en Espagne depuis cette reconnoissance de l'archiduc. Philippe V insistoit pour le chapeau de sa nomination, et protestoit d'injure contre celui de Sala comme étant, lui, roi d'Espagne de droit et d'effet, et non pas l'archiduc, et par le personnel de Sala à son égard. Ce moine étoit de la lie du peuple, cocher en son jeune temps, puis bénédictin pour avoir du pain et devenir quelque chose. C'étoit un drôle d'esprit et d'entreprise, qui excita le peuple puis les magistrats de Barcelone contre le roi d'Espagne, et qui figura assez parmi eux pour avoir eu grand'part à la révolte de la Catalogne, et être regardé comme l'âme du parti de l'archiduc, lequel en récompense le fit évêque de Barcelone. Avec ce caractère, Sala se signala de plus en plus et mérita enfin la nomination de l'archiduc. Ces oppositions réciproques firent garder *in petto* le chapeau de la nomination d'Espagne à la promotion des couronnes. Polignac, qui avoit celle du roi Jacques, n'essuyoit point de contradiction ; mais la fonction d'Utrecht, incompatible avec le chapeau, fit que le Roi desira qu'il fût réservé *in petto*, mais il le sut, et fut ainsi assuré de l'avoir dès que la paix serait conclue. Erba, j'ignore quelle raison le retint dans ce purgatoire.

La paix sur le point d'être conclue par toutes les puissances, excepté l'Empereur, ce prince, qui l'étoit élu et couronné, mais qu'on ne traitoit encore que d'archiduc en France et en Espagne, voulut que Sala fût cardinal sans plus attendre, et le roi d'Espagne ne pressa pas moins pour que sa nomination fût remplie. Le Pape, ainsi tourmenté des deux côtés, et qui voyoit qu'à la fin l'Italie demeureroit à l'Empereur, n'osa l'amuser plus longtemps, et se flatta de faire passer Sala au roi d'Espagne, en déclarant Arias en même temps. Il fit donc avertir le Roi qu'il alloit expectorer Polignac avec les autres, et que cela ne se pouvoit plus différer. Il ne restoit plus que des bagatelles à ajuster à Utrecht, et l'espérance de finir alors avec l'Empereur étoit perdue : le Roi consentit donc à l'expectoration, et dépêcha en même temps un courrier à Polignac, pour le faire revenir sur-le-champ. Il laissa donc ce qui restoit à achever et la paix à signer au maréchal d'Huxelles et à Ménager, et accourut à sa barrette. Le courrier chargé de sa calotte le trouva à mi-chemin. Il la mit dans sa poche et continua son voyage. Il arriva le 22 février à Paris, et le jeudi 23, il alla l'après-midi à Marly chez Torcy, qui, entre la fin de la musique et le souper, le mena chez Mme de Maintenon.

Polignac, qui avoit reçu en passant les compliments et les empressements du salon, présenta au Roi sa calotte qui la lui mit sur la tête, et lui donna une chambre à Marly. Ce fut une chose assez étrange qu'un cardinal *in petto* de la nomination du roi Jacques traitât et conclût à Utrecht la consommation dernière des malheurs de ce prince et son expulsion de France, avec tout ce qu'il plut aux Anglois de prescrire à cet égard. Sa visite de remerciement à Saint-Germain et de retour dut être bien embarrassante, mais quand on est cardinal rien n'embarrasse plus : au moins ne le put-il être que de la reine d'Angleterre. En conséquence de ce qui avoit été arrêté avec les Anglois, le roi d'Angleterre étoit déjà parti avec une petite suite sous le nom de chevalier de Saint-Georges pour se retirer à Bar, dont Monsieur de Lorraine avoit fait meubler le château, et l'y vint voir. Il alla aussi à Lunéville voir Monsieur et Madame de Lorraine, et s'arrêta à Bar, à Commercy, chez M. de Vaudemont, et dans tous ces environs assez longtemps.

Le Roi, qui n'avoit jamais pu se défaire du respect que le cardinal Mazarin lui avoit imprimé pour les cardinaux, régla avec les cardinaux de Rohan et de Polignac la place que les cardinaux occuperoient au sermon à la chapelle, et avec tant d'égards qu'il prit la peine de la dessiner sur du papier devant eux et à leur gré. Il n'y avoit eu jusqu'alors rien de marqué là-dessus. Les places des cardinaux de Bouillon et de Coislin étoient fixes par leurs charges; le cardinal de Janson n'avoit presque point demeuré à la cour cardinal que depuis qu'il fut grand aumônier; Bonzi l'étoit de la Reine, et depuis sa mort presque toujours en Languedoc; le Camus ne vit jamais Paris ni la cour depuis sa promotion; Estrées, souvent à Rome, puis en

Espagne, ne s'étoit point soucié de place réglée au sermon ; Furstemberg encore moins, qui ne s'y trouvoit presque jamais. Le Roi entretint après le cardinal de Polignac des matières d'Utrecht près de deux heures tête à tête.

On a vu en son lieu par quel tour de passe-passe, aidé de tout l'art et de l'or de Mme de Soubise, secondée de toute l'autorité du Roi, le cardinal de Rohan avoit été reçu chanoine de Strasbourg, et en étoit devenu coadjuteur et enfin évêque. La multiplicité et l'excès des mésalliances que la longue suite du même esprit de gouvernement a forcé toute la noblesse du royaume de contracter pour vivre, l'excluoit toute d'entrer dans le chapitre de Strasbourg, à commencer par les princes du sang, et à continuer par tout ce qu'il y a de plus grand et de plus illustre. Il n'y en avoit plus dès lors qui en pussent faire les preuves que MM. d'Uzès, qui y mirent bientôt obstacles par leurs mariages, M. de Duras et le comte de Roucy, dont le fils en déchut. On considéra cependant qu'il étoit de l'intérêt très-essentiel du Roi que des François y pussent être admis, parce qu'il en étoit que l'évêque fût François et qu'il n'est élu que par le chapitre et tiré du chapitre. Le Roi chercha donc à apporter quelque tempérament là-dessus. Le cardinal de Rohan l'y servit, mais, comme il n'étoit là question que du chapitre, ce ne fut qu'avec le chapitre qu'on négocia. Il députa au Roi pour cette affaire le comte de Lovestein, frère de Mme de Dangeau, grand doyen de Strasbourg, chanoine de Cologne et d'autres grandes églises, que nous verrons bientôt évêque de Tournay, sans être dans les ordres. Ce comte eut une longue audience du Roi, tête à tête. Le chapitre consentit par degrés à des adoucissements sur les mères, même pour les Allemands, et peu à peu enfin à recevoir les François sans preuves, qui auroient trois ascendants masculins ducs. Ces trois ascendants fut[1] une fort mau-

---

1. Ce verbe est bien au singulier.

vaise idée; c'étoit la date qu'il falloit fixer. Je suis par exemple duc et pair trente ans avant M. d'Aumont, pour ne citer que celui-là et en laisser beaucoup d'autres; je ne suis pourtant que le second, car c'est mon père qui le fut fait, et qui fut enregistré, reçu le 1ᵉʳ février 1635. M. d'Aumont est le cinquième; son grand-père pourroit donc, s'il vivoit, mettre de ses enfants dans le chapitre de Strasbourg, tandis que je n'y ferois pas recevoir les miens, et le maréchal d'Aumont n'est duc et pair que de la fin de décembre 1665.

La vieille Mailly mourut à quatre-vingt-cinq ou six ans, aussi entière de tête et de santé qu'à quarante. C'est celle que la longueur de son visage étroit et la singularité de son nez faisoit nommer *la Bécasse*. Elle étoit Montcavrel, et longtemps depuis son mariage elle devint héritière de sa maison, qu'elle rendit très-puissante en biens, de très-pauvres qu'étoient son mari et elle, à force de travail, d'assiduité, d'art et de procès. J'ai parlé en son lieu de la substitution qu'ils firent. Elle traita toute sa vie ses enfants à la baguette, en jeta un à Saint-Victor dont il se seroit bien passé. Il en devint pourtant prieur, puis évêque de Lavaur, et fut homme de bien. Il étoit mort à Montpellier un mois ou deux avant elle. Elle força un autre de ses fils à se faire prêtre, dont il ne pouvoit se consoler, et le laissa les coudes percés pourrir à Saint-Victor sans y être religieux, jusqu'à ce que le mariage de son autre fils avec la nièce à la mode de Bretagne de Mᵐᵉ de Maintenon, qui fut dame d'atour de la Dauphine, fit cet abbé de Mailly archevêque d'Arles, puis de Reims, que nous verrons cardinal. Ses deux filles, l'une s'échappa et se maria malgré elle à l'aîné des Maillis; l'autre, elle la fit religieuse, qui, de nécessité vertu, la devint bonne, et a été une excellente abbesse de Poissy, adorée et respectée au dernier point dans cette communauté si grande et si jalouse de l'élection qu'elle a perdue. On n'a pas vu que Dieu ait béni cette conduite dans tout ce qui est arrivé depuis de toute cette famille.

Le vieux Brissac mourut aussi à pareil âge, retiré chez lui depuis plusieurs années. Il étoit lieutenant général et gouverneur de Guise, et avoit été longtemps major des gardes du corps. C'étoit un très-petit gentilhomme qui avoit percé tous les grades des gardes du corps, qui avoit plu au Roi par son application, par ses détails, par son assiduité, par ne compter que le Roi et ne ménager personne. Il en avoit tellement acquis la familiarité et la confiance sur ce qui regardoit les gardes du corps, que les capitaines des gardes, tout grands seigneurs et généraux d'armées qu'ils étoient, le ménageoient et avoient à compter avec lui, à plus forte raison tous les officiers des gardes. Il étoit rustre, brutal, d'ailleurs fort désagréable et gâté à l'excès par le Roi, mais homme d'honneur et de vertu, de valeur et de probité, et estimé tel quoique haï de beaucoup de gens, et redouté de tout ce qui avoit affaire à lui, même de toute la cour et des plus importants, tant il étoit dangereux. Il n'y avoit que lui qui osât attaquer Fagon sur la médecine. Il lui donnoit des bourrades devant le Roi qui mettoient Fagon en véritable furie, et qui faisoient rire le Roi et les assistants de tout leur cœur. Fagon, aussi avec bien de l'esprit, mais avec fougue, lui en lâchoit de bonnes qui ne divertissoient pas moins, mais en tout temps Fagon ne le pouvoit voir ni en ouïr parler de sang-froid.

Un trait de ce major des gardes du corps donnera un petit crayon de la cour. Il y avoit une prière publique tous les soirs dans la chapelle à Versailles à la fin de la journée, qui étoit suivie d'un salut avec la bénédiction du saint sacrement tous les dimanches et les jeudis. L'hiver, le salut étoit à six heures; l'été, à cinq, pour pouvoir s'aller promener après. Le Roi n'y manquoit point les dimanches et très-rarement les jeudis en hiver. A la fin de la prière, un garçon bleu en attente dans la tribune couroit avertir le Roi, qui arrivoit toujours un moment avant le salut; mais qu'il dût venir ou non, jamais le salut ne l'attendoit. Les officiers des gardes du corps postoient les gardes d'avance dans la tribune, d'où le Roi l'entendoit toujours. Les dames étoient soigneuses d'y garnir les travées des tribunes, et l'hiver de s'y faire remarquer par de petites bougies, qu'elles avoient pour lire dans leurs livres et qui donnoient à plein sur leur visage. La régularité étoit un mérite, et chacune, vieille et souvent jeune, tâchoit de se l'acquérir auprès du Roi et de Mme de Maintenon. Brissac, fatigué d'y voir des femmes qui n'avoient pas le bruit[1] de se soucier beaucoup d'entendre le salut, donna le mot un jour aux officiers qui postoient; et pendant la prière il arrive dans la travée du Roi, frappe dessus de son bâton, et se met à crier d'un ton d'autorité : « Gardes du Roi, retirez-vous, le Roi ne vient point au salut. » A cet ordre tout obéit, les gardes s'en vont, et Brissac se colle derrière un pilier. Grand murmure dans les travées, qui étoient pleines ; et un moment après chaque femme souffle sa bougie, et s'en va tant et si bien qu'il n'y demeura en tout que Mme de Dangeau et deux autres assez du commun.

C'étoit dans l'ancienne chapelle. Les officiers, qui étoient avertis, avoient arrêté les gardes dans l'escalier de Bloin et dans les paliers, où ils étoient bien cachés, et quand Brissac eut donné tout loisir aux dames de s'éloigner et de ne pouvoir entendre le retour des gardes, il les fit reposter. Tout cela fut ménagé si juste que le Roi arriva un moment après, et que le salut commença. Le Roi, qui faisoit toujours des yeux le tour des tribunes et qui les trouvoit toujours pleines et pressées, fut dans la plus grande surprise du monde de n'y trouver en tout et pour tout que Mme de Dangeau et ces deux autres femmes. Il en parla, dès en sortant de sa travée, avec un grand étonnement. Brissac, qui marchoit toujours près de lui, se mit à rire et lui conta le tour qu'il avoit fait à ces bonnes dévotes de cour, dont il s'étoit lassé de voir le Roi la dupe. Le Roi en rit beaucoup, et encore plus le cour-

---

[1]. La réputation.

tisan. On sut à peu près qui étoient celles qui avoient soufflé leurs bougies et pris leur parti sur ce que le Roi ne viendroit point, et il y en eut de furieuses qui vouloient dévisager Brissac, qui ne le méritoit pas mal par tous les propos qu'il tint sur elles [1].

CHAPITRE XIX.

Mort, état et caractère du comte de Nassau-Sarrebruck. — Mort et singularité de Chambonas, évêque de Viviers. — Singularité étrange de Desmarets, archevêque d'Auch. — Mort du connétable de Castille; Villena, majordome-major du roi d'Espagne, en sa place. — Chalais reconduit son cordelier prisonnier en Espagne. — Duc et duchesse de Shrewsbury à la cour; état et nom de cet ambassadeur et de l'ambassadrice; caractère de la duchesse, qui change entièrement les coiffures des femmes, dont le Roi n'avoit pu venir à bout. — Maison du duc d'Aumont, à Londres, brûlée. — Caractère du duc d'Aumont. — L'incendie coûte cinq cent cinquante mille francs au Roi. — Bout de l'an à Saint-Denis du Dauphin et de la Dauphine. — *Histoire de la Compagnie de Jésus,* du P. Jouvency; scandale de ce livre, dont les jésuites se tirent à bon marché. — Abbé de Castries premier aumônier de Mme la duchesse de Berry; son caractère, sa fortune; Longepierre secrétaire de ses commandements; son caractère. — Mort de l'électeur de Brandebourg, premier roi de Prusse. — Électeurs de Cologne et de Bavière à Paris et à Suresne; voient le Roi. — Règlement en vingt-cinq articles, fait par le Roi, entre les gouverneurs ou commandants généraux de Guyenne et le gouverneur de Blaye, dont je gagne vingt-quatre articles, de l'avis du duc du Maine, contre le maréchal de Montrevel. — Ténébreuse noirceur de Pontchartrain, qui me fait éclater. — La Chapelle; quel; je lui fais une étrange déclaration. — Conversation étrange entre le chancelier et moi. — Même conversation avec la chancelière. — Mme de Saint-Simon vainement attaquée. — L'intimité entière subsiste entre le chancelier, la chancelière, et Mme de Saint-Simon et moi.

Le comte de Nassau-Sarrebruck mourut dans son château de Sarrebruck, où il s'étoit comme retiré depuis quelques années. Il avoit toujours servi, étoit lieutenant général, et il avoit le régiment Royal-Allemand, qui est de vingt-

1. Cette anecdote a déjà été racontée par Saint-Simon. Voyez tome V, p. 423 et 424.

cinq mille livres de rente. C'étoit l'homme du monde le mieux fait, du plus grand air et imposant, fort poli, fort brave, fort honnête homme, avec peu d'esprit et considéré. Il étoit aussi fort riche, mais luthérien, et point vieux. Le Roi lui-même lui avoit fait diverses attaques sur sa religion avec bonté, et ne lui avoit pas laissé ignorer qu'il iroit à tout en se faisant catholique, sans l'avoir pu ébranler.

Une autre mort, dont je ne parlerois pas sans la singularité de l'homme, est celle de l'évêque de Viviers. Il étoit frère de Chambonas qui étoit à M. du Maine. C'est sans doute cette protection qui le fit souffrir dix ans de suite à Paris dans un logis garni auprès de ma maison. Il écrivoit toute la nuit jusqu'à épuiser plusieurs secrétaires, et se levoit à une heure ou deux après midi. Il mandoit tous les ordinaires des nouvelles des fanatiques de Languedoc et d'autres nouvelles de la province, de Paris, où il étoit, à Basville, intendant ou plutôt roi du Languedoc, qui étoit à Montpellier, qui ne put jamais détruire ce commerce, que Viviers grossissoit de force mémoires et instructions. Avec cinquante mille livres de rente de son évêché et d'une abbaye, il laissa six cent mille livres. Cela me fait souvenir d'une singularité d'un autre genre. L'archevêque d'Auch, frère de Desmarets, passoit sa vie à Paris en hôtel garni, et en robe de chambre, sans voir personne, ni ouvrir aucune lettre qu'il reçût, qu'il laissoit s'amasser en monceaux. A la fin le Roi se lassa et dit à Desmarets de le renvoyer à son église. L'embarras fut d'autant plus grand d'en entreprendre le voyage, qu'il en étoit depuis assez longtemps aux emprunts pour vivre, et aux expédients. Refusé partout où il s'adressa, et pressé sans relâche, son secrétaire s'avisa de lui proposer d'attaquer cette montagne de lettres et de paquets fermés, pour voir s'il ne s'y trouveroit point quelque lettre de change; faute de ressource il y consentit. Le secrétaire se mit en besogne, et trouva pour cent cinquante mille livres de lettres de change de toutes sortes de dates, dans l'ignorance desquelles il mouroit de faim. Il s'en alla donc, et ne fut plus en peine de payer sa dépense.

Le connétable de Castille mourut en ce même temps dans sa prison à Bayonne. Il étoit majordome-major du roi d'Espagne, qui est la plus grande charge. Elle fut donnée sur-le-champ au marquis de Villena, qui avoit été vice-roi de Naples, et pris les armes à la main à Gaëte par les Impériaux. Le choix ne pouvoit être plus digne, jusqu'à honorer le roi qui le fit. J'ai déjà parlé de ce seigneur, et j'en aurai occasion encore, et d'expliquer ce que c'est que la charge qu'il eut.

Chalais, qui avoit vu Mme des Ursins à Bagnères, et qui en étoit revenu à Paris, en repartit en ce même temps avec son cordelier prisonnier, qu'il conduisit en Espagne. Ce métier de recors ne lui réussit pas dans le monde.

Le duc et la duchesse de Shrewsbury étoient arrivés depuis quelque temps. J'ai marqué en deux mots, p. 1284[1], quel étoit cet ambassadeur d'Angleterre. On le trouvera plus expliqué dans les pièces[2] concernant le traité de Londres. Il eut sa première audience particulière à l'ordinaire. Comme il n'y avoit ni reine ni Dauphine, la duchesse alla saluer le Roi dans son cabinet entre le conseil et le dîner, menée par la duchesse d'Aumont, et accompagnée du baron de Breteuil, introducteur des ambassadeurs. Le soir, la duchesse d'Aumont la mena prendre son tabouret au souper du Roi. Les Anglois sont grands voyageurs. Celui-ci, qui avoit porté l'épée de l'État au couronnement de Jacques II, qui avoit eu sa[3] confiance, et été son grand chambellan, le quitta en 1680, et passa en Hollande, où il offrit ses services au prince d'Orange. Il se promena ensuite en Italie, fut à Rome, où il épousa la fille du marquis Paleotti, Bolonois[4], et de Cath. Dudley, fille du duc de Northumberland, et de M.-Magd. Gouffier

---

1. Ci-dessus, p. 368.
2. Voyez tome 1, p. 420, note 1.
3. Saint-Simon a écrit *son*, pour *sa*.
4. *Boulonnois*, au manuscrit. Voyez ci-dessus, p. 334 et note 1.

de Brazeux. Voilà bien du mélange. La religion ne contraignit point l'Italienne. Elle suivit son mari en Angleterre, où le prince d'Orange régnoit, qui le fit duc et chevalier de la Jarretière. Il fut aussi secrétaire d'État. La reine Anne le mit de son conseil privé, et le fit son grand chambellan. Il fut vice-roi d'Irlande au retour de son ambassade de France, et il mourut à Londres en 1718.

Sa femme étoit une grande créature et grosse, hommasse, sur le retour et plus, qui avoit été belle et qui prétendoit l'être encore ; toute décolletée, coiffée derrière l'oreille, pleine de rouge et de mouches, et de petites façons. Dès en arrivant elle ne douta de rien, parla haut et beaucoup en mauvais françois, et mangea dans la main à tout le monde. Toutes ses manières étoient d'une folle, mais son jeu, sa table, sa magnificence, jusqu'à sa familiarité générale, la mirent à la mode. Elle trouva bientôt les coiffures des femmes ridicules, et elles l'étoient en effet. C'étoit un bâtiment de fil d'archal, de rubans, de cheveux et de toutes sortes d'affiquets de plus de deux pieds de haut qui mettoit le visage des femmes au milieu de leurs corps, et les vieilles étoient de même, mais en gazes noires. Pour peu qu'elles remuassent, le bâtiment trembloit, et l'incommodité en étoit extrême. Le Roi, si maître jusque des plus petites choses, ne les pouvoit souffrir. Elles duroient depuis plus de dix ans sans qu'il eût pu les changer, quoi qu'il eût dit et fait pour en venir à bout. Ce que ce monarque n'avoit pu, le goût et l'exemple d'une vieille folle étrangère l'exécuta avec la rapidité la plus surprenante. De l'extrémité du haut, les dames se jetèrent dans l'extrémité du plat, et ces coiffures plus simples, plus commodes et qui siéent bien mieux, durent jusqu'à aujourd'hui. Les gens raisonnables attendent avec impatience quelque autre folle étrangère qui défasse nos dames de ces immenses rondaches de paniers, insupportables en tout à elles-mêmes et aux autres.

L'hôtel de Powis à Londres, où logeoit le duc d'Aumont, fut entièrement brûlé, et il fallut abattre une maison voisine pour empêcher que l'incendie ne se communiquât aux autres. Sa vaisselle fut sauvée. Il prétendit avoir perdu tout le reste. Il prétendit aussi avoir reçu plusieurs avis qu'on le vouloit brûler et même assassiner, et que la Reine, à qui il l'avoit dit, lui avoit offert de lui donner des gardes. Le monde en jugea autrement à Londres et à Paris, et se persuada que lui-même avoit été l'incendiaire, pour gagner sur ce qu'il en tireroit du Roi, et pour couvrir une contrebande monstrueuse, dont les Anglois se plaignirent ouvertement dès son arrivée, et où il gagna infiniment : c'est au moins ce qui se débita publiquement dans les deux cours et dans les deux villes, et ce que presque tous en crurent.

M. d'Aumont avoit toute sa vie été un panier percé qui avoit toujours vécu d'industrie ; il avoit eu longtemps affaire à un père fort dur, et à une belle-mère qui le haïssoit fort, et qui étoit une terrible dévote. Il s'étoit marié malgré eux par amour réciproque à Mlle de Piennes, dont la mère étoit Godet, comme l'évêque de Chartres, qui y fit à la fin entrer Mme de Maintenon, et le Roi par elle, lequel imposa enfin et obligea le père à consentir, après plusieurs années que ce mariage demeuroit accroché, et que tous deux étoient résolus à n'en jamais faire d'autre. Le duc d'Aumont étoit d'une force prodigieuse, d'une grande santé, débauché à l'avenant, d'un goût excellent, mais extrêmement cher en toutes sortes de choses, meubles, ornements, bijoux, équipages ; il jetoit à tout, et tira des monts d'or des contrôleurs généraux et de son cousin de Barbezieux, avec qui, pour n'en pas tirer assez à son gré, il se brouilla outrageusement. Il prenoit à toutes mains et dépensoit de même. C'étoit un homme de beaucoup d'esprit, mais qui ne savoit rien, à paroles dorées, sans foi, sans âme, de peu de réputation à la guerre pour en parler sobrement, et à qui son ambassade ne réussit ni en Angleterre ni en France. Avant la mort de son père, logeant dans une maison de louage, il l'ajusta et la dora toute, boisa son écurie comme un beau cabinet, avec une corniche fort recherchée tout autour, qu'il garnit partout de pièces de porcelaine. On peut juger par là de ce qu'il dépensoit en toutes choses. Le Roi donna deux cent cinquante mille [francs] à Milord Powis, et au duc d'Aumont cent mille francs, et cinquante mille par an pendant quatre ans, tant en considération de son incendie que de la dépense de son ambassade.

On fit à Saint-Denis le bout de l'an du Dauphin et de la Dauphine, je n'oserois dire de la France. Tout ce qui a suivi une telle perte ne le prouve que trop évidemment. Il n'y eut que leurs maisons, les princes et princesses de la maison royale, du sang et légitimés, et Monsieur de Metz, qui officia, et cela ne dura guère plus d'une heure.

Le livre du jésuite Jouvency fit alors grand bruit. C'est une histoire latine de sa Compagnie, depuis son origine jusqu'à nos jours. Il étoit à Rome, où il la composa. Je ne m'aviserai pas ici d'en faire l'extrait. Il suffit de dire qu'il voulut plaire à Rome et aux siens, et qu'il employa la plus belle latinité, et tout l'art dans lequel les jésuites sont si grands maîtres, à flatter et à établir les prétentions les plus ultramontaines, et à canoniser la doctrine la plus décriée des théologiens et des casuistes de son ordre. Il fit plus : il fit par ses éloges des saints du premier ordre, et des martyrs qui méritent un culte public, des jésuites les plus abhorrés pour les fureurs de la Ligue, pour la conspiration des poudres en Angleterre, et pour celles qui ont été tramées contre la vie d'Henri IV : tout cela approuvé par la supériorité du Pape sur le temporel des rois, [son[1]] droit d'absoudre leurs sujets du serment de fidélité, de les déposer et de disposer de leur couronne, enfin par le principe passé chez eux en dogme qu'il est permis de tuer les tyrans, c'est-à-dire les rois qui incommodent.

---

1. Il y a *leur*, pour *son*, au manuscrit.

Le public frémit à cette lecture, et le Parlement voulut faire son devoir.

Le P. Tellier soutint fort et ferme un ouvrage qui portoit le nom de son auteur, qui étoit muni de l'approbation de ses supérieurs, et qui étoit si conforme à l'esprit, aux maximes, à la doctrine et la constante conduite de la Société. Il m'en vint parler plusieurs fois. Je ne lui cachai rien de ce que je pensois des énormités de ce livre, et de l'audace de le publier. J'admirai les cavillations[1] de ses réponses, et la pertinacité de son attachement à introduire ces horreurs. Je ne fus pas moins surpris de sa constance à vouloir me persuader, et de sa patience à supporter mes réponses. Quoique depuis la perte du Dauphin il n'eût plus les mêmes raisons de me cultiver, il ne s'en relâcha pourtant pas le moins du monde. Il ne pouvoit ignorer en quelle situation j'étois avec M. le duc de Berry, et surtout avec M. le duc d'Orléans. Il voyoit le Roi vieillir, et un Dauphin dans la première enfance : un jésuite a tous les temps présents. Il eut meilleur marché du Roi, quoique ce livre attaquât si directement la puissance, la couronne et la vie même des rois. Il se souvenoit apparemment du testament de mort du P. de la Chaise, je veux dire de l'avis si prodigieux qu'il lui donna, et qui est rapporté p. 777[2]. Il aima mieux tout passer aux jésuites que de les irriter au hasard des poignards.

Il manda plusieurs fois le premier président et le parquet pour imposer à leur zèle, qui n'alloit à rien moins qu'à flétrir la personne de Jouvency et de ses approbateurs, à faire lacérer et brûler son livre par la main du bourreau, à mander et admonester les supérieurs et les gros bonnets du ressort, et leur faire abjurer à la barre du Parlement en public ces détestables maximes. Le premier président vouloit faire sa cour, et se concilier les jésuites; il ne vouloit pas aussi s'aliéner le Parlement; toute sa considération à la cour et dans le monde dépen-

---

1. Les sophismes.
2. Page 238 de notre tome VI.

doit de la sienne dans sa Compagnie. Il nageoit donc avec art entre deux eaux, et c'est ce qui tira tant la chose en longueur. L'affaire aboutit enfin à la suppression du livre par arrêt du Parlement sans lacération ni brûlure, et à mander les supérieurs des trois maisons de Paris au Parlement, à qui le premier président fit une admonition légère et honnête, et qui déclarèrent à peu près ce qu'on voulut, mais en termes si généraux, et si éloignés de rien de particulier sur les maximes et sur leur P. Jouvency, que ce fut plutôt une dérision qu'autre chose, et qu'ils se ménagèrent en quantité force portes de derrière, à l'indignation du public, et au frémissement du Parlement, à qui le Roi mit un baillon à la bouche. Le P. Tellier parut fort mécontent, ravi en secret d'avoir si bien fasciné le Roi, et qu'il ne leur en eût pas coûté davantage.

L'abbé de Castries, frère du chevalier d'honneur de Mme la duchesse d'Orléans, fut en ce temps-ci premier aumônier de Mme la duchesse de Berry; il l'étoit ordinaire de Madame la Dauphine, pour avoir un titre d'habiter la cour avec son frère, où il étoit dans la meilleure compagnie. Il avoit été jeune et bien fait; il étoit de ces abbés que le Roi s'étoit bien promis de ne faire jamais évêques. C'étoit un homme doux, mais salé, avec de l'esprit, et fait pour la société. Il vit encore dans un grand âge, confiné dans son archevêché d'Alby, où il est fort aimé, commandeur de l'ordre, et ayant refusé Toulouse et Narbonne. Mme la duchesse de Berry prit en même temps Longepierre pour secrétaire de ses commandements, manière de bel esprit de travers, et de fripon d'intrigue, dont on a déjà parlé et dont on pourrra parler encore.

Frédéric III, électeur de Brandebourg, né [en] 1657, mourut le 25 février de cette année. Celui d'aujourd'hui est son petit-fils. Il suivit les traces de l'électeur son père dans son opposition à la France et dans son attachement à la maison d'Autriche. Il servit puissamment l'Empereur en toutes occasions, et aux guerres d'Hongrie et du Rhin. Il se trouva le plus puissant des électeurs et celui que l'Empereur avoit le plus à ménager. Cela lui fit imaginer de se déclarer lui-même roi de Prusse, comme on l'a dit en son temps, après s'être assuré de l'appui et de la reconnoissance de l'Empereur en cette qualité, et de plusieurs princes de l'Empire, et se déclara roi lui-même le 18 janvier à Kœnigsberg, capitale de la Prusse ducale, en un festin qu'il y donna à ses premiers généraux et ministres, et aux principaux seigneurs de cette Prusse et de ses autres États. De trois femmes qu'il épousa, il eut son successeur, père de celui d'aujourd'hui, d'une Nassau, tante paternelle du prince d'Orange devenu depuis roi d'Angleterre, à la succession duquel les électeurs de Brandebourg ont prétendu par là. Frideric[1] n'eut pas la joie d'être reconnu roi de Prusse par la France et l'Espagne; il mourut avant la paix de ces deux couronnes avec l'Empereur et l'Empire, qui ne fut conclue qu'un an après, et par laquelle son fils fut reconnu partout roi de Prusse.

Les électeurs de Cologne et de Bavière arrivèrent, le premier à Paris, dans une maison du quartier de Richelieu que son envoyé lui avoit meublée; l'autre dans une petite maison à Suresne, dans leur incognito ordinaire. Peu de jours après, l'électeur de Cologne vit le Roi fort courtement, mené dans son cabinet par le petit escalier de derrière, après le sermon, par Torcy; deux jours après, le Roi reçut l'électeur de Bavière en même lieu et à même heure et de la même façon; mais l'électeur demeura longtemps avec lui. Ils ne couchèrent ni l'un ni l'autre à Versailles.

Il est temps maintenant de parler d'un règlement que j'obtins en ce temps-ci, pour le gouvernement de Blaye. et qui seroit peu intéressant ici sans les suites étrangères qu'il causa. On a vu ailleurs que les usurpations du maréchal de Montrevel et ses procédés là-dessus n'avoient pu être arrêtés par tout ce que j'y mis du mien, et com-

---

1. Telle est ici l'orthographe de Saint-Simon. Voyez tome II, p. 412 et note 1.

ment il ne voulut plus de l'arbitrage de Chamillart dès qu'il fut tombé, et refusa ensuite au maréchal de Boufflers de s'en mêler. On a vu aussi que cela m'avoit empêché d'aller en Guyenne, quand, après l'étrange effet du pari de Lille, je voulus me retirer tout à fait de la cour. Lassé des impertinences continuelles d'un fou, qui l'étoit au point de dire dans Bordeaux qu'il ne m'y donneroit pas la main, et de se faire moquer de lui là-dessus par l'archevêque, le premier président, l'intendant et par tout le monde, je songeai, à la mort du duc de Chevreuse, à rendre mon gouvernement indépendant de celui de Guyenne. La Vrillière se chargea de le proposer au Roi, qui reçut si bien la chose, que j'eus tout lieu de l'espérer. Mais lorsque bientôt après je vis le gouvernement de Guyenne donné au second fils de M. du Maine, je compris qu'il ne pouvoit plus s'en parler; mais je voulois sortir d'affaires et savoir à quoi m'en tenir. Je pris donc le parti d'aller à M. du Maine, de lui parler en deux mots des entreprises continuelles du maréchal de Montrevel, de lui dire à quoi pour cela j'avois pensé et fait parler au Roi à la mort de M. de Chevreuse, que je cessois d'y penser dès que M. d'Eu avoit la Guyenne, mais que je le priois de trouver bon que je lui apportasse un mémoire de l'état des questions, de mon droit, raisons et usages; qu'il voulût bien en demander autant au maréchal de Montrevel des siennes, que je savois qui alloit arriver à Paris, de juger lui-même les questions et les prétentions entre Monsieur son fils et moi, puisque Montrevel n'en tenoit que la place, de demander après au Roi de tourner en règlement perpétuel ce qu'il auroit jugé, afin que je m'ôtasse de la tête ce qui me seroit ôté, et qu'une fois pour toutes aussi je demeurasse certain et paisible dans ce qui me seroit laissé.

M. du Maine qui, de sa vie, quoi que j'eusse fait, n'avoit cessé de me rechercher, me combla de politesse et de remerciements d'un tel procédé, et accepta ce que je lui proposois. Montrevel arriva; il n'osa éviter le règlement, et d'en passer par où M. du Maine jugeroit à propos ; mais il fut si fâché de se voir au pied du mur sur des usurpations sans fondement, que je m'aperçus qu'il me saluoit fort négligemment, avec une affectation marquée, lorsque je le rencontrois ; et à Marly, où il vint, cela étoit continuel, tellement que je me mis à le regarder entre deux yeux, et à lui refuser le salut tout net. Au bout de quelques jours de cette affectation de ma part, voilà un homme hors des gonds, qui va trouver M. du Maine, qui dit que je l'insulte, et qui se met aux plaintes les plus vives. J'allai peu après chez M. du Maine pour mon affaire. A la fin de la conversation, il me parla de celle que le maréchal avoit eue avec lui, et me demanda ce que c'étoit que cela. Je le lui dis et j'ajoutai que je ne craignois pas, depuis que je vivois dans le monde, d'être accusé de manquer de politesse avec qui que ce fût, mais que je n'étois pas accoutumé aussi que qui que ce fût s'avisât de prendre des airs avec moi ; que ceux de Montrevel m'avoient engagé à lui marquer que je méprisois les fats et les matamores, et que je ne le faisois que pour qu'il le sentît. M. du Maine me voulut arraisonner sur le lieu où nous étions, sur ce qui pouvoit résulter d'être ainsi sur le pied gauche avec un homme qu'on rencontroit à tous moments, et qu'il y avoit des sottises dont il ne falloit pas s'apercevoir, ou en rire. Je répondis que j'en riois aussi, mais que de laisser faire des sottises à mon égard, je n'y étois pas accoutumé, et que le maréchal m'y accoutumeroit moins qu'homme du monde ; que je comprenois fort bien, le connoissant aussi fou qu'il étoit, qu'il étoit capable d'une incartade, mais que je me croyois bon aussi pour la lui faire rentrer au corps, et le Roi trop juste pour ne s'en pas prendre à qui la feroit, non à qui l'essuieroit et la repousseroit, et qu'en deux paroles Montrevel pouvoit compter que je ne changerois pas de manières avec lui qu'il n'en changeât et totalement le premier avec moi ; qu'au demeurant s'il n'étoit pas content il n'avoit qu'à prendre des cartes. Je me séparai là-dessus d'avec M. du Maine, qui ne trouva point mauvais ce que je lui dis, mais qui auroit desiré autre chose.

Je n'ai point su ce qu'il dit à Montrevel, mais à deux jours de là, je fus surpris de voir Montrevel, qui m'évitoit souvent, et qui pouvoit alors le faire aisément, m'attendre à sa portée, et me faire devant beaucoup de monde dans le salon la révérence du monde la plus profonde, la plus marquée, la plus polie. Je la lui rendis honnête, et depuis ce moment-là la politesse qu'on se doit les uns aux autres demeura rétablie entre nous. Je pressois M. du Maine, le maréchal tiroit de longue. Il se fioit pourtant à ce goût bizarre et constamment soutenu que le Roi avoit eu pour lui toute sa vie, en la protection secrète du maréchal de Villeroy, qui étoit son ami de fatuité et de vieille galanterie, mais qui ne vouloit pas se montrer contre moi, enfin dans l'intérêt du comte d'Eu, qu'il soutenoit devant son père, parce qu'il faisoit toutes les fonctions de gouverneur de Guyenne. Nous étions, lui et moi, fort éloignés de compte; il prétendoit beaucoup plus qu'aucun gouverneur de province sur aucun gouverneur particulier dont le gouvernement étoit entièrement assujetti au gouvernement général de la province. Moi, au contraire, je ne lui voulois passer aucune autorité sur moi, ni de se mêler en aucune sorte de quoi que ce pût être de civil ni de militaire dans toute l'étendue de mon petit gouvernement, qui étoit beaucoup moins que les gouverneurs de province n'en avoient sur les gouverneurs et les gouvernements de leur dépendance, laquelle toutefois je reconnoissois, mais en gros. Les choses s'étoient toujours passées ainsi entre M. le prince de Conti, M. d'Espernon, et tous les gouverneurs et commandants de Guyenne et mon père, et j'avois preuves écrites et par lettres de ces gouverneurs ou commandants de la province et par des décisions et des ordres du Roi, de tout ce que je prétendois.

Montrevel, au contraire, n'en pouvoit fournir aucune,

mais il comptoit que ses cris, la musique de son discours, dont la singulière harmonie suppléoit à son avis au sens commun qu'il n'avoit guère, son mérite, ses dignités militaires, l'usage de tous les autres gouverneurs ou commandants généraux des provinces, sa faveur, son importance, la considération de l'engagement où il s'étoit mis, lui feroit emporter le tout, sinon la plus grande partie, de ses usurpations. La chose m'étoit encore plus importante qu'à tout autre gouverneur dépendant; il n'y a que les princes du sang qui, sans être dans leur gouvernement, y donnent leurs ordres sans lesquels il ne s'y fait rien, à qui ceux qui ont le commandement en leur absence rendent compte de tout, et qui y commandent absents comme présents. Mon père étoit dans ce même usage; le Roi l'y avoit mis et maintenu dans le souvenir de l'important service qu'il lui avoit rendu par ce gouvernement pendant les troubles, dont j'ai parlé au commencement de ces *Mémoires*. Après lui je m'y étois maintenu contre diverses attaques, où le Roi avoit imposé en ma faveur, et par des ordres écrits par le secrétaire d'État, tellement que j'avois toute la raison, le droit et l'intérêt de ne pas subir le joug audacieux et nouveau de ce vieux bellâtre. M. du Maine eut avec lui des conversations fréquentes, la Vrillière, secrétaire d'État de la province, pareillement, et l'un et l'autre tant qu'il voulut; mais après tout il fallut finir.

La Vrillière dressa donc un projet de règlement avec M. du Maine pour le rapporter au Roi en vingt-cinq articles, parce que j'avois demandé que tout fût bien distinct et expliqué pour ne m'exposer pas à des queues et à de nouvelles contestations. Outre que mon droit étoit clair et prouvé, et l'usage constant et constaté jusqu'aux entreprises de Montrevel contre lesquelles, dès la première, j'avois toujours réclamé, la Vrillière étoit mon ami, et de père en fils intime, et M. du Maine avoit grand desir de m'obliger en chose qu'il me voyoit fort sensible, et dont il jugeoit que son fils n'useroit jamais que par procureur, et il n'étoit pas fâché d'une occasion à se montrer équitable contre son propre fils, et de ne négliger rien pour émousser l'envie que ce nouveau présent avoit ranimée. Enfin le dimanche, 19 mars, après le sermon, le règlement fut décidé par le Roi dans son cabinet avec M. du Maine et la Vrillière seuls, et des vingt-cinq articles j'en gagnai vingt-quatre à pur et à plein. L'unique que je perdis fut que le gouverneur ou le commandant général de Guyenne, venant dans Blaye même, ville et citadelle, en absence et en la présence du gouverneur de Blaye, y seroit accompagné de ses gardes en bandolières[1] et en casaques. J'avois voulu pourvoir à la folie de la main que Montrevel avoit débitée qu'il ne me donneroit pas chez lui, mais je n'avois pas cru devoir permettre que cette impertinence parût dans le règlement avoir été imaginée. Cet article porta donc que les gouverneurs ou commandants généraux de Guyenne et le gouverneur de Blaye, se trouvant ensemble dans la province, et étant tous deux officiers de la couronne, vivront ensemble suivant le rang de leurs offices de la couronne.

Par cette décision, non-seulement le maréchal de Montrevel ne put plus me contester la main dans sa maison, mais il fut mis hors d'état d'oser me contester la préséance sur lui partout, hors dans la mienne, comme je le prétendois bien aussi. Il fut enragé, outré, et ne put se tenir les deux premiers jours. Je ne sais qui lui fit sentir sa folie, et combien il déplairoit au Roi et à M. du Maine, et me donneroit lieu de me moquer de lui : cela le fit passer d'une extrémité à l'autre. Il débita qu'il avoit obtenu tout ce qu'il desiroit, fit la meilleure mine qu'il put, mais il ne sut durer vis-à-vis de moi, et au bout de huit jours il s'en retourna brusquement en Guyenne. Ce règlement portoit qu'il seroit enregistré dans l'hôtel de ville de Blaye ; je n'y perdis pas de temps, et le maréchal

---

1. Telle est bien l'orthographe de Saint-Simon.

en arrivant à Bordeaux en trouva partout des copies répandues qui le comblèrent de rage et de fureur. Ce fut pourtant une rage mue[1], car je fis diverses punitions, et même emprisonner des bourgeois de Blaye, et longtemps, pour lui avoir porté des plaintes, leur faisant dire publiquement que c'étoit précisément pour cela, et je le fis publier. Le maréchal avala la pilule et n'osa ni branler ni se plaindre. Oncques depuis il ne se mêla de quoi que ce pût être du gouvernement de Blaye, et nous n'avons pas ouï parler l'un de l'autre.

J'aurois été infiniment content sans l'incroyable noirceur de Pontchartrain. On a vu qu'ayant les plus fortes raisons de contribuer à sa perte, et ayant tout à fait rompu avec lui, bien loin de lui nuire je l'avois sauvé; que de là j'avois fait le raccommodement et la réunion sincère de son père avec le duc de Beauvillier, malgré ce dernier, lors tout-puissant, et que de là j'étois rentré dans les termes ordinaires avec Pontchartrain, qui, à l'exemple de son père, n'avoit pu se dispenser de me combler de remerciements et de protestations de reconnoissance éternelle. Cette reconnoissance néanmoins n'avoit pas encore été jusqu'alors à ôter ce qui avoit été entre nous la pierre de scandale. Il ne me parloit point des milices de Blaye, ni de ses officiers garde-côtes, et moi je ne lui en voulois rien dire, et j'attendois toujours. C'étoit à Marly que j'avois vu assez souvent M. du Maine; je n'avois pas accoutumé d'aller chez lui qu'aux occasions de compliments de tout le monde. Marly est fait de façon que chacun voit où on va, surtout aux pavillons et à la Perspective, où M. du Maine avoit son appartement fixe. Pontchartrain étoit grand fureteur, même des choses les plus indifférentes : il sut ces visites redoublées; il en fut d'autant plus surpris que j'avois trop vécu avec lui pour qu'il ignorât mon sentiment sur les bâtards. Il m'en parla, je répondis simplement que j'allois quelquefois voir M. du

---

1. On appelle *rage mue*, d'après le *Dictionnaire de l'Académie* (1694), « la rage où l'animal atteint de cette maladie écume et ne mord pas. »

Maine. La réponse excita encore sa curiosité. Il sut, je n'ai jamais su comment, de quoi il s'agissoit. Il prévint le Roi sur ses garde-côtes, tellement que le règlement fait et décidé, et les milices de Blaye décidées de tous points appartenir à la nomination et à l'administration du gouverneur de Blaye, le Roi de lui-même ajouta : « sans préjudice à l'entier effet de l'édit de création des capitaines garde-côtes, » moyennant quoi ayant gagné tout ce que je prétendois sur les milices de Blaye contre les gouverneur et commandants généraux de Guyenne, je le perdois en plein contre Pontchartrain et ses capitaines gardecôtes. C'étoit à Versailles où le règlement fut fait, et où j'appris en même temps ce tour de Pontchartrain. Il est aisé de comprendre à qui a vu ce qui s'étoit passé là-dessus, et depuis, à quel point j'en fus indigné.

J'allai trouver la Chapelle, un des premiers commis de Pontchartrain et son affidé et à son père, qui s'étoit en dernier lieu mêlé de cette affaire entre nous, et qui savoit ce que j'avois fait pour Pontchartrain avec M. de Beauvillier, et le raccommodement de ce duc avec son père. Je contai à la Chapelle ce qui venoit de m'arriver, et tout de suite j'ajoutai que je savois parfaitement toute la disproportion de crédit et de puissance qu'il y avoit entre un secrétaire d'État et moi, mais que je savois aussi qu'on réussissoit quelquefois dans un objet quand on y postposoit[1] toutes choses, et que bien fermement je sacrifierois tout et ma propre fortune, grandeur, faveur, biens et tout ce qui pourroit me flatter en ma vie, à la ruine et à la perte radicale de Pontchartrain, sans que rien me pût jamais détourner d'y travailler sans cesse, et d'y mettre tout ce qui seroit en moi, sans qu'il y eût considération quelconque qui m'en pût détourner un seul instant, et qu'avec cette suite et ce travail infatigable, quelquefois on parvenoit à réussir dans un temps ou dans un autre. La Chapelle eut beau chercher à m'apaiser et des expé-

---

1. Voyez tome V, p. 223 et note 2, et tome VIII, p. 423.

dients sur la chose, je lui dis que je n'en voulois ouïr parler de ma vie; que Pontchartrain jouiroit de mes milices en pleine tranquillité, et moi de l'espérance, et du plaisir de travailler de tout mon esprit et de tout ce qui seroit en moi et sans relâche à le perdre et à le culbuter; et je sortis de sa chambre, qui étoit tout en haut chez Pontchartrain au château. La Chapelle, dans l'effroi de la fureur avec laquelle je lui avois fait une déclaration si nette, descendit sur-le-champ chez le chancelier, à qui il conta tout. Il n'y avoit pas une demi-heure que je m'étois renfermé dans ma chambre qu'un valet de chambre du chancelier vint me prier instamment de sa part de vouloir bien aller sur-le-champ chez lui. Je m'y rendis.

Je le trouvai qui se promenoit seul dans son cabinet, fort triste et l'air fort en peine. Dès qu'il me vit : « Monsieur, me dit-il, qu'est-ce que la Chapelle vient de me conter? cela peut-il être possible? — Et de quoi s'est-il avisé, Monsieur, répondis-je, de vous l'aller conter? » Le chancelier me redit mot pour mot ce que j'avois dit à la Chapelle; je convins qu'il n'y avoit pas un mot de changé, et j'ajoutai que c'étoit ma résolution bien ferme et bien arrêtée dont rien dans le monde ne m'ébranleroit; que j'étois fâché que la Chapelle eût été indiscret; mais que, puisqu'il l'avoit été jusqu'à la lui dire, j'étois trop vrai pour la lui dissimuler. Il n'y eut rien que le chancelier ne me dît et n'employât pour me toucher. Je lui remis le fait de Marly, et celui de Fontainebleau, et ce qui s'étoit passé auparavant entre son fils et moi qui m'avoit publiquement brouillé avec lui et fait cesser de le voir, et je lui paraphrasai l'ingratitude dont il payoit de l'avoir empêché d'être chassé et remis en selle.

Le chancelier convint de l'infamie, mais toujours cherchant à me toucher sur lui-même, sur la chancelière, sur la mémoire de sa belle-fille, sur ses petits-fils; moi à lui répondre que tout cela n'empêchoit pas que son fils ne fût un monstre également détestable et détesté, et qui m'avoit mis au point de tenter tout pour en avoir justice, et pour le perdre si radicalement qu'il n'en pût jamais revenir ; que je connoissois en plein l'inégalité infinie des forces, mais que je savois aussi que, quand on étoit bien déterminé à ne rien craindre et à tout tenter, à ne se rebuter ni de la longueur ni des obstacles, quelquefois les cirons parvenoient à renverser des colosses, et que c'étoit à quoi je sacrifierois biens, repos, fortune, sans que nulle considération quelconque m'en pût ralentir un instant. Je ne voulus tâter d'aucun expédient dont il me rendit le maître sur l'affaire qui m'irritoit. Je lui dis que je me confessois vaincu, et son fils avec ses garde-côtes maîtres de mes milices ; qu'il pouvoit jouir en plein de sa victoire, que je n'y mettrois pas le plus léger obstacle ; mais de les recevoir de sa bonté, de sa grâce, de l'honneur de sa protection, après me les avoir arrachées en dol et en scélératesse, que j'aimerois mieux perdre mon gouvernement avec elles, que de lui devoir quoi que ce fût, parce que tout ce que je lui voulois devoir, et l'en payer comptant autant qu'il me seroit jamais et dans tous les temps possible, c'étoit haine mortelle et complète éradication.

Jamais je ne vis homme si profondément touché, ni si totalement confondu. Ce qu'avoit fait son fils, ce que, malgré son forfait, j'avois fait pour lui, et la scélératesse dont il payoit cet extrême service, accabloit le père, qui ne trouvoit rien à y opposer. Il me connoissoit jusque dans les moelles. Il sentoit que je tiendrois exactement parole, et que, quel que fût le puissant établissement de son fils, un ennemi nerveux, implacable, qui se donne pour tel, qui met le tout pour le tout, et qui est incapable de lâcher prise, est toujours fort dangereux contre un homme aussi haïssable et aussi universellement haï qu'il savoit qu'étoit son fils. Il étoit de tout temps mon ami le plus intime après le duc de Beauvillier ; il voyoit le Roi vieillir ; il n'ignoroit pas à quoi j'en étois avec M. le duc de Berry et ce que je pouvois auprès de M. le duc d'Orléans par l'amitié d'enfance et les services que je lui avois rendus en tous genres de la plus extrême importance, et le seul homme qui, vis-à-vis du Roi, de Monseigneur, de Mme de Maintenon et de la plus affreuse cabale, n'avoit jamais rougi de lui. Le chancelier en trembloit pour son fils, et ne savoit que dire ni que faire. Un silence assez long succéda à une conversation si forte. De temps en temps ses yeux tournés sur moi me parloient avec honte et tendresse, et nous nous promenions par ce cabinet. Je lui dis que je le croyois trop juste pour cesser de m'aimer pour avoir été poignardé par son traître de fils, et d'une façon bien pire que gratuite; que je le plaignois bien de l'avoir engendré; mais que je redoublerois pour lui d'attachement, de respect, de tendresse, pour lui faire oublier, s'il étoit possible, les justes et invariables dispositions qu'il venoit de me forcer de lui montrer. Il m'embrassa; il me dit que, quand il voudroit ne me plus aimer, cela ne lui seroit pas possible; que j'étois trop en colère pour me parler davantage, mais qu'il ne vouloit point cesser d'espérer de mon amitié pour lui, de mes réflexions, du bénéfice du temps. Nous nous embrassâmes encore, moi sans rien répondre, et nous nous séparâmes ainsi.

J'eus le lendemain la même scène avec la chancelière. Je ne fus avec elle ni moins franc, ni moins ferme, ni plus mesuré. Le père et la mère connoissoient également leur fils; mais la mère, quoique traitée par lui avec moins d'égards encore que le père, avoit pour lui un foible et une tendresse que le père n'avoit pas. Elle ne put néanmoins ne pas convenir du guet-apens[1], et des précédents torts de son fils avec moi, et de l'excès de son ingratitude; mais elle revenoit toujours au pardon et aux expédients. Je me tirai d'avec elle par tous les respects et les amitiés personnelles, mais sans foiblir le moins du monde. Mme de Saint-Simon eut incontinent son tour; sa piété, sa douceur, sa sagesse la rendirent modérée en expressions,

---

1. *Guet a pend*, au manuscrit. Voyez tome VII, p. 460.

mais n'altérèrent point ce qu'elle se devoit à elle-même, et elle ne fit que s'affliger avec eux. Ils me firent parler par le premier écuyer, qui n'y gagna pas plus qu'eux. Je cessai de voir Pontchartrain, même de l'approcher et de lui parler en lieux publics, comme chez le Roi et à Marly, et à peine le saluai-je; lui, d'un embarras le plus grand du monde sitôt qu'il m'apercevoit, et force révérences.

Je redoublai de voir le chancelier et la chancelière; je demeurai avec eux tout comme j'y étois devant : ils espéroient par là m'apaiser peu à peu à la longue; et les choses en demeurèrent ainsi. Je ne fis pas semblant dans le monde de cette restriction du règlement; je remerciai le Roi de la justice qu'il m'avoit faite, mais je dis mon avis sur Pontchartrain à M. du Maine, en le remerciant, qui se montra à moi fort choqué de la réserve sur les garde-côtes, et ne connoître pas moins et n'aimer pas mieux Pontchartrain que moi. La Vrillière, qui savoit l'affaire dès son origine, et tout ce qui s'y étoit passé, comment j'avois sauvé Pontchartrain dans le temps même que j'avois le plus lieu de m'en plaindre, fut indigné de ce dernier trait, et ne me cacha rien de ce qu'il pensoit de son perfide cousin, que d'ailleurs il n'aimoit pas, et dont il étoit traité avec la hauteur de grand et important ministre, quoique secrétaire d'État comme lui. La vérité étoit que les deux charges étoient fort inégales. On verra dans la suite ce que ce forfait de Pontchartrain lui coûta.

CHAPITRE XX.

Extraction abrégée de Tallart. — Mariage de son fils avec une fille du prince de Rohan. — Fiançailles du duc de Tallart et de la fille du prince de Rohan dans le cabinet du Roi, et la cause de cet honneur. — Signature du Roi par lui déclarée de nul poids aux contrats de mariage hors sa famille. — Adresse, puis hardiesses des secrétaires d'État pour se décrasser de leur qualité essentielle de notaires publics et de secrétaires du Roi. — Maréchal de Tallart signe partout au-dessus du prince de Rohan, et le duc de Tallart au-dessus de sa future. — Abus faux d'une galanterie du Roi, dont les Rohans tâchent d'abuser le monde. — Renonciations. — Réflexions sommaires. — Pairs conviés de la part du Roi, chacun par le premier maître des cérémonies, de se trouver au Parlement. — Embarras de M. le duc de Berry pour répondre au compliment du premier président, comment levé. — Ducs de Berry et d'Orléans vont de Versailles au Parlement. — Messe à la Sainte-Chapelle. — Marche de la Sainte-Chapelle à la grand'chambre. — Séance en bas. — Pairs séants et absents; nombre de pairs et de pairies. — M. le duc de Berry demeure court. — Entre-deux de séance. — M. le duc de Berry et tous pairs en séance en haut. — Orgueilleuse lenteur des présidents à revenir en place, pour lesquels nul ne se lève. — Séance en haut. — Deux petites aventures risibles. — Levée de la séance et sortie. — Dîner au Palais-Royal. — Retour à Versailles. — Indiscret compliment de Mme de Montauban à M. le duc de Berry. — Désespoir et réflexions de M. le duc de Berry.

Le maréchal de Tallart avoit deux fils, dont l'aîné, qui promettoit, avoit, comme on l'a dit en son lieu, été tué à la bataille d'Hochstedt. Il ne lui en restoit plus qu'un qui avoit quitté le petit collet à la mort de son frère, et qui avoit un régiment d'infanterie, à l'établissement duquel son père n'avoit pu pourvoir pendant sa longue prison. Quoique d'assez bonne noblesse, elle n'étoit pas illustrée, et par conséquent peu connue. Point de grands fiefs, peu d'emplois et dans le plus médiocre, des mères comme eux au plus, excepté une Montchenu, une Beauffremont, une Gadagne, et tout cela en diverses branches et moderne; la Tournon et la d'Albon toutes récentes. Le père du maréchal étoit puîné de la Tournon et fit sa branche. Il épousa, en 1646, Cath. de Bonne, fille d'Alex. seigneur d'Auriac et vicomte de Tallart, qui venoit d'un frère puîné du trisaïeul du connétable de Lesdiguières et de M. de Neuville, fille du marquis d'Alincourt, gouverneur de Lyon, Lyonnois, etc., et de sa seconde femme Harlay Sancy, sœur de père et de mère du premier maréchal de Villeroy, laquelle se remaria à Louis-Ch. de Champlais, sieur de Courcelles, lieutenant d'artillerie, sous le nom duquel elle a tant fait parler d'elle, et est morte fort vieille en 1688. Par ce mariage il eut la terre de Tallart, dont il porta le nom, et par le premier maréchal de Villeroy, frère de sa femme, il fut sénéchal de Lyon, et commanda dans le gouvernement du maréchal de Villeroy en son absence. De ce mariage est venu le maréchal de Tallart, qui étoit ainsi cousin germain du second maréchal de Villeroy, dont il tira toute sa protection toute sa vie. Il avoit donc grand besoin d'alliance ; et comme il étoit riche et grandement établi, surtout esclave de toute faveur, et aboyant toujours après elle, tout lui fut bon pour faire nager son fils, par conséquent lui-même, en toute sorte d'éclat. Celui des Rohans étoit lors en tout son brillant, et il crut, en s'amalgamant à eux, arriver au plus haut de la fortune.

Le prince de Rohan avoit un fils unique et trois filles, toutes trois belles. Ce fut où Tallard adressa ses vœux. Le maréchal de Villeroy étoit de tous les temps plus que l'ami intime de la duchesse de Ventadour. Son grand état, ses grands biens, la perspective de sa place dans le lointain, une grande amitié l'unissoit avec grand poids aux Rohans. Il s'agissoit d'une de ses petites-filles. Tallart s'accommodoit de tout, pourvu qu'il en pût obtenir une ; par cette voie et à ces conditions cela lui fut bientôt accordé. Le prince de Rohan vouloit marier ses filles pour l'honneur et le crédit de leur alliance, réserver tout à son fils, substituer tout à son défaut et de ses fils, aux Guémenés, leur marier une de ses filles convenable en âge, et donner gros à celle-là aux dépens des deux autres. Les biens, la dignité, le gouvernement de Tallart, qu'ils espérèrent faire tomber à son fils, un fils unique, l'esprit accort du père qu'ils comptoient mettre dans leur dépendance, toujours actif, occupé et plein de vues dont ils espéroient bien profiter, tout cela leur plut et le mariage fut bientôt conclu, et le maréchal se démit de son duché en faveur de son fils.

Le Roi, lassé de faire dans son cabinet des fiançailles d'autres que des princes du sang, qui s'étoient hasardés quelquefois à lui en faire sentir l'indécence, ne put en refuser une encore plus marquée à la petite-fille de celle qu'il avoit tant aimée, et pour l'amour de laquelle il avoit princisé les Rohans. Cet honneur des fiançailles dans le cabinet du Roi, qui est une des distinctions que les princes étrangers ont emblée[1], ne s'accorde régulièrement que lorsque l'époux et l'épouse sont l'un et l'autre de ce rang. Le Roi passa outre en faveur de la fille du fils de Mᵐᵉ de Soubise, quoiqu'elle ne fût plus, mais dont la constante faveur porta sans cesse sur sa famille. Ainsi le mardi 14 mars, les fiançailles se firent dans le cabinet du Roi par l'évêque de Metz, premier aumônier, avec tout l'apparat possible, sur les six heures du soir; le prince de Rohan prit pour soi et pour sa fille toutes les qualités de prince qu'il lui plut, que le maréchal de Tallart ne lui contesta pas dans le contrat de mariage, et il n'y eut point de difficulté pour la signature du Roi, qui avoit déclaré depuis très-longtemps que sa signature aux contrats de mariage hors de sa famille, n'étoit que pour l'honneur, et qu'elle n'approuve, ne donne et ne confirme quoi que ce soit dans ces actes, et ne donne aucun poids à rien de ce qui s'y met.

C'est, pour le dire en passant, ce qu'ont saisi les secrétaires d'État pour décrasser leur existence. Elle étoit toute en leur qualité de notaires du Roi. C'est par cette qualité que leur signature est devenue nécessaire à tous les actes que le Roi signe et qui la rend valide par la force que lui donne l'attestation de la leur, que cette signature du Roi est de lui-même, et n'est pas fausse et supposée, ce qui opère qu'elle ne vaudroit pas seule sans celle du secrétaire d'État. Deux secrétaires d'État signoient donc toujours tous les contrats de mariages[2] que le Roi signoit, en qualité de ses notaires, et ils sont si bien notaires, que s'ils vouloient passer des actes entre particuliers comme font les notaires, et les signer deux, il n'y seroit pas besoin d'autres notaires. Depuis que l'avilissement

---

1. Voyez tome I, p. 46 et note 1, et tome II, p. 245 et note 1.
2. Il y a bien ici *mariages*, au pluriel.

et la confusion a prévalu par maxime de gouvernement, que par là les secrétaires d'État ont commencé à devenir des métifs[1], puis des singes, des fantômes, des espèces de gens de la cour et de condition, enfin admis et associés en toute parité aux gens de qualité, et que le Roi a signé les contrats de mariage de quiconque a voulu lui en présenter, jusque des personnes les plus viles, les secrétaires d'État se sont abstenus d'y signer, et en ont laissé la fonction aux notaires. Restoient ceux qui étoient signés en cérémonie aux fiançailles qui se faisoient dans le cabinet du Roi, où les secrétaires d'État n'avoient osé secouer leur fonction de notaire.

Les qualités des parties prétendues dans les contrats ne firent point de difficulté tant que cet honneur des fiançailles dans le cabinet du Roi fut réservé aux princes qui étoient de maison souveraine ou de celle de Longueville, dont la grandeur des services, des emplois et des alliances continuelles étoit parvenue à la même égalité, même avec des avantages sur les véritables princes des maisons de Lorraine et de Savoie. Mais lorsque les Bouillons, à force de félonies et d'épouvanter le cardinal Mazarin, furent devenus princes; que les Rohans, à force de fronde, de troubles, de manéges et d'art eurent commencé à pointer, et que la beauté de Mme de Soubise eut achevé ce que la faveur et les intrigues de la fameuse duchesse de Chevreuse et de la princesse de Guémené, sa belle-sœur, avoient commencé, les titres pris dans les contrats de mariage de ces princes factices, que les véritables ne leur passoient point avec eux, firent difficulté et furent longtemps sans pouvoir être admis. D'autres particuliers, excités par la facilité de prétendre et d'entreprendre, se mirent à en hasarder aussi.

Ces discussions, quoique si faciles à trancher court, fatiguèrent le Roi, qui ne vouloit ni les confirmer ni les admettre, mais à qui, dans l'esprit qu'il avoit pris, les

---

1. Saint-Simon écrit bien *métifs*.

prétentions et les confusions plaisoient. C'est ce qui produisit cette déclaration qu'il fit, que sa signature n'autorisoit et ne confirmoit rien dans les contrats de mariage hors de sa famille, et qu'elle n'étoit simplement que d'honneur; de là peu à peu les secrétaires d'État lui représentèrent l'effet confirmatif de leur signature apposée aux actes qu'il signoit. Ils se gardèrent bien de lui expliquer qu'elle n'étoit confirmative que parce qu'elle attestoit que c'étoit celle du Roi, et que par conséquent elle ne pouvoit pas opérer plus que celle du Roi. Ils lui firent peur pour la confirmation et l'autorisation de titres qu'il ne vouloit ni donner ni passer, d'un acte qui les porteroit passé devant eux et signé du Roi et d'eux, et par cette industrie ils lui firent trouver bon qu'ils se dispensassent désormais de passer et de signer aucun de ces contrats de mariages comme secrétaires d'État, même ceux des vrais princes, où il n'y auroit point de difficulté pour les titres, afin de ne point marquer de différence, et de les laisser tous aux notaires dans l'ordre ordinaire, excepté ceux de sa famille. C'est ainsi que les secrétaires d'État se sont peu à peu défaits de la crasse de leur origine, et sont parvenus où on les voit. Mais ce dépouillement ne leur a pas suffi encore : ils ne pouvoient signer le nom du Roi dans tout ce que leurs bureaux expédient, que par la qualité de secrétaire du Roi.

Ce reste de bourgeoisie, quoique moins fâcheux que le notariat, leur a déplu. Mais de pygmées ils étoient devenus géants, et s'étoient enfin débarbouillés de l'étude de notaires; c'en étoit assez pour un règne, quelque prodigieux qu'il eût été. Ils en attendirent un autre : tout y fut pour eux à souhait. Un roi qui ne pouvoit ni voir ni savoir, un homme de leur espèce, maître absolu et sans contradiction du Roi et de l'État, et qui souffloit et protégeoit la confusion par son intérêt propre, qui monta au comble avec l'anéantissement de tout; un chancelier à qui les exils n'avoient laissé que la terreur et une flexibilité de girouette, la conjoncture ne pouvoit pas être plus favorable pour secouer leur état essentiel de secrétaires du Roi, sans que ceux-là osassent branler, ni le chancelier, leur protecteur né, ouvrir la bouche. Ils se dressèrent donc à eux-mêmes des lettres qui les autorisèrent à signer le nom du Roi sans être secrétaires du Roi, les présentèrent hardiment au sceau, et le chancelier les scella sans oser dire une seule parole. Dès que cela fut fait, ils vendirent leurs charges de secrétaire du Roi, et ceux qui sont parvenus depuis aux charges de secrétaires d'État, et qui n'en avoient point de secrétaires du Roi, se sont bien gardés d'en prendre, quoique cela fût indispensable auparavant. De cette façon, ceux qui n'étoient rien sont enfin devenus tout, jusqu'à dépouiller leur origine essentielle qui leur faisoit honte, et comme les bassins de la balance, ceux qui étoient tout et d'origine et d'essence sont tombés au néant.

Pour revenir aux fiançailles, le Roi, toujours galant et touché des figures aimables, plus encore du tendre souvenir de la grand'mère de la fiancée, dit au duc de Tallart qu'il le croyoit trop galant pour signer le premier, et fit signer sa future; mais il lui marqua lui-même l'endroit pour y signer, mettant le bout du doigt sur le papier, puis fit signer le duc de Tallart au-dessus d'elle, dont il lui avoit fait laisser la place. Le maréchal de Tallart alla signer immédiatement ensuite, et aussitôt après lui le prince de Rohan. Ce détail, ils n'en parlèrent pas. Ils espérèrent apparemment que la nombreuse assistance ou l'oublieroit ou pourroit ne l'avoir pas remarqué, et débitèrent la galanterie du Roi comme un avantage de princerie qu'il avoit décidé pour eux. Ils firent courir partout ce mensonge qui persuada les provinces et ceux qui sont ignorants de ces sortes de choses. Les autres se moquèrent d'eux, et les Tallarts, contents de la réalité et d'en avoir la preuve par le contrat de mariage même, où l'ordre des signatures démentoit la fausse vanterie, et les articles aussi où le maréchal de Tallart avoit encore signé devant le prince de Rohan, et le registre encore du curé, ne firent semblant de rien. A minuit le mariage fut célébré par le cardinal de Rohan dans la chapelle, où le Roi ni aucun prince ni princesse n'allèrent. Le curé de Versailles dit la messe. Il y avoit force conviés partagés à souper en quatre lieux différents, qui furent chez Mme de Ventadour où furent les mariés, chez le maréchal de Tallart, chez le prince de Rohan et chez le cardinal de Rohan. Le lendemain elle reçut, sur le lit de la duchesse de Ventadour, les visites de toute la cour et celles que les duchesses ont accoutumé de recevoir des personnes royales.

L'affaire des renonciations étoit mûre. La paix étoit arrêtée. Le Roi étoit pressé de la voir signée par son plus instant intérêt; et la cour d'Angleterre, à qui nous la devions toute, n'en avoit pas moins de consommer ce grand ouvrage, pour jouir, avec la gloire de l'avoir imposée à toutes les puissances, du repos domestique qu'agitoit sans cesse le parti qui lui étoit opposé, et qui, excité par les ennemis de la paix du dehors, ne pouvoit cesser de donner de l'inquiétude au ministère de la Reine, tant que par le délai de la signature, les vaines espérances de la troubler et de l'empêcher subsisteroient dans les esprits. Le roi d'Espagne avoit satisfait sur ce grand point des renonciations avec toute la solidité et la solennité qui se pouvoient desirer des lois, coutumes et usages d'Espagne : il n'y avoit plus que la France à l'imiter.

On a dit sur cette matière tout ce dont à peu près elle se trouve susceptible, et la matière est encore plus éclaircie parmi les pièces[1]. Ce seroit donc répéter inutilement que vouloir représenter de nouveau ce que peuvent être des renonciations à la couronne de France d'un prince et d'une branche aînée en faveur de ses cadets, contre l'ordre constant, et jamais interrompu depuis Hugues Capet, sans que la France l'accepte par une loi nouvelle dérogeante à celle de tous les siècles et par une loi revêtue des formes et de la liberté qui puissent lui acquérir la force et la

---

1. Voir les pièces. (*Note de Saint-Simon.*) Voyez tome I, p. 420, note 1.

solidité nécessaire à un acte si important ; et la renonciation à leur droit à la couronne d'Espagne, uniquement fondée sur celle au droit à la France et sur l'accession plus prochaine par le retranchement de toute une branche en faveur de deux princes et de la leur, et des autres des princes du sang après, suivant leur aînesse, qui soumis au roi le plus absolu et le plus jaloux de l'être qui ait jamais régné, grand-père de l'un, oncle et beau-père de l'autre, grand-père encore d'une autre façon des deux princes du sang, sont forcés d'assister avec les pairs à la lecture et à l'enregistrement de ces actes, sans qu'avec leur lecture, on ait auparavant exposé, moins encore traité la matière, ni après, que personne ait été interpellé d'opiner, ni que, si on l'avoit été, personne eût osé dire un seul mot que de simple approbation. C'est néanmoins tout ce qui fut fait, comme on le va voir, pour opérer ce grand acte destiné à régler, d'une manière jusqu'alors inouïe en France, un ordre nouveau d'y succéder à la couronne, d'en consolider un autre guère moins étrange de succéder à la monarchie d'Espagne, et assurer par là le repos à toute l'Europe, qui ne l'avoit pu trouver à l'égard de l'Espagne seule dans la solennité des renonciations du traité des Pyrénées et des contrats de mariage de Louis XIII et de Louis XIV, tous enregistrés au Parlement, et le traité des Pyrénées et le contrat de mariage de Louis XIV avec ses plus expresses renonciations, faits et signés aux frontières par les deux premiers ministres de France et d'Espagne en personne, et jurés solennellement par les deux rois en présence l'un de l'autre, au milieu des deux cours.

On ne sent que trop l'extrême différence de ce qui se passa alors avec ce qui vient d'être présenté et qui va être raconté, et si lors de la paix des Pyrénées et du mariage du Roi, il ne s'agissoit pas d'intervertir l'ordre de la succession à la couronne de France, et d'y en établir une dont tous les siècles n'avoient jamais ouï parler.

Ce culte suprême dont le Roi étoit si jaloux pour son autorité, parce [que] son établissement solide avoit été le soin le plus cher et le plus suivi de toute sa longue vie, ne put donc recevoir la moindre atteinte, ni par la nouveauté du fait, ni par l'excès de son importance pour le dedans, pour le dehors, pour sa propre maison, ni par la considération de sa plus intime famille, ni par celle que cette idole à qui il sacrifioit tout alloit bientôt lui échapper à son âge, et le laisser paroître nu devant Dieu comme le dernier de ses sujets. Tout ce qu'on put obtenir pour rendre la chose plus solennelle fut l'assistance des pairs. Encore sa délicatesse fut-elle si grande, qu'il se vouloit contenter de dire en général qu'il desiroit que les pairs se trouvassent au Parlement pour les renonciations. Je le sus quatre jours auparavant. Je parlai à plusieurs, et je dis à M. le duc d'Orléans que si le Roi se contentoit de s'expliquer de la sorte, il pouvoit compter qu'aucun pair n'iroit au Parlement, et que c'étoit à lui à voir ce qui lui convenoit là-dessus pour tirer d'une méchante paye ce qu'il seroit possible ; mais que si les pairs n'étoient pas invités de sa part, chacun par le grand maître des cérémonies, ainsi qu'il s'est toujours pratiqué, pas un seul ne se trouveroit au Parlement. Cet avis ferme, et qui eût été suivi de l'effet, comme on a vu qu'il étoit arrivé sur le service de Monseigneur à Saint-Denis, réussit. M. le duc d'Orléans et M. le duc de Berry en parlèrent au Roi, et insistèrent, de manière que Dreux alla lui-même chez tous les pairs qui logeoient au château à Versailles, et à ceux qu'il ne trouva point leur laissa le billet qui se trouvera dans les pièces, portant que M. le duc tel est averti de la part du Roi qu'il se traitera tel jour au Parlement de matières très-importantes, auxquelles Sa Majesté desire qu'il assiste. Signé, Dreux, et daté. A ceux qui étoient à Paris, il se contenta de leur envoyer le billet : pour les princes du sang et légitimés, il fallut qu'il les trouvât, ainsi ils n'eurent point de billet. Les Anglois enfin n'ayant pu obtenir mieux, et pressés au dernier point, comme on l'a dit, de finir, voulurent bien se persuader que c'étoit tout ce qui se pouvoit faire. Voici donc enfin ce qui se fit.

La séance devoit commencer par un compliment du premier président de Mesmes à M. le duc de Berry, qui devoit lui répondre. Il en fut fort en peine. Mme de Saint-Simon à qui il s'en ouvrit, trouva moyen par un subalterne d'avoir le discours du premier président, et le donna à M. le duc de Berry pour y régler sa réponse. Cet ouvrage lui sembla trop fort : il l'avoua à Mme de Saint-Simon, et qu'il ne savoit comment faire. Elle lui proposa de m'en charger, et il fut ravi de l'expédient. Je fis donc une réponse d'une page et demie de papier à lettre commun et d'écriture ordinaire. M. le duc de Berry la trouva fort bien, mais trop longue pour l'apprendre; je l'abrégeai; il la voulut encore plus courte, tellement qu'elle n'avoit au plus que les trois quarts d'une page. Le voilà donc à l'apprendre par cœur; il en vint à bout, et la récita dans son cabinet seul à Mme de Saint-Simon la veille de la séance, qui l'encouragea du mieux qu'elle put.

Le mercredi 15 mars, je me rendis à six heures du matin chez M. le duc de Berry en habit de Parlement, et peu après M. le duc d'Orléans y vint aussi en même équipage avec une grande suite. Vers six heures et demie, ces deux princes montèrent dans le carrosse de M. le duc de Berry; le duc de Saint-Aignan et moi nous mîmes au-devant. Il étoit aussi en habit de Parlement, et il étoit premier gentilhomme de la chambre de M. le duc de Berry; à la portière, de son côté, son capitaine des gardes avec le bâton; à l'autre, le premier gentilhomme de la chambre de M. le duc d'Orléans. Plusieurs carrosses des deux princes suivirent remplis de leur suite, et force gardes de M. le duc de Berry avec leurs officiers autour de son carrosse. Il fut fort silencieux en chemin. J'étois vis-à-vis de lui, et il me parut fort occupé de tout ce qu'il alloit trouver et dire. M. le duc d'Orléans, au contraire, fut fort gai, et fit des contes de sa jeunesse, et de ses courses nocturnes à pied dans Paris, qui lui en avoient appris les rues, auxquels M. le duc de Berry ne prit aucune part. On arriva assez légèrement à la porte de la Conférence, c'est-à-dire, aujourd'hui qu'elle est abattue, au bout de la terrasse et du quai du jardin des Tuileries.

On trouva là les trompettes et les timballes des gardes de M. le duc de Berry qui firent grand bruit tout le reste de la marche, qui ne fut plus qu'au pas jusqu'au Palais, où on alla droit à l'escalier de la Sainte-Chapelle, à l'entrée de laquelle l'abbé de Champigny, trésorier, les reçut comme ils ont accoutumé de recevoir les fils de France. L'appui des deux stalles du chœur les plus proches de l'autel, du côté de l'épître, étoit couvert d'un drap de pied avec des carreaux où les deux princes se placèrent. Je laissai la troisième stalle vide, et je retirai le carreau qu'on y avoit mis à la quatrième. M. de Saint-Aignan se mit sur le sien à la cinquième. Il n'y eut point d'autres carreaux; et personne que nous ne monta dans les hautes stalles, d'un côté ni d'autre. Les officiers principaux des deux princes se mirent dans les stalles basses des deux côtés vers l'autel, laissant vides les deux qui étoient au-dessous de celles où étoient les deux princes. La Sainte-Chapelle étoit assez remplie de monde parmi lequel il y avoit des gens de qualité venus pour les accompagner, mais non dans leurs carrosses, de Versailles, où il n'y eut que leur suite.

La messe basse étant finie au grand autel, on sortit de la chapelle, à la porte de laquelle se trouvèrent deux présidents à mortier et deux conseillers de la grand'chambre, députés du Parlement pour venir recevoir M. le duc de Berry. Le court compliment reçu et rendu, on se mit en marche, les deux présidents aux deux côtés de M. le duc de Berry, derrière lequel étoit le capitaine de ses gardes avec le bâton. Il étoit précédé de M. le duc d'Orléans entre les deux conseillers; je marchois immédiatement seul devant ce prince, et le duc de Saint-Aignan seul aussi immédiatement devant moi. Les officiers principaux des deux princes et beaucoup de gens de qualité marchoient confusément devant et derrière, et les gardes de M. le duc de Berry, le mousquet sur l'épaule avec leurs officiers, côtoyoient la marche des deux côtés, et avoient grand'peine à faire faire place.

La foule du peuple, depuis la Sainte-Chapelle jusqu'à la grand'chambre, étoit telle, qu'une épingle ne seroit pas tombée à terre, et des gens grimpés de tous les côtés où ils purent. La séance étoit entière lorsque M. le duc de Berry y arriva, c'est-à-dire les princes du sang et légitimés, tous les autres pairs, tout le Parlement. Tournelle, enquêtes et requêtes étoient en place avec la grand'chambre, les conseillers d'honneur, les honoraires et quatre anciens maîtres des requêtes; toute la séance étoit en bas, et en haut et derrière la séance sur des bancs fleurdelisés pour tout ce qui avoit séance, mais qui ne pouvoit tenir dans le carré ordinaire, où il n'y eut presque de place que pour les pairs. On étoit en bas parce que ce qu'on alloit faire étoit supposé à huis clos, mais toute la grand'chambre étoit pleine en confusion de toutes sortes de personnes debout en foule. On fit asseoir sur les derniers bancs de derrière tout ce qu'on put de gens de la cour et de personnes de qualité. Les deux princes, suivis des deux présidents à mortier, traversèrent le parquet pour aller prendre leurs places ; le duc de Saint-Aignan et moi prîmes les nôtres, et entrâmes en séance immédiatement avant eux; les deux conseillers, qui à l'entrée de la séance étoient demeurés en arrière[1], gagnèrent les leurs comme ils purent. Toute la séance se leva et se découvrit à l'approche des princes de l'entrée de la séance, avant que nous y entrassions, et ne se rassit et se couvrit que lorsqu'ils s'assirent[2] et se couvrirent. Le duc de Shrewsbury, accompagné de l'introducteur des ambassadeurs et de quelques Anglois de sa suite, étoit en haut dans la

1. *En airrière*, au manuscrit.
2. Saint-Simon écrit *s'asseyrent*.

[1713]

lanterne, du côté de la cheminée, qu'on avoit préparée pour lui, comme témoin nécessaire de cet acte de la part de l'Angleterre. Je marquerai ici les pairs qui étoient en séance, et à côté ceux qui ne s'y trouvèrent pas, parmi lesquels la plupart n'avoient pas l'âge porté par l'édit de 1711 pour être reçus au Parlement. On verra ainsi tout ce qui existoit alors de ducs et pairs en France.

PAIRS EN SÉANCE.	PAIRS ABSENTS.
M. le duc de Berry.	MM. les
M. le duc d'Orléans.	Cardinal de Janson, évêque-comte de Beauvais.
MM. les	
Duc de Bourbon.	Il se mouroit, et de plus, les cardinaux pairs ne vont point au Parlement, parce qu'ils n'y seyent qu'au rang de leur pairie.
Prince de Conti.	
MM. les	
Duc du Maine.	
Comte de Toulouse.	
Archevêque-duc de Reims, Mailly, depuis cardinal.	Duc d'Uzès, étoit en Languedoc.
Évêque-duc de Laon, Clermont Chattes.	Duc d'Elbœuf.
	Duc de Ventadour.
Évêque-duc de Langres, Clermont Tonnerre.	Tous deux n'avoient jamais voulu prendre la peine de se faire recevoir au Parlement.
Évêque-comte de Châlons, Noailles.	
Évêque-comte de Noyon, Châteauneuf Rochebonne.	
Duc de la Trémoille.	Duc de Montbazon, malade.
Duc de Sully.	Duc de Luynes.
Duc de Richelieu.	Duc de Brissac.
Duc de Saint-Simon.	Duc de Fronsac.
Duc de la Force.	Tous trois n'avoient pas l'âge d'être reçus.
Duc de Rohan Chabot.	
Duc d'Estrées.	Duc de la Rochefoucauld, aveugle.
Duc de la Meilleraye et Mazarin.	Duc de Valentinois, à Monaco.

PAIRS EN SÉANCE.	PAIRS ABSENTS.
Duc de Villeroy. A. [1].	Duc de Bouillon, malade.
Duc de Saint-Aignan. C.	Duc d'Albret, non reçu.
Duc de Foix.	Duc de Luxembourg, en son gouvernement de Normandie.
Duc de Tresmes.	
Duc de Coislin, évêque de Metz.	
	A. Duc de Villeroy, maréchal de France, démis.
Duc de Charost. D.	
Duc de Villars, maréchal de France.	B. Duc de Gramont.
	B. Duc de Guiche.
	Démis l'un et l'autre.
Duc de Berwick, maréchal de France.	B. Duc de Louvigny, non reçu.
Duc d'Antin.	Duc de Mortemart, non reçu.
Duc de Chaulnes.	C. Duc de Beauvilliers, démis.
	Duc de Noailles, en quartier de capitaine des gardes.
	Duc d'Aumont, ambassadeur en Angleterre.
	D. Duc de Béthune, démis.
	Cardinal de Noailles, archevêque de Paris.
	Duc de Boufflers, non reçu.
	Duc d'Harcourt, maréchal de France, étoit chez lui incommodé, en Normandie.

La séance étoit ainsi d'un fils de France, d'un petit-fils de France, de deux princes du sang, de deux bâtards, de cinq pairs ecclésiastiques et de dix-huit pairs laïques ; les absents étoient de deux princes du sang enfants, de

---

1. Les lettres marquent les pères et les fils qui ont les démissions.
(*Note de Saint-Simon.*)

deux pairs ecclésiastiques cardinaux, de dix pairs absents ou malades, de neuf non reçus, la plupart trop jeunes, et de six qui, ayant donné leur démission à leurs fils ou frère, n'entroient plus au Parlement. Cela faisoit alors sept pairies ecclésiastiques et sept archevêques ou évêques-pairs, trente-sept duchés-pairies laïques, et par les démissions quarante-deux ducs et pairs, sans compter les bâtards. Ils étoient donc vingt-cinq absents par diverses causes, et M. le duc de Berry compris, nous étions vingt-neuf en séance. Elle auroit bien valu la peine que le chancelier fût venu la tenir : il n'aimoit pas les cérémonies ; il n'étoit jamais venu au Parlement depuis qu'il étoit chancelier : ce qui se devoit passer lui sembloit peu dans les règles. Le Roi, qui n'avoit consenti qu'à peine à tout ce qui passoit la solennité d'un enregistrement ordinaire, ne lui proposa point d'y aller, et lui étoit encore plus éloigné de se le faire dire, et d'avoir envie de s'y trouver.

M. le duc de Berry en place, on eut assez de peine à faire faire silence. Sitôt qu'on put s'entendre, le premier président fit son compliment à M. le duc de Berry. Lorsqu'il fut achevé, ce fut à ce prince à répondre. Il ôta à demi son chapeau, le remit tout de suite, regarda le premier président, et dit : « Monsieur » ; après un moment de pause, il répéta : « Monsieur » ; il regarda la compagnie, et puis dit encore : « Monsieur » ; il se tourna à M. le duc d'Orléans, plus rouges tous deux que le feu, puis au premier président, et finalement demeura court sans qu'autre chose que « Monsieur » lui pût sortir de la bouche. J'étois vis-à-vis du quatrième président à mortier, et je voyois en plein le désarroi de ce prince : j'en suois, mais il n'y avoit plus de remède. Il se tourna encore à M. le duc d'Orléans, qui baissoit la tête. Tous deux étoient éperdus. Enfin le premier président, voyant qu'il n'y avoit plus de ressource, finit cette cruelle scène en ôtant son bonnet à M. le duc de Berry, et s'inclinant fort bas comme si la réponse étoit finie, et tout de suite dit aux gens du Roi de parler. On peut juger quel fut l'embarras de tout ce qui étoit là de la cour, et la surprise de toute la magistrature. Les gens du Roi exposèrent donc de quoi il s'agissoit, et en firent après une longue pièce d'éloquence : c'étoit de retirer des registres du Parlement les lettres patentes, qui conservoient le droit à la couronne de France au roi d'Espagne et à sa branche, quoique absents et non regnicoles, quand il s'en alla en Espagne, et de faire la lecture de sa renonciation pour lui et pour toute sa branche à la couronne de France, et celles de M. le duc de Berry et de M. le duc d'Orléans à la couronne d'Espagne, pour eux et pour leur postérité, et d'enregistrer toutes ces trois renonciations. Le premier président expliqua les intentions du Roi. L'avocat Joly de Fleury porta la parole et fit la réquisition ; les conclusions du procureur général furent lues ; on opina du bonnet : tout cela fut fort long.

L'arrêt d'enregistrement prononcé, les présidents se levèrent avec toute la magistrature ; ils firent une révérence profonde à M. le duc de Berry, qui se découvrit sans se lever ; les présidents s'en allèrent à la buvette, et toute la magistrature les y suivit. M. le duc d'Orléans ne se leva point du tout non plus, ni au salut, ni lorsqu'ils se retirèrent. Sur cet exemple, les deux princes du sang et les deux bâtards, qui se lèvent toujours pour les présidents à mortier, parce qu'ils se lèvent pour eux, ne se levèrent point du tout ; et les pairs, qui jamais ne se lèvent pour les présidents à mortier ni pour le premier président, parce qu'ils ne se lèvent pas pour eux, demeurèrent pareillement assis. On se tint donc en place pendant que la robe vidoit tous ses bancs, puis chacun s'approcha des princes et les uns des autres, et les personnes de qualité et de la cour quittèrent leurs places, et entrèrent dans le parquet, où les princes et tout le monde étoit[1] debout, pêle-mêle, à causer les uns avec les autres. Au bout d'un quart d'heure, M. le duc d'Orléans me fit appe-

---

1. Ce verbe est bien au singulier.

ler parmi tout ce monde, et me demanda s'il ne falloit pas se mettre en place avant l'arrivée des présidents et de la magistrature. Je lui dis que cela se pouvoit, mais qu'il suffisoit aussi d'être avertis à temps, pour se placer un instant auparavant, ou même arriver tous en place en même temps qu'eux. Il jugea qu'ils alloient revenir, parce qu'il ne s'agissoit que de prendre leurs grandes robes rouges, avec leurs épitoges, et leur mortier à la main, et qu'ils ne voudroient pas faire attendre M. le duc de Berry. Ainsi il me dit de faire avertir les pairs que M. le duc de Berry et lui alloient monter aux hauts siéges, et s'y mettre en place. Cela s'exécuta un moment après, et le parquet se vida. Chacun alla rechercher à s'asseoir en lieu de voir et d'entendre. Les gens du Parlement avoient cependant redoublé un banc aux hauts siéges, à droite, couvert d'un tapis fleurdelisé, pour les pairs qui ne pourroient avoir place sur le banc fixe ordinaire, adossé à la muraille, moyennant quoi il y eut place pour tous.

Je ne sais ce qui se passa entre les princes après qu'ils furent en place, car, bien que je fusse sur le banc adossé à la muraille, j'étois loin d'eux et le quinzième, parce que les pairs ecclésiastiques, qui joignent le coin du Roi aux hauts siéges, à gauche, aux lits de justice, se mettent à droite quand ce n'est que Parlement comme ce jour-là. Peu de temps après que nous fûmes tous en séance, attendant le Parlement à revenir, je m'entendis appeler de main en main par les pairs d'au-dessus de moi, qui me dirent d'aller parler à M. le duc de Berry et à M. le duc d'Orléans, qui me demandoient. Je ne sais si Monsieur le Duc, qui s'étoit peut-être trouvé embarrassé de se lever à son ordinaire, ou de ne se point lever, à l'exemple des deux premiers princes, à la sortie des présidents, ne les avoit point tentés de se lever à leur rentrée. J'allai donc les trouver joignant le coin du Roi, et comme il n'y avoit personne que nous en place, ni eux, ni les pairs, devant qui je passai et repassai, ne se levèrent point; car autrement, lorsqu'on

est en véritable séance, les fils de France, princes du
sang et autres pairs, se lèvent tout debout pour un pair
qui arrive, et ne se rassoient qu'en même temps que lui.
M. le duc d'Orléans me mit donc debout entre lui et M. le
duc de Berry assis, et tourné à eux, et là ils me demandèrent s'ils se lèveroient lorsque le premier président
suivi des autres rentreroient par la lanterne de la buvette, et couleroit le long de leur banc jusque près d'eux.
Je leur dis que non ; qu'ils devoient demeurer découverts,
pour l'être lorsque les présidents paroîtroient ; les laisser
arriver tous à leurs places, et leur rendre une légère
inclination de corps, sans bouger d'ailleurs, lorsqu'avant
de s'asseoir, ils leur feroient la révérence, et cette inclination unique pour tous, en passant leurs yeux sur eux
le long de leur banc. Ils s'en tinrent là sans ajouter rien
davantage. Monsieur le Duc, qui en entendit quelque
chose, m'arrêta comme je passois devant lui pour me
retirer à ma place, et me demanda s'il se lèveroit. Je
souris, et je lui dis que j'ignorois ce qu'il vouloit bien
accorder à ces Messieurs-là ; mais que M. le duc de Berry
ni M. le duc d'Orléans ne se lèveroient, ni n'en feroient
pas le moindre semblant, parce qu'ils ne le devoient
pas, ni les pairs ne s'en remueroient pas, et je regagnai
ma place.

La morgue présidentale n'avoit garde de manquer une
si belle occasion de s'exercer sur des fils de France. Ils
prolongèrent leur toilette plus de trois gros quarts d'heure,
et ils excitèrent les murmures tout haut, que nous enten-
dions de nos places. Enfin ils arrivèrent, et je remarquai
que la rougeur monta bien forte au visage du premier
président, et des deux ou trois premiers qui le suivoient,
lorsqu'ils virent M. le duc de Berry et M. le duc d'Orléans
ne branler pas à leur arrivée, les deux princes du sang
et les deux bâtards ne remuer pas davantage et qu'ils
n'eurent de tous, ainsi que des pairs, qu'ils saluèrent
aussi tournés vers eux, et regardant le long de leurs
bancs, que la légère inclination que j'avois proposée. En

même temps, les siéges bas et les bancs fleurdelysés qu'on avoit ajoutés derrière se garnirent de toute la magistrature. Elle fut quelque temps à se placer, et les huissiers après à faire faire silence.

Comme c'étoit jouer à la *Madame en haut*, comme on avoit fait en bas, où, en présence de tout ce que la grand'chambre avoit pu contenir de spectateurs, on avoit fait semblant d'être seuls à huis clos, et comme il ne s'agissoit, en cette nouvelle séance, que de la promulgation de ce qui s'étoit fait en la précédente, le premier président cria qu'on ouvrît les portes et qu'on fît entrer. C'étoit pour la forme; elles n'avoient pas été fermées un moment de toute cette longue matinée, et tout étoit tellement rempli qu'il n'y put entrer personne au delà de ce qui y étoit et y avoit toujours été. Quand ce premier vacarme des huissiers fut passé, qu'ils eurent après crié silence, et que le bruit fut un peu apaisé, on recommença à lire et à débiter, mais en autres termes, pour varier l'éloquence des gens du Roi, les mêmes choses qui s'étoient lues et plaidées en la séance d'en bas, en sorte que la longueur en fut excessive.

Les choses les plus sérieuses, quelquefois même les plus tristes, sont assez souvent mêlées d'aventures plaisantes, dont le contraste surprend le rire des plus graves. Je ne puis m'empêcher d'en rapporter deux dont je fus le témoin bien près en cette cérémonie, et fort en peine de ce qui m'en arriveroit à la première. Mon rang à la séance des bas siéges me plaça entre les ducs de Richelieu et de la Force. Il y avoit déjà assez longtemps qu'ils étoient en séance en attendant M. le duc de Berry. Peu après son arrivée, je sentis frétiller le bonhomme Richelieu, qui bientôt après me demanda si cela seroit long. Je lui dis que je le croyois, par les lectures et par la parade de discours des gens du Roi. Le voilà à grommeler et à trouver cela fort mauvais. Il ne fut pas longtemps en repos sans revenir aux questions et aux frétillages, et à me dire enfin qu'il se mouroit d'envie d'aller à la garde-robe, et qu'il falloit donc qu'il sortît. Je lui représentai l'indécence de sortir d'une séance où il étoit vu de tout ce qui y étoit depuis les pieds jusqu'à la tête, et où il n'y avoit devant lui que le vide du carré du parquet de la séance. Cela ne le contenta point, et j'eus bientôt une nouvelle recharge. Je connoissois l'homme par expépérience, que, pour sa rareté, je n'ai pas omise p. 40 [1]. Je savois qu'il prenoit presque tous les soirs de la casse, souvent un lavement le matin, avec lequel il sortoit, et le promenoit trois ou quatre heures, et le rendoit chez qui il se trouvoit. La frayeur me saisit pour ses chausses, et par conséquent pour mon nez. Je me mis donc à regarder comment je pourrois me défaire d'un si dangereux voisin, et je vis avec douleur que la chose étoit impossible, par l'excès de l'entassement de la foule. Pour le faire court, les bouffées de sortir, les menaces de ne pouvoir plus se retenir continuèrent toute la séance, et redoublèrent tellement sur la fin que je me crus perdu plus d'une fois. Lorsqu'elle finit, je priai l'abbé Robert, conseiller clerc de la grand'chambre, qui se trouva assis précisément derrière nous, et qui avoit entendu tout ce colloque, de tâcher à faire sortir M. de Richelieu. On y eut toutes les peines du monde, à force de soins de l'abbé Robert et d'huissiers qu'il appela à son secours. Il ne revint point pour la séance des hauts siéges.

La scène qui m'y amusa n'eut rien de menaçant. Monsieur de Metz s'y trouva placé le dos à mes genoux sur ce banc redoublé dans la largeur en long des hauts siéges, au bas de la banquette qui règne au bas du banc fixe ordinaire qui est adossé à la muraille, sur lequel j'étois. Bientôt après qu'on eut commencé, voilà Monsieur de Metz à s'impatienter, à gloser sur l'inutilité de ce qui se débitoit, à demander si ces gens-là avoient résolu de nous faire coucher au Palais, à frétiller et finalement à dire qu'il crevoit d'envie de pisser. Il étoit plaisant, même

---

1. Pages 150 et 151 de notre tome I.

avec un naturel comique qui perçoit jusque dans les choses les plus sérieuses. Je lui proposai de pisser devant lui, sur les oreilles des conseillers qui se trouvoient au-dessous de lui aux bas siéges. Il secouoit la tête, parloit tout haut, apostrophoit l'avocat général entre ses dents, et se trémoussoit de manière que les ducs de Tresmes et de Charost, entre qui il étoit, lui disoient à tous moments de se tenir, comme ils auroient fait à un enfant, et que nous mourions de rire. Il vouloit sortir tout de bon, il voyoit la chose impossible, il juroit qu'on ne le rattraperoit jamais à pareille fête ; quelquefois il protestoit qu'il alloit se soulager aux dépens de lui et de qui il appartiendroit ; enfin il nous divertit toute la séance. Je ne vis jamais homme si aise que lui quand elle finit.

Il étoit fort tard quand tout fut achevé. La séance se leva, les princes descendirent par le petit degré du coin du Roi. Les deux présidents et les deux conseillers qui avoient reçu M. le duc de Berry à la Sainte-Chapelle se trouvèrent dans le débouché du parquet, marchèrent comme ils avoient fait en venant, et le conduisirent au même degré de la Sainte-Chapelle. Pendant que les princes descendoient des siéges hauts par ce petit degré du coin du Roi, les pairs et les présidents qui étoient debout se saluèrent, et reployèrent en même temps chacun le long du banc où il étoit assis, les plus anciens les premiers ; les présidents sortirent par la lanterne de la buvette, les pairs par celle de la cheminée, comme on étoit entré, et les pairs sortirent ensemble, deux à deux, précédés d'un huissier à l'ordinaire. M. de Saint-Aignan et moi les quittâmes au sortir de la grand'chambre, pour rejoindre M. le duc de Berry et M. le duc d'Orléans, et monter en carrosse avec eux. Ils allèrent droit au Palais-Royal, au pas, avec la même pompe qu'ils étoient arrivés au Palais. La conversation en chemin fut fort sobre ; M. le duc de Berry paroissoit consterné, embarrassé, mais aussi dépité. En arrivant au Palais-Royal, ils reprirent tous deux leur habit ordinaire, et M. de Saint-Aignan et moi les nôtres.

M. le duc d'Orléans avoit convié entre les deux séances beaucoup de pairs et de gens de qualité à dîner au Palais-Royal avec M. le duc de Berry. Il m'avoit chargé aussi de prier des pairs et ceux des personnes de qualité qu'il me nomma que je trouverois sous ma main entre les deux séances, qu'il ne trouveroit peut-être pas sous la sienne, et ses principaux officiers d'en prier beaucoup de sa part, ce qui leur étoit plus aisé, parce qu'ils étoient répandus avec eux hors la séance. On pirouetta quelque peu de temps dans ce grand appartement du Palais-Royal que M. le duc d'Orléans avoit magnifiquement accommodé et augmenté, jusqu'à ce que les conviés pussent être arrivés du Palais. On servit une table de prodigieuse grandeur, qui fut également splendide et délicate, sans aucun plat gras. M. le duc de Berry se mit au milieu dans un fauteuil, reçut la serviette, que lui présenta M. le duc d'Orléans, et eut seul une soucoupe pour boire et une serviette sous son couvert, mais point de cadenas [1]. M. le duc d'Orléans se mit sans intervalle à sa droite, sur un siége tout pareil à ceux de toute la compagnie. Messieurs de Reims et de Laon se mirent auprès d'eux à droite et à gauche, et les autres ducs ensuite. M. de Foix se mit vis-à-vis d'eux au milieu. Leurs principaux officiers étoient à table et beaucoup des gens de qualité. Ceux de M. le duc d'Orléans s'y dispersèrent pour en faire les honneurs; M. le duc d'Orléans les fit aussi lui-même avec beaucoup de grâce et de liberté, mais avec dignité et mesure. On y fut longtemps, parce que le repas fut grand et bon, et que chacun mouroit de faim. La multitude des voyeurs [2], le nombre de ceux qui étoient à table, ni la quantité des plats et des services, n'empêchèrent pas la promptitude de les relever quand il en étoit temps avec tout l'ordre

---

1. Voyez tome I, p. 30, note 2.
2. Voyez tome II, p. 212 et note 1. Ici Saint-Simon a bien écrit *voyeurs* et non *voyeux*.

possible; et que chacun ne fût servi comme à une table de cinq ou six couverts. L'extrême sérieux de M. le duc de Berry, et son silence devant et pendant le repas, en ôta la gaieté. Chacun causoit avec ses voisins, et la faim et la bonne chère empêchèrent qu'on ne s'ennuyât. Avant, pendant et après, M. le duc d'Orléans fut d'une politesse infinie et très-attentive pour tout le monde. Les deux princes du sang et les deux légitimés qui s'étoient trouvés au Parlement ne furent point invités au Palais-Royal, ni l'ambassadeur d'Angleterre.

Les deux princes partirent bientôt après qu'ils furent sortis de table, et furent au pas jusqu'à la porte Saint-Honoré, avec la pompe qu'ils étoient entrés le matin dans Paris. Ils parurent l'un et l'autre fort scandalisés de plusieurs choses qu'ils avoient remarquées au Parlement, les unes à l'égard des pairs seulement, les autres qu'ils avoient partagées avec eux. Je les supprime ici, parce qu'il y aura lieu d'en parler dans la suite. Du reste, M. le duc de Berry, qui ne se rasséréna point pendant tout le chemin, tint le carrosse dans le sérieux et la réserve. Ils mirent pied à terre à Versailles, dans la cour des Princes, apparemment parce que les gardes de M. le duc de Berry ne l'auroient pu suivre dans la grand'cour. Ils trouvèrent à leur portière un message qui les attendoit. La duchesse de Tallart avoit, comme on l'a dit, été fiancée la veille, mariée la nuit, et recevoit ce jour-là ses visites sur le lit de la duchesse de Ventadour. Elle envoya donc attendre les deux princes, et les prier de vouloir bien venir chez sa petite-fille avant d'entrer chez eux, s'ils vouloient lui faire l'honneur de l'aller voir, parce que les visites étoient finies, et qu'elle n'attendoit plus qu'eux pour sortir de dessus ce lit. Ils y allèrent tout droit.

Ils furent reçus, entre autres, par la princesse de Montauban, qui avec sa flatterie ordinaire, et sans savoir un mot de ce qui s'étoit passé, se mit à crier, dès qu'elle aperçut M. le duc de Berry, qu'elle étoit charmée de la grâce et de la digne éloquence avec laquelle il avoit parlé au Parlement, et paraphrasa ce thème de toutes les louanges dont il étoit susceptible. M. le duc de Berry rougit de dépit, sans dire une parole, et marchant toujours pour gagner le lit; elle de redoubler, d'admirer sa modestie, qui le faisoit rougir et ne point répondre, et ne cessa point qu'ils ne fussent arrivés auprès de la mariée. M. le duc de Berry n'y demeura que quelques moments debout, et s'en alla. Il fut reconduit comme il avoit été reçu, et toujours poursuivi par cette vieille sur les merveilles qu'il avoit faites, et les applaudissements qu'il s'étoit attirés du Parlement et de tout Paris. Délivré d'elle à la fin par le terme de la conduite, il s'en alla chez Mme la duchesse de Berry, où il trouva du monde, n'y dit mot à personne, à peine à Mme la duchesse de Berry, prit Mme de Saint-Simon, et s'en alla chez lui seul avec elle, où il s'enferma dans son cabinet.

Il s'y jeta dans un fauteuil, s'écria qu'il étoit déshonoré, et le voilà aux hauts cris et à pleurer à chaudes larmes. Il raconta à Mme de Saint-Simon, à travers les sanglots, comment il étoit demeuré court au Parlement sans pouvoir proférer une parole; à appuyer sur l'affront que cela lui faisoit devant une telle assistance, qui se sauroit partout, et qui le feroit passer pour un sot et pour un imbécile; puis tomba sur les compliments qu'il avoit reçus de Mme de Montauban, qui, dit-il, s'étoit moquée de lui et l'avoit insulté; et qui savoit bien sûrement ce qui lui étoit arrivé; et de là à l'appeler par toutes sortes de noms dans la dernière fureur contre elle. Mme de Saint-Simon n'oublia rien pour l'adoucir et sur son aventure et sur celle de Mme de Montauban, en l'assurant qu'elle ne pouvoit pas savoir ce qui s'étoit passé au Parlement, dont personne encore n'étoit informé à Versailles, et que la flatterie lui avoit fait dire tout ce qu'elle ne faisoit que se figurer. Rien ne prit : les plaintes et le silence se succédèrent toujours parmi les larmes. Puis tout à coup, se prenant au duc de Beauvillier et au Roi, et accusant son éducation : « Ils n'ont songé, s'écria-t-il, qu'à m'abêtir et à étouffer tout ce que je pouvois être. J'étois cadet, je tenois tête à mon frère, ils ont eu peur des suites, ils m'ont anéanti ; on ne m'a rien appris qu'à jouer et à chasser, et ils ont réussi à faire de moi un sot et une bête, incapable de tout, et qui ne sera[1] jamais propre à rien, et qui serai le mépris et la risée du monde. » Mᵐᵉ de Saint-Simon en mouroit de compassion, et n'oublia rien pour lui remettre l'esprit. Cet étrange tête-à-tête dura près de deux heures qu'il étoit à peu près temps d'aller au souper du Roi. Il recommença le lendemain avec moins de violence. Peu à peu Mᵐᵉ de Saint-Simon le consola quoique imparfaitement. Mᵐᵉ la duchesse de Berry n'osoit guère lui en rien dire, M. le duc d'Orléans beaucoup moins ; mais personne n'a osé depuis parler, non-seulement à lui, mais devant lui de cette séance du Parlement, ni de rien de tout ce voyage à Paris. Le même jour, au sortir du Parlement, le duc de Shrewsbury dépêcha des courriers en Angleterre et à Utrecht qui hâtèrent très-promptement la signature de la paix entre toutes les puissances, excepté l'Empereur.

1. Il y a bien ici *sera*, et quelques mots plus loin, *serai*.

FIN DU NEUVIÈME VOLUME.

TABLE

DES CHAPITRES DU NEUVIÈME VOLUME.

CHAPITRE PREMIER. — Splendeur du duc de Beauvillier; causes, outre l'amitié, de sa confiance entière en moi; discussion de la cour entre lui et moi. — Torcy. — Desmarets. — La Vrillière. — Voysin. — Pontchartrain père et fils. — Caractère de Pontchartrain. — Je sauve Pontchartrain perdu. — Je conçois le dessein d'une réconciliation sincère entre le duc de Beauvillier et le chancelier. — Singulier hasard sur le jansénisme. — Pontchartrain sauvé par le duc de Beauvillier. — Conversation sur les Pontchartrains avec Beringhen, premier écuyer; son caractère. — Union et concert le plus intime entre les ducs et les duchesses de Beauvillier, Chevreuse et Saint-Simon; conduite du dernier avec le Dauphin, et sa façon d'y être. — Mon sentiment sur le jansénisme, les jansénistes et les jésuites.. 1

CHAPITRE II. — Situation personnelle de la duchesse de Saint-Simon à la cour. — Précautions de ma conduite; je sonde heureusement le Dauphin. — Court entretien dérobé avec le Dauphin. — Tête-à-tête du Dauphin avec moi; dignité, gouvernement, ministère. — Belles et justes espérances. — Conférence entre le duc de Beauvillier et moi. — Autre tête-à-tête du Dauphin avec moi; secret de ces entretiens; dignité; princes, princes du sang, princes légitimés. — Belles paroles du Dauphin sur les bâtards. — Conférence entre le duc de Beauvillier et moi. — Importance solide du duc de Beauvillier; concert entier entre lui et moi. — Contrariété d'avis entre le duc de Beauvillier et moi sur la succession de Monseigneur; manière dont elle fut traitée; extrême indécence qui s'y commit à Marly.. 29

CHAPITRE III. — Je vois souvent le Dauphin tête à tête. — Le Dauphin, seul avec moi, surpris par la Dauphine. — Ma situation à l'égard de la Dauphine. — Mérite de Mme de Saint-Simon m'est très-utile. — Aversion de

Mme de Maintenon pour moi; sur quoi fondée. — Je travaille à unir M. le duc d'Orléans au Dauphin. — Intérieur de la famille royale, et le mien avec elle. — Je donne un étrange avis à M. le duc d'Orléans, qui en fait un plus étrange usage avec Madame sa fille; je me brouille et me laisse après raccommoder avec lui, et je demeure très-froidement avec Mme la duchesse de Berry depuis. — Dégoûts du Roi de M. le duc d'Orléans. — Dangereux manéges du duc du Maine, qui projette le mariage de son fils avec une sœur de Mme la duchesse de Berry. — Je travaille à unir M. le duc d'Orléans au Dauphin et au duc de Beauvillier, à laquelle[1] je réussis. 52

Chapitre IV. — Mémoire des pertes de la dignité de duc et pair, etc. — Tête-à-tête du Dauphin avec moi. — Affaire du cardinal de Noailles remise par le Roi au Dauphin; causes de ce renvoi. — Discussion entre le duc de Beauvillier et moi sur un prélat à proposer au Dauphin pour travailler sous lui à l'affaire du cardinal de Noailles. — Voyage de Fontainebleau par Petit-Bourg; dureté du Roi dans sa famille. — Comte de Toulouse attaqué de la pierre. — Musique du Roi à la messe de la Dauphine. — Je raccommode sincèrement et solidement le duc de Beauvillier et le chancelier. — Famille et mort du prince de Nassau, gouverneur de Frise. — Mort de Penautier; quel il étoit. — Mort du duc de Lesdiguières, qui éteint ce duché-pairie. — Neuf mille francs de pension sur Lyon au duc de Villeroy. — Mort de Pelletier, ci-devant ministre et contrôleur général. — Mort de Phélypeaux, conseiller d'État, frère du chancelier. — Mort de Serrant et du chevalier de Maulevrier; leur famille. — Mort de la princesse de Furstemberg; sa famille, son caractère; maison de son mari; le tabouret lui est procuré tard par adresse. — Mariage du chevalier de Luxembourg avec Mlle d'Harlay. — Mort du cardinal de Tournon. — Mort et caractère du maréchal de Boufflers. — Danger que j'y cours. — Triste fin de vie. — Horreur des médecins. — Générosité de la maréchale de Boufflers, qui accepte à peine une pension du Roi de douze mille livres. 71

Chapitre V. — Charost capitaine des gardes du corps par le Dauphin. — Domingue; quel, et son propos sur Charost à la Dauphine. — Cause de la charge de Charost. — Fortune des trois Charosts. — Cause curieuse du mariage du vieux Charost. — Cause du tabouret de grâce de la princesse d'Espinoy; prince d'Espinoy chevalier de l'ordre parmi les gentilshommes en 1661. — Pont d'or fait aux Charosts pour leur ôter la charge de capitaine des gardes, et sa cause. — Habileté importante du vieux Charost. — Malice de Lauzun sur le duc de Charost, et sa cause. — Raison qui fit renouveler des ducs vérifiés sans pairie. — Repentir de Louis XIII de l'érection de Paris en archevêché. — Cause qui fit Charost duc et pair. — Raison qui priva Harlay, archevêque de Paris, du cardinalat, et qui le fit duc et

1. Union à laquelle.

pair. — Importance des entrées. — Ruses d'Harlay, archevêque de Paris, démontées par Charost. — Dessein du duc de Beauvillier et du Dauphin de me faire gouverneur de Mgr le duc de Bretagne. — Fortune de Charost du tout complète. — Campagne d'Allemagne. — Campagne de Savoie. — Campagne de Flandres. — Témérité du prince Eugène et de Marlborough; fautes énormes de Villars. — Impudence de Villars, qui donne faussement un démenti net et public au maréchal de Montesquiou, qui l'avale. — Course de Contade à la cour; son caractère. — Siège de Bouchain, Ravignan dedans; sa situation personnelle; son caractère. — Bouchain rendu, la garnison prisonnière; générosité des ennemis à l'égard de Ravignan; fin de la campagne en Flandres. — Villars assez bien reçu à la cour, et pourquoi. 95

Chapitre VI. — Défaite entière du Czar en personne sur le Pruth, qui se sauve avec ce qui lui reste par un traité et par l'avarice du grand vizir, qui lui coûte la tête. — Chalais; quel; va trouver la princesse des Ursins en Espagne. — Princesse des Ursins forme et avance le projet d'une souveraineté pour elle, et de l'usage qu'elle en fera; se fait bâtir, sans paroître, une superbe demeure en Touraine; sort de cette demeure et du projet de souveraineté. — Campagne d'Espagne oisive. — Mort de Castel dos Rios, vice-roi du Pérou; prince de Santo-Buono lui succède. — Don Domingo Guerra rappelé en Espagne; son caractère; ses emplois. — Arpajon fait chevalier de la Toison d'or. — Retour de Fontainebleau. — Cardinal de Noailles interdit plusieurs jésuites, voit le Roi et le Dauphin à leur retour; intrigues pour allonger l'affaire, sous prétexte de la finir, et des lettres au Roi de quantité d'évêques. — Le Dauphin logé à Versailles dans l'appartement de Monseigneur. — Retour du duc de Noailles par ordre du Roi, qu'il salue, et est mal reçu. — Biens de France du prince de Carignan confisqués; douze mille livres de pension dessus au prince d'Espinoy. — Chimères de M. de Chevreuse mettent en péril l'érection nouvelle de Chaulnes pour son second fils. — Vidame d'Amiens fait duc et pair de Chaulnes; cris de la cour; le Dauphin désapprouve cette grâce. — Rare réception du duc de Chaulnes au Parlement. — Plénipotentiaires nommés pour la paix; Utrecht choisi pour le lieu de la traiter. — Retour des généraux, de Tallart de sa prison en Angleterre, et du roi Jacques de ses voyages par le royaume. — Comte de Toulouse fort heureusement taillé par Maréchal; la galerie et le grand appartement fermés jusqu'à sa parfaite guérison. — Mort et caractère de Mlle de la Rochefoucauld. — Mort et caractère de Sebville. — Mort, état et caractère de Mme de Grancey. — Mort et singuliers mariages de la maréchale de l'Hôpital. — Abbé de Pompone conseiller d'État d'Église. — Tremblement de terre peu perceptible. — Nouvelle tontine. — Grand prieur à Lyon. 114

Chapitre VII. — Mariage du czaréwitz avec la sœur de l'Impératrice régnante. — Départ de l'archiduc pour l'Italie et l'Allemagne, qui laisse l'archiduchesse à Barcelone avec Staremberg. — Molinez, Espagnol, doyen de la Rote, interdit par le Pape. — Duc d'Uzeda; sa maison; sa grandesse; ses emplois; sa défection; renvoie l'ordre du Saint-Esprit; sa vie et sa fin obscure; catastrophe, à Vienne, de son fils. — Entrevue du duc de Savoie et de l'archiduc dans la Chartreuse de Pavie. — L'archiduc, élu empereur, reçoit à Milan les ambassadeurs et le légat Imperiali; quel étoit ce cardinal. — Étiquette prise d'Espagne sur les attelages. — L'Empereur à Inspruck; y reçoit froidement le prince Eugène; causes de sa disgrâce, et ses suites, jusqu'à sa triste mort. — Tortose manqué par les Impériaux. — Mariage de la fille d'Amelot avec Tavannes, qui manque la grandesse par le Roi. — Mariage du chevalier de Croissy. — Six mille livres de pension à d'O; trois cent mille de brevet de retenue au duc de Tresmes, à qui cela en fait cinq cent mille. — Causes du retour du duc de Noailles et de sa secrète disgrâce. — Embarras et fâcheuse situation du duc de Noailles à la cour. — Noailles se jette à Desmarets. — Noailles brouillé avec M et Mme la duchesse d'Orléans, et pourquoi. — Noailles se propose de lier avec moi. — Caractère du duc de Noailles. — Je me laisse entraîner à la liaison du duc de Noailles. — Duc de Noailles, brouillé avec M. et Mme la duchesse d'Orléans, me prie de le raccommoder avec eux; mes raisons de le faire; j'y réussis; sa délicate mesure. — Duc de Noailles me confie à sa manière la cause de son retour d'Espagne et sa situation; ses vues dans cette confidence; son extrême desir de m'engager à le rapprocher du duc de Beauvillier, conséquemment du Dauphin; mes raisons de le faire; j'y réussis. — Ma liaison avec le cardinal de Noailles, qui devint intime jusqu'à sa mort. — Scélératesse du complot des jésuites contre le cardinal de Noailles mise au net par le paquet de l'abbé de Saron à son oncle l'évêque de Clermont, tombé entre les mains du cardinal de Noailles, qui n'en sait pas profiter. — Cris publics. — Le Dauphin ne se cache pas sur son avis de chasser le P. Tellier, et me le dit. — Affaire du cardinal renvoyée en total au Dauphin pour la finir; grand mot qu'il me dit en faveur du cardinal; il m'ordonne de m'instruire à fond sur les matières des libertés de l'Église gallicane et sur l'affaire du cardinal de Noailles, et me dit qu'il la veut finir définitivement avec moi.   132

CHAPITRE VIII. — 1712 — Pelletier se démet de la place de premier président; M. du Maine la fait donner au président de Mesmes. — Extraction et fortune des Mesmes. — Caractère de Mesmes, premier président. — Nos plénipotentiaires vont à Utrecht. — Cardone manqué par nos troupes. — L'empereur couronné à Francfort. — Marlborough dépouillé veut sortir d'Angleterre; duc d'Ormont général en sa place. — Troupes angloises rappelées de Catalogne. — Garde-robe de la Dauphine ôtée, puis mal rendue à la comtesse de Mailly. — Éclat entre Mme la duchesse de Berry et Mme la duchesse d'Orléans pour des perles et pour la de Vienne, femme de chambre confidente, chassée. — Pierreries de Monseigneur; judicieux présents du Dauphin. — Dîners particuliers du Roi; musique, etc., chez Mme de Maintenon. — Tailleurs au pharaon chassés de Paris. — Voyage de Marly. — Avis de poison au Dauphin et à la Dauphine venus par Boudin et par le roi d'Espagne. — Mariage de la princesse d'Auvergne avec Mésy, par l'infamie du cardinal de Bouillon. — Mort de Mme de Pomponne; mort de Mme de Mortagne. — Mort et caractère de Tressan, évêque du Mans; ses neveux. — Mort de l'abbé de Saint-Jacques. — Extraction et fortune des Aligres. — Éloge de l'abbé de Saint-Jacques. — Mort de Gondrin; plaisant contraste de la Vallière. — Mort de Razilly et sa dépouille; conduite étrange de Mme la duchesse de Berry là-dessus. — Éloge et mort du maréchal Catinat. — Mort de Magnac. — Mort de Lussan, chevalier de l'ordre. . . 164

CHAPITRE IX. — La Dauphine à Marly pour la dernière fois. — Monsieur le Duc éborgné. — Retour à Versailles. — Tabatière très-singulièrement perdue; la Dauphine malade. — La Dauphine change de confesseur, et reçoit les sacrements. — Mort de la Dauphine. — Éloge, traits et caractère de la Dauphine. — Le Roi à Marly. — Le Dauphin à Versailles, puis à Marly. — État du Dauphin, que je vois pour la dernière fois. — Le Dauphin malade. — Le Dauphin croit Boudin bien averti. — Boulduc; quel; juge Boudin bien averti. — Mort du Dauphin. — Je veux tout quitter, et me retirer de la cour et du monde; Mme de Saint-Simon m'en empêche sagement. — Éloge, traits et caractère du Dauphin. 190

CHAPITRE X. — Obsèques pontificales à Rome pour le Dauphin; époque et date de leur cessation à Rome et à Paris pour les papes et pour nos rois. — Étrange pensée de l'archevêque de Reims sur le duc de Noailles; pourquoi mal avec les Noailles. — Embarras du P. la Rue, qui surprend étrangement le Roi du changement de confesseur. — Appareil funèbre chez la Dauphine; prétentions des évêques refusées; règles de ces choses. — Carreau et goupillon à qui donnés et par qui présentés. — Annonce à haute voix pour qui. — Garde par les dames, et quelles; première garde; comment réglée par le Roi entre les duchesses et la maison de Lorraine. — Eau bénite de peu du sang royal et du comte de Toulouse, et point d'autres. — Le corps du Dauphin porté sans cérémonie près de celui de la Dauphine. — Transport en cérémonie des deux cœurs au Val-de-Grâce. — Mgr le duc de Bretagne Dauphin; Madame entre les soirs dans le cabinet du Roi après le souper. — M. le duc d'Orléans, seul de tous les princes, donne en cérémonie l'eau bénite au Dauphin. — Convoi des deux corps à Saint-Denis en cérémonie. — Retour du Roi à Versailles, où il voit en passant la foule des mantes et des manteaux, qui vont après chez tout le sang royal sans ordre et pour la première fois. — Privance de la duchesse du Lude. — Le Roi voit à la fois tous les ministres étrangers en manteaux; reçoit les harangues des cours. — Extrémité des deux jeunes fils de France, qui sont nommés sans cérémonie. — Mort du petit Dauphin ; le Roi d'aujourd'hui comment sauvé. — Le corps et le cœur du petit Dauphin portés sans cérémonie près de ceux de Monsieur et de Madame la Dauphine. — M. le duc d'Anjou, aujourd'hui roi, succède au titre et au rang de Dauphin. — Douleur de M. le duc de Berry, et en Espagne. — Singularité des obsèques jusqu'à Saint-Denis. — Deuil aussi singulier que ces obsèques. — État du duc de Beauvillier et le mien. — Cassette du Dauphin qui me met en grand péril, dont l'adresse du duc de Beauvillier me sauve. 227

CHAPITRE XI. — Dauphine empoisonnée. — Le maréchal de Villeroy raccommodé avec le Roi, devient tout d'un coup favori. — Le Dauphin empoisonné. — Le duc du Maine et Mme de Maintenon persuadent le Roi et le monde que M. le duc d'Orléans a fait empoisonner le Dauphin et la Dauphine. — Crayon de M. le duc d'Orléans. — Éclats populaires contre M. le duc d'Orléans. — Cri général contre M. le duc d'Orléans ; conduite de la cour à son égard. — Maréchal de Villeroy et autres principaux. — Embarras du duc de Noailles, qui se dit en apoplexie et s'en va à Vichy. 246

CHAPITRE XII. — Effiat avertit M. le duc d'Orléans, et lui donne un pernicieux conseil, qu'il se hâte d'exécuter. — Crayon d'Effiat. — Conduite que M. le duc d'Orléans devoit tenir. — M. le duc d'Orléans totalement déserté et seul au milieu de la cour ; je lui reste unique ; je l'empêche de faire un cruel affront à la Feuillade. — Cris et bruits contre M. le duc d'Orléans, entretenus avec grand art et toujours. — Alarme de mes amis sur ma conduite avec M. le duc d'Orléans. — Service de Maréchal à M. le duc d'Orléans. — Deux cent trente mille livres de pensions et vingt mille livres distribuées dans la maison du Dauphin et de la Dauphine. — Mort de Seignelay ; son caractère. — Maillebois maître de la garde-robe sans qu'il lui en coûte rien, et la Salle en tire le double. — Douze mille livres de pension à Coesbriant. — Survivance des gouvernements de Béarn, Bayonne, etc., au duc de Guiche. — Tallart duc vérifié. — Appartement de Monseigneur donné à M. et Mme la duchesse de Berry ; le leur aux fils du duc du Maine et au prince de Dombes la survivance du gouvernement de Languedoc. — Estain vend sa charge dans la gendarmerie ; chimère de ce corps sur l'ordre du Saint-Esprit. — Disgression sur le prétendu droit des fils de France, etc., de présenter au Roi des sujets pour être faits chevaliers de l'ordre. — Plaisante anecdote sur la promotion d'Estampes à l'ordre du Saint-Esprit. 265

CHAPITRE XIII. — Arras bombardé par les ennemis ; l'Écluse emporté par Broglio. — Du Casse arrivé avec les galions ; son extraction, sa fortune, son mérite ; est fait chevalier de la Toison. — Mort et caractère du comte de Brionne. — Monterey et los Balbazès ; quels ; se font prêtres ; raison ordinaire de cette dévotion en Espagne. — Altesse accordée en

Espagne et à la princesse des Ursins et au duc de Vendôme, avec les traitements à ce dernier des deux don Juans ; explication de ces traitements et de l'éclat qu'ils firent. — Le Roi à Marly, où il rétablit le jeu et la vie ordinaire avant l'enterrement du Dauphin et de la Dauphine. — Lovestein fait prince de l'Empire. — Abbé de Vassé ; son caractère ; refuse l'évêché du Mans. — Le roi d'Angleterre a la petite vérole à Saint-Germain ; répudie son confesseur jésuite. — Mort de la princesse d'Angleterre à Saint-Germain. — Mort et caractère de Mlle d'Armentières ; sa famille, sa fortune, sa maison. — Mort de Mme de Villacerf douairière. — Courageuse opération de Mme Bouchu. — Mort, caractère et famille de la marquise d'Huxelles. — Mort et caractère du bailli de Noailles. — Le Roi nomme le P. la Rue confesseur de M. le duc de Berry, et retient le P. Martineau pour le petit Dauphin. — Mémoire publié du Dauphin sur l'affaire du cardinal de Noailles. — Service et enterrement du Dauphin et de la Dauphine à Saint-Denis ; queues étranges. — Bout de l'an de Monseigneur à Saint-Denis. — Service à Notre-Dame pour le Dauphin et la Dauphine ; le clergé y obtient le premier salut séparément de celui de l'autel ; violet des cardinaux ; le cardinal de Noailles mange avec Mme la duchesse de Berry. — Service à la Sainte-Chapelle, où le P. la Rue fait l'oraison funèbre. — Je vais passer un mois ou cinq semaines à la Ferté ; causes de ce voyage. — Chalais vient d'Espagne arrêter un cordelier en Poitou ; ce qu'il devient ; renouvellement d'horreurs sur M. le duc d'Orléans ; adresse d'Argenson à son égard. — Marquise de Gesvres demande juridiquement la cassation de son mariage pour cause d'impuissance. — Départ des généraux : Villars en Flandres, Harcourt et Besons sur le Rhin, Berwick aux Alpes, Fiennes en Catalogne. — Mariage de Bissy avec Mlle Chauvelin. — Mariage de Meuse avec Mlle de Zurlaube. — Mort, extraction, caractère de l'abbé de Sainte-Croix. — Mort, famille et caractère de Cominges, et sa dépouille. — Mort et caractère de la Fare. — Mort du président Rouillé. — Mort de l'abbé d'Uzès. — Rohan, évêque de Strasbourg, fait cardinal. — Désordres de la Loire. — Duc de Fronsac sort de la Bastille. 284

CHAPITRE XIV. — La reine d'Espagne accouche d'un prince ; l'Empereur couronné roi d'Hongrie à Presbourg. — Mort du duc de Vendôme. — Éclaircissement sur la sépulture du duc de Vendôme. — Dames du palais en Espagne. — Mort, fin et dernier bon mot d'Harlay, ci-devant premier président. — Singularité du Roi sur ses ministres. — Course d'un gros parti ennemi en Champagne. — Trêve publiée entre la France et l'Angleterre. — Porto-Ercole pris par les ennemis. — La Badie rend le Quesnoy ; est mis à la Bastille. — Broglio défait dix-huit cents chevaux. — Emo ne peut raccommoder la république de Venise avec le Roi. — Voyage de Fontainebleau par Petit-Bourg. — Rohan, évêque de Strasbourg, fait cardinal, en reçoit la calotte et le bonnet. — Mme la grande-duchesse en apoplexie. — Siége de Landrecies par le prince Eugène. — Combat de Denain. — Montesquiou prend Marchiennes. — Prince Eugène lève le siège de Landrecies. — Villars prend Douay. — Nos lignes de Weissembourg inutilement canonnées. — Cantons catholiques, battus par les cantons protestants, font la paix. — Cassart prend, rase, pille et brûle Santiago au cap Vert. — Échange du marquis de Villena et de Cellamare avec Stanhope et Carpenter. — Mort du fils aîné du duc de la Rocheguyon. — Mort de l'abbé Tallemant. — Mort du frère du maréchal de Villars et du fils unique de du Bourg; leur caractère. — Albemarle, pris à Denain, renvoyé sur sa parole. — Mort, conduite, fortune, famille de M. de Soubise. — Injure espagnole qui ne se pardonne jamais. — Mort du marquis de Saint-Simon. — Mort de Mme de la Fayette — Mort de Cassini, grand astronome. — Mort, caractère et savoir de Refuge. — Mort de Mme Herval. — Abbé Servien chassé, et pourquoi; son caractère et sa fin. — Désordres des loups en Orléanois. 316

CHAPITRE XV. — Renonciations exigées par les alliés en la meilleure et plus authentique et sûre forme pour empêcher à jamais la réunion sur la même tête des monarchies de France et d'Espagne; mesures sur ces formes. — Formes des renonciations traitées entre les ducs de Chevreuse, de Beauvillier et moi, puis avec le duc de Noailles, qui s'offre à en faire un mémoire, et qui le fait faire, et enfin le donne pour sien. — Intérêt de M. le duc de Berry et de M. le duc d'Orléans à la solidité des renonciations et de leurs formes, qui n'ont que moi pour conseil là-dessus. — Sentiments de M. le duc de Berry à l'égard du duc de Beauvillier. — Aux instances du duc de Beauvillier, je fais un mémoire sur les formes à donner aux renonciations; le voir parmi les pièces. — Division de sentiment sur un point des formes entre le duc de Noailles et moi; sa conduite là-dessus. — Le duc de Noailles gagne à son avis le duc de Chevreuse; danger de sa manière de raisonner. — Le duc de Chevreuse nous propose d'en passer par l'avis du duc de Beauvillier, qui nous assemble chez le duc de Chevreuse. — Le duc de Chevreuse, moi après, exposons à la compagnie nos différentes raisons. — Le duc de Beauvillier se déclare de mon avis et malmène fort le duc de Chevreuse, qui se rend, et le duc de Noailles aussi. 337

CHAPITRE XVI. — Conférences sur les formes des renonciations entre le duc de Beauvillier et moi; différence essentielle de validité entre celle du roi d'Espagne et celle des ducs de Berry et d'Orléans. — Le Roi non susceptible d'aucune autre forme que d'un enregistrement ordinaire; peine extrême du duc de Beauvillier là-dessus et sur ce que je lui représente — Le duc de Beauvillier de plus en plus en peine; je lui propose une façon inouïe d'en sortir. — Je m'anéantis au duc de Beauvillier. — Puissants moyens des ducs de Berry et d'Orléans d'appuyer les justes formes valides en leur faveur. — Je ramène les ducs de Berry et d'Orléans à laisser le Roi régler sans nulle résistance la forme des renonciations. — Caractère, état et friponnerie de Nancré; il ne tient pas à lui et à Torcy de me faire une affaire cruelle auprès du Roi sur les renonciations. — Ducs d'Hamilton et d'Aumont ambassadeurs en France et en Angleterre; grand traitement de ce dernier, qui avant son départ est fait seul chevalier de l'ordre. — Extraction et mort du duc d'Hamilton. — Duc de Shrewsbury ambassadeur en France. — Bailly de la Vieuville ambassadeur de Malte, au lieu du feu bailli de Noailles. — Course de l'électeur de Bavière à Fontainebleau. — Retour du Roi par Petit-Bourg à Versailles. — Départ de la duchesse d'Albe pour l'Espagne; abbé de Castillon; quel; il l'épouse, et sa fortune. — La Salle; son extraction, son caractère, sa fortune, son mariage. — Quelques anciennes et courtes anecdotes. 355

Chapitre XVII. — Le Roi à Rambouillet. — Mort de Ribeire, conseiller d'État; sa place donnée à la Bourdonnaye, son gendre. — Mort de Godolphin. — Le Quesnoy rendu à discrétion; Bouchain, la garnison prisonnière; Valory et Varenne gouverneurs; Châtillon brigadier, depuis duc et pair et gouverneur de Monseigneur le Dauphin — Perte de la Quenoque. — Les campagnes finies; retour des généraux d'armée à la cour; Montesquiou demeure à commander en Flandres. — Princesse des Ursins aux eaux de Bagnères; Chalais l'y va trouver; pompe de cette dame. — Survivance du gouvernement de Lyon, etc., au duc de Villeroy, et les lieutenances à ses fils. — Villars gouverneur de Provence; Saillant gouverneur de Metz; Tessé général des galères; les frères Broglio gouverneurs de Gravelines et du Mont-Dauphin. — Dangeau donne à son fils son gouvernement de Touraine. — Comte de Toulouse et d'Antin achètent leurs maisons à Paris. — Quatre cent mille francs d'augmentation de pension à M. le duc de Berry; il entre au conseil de dépêches. — La musique du Roi à la messe de Mme la duchesse de Berry. — Hammer à la cour; merveilleusement reçu; quel cet Anglois; duchesses, etc., conservent leur nom et leur rang en se remariant au-dessous de leur premier mari, en Angleterre. — Marlborough se retire en Allemagne; quelle y étoit sa principauté de l'Empire. — Renonciation du roi d'Espagne à la couronne de France en pleins cortès[1]; lettre tendre qu'il écrit là-dessus à M. le duc de Berry. — Mort de l'abbé d'Armagnac. — Mort du duc de Chevreuse; anecdotes sur sa famille, sur lui, sur la duchesse sa femme. — Mort du duc de Mazarin; anecdotes sur lui, sur sa famille, sur leur fortune. — Mort de la duchesse de Charost. — Mort du duc de Sully. — Berwick en Roussillon, etc. — Chamillart revoit le Roi. — Plénipotentiaires d'Espagne. — Besons joué par Mme la duchesse de Berry. — Mme de Pompadour gouvernante des enfants de M. le duc de Berry. — La Mouchy et son mariage. — Mariage de Meuse avec Mlle de Zurlaube. — Musiques et

1. Saint-Simon fait *cortés* du masculin.

scènes de comédies chez Mme de Maintenon; le maréchal de Villeroy y est admis; desseins sur lui. — Gouvernement de Guyenne donné au comte d'Eu. — Conduite des ducs de la Rochefoucauld dans leur famille; état de cette famille. — Desir, jalousie, vains efforts des ducs de la Rochefoucauld pour le rang de prince étranger. — Duc de la Rochefoucauld obtient la distraction du duché de la Rocheguyon, avec la dignité pour son second petit-fils et sa postérité, au préjudice de l'aîné; ce cadet duc par démission de son père. — Nouveaux efforts inutiles sur l'abbé de la Rochefoucauld, qui, moyennant un bref, prend l'épée, et va mourir à Bude. 373

Chapitre XVIII. — 1713. — Victoire de Steinbok sur les Danois, qui brûle Altona. — La Porte secourt le roi de Suède d'argent, et change à son gré son ministère. — Ragotzi en France. — Disgression sur sa manière d'y être; son extraction, sa famille, sa fortune et de ses proches, de Serini et Tekeli; son traitement; son caractère. — Trente mille livres de pension à Mlle d'Armagnac. — Trois mille livres de pension rendue à Mlle de Chausseraye; trois mille livres de pension à Mme de Vaugué. — Girone délivré et ravitaillé; Berwick de retour à la cour; Bockley brigadier; Brancas chevalier de la Toison d'or et ambassadeur en Espagne. — Amusements multipliés chez Mme de Maintenon. — Matignon cède à son fils ses charges de Normandie. — Mariage de Maillebois avec une fille d'Alègre. — Mariage de Châteaurenaud avec une fille de la maréchale de Noailles. — Mariage de M. d'Isenghien avec Mlle de Rhodes. — Arias, Polignac, Odeschalchi, Sala, expectorés cardinaux; quels les trois étrangers; pourquoi *in petto;* pourquoi expectorés. — Polignac, seul rappelé d'Utrecht, arrive et reçoit de la main du Roi sa calotte rouge. — Jacques III, sous le nom de chevalier de Saint-Georges, se retire pour toujours de France par la paix et va en Lorraine. — Foiblesse du Roi pour les cardinaux, qui leur marque une place à la chapelle pour le sermon. — Adoucissements sur les preuves pour entrer dans le chapitre de Strasbourg, et ses causes; bévue à l'égard des ducs. — Mort de la marquise de Mailly et sa conduite dans sa famille; mort de l'évêque de Lavaur, son fils. — Mort de Brissac, ci-devant major des gardes du corps; sa fortune, son caractère. — Plaisant tour de Brissac aux dames dévotes de la cour. 405

Chapitre XIX. — Mort, état et caractère du comte de Nassau-Sarrebruck. — Mort et singularité de Chambonas, évêque de Viviers. — Singularité étrange de Desmarets, archevêque d'Auch. — Mort du connétable de Castille; Villena, majordome-major du roi d'Espagne, en sa place. — Chalais reconduit son cordelier prisonnier en Espagne. — Duc et duchesse de Shrewsbury à la cour; état et nom de cet ambassadeur et de l'ambassadrice; caractère de la duchesse, qui change entièrement les coiffures des femmes, dont le Roi n'avoit pu venir à bout? — Maison du duc d'Aumont, à Londres, brûlée. — Caractère du duc d'Aumont. — L'incendie coûte cinq cent cinquante mille francs au Roi. — Bout de l'an à Saint-Denis du Dauphin et de la Dauphine. — *Histoire de la compagnie de Jésus*, du P. Jouvency; scandale de ce livre, dont les jésuites se tirent à bon marché. — Abbé de Castries premier aumônier de Mme la duchesse de Berry; son caractère, sa fortune; Longepierre secrétaire de ses commandements; son caractère. — Mort de l'électeur de Brandebourg, premier roi de Prusse. — Électeurs de Cologne et de Bavière à Paris et à Suresne; voient le Roi. — Règlement en vingt-cinq articles, fait par le Roi, entre les gouverneurs ou commandants généraux de Guyenne et le gouverneur de Blaye, dont je gagne vingt-quatre articles, de l'avis du duc du Maine, contre le maréchal de Montrevel. — Ténébreuse noirceur de Pontchartrain, qui me fait éclater. — La Chapelle; quel; je lui fais une étrange déclaration. — Conversation étrange entre le chancelier et moi. — Même conversation avec la chancelière. — Mme de Saint-Simon vainement attaquée. — L'intimité entière subsiste entre le chancelier, la chancelière, et Mme de Saint-Simon et moi. . . 425

CHAPITRE XX. — Extraction abrégée de Tallart. — Mariage de son fils avec une fille du prince de Rohan. — Fiançailles du duc de Tallart et de la fille du prince de Rohan dans le cabinet du Roi, et la cause de cet honneur. — Signature du Roi par lui déclarée de nul poids aux contrats de mariage hors sa famille. — Adresse, puis hardiesses des secrétaires d'État pour se décrasser de leur qualité essentielle de notaires publics et de secrétaires du Roi. — Maréchal de Tallart signe partout au-dessus du prince de Rohan, et le duc de Tallart au-dessus de sa future. — Abus faux d'une galanterie du Roi, dont les Rohans tâchent d'abuser le monde. — Renonciations. — Réflexions sommaires. — Pairs conviés de la part du Roi, chacun par le premier maître des cérémonies, de se trouver au Parlement. — Embarras de M. le duc de Berry pour répondre au compliment du premier président, comment levé. — Ducs de Berry et d'Orléans vont de Versailles au Parlement. — Messe à la Sainte-Chapelle. — Marche de la Sainte-Chapelle à la grand'chambre. — Séance en bas. — Pairs séants et absents; nombre de pairs et de pairies. — M. le duc de Berry demeure court. — Entre-deux de séance. — M. le duc de Berry et tous pairs en séance en haut. — Orgueilleuse lenteur des présidents à revenir en place, pour lesquels nul ne se lève. — Séance en haut. — Deux petites aventures risibles. — Levée de la séance et sortie. — Dîner au Palais-Royal. — Retour à Versailles. — Indiscret compliment de Mme de Montauban à M. le duc de Berry. — Désespoir et réflexions de M. le duc de Berry. 444

FIN DE LA TABLE DES CHAPITRES DU NEUVIÈME VOLUME

2063 Paris. — Imprimerie ARNOUS DE RIVIÈRE et Cie, rue Racine, 26.

www.ingramcontent.com/pod-product-compliance
Lightning Source LLC
Chambersburg PA
CBHW050247230426
43664CB00012B/1865